Harry Shapiro

Sky High

Drogenkultur im Musikbusineß

Aus dem Englischen von Peter Hiess

hannibal

Titel der Originalausgabe: Waiting For The Man

Erstausgabe erschienen bei Quartet Books London/New York

Lektorat: Mag. Diana Voigt und Kirsten Borchardt
Übersetzung der Ergänzung 1998: Kirsten Borchardt
Lektorat der Ergänzung 1998: Matthias Inhofen
Bildauswahl und Bildunterschriften: Werner Pieper
Umschlaggestaltung und Typographie: Michael Bergmeister
Satz: Interletter, A-1020 Wien
Druck: Ebner Graphische Betriebe, D-89075 Ulm
ISBN 3-85445-148-2

Inhalt

Für Kay und Hannah, von einem Mann,
der zweimal Glück hatte

Danksagung

DIESES BUCH SCHLIESST – außer zu Vergleichszwecken – jegliche eingehende Betrachtung des Alkoholproblems aus. Ich habe das nicht getan, weil ich damit behaupten wollte, Alkohol sei keine Droge; denn egal welche Droge auch immer gerade in der Musikerwelt angesagt war, Alkohol kam nie aus der Mode. Wenn man seine Wirkung auf die Gesundheit bedenkt, dann hat er wahrscheinlich mehr Probleme verursacht als alle anderen Drogen zusammen. Und er hat auch etliche Leben gefordert, quer durch das Spektrum der Populärmusik: von Bix Beiderbecke bis zu John Bonham. Dennoch ist Alkohol in der westlichen Gesellschaft eine akzeptierte und legale Droge. Wer ihn konsumiert, umgibt sich nicht mit dieser Aura aus Nervenkitzel, Furcht und Ignoranz, die mit allen anderen Drogen – sei es nun Heroin, Kokain oder Marihuana – Hand in Hand geht und ein Phänomen darstellt, das auf den folgenden Seiten eine wichtige Stellung einnehmen wird.

Aus genau diesem Grund gibt es einige Leute, denen ich versprochen habe, ihnen nicht öffentlich für ihre wertvolle Hilfe zu danken. Statt dessen nicke ich also stumm, aber dankbar, in ihre Richtung. Meinen Dank abstatten kann ich jedoch Roy Carr, Andy Cornwell, Paul Du Noyer, Pete Frame, John Gribbens, John Glover, Lee Harris, Dick Heckstall-Smith, Graham Langley, Ken Leech, Tony Levene, Dennis Muirhead, Paul Oliver, John Platt, John Tobler und Andrew Tyler. Mein Dank gilt auch den Redaktionen der Zeitschriften *Billboard* und *Variety*, die mir Zugang zu ihren Archiven gewährten und einen Schreibtisch überließen, damit ich all die Hefte durchgehen konnte; dem National Sound Archive; den Beamten des Bezirksgerichts in Macon, Georgia; der Middle Georgia Regional Library und der Bibliothek der University of Pennsylvania. Meinen speziellen Dank richte ich an Julian Bourne, meinen Herausgeber bei Quartet, dafür, daß er an dieses Projekt geglaubt hat, und für seine Geduld und sein Verständnis während der ganzen Zeit. Und ein bißchen privater – eine Umarmung und einen Scheck an Claudie Mernick für den Index, und ein bewundernder und überraschter Applaus an meine Mutter für ihre umwerfenden Fähigkeiten an der Computertastatur.

Am meisten leiden die Familienmitglieder eines Schriftstellers darunter, daß er an ein Vorhaben wie dieses geht. Sie sind ebenso isoliert wie der Autor – aber ohne die Befriedigung, etwas aus dem Chaos und dem Tumult zu schaffen. Und daher gilt Kay meine ewige Dankbarkeit für ihre

Führung, Inspiration und Unterstützung, die noch bemerkenswerter sind, wenn man bedenkt, daß unsere Tochter Hannah zur Welt kam, als dieses Buch gerade halb fertig war.

Der Auszug aus *On the Road* (André Deutsch, US-Ausgabe, 1980) wurde mit freundlicher Genehmigung des Verlegers hier abgedruckt; der Auszug aus dem *High-Times*-Interview mit Peter Tosh (November 1981) wurde mit freundlicher Genehmigung der Trans High Corporation, 211 East 43rd St, NY 10017, abgedruckt. Der Text von „Tea for Two“ (Caesar/Youmans) wurde mit freundlicher Genehmigung von Chappell Music Ltd., 129 Park St, London W1Y 3FA, abgedruckt; der von „Wacky Dust“ (Adams/Levant © 1938) mit freundlicher Genehmigung von SBK United Partnership, 3–5 Rathbone Place, London W1P 1DA; der von „Reefer Man“ (© 1932) und „Light Up“ (© 1938) mit freundlicher Genehmigung von J. R. Lafleur and Son Ltd, 295 Regent St, London W1A 1BR; der von „Cocaine Habit Blues“ (1930) und „Pipe Dream Blues“ (© 1924) mit freundlicher Genehmigung von Southern Music, 8 Denmark St, London WC2 8LT; der von „Minnie the Moocher“ (Calloway/Mills) mit freundlicher Genehmigung von EMI Publishing Ltd, 138–140 Charing Cross Rd, London WC2 H0LD. Versuche, die Copyright-Inhaber einiger anderer Liedtexte zu kontaktieren, haben sich bis zum Zeitpunkt der Fertigstellung dieses Buches als nicht erfolgreich erwiesen; der Autor entschuldigt sich hiermit für jede versehentliche Copyright-Verletzung, die dadurch entstanden sein mag.

Vorwort

SEIT DER Jahrhundertwende hat sich die Gesellschaft auf bemerkenswerte Art und Weise verändert. Würde man einen Menschen der 20er Jahre in die Zukunft versetzen, dann hielte er die Achtziger sicher für eine seltsame Phantasiewelt, die direkt den Seiten eines Science-fiction-Schundheftchens entsprungen sein muß. Aber eines würde ihm bekannt vorkommen – die aktuellen Berichte über die Drogenszene in den Medien. Denn hier würde er dieselben Worte und Bilder vorfinden, wie sie einst William Randolph Hearst, das große Vorbild der Zeitungszaren Murdoch und Maxwell, in seinen Tageszeitungen verkünden ließ: dunkle, märchenhafte Geschichten über Rauschgifthändler, Kinderspielplatz-Dealer, Opiumhöhlen und süchtige Teenager.

Zu den meisten sozialen und politischen Themen der Gegenwart ist heute eine ernstzunehmende Diskussion möglich – seien es nun die Rechte der Homosexuellen, Zensur, Abtreibung, Rassendiskriminierung und die gesellschaftliche Stellung der Frau. Nur das Thema „Drogen“ steht immer noch auf der Stufe übelster Propaganda. Jeder Versuch, die Diskussionsebene auf eine etwas höhere Stufe zu bringen, wird sofort mit der Anschuldigung, ein „Rauschgift-Sympathisant“ zu sein und den Drogenmißbrauch zu tolerieren, niedergeschlagen. Nach wie vor bleibt es – ärgerlicherweise – der Presse überlassen, der Öffentlichkeit „Informationen“ über Rauschgift zu liefern.

Seit dem Jahr 1914, als der Harrison Narcotics Act erlassen wurde, ist es Amerika, das den weltweiten Krieg gegen die Drogen anführt. Auf Betreiben der USA wurden viele Staaten durch internationale Verträge dazu gezwungen, den Drogengebrauch im eigenen Land zu bekämpfen. Internationale Behörden, die unter amerikanischem Einfluß stehen, waren in den Produktionsländern der dritten Welt tätig und haben dort versucht, die Landwirtschaft von der Herstellung von Opium, Marihuana und Kokain abzubringen. Außerdem haben die Vereinigten Staaten ihre wirtschaftliche und politische Macht im Ausland dazu benutzt, die Anbauländer unter Druck zu setzen. Jene Länder, die dem amerikanischen Einfluß negativ gegenüberstehen, werden beschuldigt, Zentren oder Transitländer für illegale Rauschgifte zu sein – zwei Beispiele aus der jüngeren Vergangenheit sind Kuba und Nicaragua.

Die neueste Taktik in diesem Krieg ist es, Geld und Eigentum verurteilter Drogenstraftäter zu beschlagnahmen. Bedenkt man das Ausmaß, in dem Drogengelder durch die legalen Bankensysteme der ganzen Welt geschleust werden, dann wird in Zukunft viel davon abhängen, wie weit die traditionelle Diskretion dieser Systeme durchbrochen werden kann. Aber schon jetzt schafft die Exekutive bisher nie dagewesene Einbrüche in die Zentren der internationalen Finanzwelt, indem sie immer wieder Rauschgifthändlerbanden auffliegen läßt.

Diese weltweiten Aktivitäten der Gesetzeshüter sind seit den frühen Sechzigern dramatisch angestiegen. Damals kam die Drogenszene nämlich aus dem „Ghetto" heraus und jagte den WASPs, also den weißen protestantischen Amerikanern angelsächsischer Abstammung, einen Schreck ein, der ihnen unter die Haut ging. Diese „Kriegsführung" hat jedoch bis heute praktisch noch nicht viel mehr erbracht als eine Neuorganisation der Anti-Drogen-Einsatzkommandos und weiteren vielen, vielen Ausgaben in Millionenhöhe.

Sieht man sich Statistiken der gegenwärtigen Drogenszene an, dann wirken diese auf den Betrachter sowohl verblüffend als auch völlig bedeutungslos. Niemand weiß, wie viele Menschen eine bestimmte Droge nehmen, wieviel der illegale Drogenmarkt umsetzt oder wieviel davon von Polizei und Zoll beschlagnahmt wird. Millionen Dollar aus Staatsgeldern werden für die Jagd auf ein Busineß verwendet, das milliardenschwer ist und den Rauschgiftbedarf unzähliger Millionen Menschen deckt. In der Magie gibt es den uralten Spruch: „Wer den Namen eines Teufels kennt, der ist sein Beherrscher." Ebenso verhält es sich mit den Drogen-Statistiken: Man glaubt, daß Zahlen – wie ungenau auch immer – der richtige Weg dazu sind, die Bestie zu zähmen.

Eine kleine Geschichte soll das Ausmaß des illegalen Drogengeschäfts illustrieren: 1985 wurde ein Rauschgifthändler in Florida zu 50 Jahren Gefängnis verurteilt. Während der sechs Jahre, in denen er gedealt hatte, hatte er 750.000 Kilo kolumbianisches Marihuana verkauft und im Zuge dieser Geschäfte ein Vermögen von 750 Millionen Dollar angehäuft. Sein Problem war, daß er keine Bank finden konnte, die eine solche Menge Geld „waschen" konnte – also kaufte er eine (wie ein Bericht im *Narcotics Control Digest* vom 21. 8. 1985, Seite 5, dokumentiert). Und sein Fall ist nur einer von Tausenden, die Tag für Tag vor die amerikanischen Gerichte kommen.

Auch im England der Sechziger entstand Betroffenheit und öffentliches Interesse am Thema Drogen. Damals wie heute steht Heroin, Hauptgegenstand jeder Drogenpanik, im Brennpunkt der Aufmerksamkeit. Tatsache ist aber, daß dieser Teil der rauschgiftsüchtigen Bevölkerungsschicht – im Gegensatz zu Marihuana- und Amphetamin-Konsumenten – in und um London vor dieser Zeit nie größer als ein paar hundert Leute war. Es gab praktisch keinen schwarzen Markt für importiertes Heroin; der Großteil des Stoffs, der auf die Straße gelangte, stammte von einer Handvoll Ärzten, ein paar geldgierigen und etlichen fehlgeleiteten, die ihre Macht, Rezepte auszustellen, ausnützten. Sämtliche politischen Maß-nahmen, die die Entwicklung eines Schwarzmarkts für importiertes Heroin verhindern sollten, versagten. In den 80er Jahren, in denen die Süchtigenzahlen Rekordhöhe erreicht haben, schnellte die Aufmerksamkeit, die dem Thema von der Regierung und den Medien gewidmet wurde, auf eine bisher nie dagewesene Ebene. 1985 berichtete ein Drogenberatungsdienst in Liverpool, daß während der ersten paar Monate seiner Existenz auf jeden Anruf, den sie von einem Süchtigen erhalten hätten, drei von Journalisten gekommen wären. Etwas früher im selben Jahr lud man eine Abordnung britischer Politiker aus einem Komitee des Innenministeriums auf eine Besichtigungstour nach New York ein – als Teil einer Recherche-Mission über Rauschgiftproblematiken. Von den schlechten Aussich ten verfolgt, mit denen sie dort konfrontiert worden waren, kehrten sie nach Hause zurück und gaben die Empfehlung ab, man möge im Krieg Großbritanniens gegen die Drogen das Militär und die Flotte einsetzen.

Als es im Viktorianischen Zeitalter noch zur ganz normalen Außenpolitik der Briten gehörte, „die Kanonenboote loszuschicken", waren die Drogenszenen auf der Insel und in den USA noch sehr verschieden voneinander; große Teile der Bevölkerung konsumierten Opiate, Kokain und Marihuana, das ihnen durch die Patentmedizin-Industrie, welche eine Handvoll Männer übermäßig reich machte, zur Verfügung stand. Und es war alles erlaubt. Drogen, die heute gefürchtet und verschmäht sind, waren damals ganz selbstverständlich in jedem Arzneimittelverzeichnis zu finden. Und die Navy tat alles andere, als die Rauschgifte mit militärischen Mitteln aus England draußenzuhalten – statt dessen beschützte sie die britischen Opiumexporte nach China. Unser Land war der erste internationale Drogenhändler, und wir haben damals nicht nur gegen die Chinesen Krieg geführt, um unseren Markt zu beschützen, sondern auch gegen den steigenden Druck vieler anderer Nationen, diesem Handel ein Ende zu setzen.

Es mag sich beim Folgenden zwar um ein Klischee handeln, aber: Wenn man sich die gegenwärtigen Maßnahmen der Regierung anschaut, „den Rauschgiftmißbrauch auszurotten", dann ist ihre Einstellung zum Thema Alkohol und Tabak sowohl widersprüchlich als auch ironisch. Natürlich muß man dazusagen, daß keine Regierung bisher anders gehandelt hat und daß es unvorstellbar ist, daß künftige Regierungen dieses Modell verwerfen werden. Schließlich bringt die Steuer auf Produkte, die in England unbestrittenermaßen Tausende unnatürliche Tode im Jahr verursachen, dem Staat ungeheure Gewinne. Man ist zwar sofort willens, aufgrund praktisch nicht vorhandener wissenschaftlicher Nachweise anderen Drogen verheerende Nebeneffekte zuzuschreiben (z. B. den Schaden, den LSD angeblich menschlichen Chromosomen zufügen soll), aber andererseits täuscht sich die Regierung mit ihren warnenden Hinweisen auf den Packungen über die Wirkung von Zigaretten hinweg – und auf einer Flasche Whisky findet sich überhaupt keine Warnung. So groß ist die Macht der Alkohol- und Tabak-Lobbies. Da sich ähnliche Situationen auf der ganzen Welt zeigen, hat man den Beweis dafür, daß reale Drogenpolitik nur sehr wenig mit der pharmakologischen Realität der Substanzen zu tun hat, um die es hier geht.

James Bakalar und Lester Grinspoon schreiben in ihrem Buch *Drug Control in a Free Society* (S. 68):

> Betrachtet man die Geschichte sozialer und gesetzlicher Reaktionen auf den Drogengebrauch, besonders im letzten Jahrhundert und in den Vereinigten Staaten, als eine Kette von Ereignissen, dann erscheint sie manchmal traurig und wahllos. Sehr schnell stößt man dabei auf unzureichende pharmakologische Forschung, auf widersprüchliche und auf ungenügender Information beruhende Ad-hoc-Reaktionen, auf die Befriedigung persönlicher Leidenschaften und Vorurteile (einschließlich Rassismus) als Antwort auf Drogen-Panik, auf das institutionalisierte Eigenlob der Rauschgift-Exekutive und auf einen unübersehbaren Anteil an Scheinheiligkeit und Korruption.

Die Sozialgeschichte der Drogen ist mit Beispielen für die Bedeutung des Symbolismus reichlich versehen. Mit anderen Worten: Die Frage nach der Wirkung jedweder Droge wurde bisher immer davon überschattet, wer sie zu welchen Zwecken verwendete. Einige der User und Zwecke sind sozial und moralisch akzeptabel, andere nicht, und um diese Grenzen zu ziehen, um soziales Abweichlertum festzulegen, um zu definieren, was sich jenseits der Grenzen des Erlaubten befindet, werden Gesetze gemacht. Diese Tatsache ist auch für die Geschichte von Drogen und Musik bedeutend, da Musiker oft schon wegen ihres Berufs als „jenseits des Normalen" befindlich angesehen wurden und werden, als Menschen, die sich mit anderen gesellschaftlichen Randgruppen wie Prostituierten oder Kriminellen zusammentun, und das in Gegenden mit einer Bevölkerung, die vorwiegend aus Einwanderern oder ethnischen Minderheiten besteht. Da sie nur wenig politischen Einfluß besitzen, haben diese Bevölkerungsteile immer am meisten unter der Verordnung von Gesetzen gelitten, die bisher legale Drogen unter Verbot stellten.

Sobald eine neue Droge auftaucht, muß sie verschiedene Stadien durchqueren, die von ihrer politischen, moralischen und ökonomischen Nützlichkeit bestimmt werden. Das erste Stadium heißt „Ruhm und Ehre". Tabak wurde beispielsweise von England bis nach China als Allheilmittel für jede Krankheit, von Kopfschmerz über Malaria, Cholera und Geschlechtskrankheiten, bis hin zu Würmern, gepriesen. Seine Bestätigungsphase folgte dann, als die höheren Klassen und der Klerus begannen, ihn zu Zwecken der Entspannung zu benützen, obwohl das Problem der Abhängigkeit bald offensichtlich war. Es war unvermeidlich, daß sich der Tabakgebrauch in allen Gesellschaftsschichten verbreitete und die Behörden zu fürchten begannen, daß der arbeitende Mensch dadurch von seinen Pflichten abgelenkt werden würde und die Droge ihm in seiner Eigenschaft als Produktionsmittel Schaden zufügen könnte. Recht bald gelangte man zur Annahme, daß die Entspannung bei einer Pfeife, einer Tasse Kaffee oder sogar einem Drink mit einer Verschwörung gegen den Staat gleichzusetzen wäre. Pubs und Kaffeehäuser wurden als „Lasterhöhlen" gebrandmarkt. Das Pub-Verbot für Jugendliche entsprang eigentlich der Absicht, sie vom korrumpierenden Einfluß politischer Intriganten fernzuhalten, und weniger der, sie vor den Übeln des Alkohols zu bewahren. Die Attacke, die James I. (1604) gegen den Tabak führte, diente als Vorbild für künftige Haltungen zum Thema „Freizeit-Drogengebrauch der Arbeiterklasse", im Zuge derer die betreffende Droge dann eben verleumdet und schließlich gesetzlich verboten wurde:

„Während der Tabak – von besseren Leuten damals wie heute nur als Mittel dazu verwendet und eingenommen wurde, die Gesundheit zu bewahren, wird er heute, als Folge schlechter Angewohnheit und deren Tolerierung, exzessiv von einer Anzahl aufständischer und unordentlicher Personen eingenommen, deren Charakter gemein und niedrig ist und die ganz im Gegensatz zum Gebrauch, den Personen mit guten Ruf und guten Qualitäten davon machen, einen Großteil ihrer Zeit mit dieser müßigen und eitlen Beschäftigung verbringen, zum Zwecke, anderen ein schlechtes Beispiel zu geben und sie zu korrumpieren – durch diese große und unbescheidene Einnahme des Tabaks wird die Gesundheit einer großen Anzahl von Menschen beeinträchtigt und ihre Körper werden geschwächt und dadurch zur Arbeit ungeeignet gemacht."

Die älteste dokumentierte Droge ist der Alkohol. Also war er auch im sechzehnten und siebzehnten Jahrhundert, als man in Europa und im Mittleren Osten die ersten Versuche unternahm, Rauchen und Kaffeetrinken zu zügeln, bereits fest als ein anerkanntes Mittel zur Zerstreuung in der Freizeit etabliert. Die Gesetze, die es zu dieser Droge gab, waren eher solche gegen Trunkenheit als solche gegen das Trinken selbst. Raucher und Kaffeetrinker aber waren den bösartigsten Bestrafungen ausgesetzt. In der Türkei genügte schon der kleinste Zug, und man bekam erstens eine Pfeife durch die Nase gerammt und durfte zweitens einen kostenlosen Ausflug unternehmen – rückwärts auf einen Esel gebunden durch die ganze Stadt. Amurath der Grausame, der zu Recht so hieß und 1623–1640 Sultan der Türkei war, entschied später, daß die Pfeife durch die Nase ein Sympathisieren mit Drogen darstellte. Er ersann eine nette Form der Fallenstellerei: Hatte man erst einmal einen Tabakhändler ausgeforscht, dann bot der verkleidete Sultan diesem eine große Geldsumme und völlige Diskretion an, wenn er ihm ein halbes Kilo Tabak verkaufen würde. Der unglückliche Händler präsentierte also seine Ware, woraufhin Amurath seinen Krummsäbel präsentierte und dem Mann den Kopf abhackte. Anderswo verordnete man das Zertrümmern von Armen und Beinen, Köpfen und Vierteilen. Mit dem Verkauf von Tabak im Rußland des 17. Jahrhunderts verdiente man sich das Recht, zu Tode gepeitscht zu werden. In China betrachtete man das Rauchen als „gegen das Staatsinteresse" und ließ Köpfe rollen. Sogar im Jahre 1832 wurde Rauchen in der Öffentlichkeit auf den Straßen Preußens noch als Demonstration gegen die Regierung betrachtet.

Trotz all dieser furchtbaren Strafmaßnahmen wurde den Beherrschern künftiger Generationen immer klarer, daß sie die Leute nicht davon abhalten konnten, sich zu amüsieren. Also beschlossen sie, das Volk nicht mehr mit seinem Leben, sondern mit seinem Geld dafür bezahlen zu lassen. Auf diese Weise traten Tabak und Kaffee in die Assimilations-Phase ein, da die Einkünfte, die man mit ihnen erzielen konnte, die königlichen Schatzkammern füllten. Versuche, den Alkohol zu verbieten, gab es – vor allem in Amerika – bis in unser Jahrhundert. Die Prohibitionszeit demonstrierte jedoch die Unmöglichkeit des landesweiten Verbots einer Droge, die von der Allgemeinheit bereits so stark akzeptiert worden war.

Im Zeitraum zwischen 1820 und 1920 gingen Opium, seine Derivate Morphium und Heroin, sowie Kokain und Marihuana durch diesen ganzen Integrationsvorgang und von dort zur Verschmähung und zum Verbot, wo sie sich auch heute, mehr als 60 Jahre später, noch befinden. Jeder, der Drogen von einem liberalen Standpunkt aus betrachtet, kann angesichts der Haltung diverser Regierungen seit den Tagen der „Flower Power" sicherlich wenig Hoffnung schöpfen. Die politische und wirtschaftliche Abhängigkeit der einzelnen Staaten voneinander, moderne Kommunikationssysteme und ausgeklügelt miteinander vernetzte Geheimdienste verbinden Marshall McLuhans „globales Dorf" enger miteinander als je zuvor. Politische und soziale Spannungen, die es durch den Zerfall der großstädtischen Strukturen und die Arbeitslosigkeit in vielen westlichen Staaten gibt, werden von rechtslastigen Behörden, die dem „Law-and-Order"-Prinzip und der „Bewahrung traditioneller Werte" anhängen, mühsam unter Kontrolle gehalten. Daher scheint es nur wenig wahrscheinlich, daß die „Blumen des Bösen" ihre Blüten jemals wieder der Sonne zuwenden werden.

Zur zweiten Auflage ...

Als dieses Buch 1985-1987 geschrieben wurde, befanden sich sowohl Großbritannien wie auch Amerika im Griff einer leidenschaftlich betriebenen Anti-Drogen-Politik. Die öffentliche Meinung war bestimmt von der „Just-Say-No"-Botschaft Nancy Reagans, und in England führte ein neuer Anstieg beim Heroinkonsum zu den ersten Anti-Drogen-Kampagnen der Regierung, die unter dem Slogan „Heroin Screws You Up – Heroin macht dich fertig" liefen.

Vom Blickpunkt der Drogen- und Popmusikgeschichte aus betrachtet, war das Buch an sich schon ein fast historisches Dokument. Punk war vorbei, und das meiste dessen, was Mitte der Achtziger als Musik durchging, vergißt man heute besser. Es gab keine herausragenden neuen Helden, keine begeisternden neuen Mainstream-Trends und keine neuen Opfer, an denen die Medien sich hätten ergötzen können. Die alten Helden waren ernsthaft bestrebt, clean zu werden, und erzählten es jedem. Vor allem Pete Townshend war mit seiner Benefizorganisation Double O bei den Anti-Drogen-Kampagnen an vorderster Front dabei. Was in der ersten Hälfte der Achtziger geschah, wird im Vorwort von Teil drei beschrieben.

Während es reihenweise Bekundungen gegen Heroin hagelte, bestand jedoch insgeheim der Verdacht, daß es im Musikbusineß gegen das alte bolivianische Kraftpulver keine solche Antipathie gab. Und tatsächlich sollte sich herausstellen, daß – während die Achtziger eine Blütezeit für Bekenner waren, die früheren Heroinkonsum eingestanden – das gierige Glamourvolk in den Neunzigern einen Kokainkonsum von phantastischen Ausmaßen offenbarte.

In der Alltagswelt kam man in Großbritannien mit dem Heroin zum Rauchen klar, während die Straßen Amerikas von einer Kokainsucht der ganz anderen Art geplagt wurden. Hier handelte es sich um Crack, das zusammen mit einer neuen Art von schwarzer Metropolen-Musik auftauchte, dem Rap. Viele der dazugehörigen Künstler spielten selbst in der Drogenszene eine Rolle und dokumentierten gleichzeitig den Schaden, der damit angerichtet wurde. Kapitel 15 stellt beide Seiten des Kokainphänomens dar.

Die vorausgesagte Crack-Epidemie brach in Großbritannien nie aus, obwohl diese Droge auf den Straßen einiger britischer Großstädte genug Probleme verursacht hat. Statt dessen entstand hier eine eigene Drogen/Musik-Revolution – mit Ecstasy, der Dance-Kultur und der Indie-

Rock-Szene. Vorhang auf für die Happy Mondays, die Stone Roses und Oasis – das Rund-um-die-Uhr-Partyvolk.

Und drüben in der Chill-Out-Zone, nach wie vor präsent, wenn auch in neuer Form für die Neunziger: die Allzweck-Joints. Eine Gesetzesänderung für Haschisch wird gerade wieder heiß diskutiert. Viele amerikanische Musiker, so zum Beispiel die Black Crowes und eine Reihe von Rappern, unterstützen die Forderung nach einer Legalisierung. In Großbritannien sollen sich sowohl Sting als auch Noel Gallagher für eine Gesetzesreform ausgesprochen haben.

Es ist anzunehmen, daß die aktuelle gesunde Diskussion über Drogen nicht zustande gekommen wäre, wenn der Drogenkonsum unter jungen Menschen in ganz Europa – angetrieben vom Viervierteltakt-Marschrhythmus der Dance Music – sich nicht so erstaunlich ausgeweitet hätte. Der steigende Drogenkonsum führte leider auch zu unvermeidlichen Opfern und Todesfällen. Über achtzig Menschen sind in Großbritannien im Zusammenhang mit Ecstasy-Konsum gestorben – und auch der Typ „kaputter Rockstar" meldete sich zurück. Einige, wie Dave Gahan von Depeche Mode oder Happy-Mondays-Sänger Shaun Ryder, haben überlebt, andere, wie Kurt Cobain und Michael Hutchence, schafften es nicht. Zwar starben beide nicht an einer Überdosis Drogen, aber zu Lebzeiten bekämpften sie ihren Schmerz und ihren Frust auf eine Weise, die im Musikbusineß nur zu gut bekannt ist.

Die verschiedenen „Drogenepidemien" im Westen mögen wieder auf dem Rückzug sein. Auf Crack in den USA trifft das sicherlich zu, und es gibt einige Anzeichen dafür, daß zumindest in Südengland die Begeisterung für Dance-Drogen langsam schwindet, während Alkohol in der Gunst der Clubgänger wieder gestiegen ist. Vielleicht ist auch die Neuauflage dieses Buches wiederum ein Rückblick auf eine sterbende Modeerscheinung? Auf kurze Sicht trifft das vielleicht zu – bis wieder irgend jemand irgendwo eine neue Musik für die nächste Generation zusammenbastelt, die dann brandschatzend durch das Teenage Wasteland zieht.

Harry Shapiro
Januar 1998

Teil 1

1

Treten Sie näher – kaufen Sie Gottes Medizin

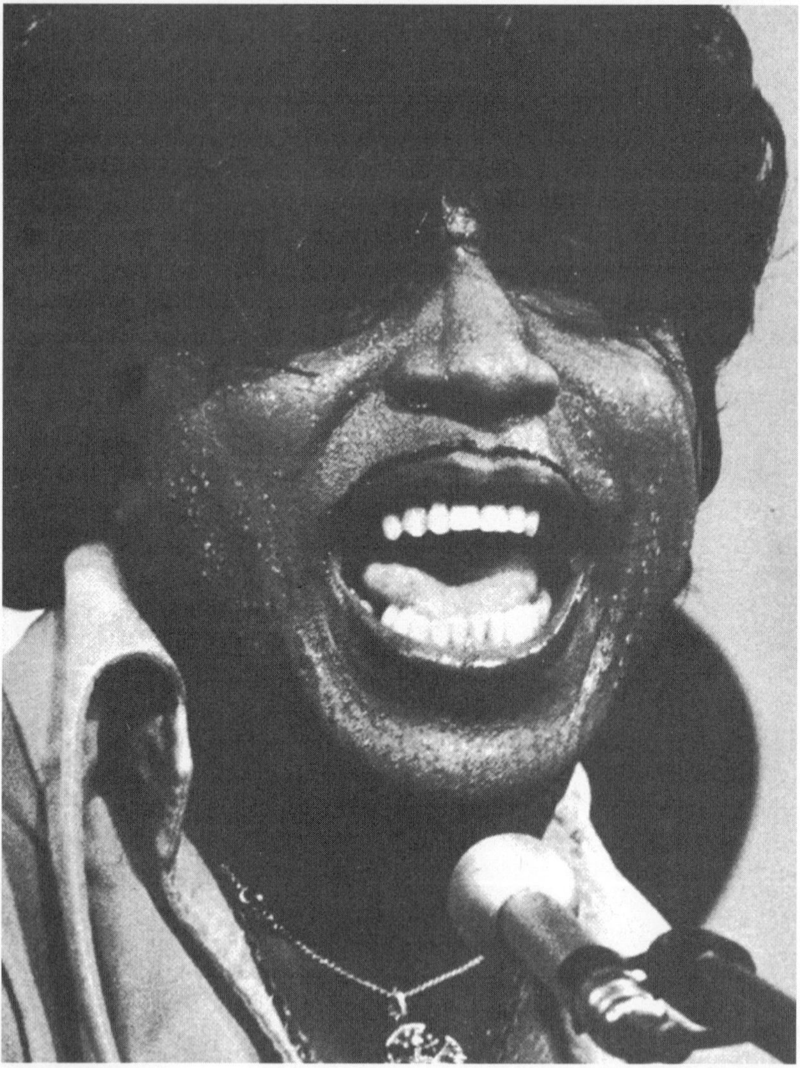

Little Richard
The original mad man of Rock 'n' Roll: Wo sich einige seiner Musikerkollegen überdosierten, floh er in die Arme der Kirche. Wurde er dort als Prediger zu wild und untragbar, kehrte er zu Sex & Drugs & Rock 'n' Roll zurück. So erlebte und überlebte er mannigfaltige Ekstasen aller Art im Überfluß. Tutti frutti!

Heutzutage geht die öffentliche Meinung über Heroin und Kokain dahin, daß es sich bei diesen Substanzen um gefährliche und versklavende Rauschgifte handelt, die junge Leben zerstören und zugleich den bösen Männern, die mit ihnen handeln, ungeheuer große Gewinne bringen; oft heißt es, daß solche Männer schlimmer als Mörder sind. Das Bild, das man von Marihuana hat, ist nicht mehr ganz so arg wie früher, aber dennoch glauben sehr viele Menschen daran, daß der Weg vom Marihuana-Rauchen zur Heroinsucht unausweichlich ist.

Man kann sich nur schwer vorstellen, daß die Situation jemals anders war. Aber bis zum Ersten Weltkrieg waren Opium, Morphium, Heroin und Kokain für jeden, der es sich leisten konnte, frei erhältlich. Man konnte sie von angesehenen Ärzten und Apothekern, im Lebensmittelgeschäft an der Ecke oder von Geschäftsmännern, die Patentmedizinen verkauften, beziehen. Der berühmte Kräuterkundler Nicholas Culpeper schrieb in seinem Werk *Complete Herbal*, daß englische Hausfrauen ohnehin so sehr mit Cannabis vertraut wären, daß er sich erst gar nicht damit aufhalten würde, alle Verwendungsmöglichkeiten dieser Substanz im Haushalt aufzuzählen.

Die Medizin war während eines Großteils des 19. Jahrhunderts noch eng den Theorien der alten Griechen verbunden, die nur durch die barbarischen Praktiken der sogenannten „heroischen Therapie" abgewandelt wurden. Das Leitprinzip war, unerfreuliche Krankheiten mit noch unerfreulicheren Heilmitteln auszutreiben. Die Patienten „mußten damit rechnen, daß man ihnen Blutegel und Zugpflaster ansetzen und sie schröpfen würde, daß man sie schwitzen lassen, ihnen einen Körperteil amputieren oder sie mit dem Schädelbohrer behandeln würde, daß man sie quälen und schinden würde bis zum letzten Lebewohl" (Latimer, S. 40, *siehe Bibliographie im Anhang*). Es war also kein Wunder, daß viele Ärzte im 18. und frühen 19. Jahrhundert eine Menge wohlhabender Patienten an die modische Kräuterkunde verloren, bis die Vorzüge der Opiate bekannt wurden.

Bei dem geringen Wissen, das man über den menschlichen Körper besaß, konnten die Ärzte nur die Symptome, nicht aber die Ursachen der Krankheit behandeln. Das schlimmste Symptom war der Schmerz – und daher waren Opium und seine Derivate, die besten Schmerztöter der Welt, ein Gottesgeschenk für die von Leiden belagerte Ärzteschaft, die keinen viel besseren Ruf hatte als Fleischhauer und Scharlatane. Der berühmte englische Arzt Thomas Sydenham sprach für alle seine Kollegen, als er sagte, daß „unter den Heilmitteln, die der allmächtige Gott dem Menschen zur Linderung seiner Leiden gegeben hat, keines so allumfassend und wirksam ist wie das Opium". Die Doktoren verschrieben es für große und kleine Unpäßlichkeiten, und „es wäre viel einfacher, jene Gebiete aufzuzählen, in denen es nie verwendet wurde, als den Versuch zu machen, sich mit jeder seiner therapeutischen Verwendungsmöglichkeiten zu befassen" (zit. nach Berridge, S. 66, *siehe Bibliographie im Anhang*).

Heute handelt es sich beim „typischen" Heroinsüchtigen wahrscheinlich um einen jungen arbeitslosen Mann (schwarz oder weiß), der in einem verarmten Großstadtslumviertel lebt. Der Süchtige des 19. Jahrhunderts war mit großer Wahrscheinlichkeit eine weiße Frau mittleren Alters aus der Mittelklasse, die abhängig geworden war, weil man ihr Laudanum (Opium mit Alkohol) oder Morphium-Injektionen verschrieben hatte. Die Probleme, die beim längeren Gebrauch von Opium auftreten, waren wohlbekannt, aber man betrachtete sie meistens als unangenehme Nebeneffekte einer Substanz, die ansonsten ein Wundermittel war. In einer Zeit, als die Selbstkontrolle eine soziale Notwendigkeit war, empfanden einige von denen, die süchtig geworden waren, manchmal ein bißchen Scham und wurden von anderen als zu weich gegen sich selbst und als Schwächlinge angesehen, aber mit Sicherheit nicht als Kriminelle und gesellschaftliche Parias. Morphium zum Injizieren stand nur denjenigen zur Verfügung, die sich einen Arzt leisten konnten – was im 19. Jahrhundert sehr teuer und dementsprechend selten war.

Die Patentmedizin-Industrie in England und Amerika befriedigte den Drogenbedarf der Mehrheit der Bevölkerung. Thomas Sydenhams eigene Laudanum-Mischung war die erste Patentmedizin, die im 17. Jahrhundert groß einschlug, und sie sollte während der darauffolgenden 150 Jahre der unangefochtene Marktführer bleiben. Später machten ihr Godfrey's Cordial, Battley's Sedative Solution, Squire's Elixir, Mrs. Winslow's Soothing Sirup, Daffy's Elixir und viele andere Substanzen, die alle Opium enthielten und uneingeschränkt verkauft werden durften, große Konkurrenz.

Das Geschäft mit den Patentmedizinen lief bestens. Die Hersteller waren die ersten, die die möglichen Vorteile der Werbung erkannten. Nachdem die Eisenbahnen den Vertriebsweg für die massenhafte Verbreitung von Zeitungen geöffnet hatten, steckten die Medizinmänner Tausende Pfund in die Werbung für ihre Produkte. Für viele Zeitungen war das Medizinbusineß die Hauptquelle ihrer Anzeigeneinnahmen.

Die ganze Geschichte wiederholte sich in Amerika – aber in einem wesentlich größeren Ausmaß. 1796 wurde die erste amerikanische Patentmedizin registriert – Samuel Lee's Bilious Pills (Gallentabletten, *Anm. d. Übers.*), die gegen alles, von Würmern bis zu „Frauenbeschwerden", helfen sollten. Drei Jahre später warf jemand anderer, der zufällig auch Samuel Lee hieß, *seine* Gallentabletten auf den Markt, und die beiden führten mittels Zeitungsinseraten einen geschäftlichen Krieg. Jeder bezeichnete den anderen als Schwindler, und beide machten ordentliche Gewinne. Damit markierten sie für den Rest dieser Industrie den Weg für die folgenden Jahrzehnte: Keine Lüge war zu groß, keine Behauptung zu absurd, keine Irreführung zu unehrlich. Um 1900 befanden sich etwa 50.000 Präparate auf dem Markt, die ihren Herstellern ein jährliches Einkommen von an die 80 Millionen Dollar einbrachten. Wie bei den Medizinen in England war auch hier Opium ein ganz normaler Bestandteil.

Im Jahre 1898 stellte ein deutscher Wissenschaftler, der in den pharmazeutischen Laboratorien von Friedrich Bayer arbeitete, ein neues Morphium-Derivat, nämlich Diacetyl-Morphin, her. Die neue Droge wurde mit sensationellen Erfolgen an verschiedenen schwer zu behandelnden Erkrankungen der Atemwege erprobt. Bayer brachte dieses Wundermittel unter dem Namen „Heroin“ auf den Markt – ein Name, der darauf hinweisen sollte, daß in einer kleinen Menge dieser Droge eine Riesenkraft steckte. Was die Forschergruppe besonders freute, war die Tatsache, daß jene Patienten, denen man Heroin gab, von den üblichen Nebeneffekten des Morphiums, nämlich Übelkeit und Verstopfung, verschont blieben. Sie nahmen an, daß es mit diesem Präparat auch nicht zur Sucht kommen würde. Sobald aber medizinische Untersuchungsberichte, in denen das Gegenteil festgestellt wurde, erschienen, fand die Karriere des Heroins als weitverbreitete legale Droge ein schnelles Ende. Ungefähr um die selbe Zeit erschien eine neue Droge, die aus einem südamerikanischen Busch gewonnen wurde, wie ein Blitz als das „einzig Wahre“ auf dem Markt.

Sigmund Freud war ein früher Kokain-Vorkämpfer. In seinem Aufsatz „Über Koka“ zählte er die Verwendungsmöglichkeiten der Droge als Stimulans, als Heilmittel gegen Verdauungsbeschwerden, Asthma und sogar Alkohol- und Morphiumabhängigkeit auf. Aber nicht alle Neuigkeiten waren so gut: Freud warnte davor, daß ein unkontrollierter Gebrauch der Droge zu „physischem und intellektuellem Verfall“, zusammen mit „Schwäche, Auszehrung und moralischer Verderbtheit“ führen könne.

Kokain wurde über lange Zeit hinweg als Lokalanästhetikum verwendet, aber in den 90er Jahren des letzten Jahrhunderts waren es eher die stimulierenden Qualitäten der Droge, die die Patentmedizin-Industrie dazu anregten, eine Unmenge von Stärkungsmitteln und „Pick-me-ups“ (Magen-Schnäpschen, *Anm. d. Übers.*) auf den Markt zu werfen. Bei einigen davon, etwa bei Dr. Tucker's Specific oder Agnew's Powder, handelte es sich um praktisch reines Kokain. Bernay's Catarrh Cure wurde mit einem eigenen Rauschgiftzubehör-Besteck ausgeliefert – nicht Spiegel,

Rasierklinge und Löffelchen, sondern ein kleines Glasröhrchen und ein kurzer Gummischlauch. Ein Ende des Schlauchs kam ins Pulver, der andere in eines der Nasenlöcher, und schon waren Schnupfen, Nebenhöhlenbeschwerden und zweifelsohne auch noch eine Menge anderer Erscheinungen wie weggeblasen.

Wesentlich unschädlicher – da sie nur sehr kleine Mengen Kokain enthielten – waren die Kolanuß-Getränke (inklusive Coca-Cola) und die Koka-Weine. Der Vin Mariani (benannt nach seinem korsischen Hersteller) zählte zu den beliebtesten und wurde zum Lieblingsgetränk diverser Königshäuser. Mariani erhielt enthusiastische Lobesbriefe vom Prince of Wales, dem russischen Zaren und den Königen von Norwegen und Schweden. Papst Leo XXIII. überreichte Mariani eine Goldmedaille, die ihn als „Wohltäter der Menschheit" auszeichnete.

Die amerikanische Zeitungsindustrie florierte ebenso wie ihr britisches Gegenstück von den Anzeigen für Patentmedizinen. In Amerika gab es um 1800 nur zwanzig Tageszeitungen. 1860 waren es schon 400 plus zahlreiche ländliche und Provinzblättchen. Einige der Hersteller gaben bis zu 100.000 $ pro Jahr für Inserate aus. Aber so überzeugt sie auch vom Wert der Zeitungsinserate waren, die Medizinmänner waren auch Showmänner. Sie wollten hinaus auf die Straßen ihres Landes und dort den Leuten ihre Mittelchen direkt verkaufen. Und so entstanden die Medicine Shows.

So eine „Show" konnte aus einem einzelnen Mann bestehen, der an der Straßenecke auf einer Kiste stand und mit lauter Stimme seine Waren anpries. Das andere Extrem war John Healys und Charles Bigelows Kickapoo Indian Medical Company Show. Sie bestand aus nachinszenierten Indianerschlachten, Magiern, Komikern, Musikern – also Dutzenden von Entertainern, die für ein Publikum von bis zu 8.000 Zuschauern ein abendfüllendes Spektakel veranstalteten.

Aber egal, wie groß so eine Show war, das Prinzip dahinter war immer dasselbe: Der Straßenhändler mußte sein Publikum zwar interessiert, aber kritiklos machen, er mußte es davon überzeugen, daß es nur eine Frage der Zeit wäre, bis sie alle krank und daher auf sein neuestes Wundermittel angewiesen sein würden:

TRETEN SIE NÄHER, KOMMEN SIE HER! Egal, was Sie haben, dieses kleine Schächtelchen wird Ihr Leben retten. Schon eine einzige Dosis beseitigt, beschützt und behandelt total, sofort, garantiert und unwiderruflich Zahnweh, Schlaflosigkeit, Klumpfüße, Mumps, Stottern, Krampfadern, jugendliche Fehlentwicklungen, Mandelentzündung, Rheumatismus, Kaumuskelkrampf, Bauchschmerz, Bruch, Tuberkulose, nervöse

Erscheinungen, Impotenz, Mundgeruch und Fallsucht – oder Sie bekommen Ihr Geld zurück! (Zit. nach McNamara, S. 27, *siehe Bibliographie im Anhang.*)

Um ihre Medizinen noch etwas glaubwürdiger zu machen, posierten die Ausrufer oft selbst als Ärzte oder nahmen einen Arzt auf ihre Tour mit. Bei letzteren handelte es sich meist um traurige Fälle, die ihre eigenen Praxen durch Alkoholismus oder Rauschgiftsucht verloren hatten. Einige der Darsteller befanden sich in einem ähnlich schlechten Zustand: Opium und Kokain waren, praktisch jederzeit für sie verfügbar, und das Risiko war groß, diese Substanzen viel zu häufig zu gebrauchen, um gegen die Langeweile des Daseins „on the road" anzukämpfen. Und für die, die einmal etwas Besseres gewesen waren oder die, die es nie geschafft hatten, stellten die Medizinen eine Flucht vor ihrer Realität dar, die darin bestand, daß sie dazu verdammt waren, auf den Bühnenbrettern eines dreckigen Hinterwäldlerkaffs nach dem anderen herumzutrampeln.

Auf eine junge Nation, die noch wenig eigene Geschichte vorzuweisen hatte, übte das Bild uralter und geheimnisvoller Rassen einen mächtigen Einfluß aus. Die Kickapoo Indian Company machte ihr Geschäft mit dem Glauben an die Heilungskünste der amerikanischen Indianer. Viele der Ausrufer hüllten sich in orientalische Gewänder und spannen lang und breit ihre Geschichten über den exotischen Osten. Andere wieder nützten das Vertrauen aus, das ein Mitglied des Klerus im Volk erzeugt: Die Quäker-Ausrufer warfen mit biblischen Phrasen wie „wahrlich, ich sage euch" und „sei mit euch" nur so um sich und trugen breitkrempige Hüte. Aber im Grund verließen sich alle Ausrufer, angesichts der unglaublichen Unkenntnis über Gesundheit und Hygiene, vor allem auf ein Element: die Angst.

Habt ihr manchmal das Gefühl, als wäre es fast unmöglich, in der Früh aufzustehen? Ihr eßt gut und schlaft gut, aber ihr haßt es, aufzustehen? Na ja, Leute, ihr wißt es vielleicht noch nicht, aber das ist das erste Anzeichen der galoppierenden Schwindsucht!

Ihr lachendes fröhliches Völkchen, du Mutter, du Vater, du junger Mann, Frau und Kind – in jedem von euch steckt die Saat des Todes. Ist es Krebs? Ist es Schwindsucht? Ist es vielleicht irgendeine schreckliche unbekannte Seuche?

Die Medicine Shows waren voll mit superheldenähnlichen Typen: Big Foot Bill Wallace, Phenomenal Klaus und Wonderful Walton. Ray Black's

Tour-of-the-World-Verkaufsansprache dauerte fünf Stunden ohne Pause. „Wenn sie bis zum Schluß bei mir bleiben", pflegte er zu sagen, „dann kaufen sie auch sicher was. Wenn ich mit ihnen fertig bin, sind ihre Absätze abgetreten – ihre Rücken sind ganz krumm, und sie sind sicher, daß sie ein Nierenleiden oder Hexenschuß haben" (zit. nach McNamara, S. 65, *siehe Bibliographie im Anhang.*)

Einige wenige der Medizin-Männer wurden sehr wohlhabend; das Vermögen der Familie Rockefeller zum Beispiel hat seinen Ursprung in Patentmedizinen. Nelsons Großvater William Avery Rockefeller war ein so gerissener und welterfahrener Drogenverkäufer wie jeder New Yorker Kokaindealer der Gegenwart. Wie sein heutiges kriminelles Gegenstück kleidete er sich modisch, reiste unter falschen Namen und hatte nie weniger als tausend Dollar in seiner Brieftasche. Big Bill Avery, „der Krebs-Spezialist", machte mit seinem Job genug Geld, um seinen Sohn J. D. Rockefeller bei dessen Einstieg ins Ölbusineß in Cleveland zu unterstützen – und der Rest ist Geschichte, wie man so schön sagt (zit. nach Epstein, S. 35, *siehe Bibliographie im Anhang*). Eine der äußerst seltenen weiblichen Ausruferinnen, Madame Dubois, hinterließ ein Vermögen von mehr als einer Million Dollar. Eine andere namens Violet McNeal berichtete in ihrer Autobiographie *Four White Horses and a Brass Band* über das Leben auf Achse. Violet war unter dem Namen „Princess Lotus Blossom" mit ihrem Ehemann Will unterwegs, der einer der ersten Ausrufer war, die auf die Idee mit der „orientalischen" Verkaufs-Show kamen. In ihrer ertragreichsten Zeit, von 1906 bis 1914, konnte man Violet, Will und andere erfolgreiche Ausrufer mit erfolgreichen Medienstars vergleichen. Tausende Menschen überall in den Staaten sahen ihre Shows; die Stars trugen nur die allerbeste Kleidung, aßen in den besten Restaurants und saßen an den besten Tischen. „Ich hatte 27 Diamantringe. Ich hatte Diamantarmbänder und -medaillone und einen von diesen Hope-Diamanten [sic] – einen Sechs-Karat-Stein, der in eine Brosche eingefaßt war. Wir nannten sie Sonnenstrahlen" (zit. nach McNeal, S. 77, *siehe Bibliographie im Anhang*). Und jedermann nannte *sie* Diamond Vi.

Diamond Vi war gern mit den Randschichten der groß- und kleinstädtischen Gesellschaft zusammen – mit Prostituierten, Spielern, Buchmachern und Betrügern – also lauter Leuten, die sich ihren Lebensunterhalt mit der Gier und Leichtgläubigkeit der Normalbürger verdienten, und natürlich auch mit anderen Reisenden von eher zwielichtigem Charakter – Schauspielern, Preisboxern, Gangstern und Musikern. Sie lernte einiges über die Hierarchie bei den Ausrufern: die ganz unten, die auf einer Kiste am Straßenrand predigten und die ganz oben, die auf einer Bühne standen und hohe Lizenzsummen für dieses Privileg hinlegten. Die höherstehenden Ausrufer pflegten gesellschaftliche Kontakte zu Zirkusbesitzern (niemals zu den Artisten), Saloon-, Bar- und Spielsaloneigentümern, Puffmüttern, Politikern, Reitpferdbesitzern und der höheren Klasse der Diebe.

Die Shows gingen im Mittelwesten und den Südstaaten am besten. Die ungebildeten Landbewohner waren naiver als Stadtmenschen und außerdem dankbar für jede Unterhaltung. Abgesehen von gelegentlich durchreisenden Minstrel-Shows (Varieté-Gesangs-Gruppen, deren Mitglieder als Neger geschminkt auftraten, *Anm. d. Übers.*) und kleinen Zirkussen waren die Medicine Shows eine der wenigen Abwechslungen des Lebens. Meistens handelte es sich dabei um recht bescheidene Angelegenheiten, bei denen eine einfache hölzerne Plattform mit einem Hintergrund aus Zeltleinwand errichtet wurde, zu deren Seiten die Transportfahrzeuge des fahrenden Unternehmens aufgestellt waren. In der Show traten der Manager/Vortragende, ein Sketch-Team, das auch Solonummern präsentierte, ein Sänger und Tänzer, ein Pianist und andere Musiker und ein Komiker mit schwarzbemaltem Gesicht auf – letzterer fungierte gleichzeitig als Zeremonienmeister und als Produzent. Das Programm änderte sich oft jeden Abend, also mußten die Darsteller sehr flexibel sein. Eine Show, die zwei Stunden dauerte, sah etwa so aus: Der Schwarzbemalte oder eine Gesangsnummer, in der das ganze Ensemble auftrat, brachte die Sache ins Rollen und erweckte die Aufmerksamkeit des Publikums. Dann folgte eine komische Nummer, in der fast immer die Standard-Karikatur des Negers – „Jake" oder „Sambo" mit viel zu weiten Hosen in viel zu grellen Farben und viel zu großen Schuhen – in Erscheinung trat, zusammen mit einem normalen Mann, der ihm die Pointen lieferte. Als nächstes folgte wieder Musik oder eine Spezialnummer, wie z. B. ein Bauchredner. Dann die erste Verkaufsshow des Abends, in der für den Anfang einmal irgendeine Billigseife angeboten wurde – das teure Zeug kam später. Anschließend wieder Musik und ein Schwank, gefolgt von der zweiten Verkaufsabteilung. Auch eine Süßigkeitenkauf-Verlosung konnte dabei sein: Kaufen Sie eine Süßigkeit und Sie haben die Chance, einen großen Preis zu gewinnen (irgend etwas von billigen nutzlosen Neuheiten bis zur Bettwäsche). Die Sambo-Nummer beendete schließlich das ganze Spektakel.

Musik spielte in der Medicine Show eine wichtige Rolle. Diese Tatsache machte es Leuten, die darum kämpften, als Musiker überleben zu können, möglich, regelmäßige Arbeit zu finden und zu reisen. Das Umherreisen war Teil der Mythologie, die das Musikerdasein umhüllte: Es deutete auf unberechenbaren Verstand, Freidenkertum und ein Outlaw-Dasein hin, das unabhängig von gesellschaftlichen Konventionen war. Als Drogen dann illegal waren, entwickelte sich auch um sie herum eine eigene geheimnisvolle Mystik, die sich bestens in den Outlaw-Mythos des reisenden Musikers integrieren ließ.

Vor der Massenauswanderung in den Norden, die am Anfang unseres Jahrhunderts stattfand, bestand eine der wenigen Chancen für Schwarze aus den Südstaaten, die nicht als Erntearbeiter auf den Feldern arbeiten wollten, darin, ein umherziehender Sänger oder Musiker zu werden. Für jene, die nicht ausbrechen konnten, war der „travelling coon" (reisender Neger, *Anm. d. Übers.*), der durch Songs aus der Südstaatengegend unsterblich wurde, eine Figur, die mit fast übermenschlichen Kräften ausgestattet war – mit einem schnellen Mundwerk, einer lockeren Brieftasche und den richtigen Tricks bei den Mädchen. Nach der Sklavenbefreiung des Jahres 1865 setzte man Freiheit mit Beweglichkeit gleich, und Tausende von Schwarzen machten sich auf ihre große Reise über die Landstraßen und schufen damit ein Bild, das Teil des schwarzen Selbstbilds in Amerika werden sollte. Der reisende Musiker, der die Rolle des Verkünders der Wahrheit vom schwarzen Prediger und die Rolle des Gauners oder „schlechten Niggers" vom Teufel übernommen hatte, wurde zum endgültigen Symbol der Freiheit. Die Flucht aus der Monotonie und Hoffnungslosigkeit der schwarzen Arbeitswelt, kombiniert mit der Möglichkeit, sich seinen Lebensunterhalt zu verdienen, ohne dabei auf den weißen Mann angewiesen zu sein – also mit anderen Worten, den weißen Mann bei seinem eigenen Spiel zu besiegen –, hielt den Status des Musikers hoch.

„Irgendwann in ihrem Leben arbeiteten die meisten der Bluesmen und Straßensänger aus Memphis einmal in den Medicine Shows", schreibt der Blues-Experte Bruce Cook (S. 119, *siehe, wie immer, Bibliographie im Anhang*). Die Bluessänger betrachteten die Medicine Shows als „eine Art bezahlten Urlaub vom harten Stadtleben", als etwas, das sie zum Spaß machten. Dennoch konnte das Leben auf der Straße für einen schwarzen Musiker der Jahrhundertwende äußerst gefährlich sein. Durch die Black Codes, eine Gesetzgebung gegen die Schwarzen, die im ganzen Süden in Kraft war, hatten die Rednecks praktisch freies Schußfeld. Schwarze Musiker mußten in den schlimmsten Zimmern hausen, wenn sie überhaupt welche bekamen, wurden in Restaurants nicht bedient, konnten damit rechnen, von Managern und Agenten betrogen zu werden, waren im allgemeinen routinemäßigen Schikanen und Einschüchterungen ausgesetzt und verloren gelegentlich auch das Leben. W. C. Handy wäre einmal fast gelyncht worden, nachdem er versucht hatte, einem aus seiner Truppe das Leben zu retten, und konnte nur entkommen, indem er sich im Geheimabteil eines Eisenbahnwaggons versteckte. Louis Wright, ein ausgesprochen stolzer schwarzer Minstrel-Sänger, hatte nicht soviel Glück. Als ihn in Missouri einige Weiße anstänkerten, als er gerade mit seiner Freundin ausging, erwiderte Wright den Angriff mit ein paar ausgesuchten Beleidigungen. Schnell bildete sich ein wütender Mob, den Wright jedoch mit Schüssen aus seinem Revolver zerstreute. Dann erschien der Sheriff, verhaftete die gesamte Truppe, ließ Wright aber des Nachts „frei" – direkt in die Hände der tobenden Menge. Sein verstümmelter Körper wurde später zum Begräbnis nach Chicago verfrachtet (zit. nach Toll, S. 221–222). Trotz all dieser Schwierigkeiten trugen die Musiker, die mit den Medicine Shows unterwegs waren, dazu bei, das Wissen um den Blues im ganzen Süden zu verbreiten.

Eine der allerersten Bluessängerinnen war Ophelia Simpson, die auch unter dem Namen „Black Alfalfa" bekannt war. Sie arbeitete für Dr. Parker's Medicine Show und war dem Chef dabei behilflich, eine Mixtur zusammenzubrauen, die angeblich Bandwürmer beseitigen sollte. Das war einer der beliebtesten Verkaufstricks: Der Medizinmann präsentierte einen riesenhaften Bandwurm, der in voller Länge in einem Glas eingelegt war, und am Ende seines Vortrags war wohl fast jeder im Publikum davon überzeugt, selbst einen Bandwurm zu haben. Black Alfalfa sang Ragtime-Songs, um die Menge bei Laune zu halten, aber als Bluessängerin war sie besser. Henry, ihr Mann, arbeitete in einer Düngemittelfabrik am Ohio River bei Louisville, Kentucky, was ihm den Spitznamen Dead Dog eintrug. Am Anfang des Jahres 1898 stand Ophelia wegen Totschlags an Dead Dog Simpson vor Gericht. Sie wurde für eine Zeitlang zu dem verurteilt, was die Schwarzen Stoney Lonesome (die steinerne Einsamkeit), also das Gefängnis, nannten und dann mit dem Argument entlassen, daß ihr Ehemann „nicht gezählt habe" und wahrscheinlich sowieso nichts Besseres verdient habe, als zu sterben.

Viele wirklich chancen- und hoffnungslose Musiker spielten in den Medicine Shows, aber es gab auch einige berühmte Namen, die bis in die 40er Jahre, als die Shows endgültig ausstarben, ihre Karrieren dort anfingen. (Zum Zeitpunkt des Ablebens dieser Shows enthielten die Medizinen natürlich nur noch Wasser, Kräuter und Alkoholmischungen). Buster Keatons Eltern betrieben eine Medicine Show. Harry Houdini und die Country-Stars Roy Acuff, Hank Williams und Jimmy Rodgers hatten sich dort alle einmal ihre Sporen verdient. Sogar Little Richard, der King of Rock 'n' Roll, leistete seine Zeit ab, in der er an der Seite des „Grinders" (des Medizinmanns) auftrat.

„Zu der Zeit, als bei mir zu Haus' die ganzen Schwierigkeiten anfingen, rannte ich davon und schloß mich Dr. Hudsons Medicine Show an. Ich habe keinem gesagt, daß ich gehe, ich bin einfach gegangen. Doc Hudson stammte aus Macon und verkaufte Schlangenöl. Er fuhr in die Städte, wartete, bis sich alle Schwarzen versammelt hatten und erzählte ihnen, daß Schlangenöl für alles gut sei. Natürlich glaubten sie ihm. Aber er hat gelogen. Schlangen-öl! Ich half ihm bei dieser Lüge. Er stellte eine Bühne im Freien auf, und ein Typ namens James spielte Klavier. Ich sang dazu ‚Cal'donia, Cal'donia, what makes your big head so hard?'" (Zit. nach Charles White, S. 31.)

Aber die Zeiten, in denen die Patentmedizin-Industrie ein bedeutendes Element der amerikanischen Wirtschaft war, waren schon lange bevor Little Richard Little Richard die Bühne betrat, abgelaufen. Die Berufsgruppe der Mediziner befand sich in einem raschen Aufwärtstrend. Sie organisierte sich immer besser und gewann mehr und mehr Selbstvertrauen, als neue Entdeckungen in der klinischen Medizin die Entwicklung der Spezialisation anspornten. In der Zwischenzeit hatte das Geschäft mit den Patentmedizinen einen Punkt erreicht, an dem nur noch große Unternehmen neue Produkte erfolgreich auf den Markt bringen konnten, da die dazu erforderlichen Kapitalinvestitionen sehr hoch waren. Man trat also die Schlacht um den Medizinmarkt an.

S. H. Adams, ein Journalist, feuerte die erste Breitseite für die ausgebildeten Mediziner ab. Er tat das mit einer Artikelserie, die er für *Colliers Magazine* unter dem Titel „The Great American Fraud" („Der große amerikanische Betrug") verfaßte. Der erste dieser Artikel erschien 1905 und begann mit den Worten:

Leichtgläubige Amerikaner werden in diesem Jahr 75 Millionen Dollar – für den Erwerb von Patentmedizinen ausgeben. In Anbetracht dieser Summe werden sie ungeheure Mengen Alkohol, ein erschreckendes Ausmaß an Opiaten und Narkotika, ein großes Sortiment verschiedener Drogen, deren Bandbreite von starken und gefährlichen Herzmitteln bis zu heimtückischen Leber-Stimulantien reicht und – mehr als alle anderen Zutaten – unverdünnten Betrug schlucken müssen. Denn Betrug, ausgeübt von den geschicktesten Werbungs-Bauernfängern, ist die Grundlage dieses Geschäftszweigs. Sollten sich die Zeitungen, Zeitschriften und medizinischen Journale endlich weigern, ihre Seiten dieser Art Werbung zur Verfügung zu stellen, dann würde das Patentmedizin-Geschäft in fünf Jahren als ebenso skandalöses Beispiel der Geschichte dastehen wie der South Sea Bubble (ein gefährlicher Whisky-Fusel, *Anm. d. Übers.*).

Ein medizinischer Kreuzritter namens Dr. Hamilton Wright, der beim bald folgenden Verbot der Narkotika in Amerika eine große Rolle spielen sollte, nützte die Gelegenheit und ließ 500.000 Exemplare des „Great American Fraud" im ganzen Land verteilen.

Der Pure Food and Drug Act (ein Lebensmittel- und Drogengesetz, *Anm. d. Übers.*) von 1906 tat an sich wenig dazu, die Kampagne des Doktors zu unterstützen. Der Verantwortliche für dieses Gesetz, Dr. Harvey Wiley, befaßte sich in erster Linie mit verfälschten Lebensmitteln; bei den Maßnahmen, die mit Patentmedizinen zu tun hatten, handelte es sich eher um einen Nachgedanken. Alles, was die Hersteller von nun an zu tun hatten, war, die Zutaten jeder Medizin, die Opium und seine Derivate Morphium und Heroin sowie Kokain enthielt, genau mengenmäßig aufzulisten. Trotzdem steigerte der Act das öffentliche Bewußtsein über die Mengen Opium und Kokain, die sich zu einer Zeit im Umlauf befanden, als die allgemeine Angst über die Folgen der Abhängigkeit von sensationslüsternen Zeitungen groß ausgeschlachtet wurde. Der richtige Todesschlag kam erst am 1. März 1915, als der Harrison Narcotics Act von 1914 in Kraft trat. Von diesem Tag an war, zumindest soweit es die Agenten des Schatzamts betraf, die dieses Gesetz exekutieren sollten, jeder, der irgendetwas mit Narkotika zu tun hatte – Verkäufer, Ärzte oder Patienten – ein Krimineller.

2

Vom Sambo zum Satan

Minstrel Shows

Mit chinesischen Eisenbahnarbeitern kam Opium nach Amerika. Minstrel und Medicine Shows popularisierten die obskure „Medizin" auch unter der farbigen Bevölkerung. So mancher Sklavenhalter verabreichte seinen Leuten Kokain, um sie still und arbeitswillig zu halten, zumal Alkohol zu kostspielig für Arbeiter war. Einige derer, die ihren Sklaven Drogen verabreichten, wurden selber zu Sklaven der Drogen. So wird es kein Zufall sein, daß der Minstrel auf dieser Ankündigung eine Mohnpflanze in der Hand hält.

Die meisten Autoren, die sich mit dem Erlaß des Harrison Narcotics Act befassen, konzentrieren sich auf zwei Schlüsselelemente, die parallel zueinander liefen. Das erste war der fortgesetzte Kampf der Berufsgruppe der Mediziner, die das Verschreiben von Medikamenten unter ihre Kontrolle bringen wollte, und das zweite die Notwendigkeit einer eigenen Anti-Rauschgift-Gesetzgebung, die Amerikas internationaler Kampagne gegen den Drogenhandel mehr Glaubwürdigkeit verleihen sollte. Aber wie John Helmer in seinem Buch über Drogen und die Unterdrückung von Minderheiten so richtig bemerkte: Die allgemein bekannte Geschichte des Drogengebrauchs dieser Zeit und die der Rauschgiftpolitik scheinen fast völlig von den Angelegenheiten des restlichen Amerika getrennt zu sein. Das Ergebnis davon ist, daß man die Kräfte, die diese Geschichte formten, nur schwer zu Gesicht bekommt.

Es würde natürlich den Umfang dieses Buchs sprengen, würde man den Versuch machen, diese verschiedenen Kräfte zu untersuchen. Da aber die Geschichte der Populärmusik im wesentlichen die Geschichte der schwarzen Musik in Amerika ist, ist die sich verändernde Einstellung der Weißen gegenüber den Schwarzen nach der Abschaffung der Sklaverei sowohl für die Geschichte der Drogen-Gesetzgebung als auch für die Erschaffung eines ausgesprochenen Schreckgespensts von Bedeutung – nämlich für den drogenkonsumierenden schwarzen Jazzmusiker.

Als sich das 19. Jahrhundert seinem Ende näherte, durchlief Amerika eine Art spirituelle und moralische Krise. Es gab eine nationale Mythologie, die auf den Glauben gegründet war, daß „kulturelle Erneuerung von der räumlichen Ausdehnung abhängt" (zit. nach Carroll, S. 238). Der Fortschritt einer Nation, die auf streng bibelgläubigen Protestantismus gegründet und der Arbeitsethik eng verbunden war, bekam auch tatsächlich seinen größten Anstoß durch die Mobilität. Das offene, weite Land und die Schlachten, die man gegen die Indianer gefochten hatte, um dieses Land zu erobern, hatten eine Herausforderung dargestellt, von der man glaubte, daß sie die Nation jung und lebendig erhalten würde. Aber nach den letzten Indianerkriegen in den 80er Jahren des 19. Jahrhunderts hatten die Amerikaner das Ende der Straße erreicht. Ein Volk, das zum Immer-weiter-Gehen geboren und mit großem Pioniergeist ausgestattet war, hatte keinen Ort mehr, wo es hingehen konnte.

Das Erreichen der endgültigen Grenze hatte auch auf das amerikanische Geschäftsleben seine Auswirkungen. Man erholte sich immer noch vom Schock der Wirtschaftskrise in den 1870ern, als die heimischen Märkte schön langsam ihren Sättigungsgrad erreichten. Für die amerikanischen Politiker der 1890er hatte die Suche nach neuen Grenzen oberste

Priorität. Senator Orville Platt sagte 1893: „Die Isolationspolitik war so lange in Ordnung, als wir noch eine Nation im Embryonalstadium waren, aber heute ist die Lage anders. Wir sind das fortgeschrittenste und mächtigste Volk der ganzen Welt und erachten es für unseren zukünftigen Erfolg als notwendig, die Doktrin der Isolation aufzugeben ... unsere Kinder müssen auf den Ozean hinausblicken, so wie sie früher auf den grenzenlosen Westen hinausblickten" (zit. nach Carroll, S. 307).

Amerikas Heiliger Krieg gegen den internationalen Handel mit Narkotika war Teil einer Publicity-Kampagne, die darauf abzielte, dem Rest der Welt zu demonstrieren, daß Amerika eine führende Weltmacht war und daher das Recht auf einen Anteil an den ausländischen Märkten hatte, die zu dieser Zeit zwischen den etablierten Kolonialmächten wie Großbritannien, Deutschland und Holland aufgeteilt waren.

Die Probleme an der heimatlichen Front waren etwas schwerer zu handhaben. Während sie den Blick in ferne Länder richtete, schloß die WASP-Kultur im eigenen Land die Reihen. Amerika hatte keine einheitliche Kultur, und der Bürgerkrieg hatte gezeigt, wie zerbrechlich die Union war. Trotzdem war die männlich dominierte WASP-Moral mit ihrem angeborenen Gefühl der Überlegenheit gegenüber Indianern, Schwarzen, Einwanderern und den eigenen Frauen etwas verunsichert. Seit den ersten Tagen der Besiedlung des Landes durch die Weißen existierten tiefsitzende Ängste bezüglich einer Vergiftung durch unerwünschte Elemente. Diese Ängste wurden noch schlimmer, als der Zerfall sozialer und moralischer Werte der Viktorianischen Zeit mit dem Erreichen der letzten Grenzen zusammenfiel. Die bedrohliche Vision eines langsamen Abstiegs in die Dekadenz der Alten Welt stand am Horizont. Aus diesen Ängsten entstand die Idee des „inneren Feindes", ein nützliches Mittel, den Staat zusammenzuhalten, Fehlleistungen zu entschuldigen oder das Volk auf unpopuläre Gesetze vorzubereiten. Zu den Feinden im 20. Jahrhundert gehörten jüdische und italienische Gangster, Kommunisten, Studentenaktivisten, sexuell und politisch unabhängige Frauen sowie Jazz- und Rockmusiker.

Die Regierungspropaganda versuchte immer wieder, im öffentlichen Bewußtsein eine Verbindung zwischen den Leuten, die man als „jenseits der Grenze des Erlaubten" bezeichnete, und illegalen Drogenkonsumenten herzustellen. Ein Beispiel dafür sind die „kommunistischen Rauschgifthändler" und die „LSD-irren" Studentenaktivisten. Im 19. Jahrhundert schlossen sich Presse, Polizei und Politiker zusammen, um in der Öffentlichkeit Angst vor zwei Gruppen zu erzeugen: chinesischen Opiumrauchern, die mit weißen Sklaven handelten, und gewalttätigen schwarzen Kokainkonsumenten.

In den 40er und 50er Jahren des 19. Jahrhunderts wurden chinesische Arbeitskräfte zu Tausenden an die Westküste Amerikas gebracht, um dort in den Goldminen zu arbeiten und die Eisenbahnlinien zu errichten – und das unter Arbeitsbedingungen und für Löhne, die kein weißer Mann akzeptiert hätte. Sobald die Minen leergeschürft und die Eisenbahnen fertiggebaut waren, erlitt Amerika in den 1870ern den Schock der wirtschaftlichen Depression, der die Weißen dazu aufstachelte, mit den chinesischen Arbeitern in einen Wettstreit zu treten. Bis zu diesem Zeitpunkt war das günstigste, was einem Chinesen passieren konnte, von der weißen Bevölkerung toleriert zu werden. Nun brach aber eine Welle antichinesischer Ressentiments über das Land herein und die Chinesen, die große und lebendige Viertel in vielen amerikanischen Städten errichtet hatten, wurden zu Opfern gesetzlicher Beschränkungen und systematischer Schikanen.

Die größte chinesische Gemeinde existierte in San Francisco. Als William Randolph Hearst 1887 den *San Francisco Examiner* übernahm, stürzte er sich mit Hilfe dieses Mediums sofort in einen Kreuzzug gegen die Chinesen, und schaffte es ganz allein, mit Hilfe des Sensationsjournalismus den primitiven Mythos von der „Gelben Gefahr" zu verbreiten. Die Chinesen hatten die Gewohnheit, Opium zu rauchen, und die soziale Institution der Opiumhöhle aus ihrer Heimat mitgebracht. Schon 1875 erließ die Stadt ein Verbot gegen das Opiumrauchen, das angeblich einen direkten Angriff gegen die Gesellschaft darstellte. Hearst entschied sich natürlich dafür, das Opium als Ausgangspunkt seines Zeitungskreuzzugs zu nehmen. Alles, was es an den Chinesen zu fürchten gab, wurde durch die Opiumhöhle verkörpert.

Die bessere Gesellschaft hielt sich natürlich von den Chinesen fern, aber die weiße Unter- und die künstlerische Halbwelt hatten keine Skrupel, Beziehungen zu dieser Gesellschaftsschicht zu pflegen. Im Gegensatz zur einsamen Beschäftigung, die das Morphiumspritzen darstellte, handelte es sich beim Opiumrauchen um eine sehr soziale Angewohnheit, und die Attraktionen der leicht zugänglichen Opiumhöhle waren für Chinesen und Weiße gleich faszinierend. Zubehör und Ritual des Opiumrauchens, das Bewußtsein, dazuzugehören und Teil einer exklusiven Schicht zu sein, das die Raucher hatten, die Verwendung eines geradezu esoterischen Jargons – „hop joint" (Drogenlokal), „long draw" (ein tiefer Zug an der Pfeife), „yen" (Gier, Abhängigkeit) usw. –, das alles sollte zu einem Muster werden, dem auch die Drogensubkulturen des darauffolgenden Jahrhunderts folgen würden. Dieselbe Faszination, die Leute dazu brachte, Patentmedizinen mit einer „orientalischen" Geschichte zu kaufen, brachte sie dazu, Hearsts

Zeitung zu erstehen und in ihr Artikel über die „Zehn Sklaven des Mohnblütenzaubers", „Sonntägliches Laster in Chinatown" und „Verbrannter Leichnam eines Opiumsüchtigen aufgefunden" zu entdecken. Noch bevor 1913 die ersten Fu-Manchu-Geschichten des Autors Sax Rohmer veröffentlicht wurden, hatte sich in der Öffentlichkeit das Bild des perversen und unergründlichen Chinesen festgesetzt, der minderjährige Jungfrauen in die Sklaverei oder ins Bordell verschleppte, indem er sie opiumsüchtig machte.

1882 wurde die chinesische Einwanderung gestoppt, und im Jahre 1909 wurden der Import und die Verwendung von Opium zum Rauchen verboten. Anders als bei Tabak und Kaffee in Europa fürchtete man hier nicht das Einsickern nach *unten* durch die sozialen Schichten, sondern eines nach *oben*. Der Architekt der gesamten frühen amerikanischen Drogengesetzgebung, Dr. Hamilton Wright, schrieb 1910: „Das Opiumrauchen hat sich nach und nach bei einem Großteil unserer Outlaw-Bevölkerung durchgesetzt und gelangte sogar bis in höhere Gesellschaftsschichten." Ein Bezirksgericht in Oregon jedoch machte den wahren Grund des Verbots offensichtlich. Das Gericht verurteilte einen Chinesen wegen des Verkaufs von Opium und machte klar und deutlich, daß das Ziel des Verbots nicht die Droge sei, sondern jene, die man am ehesten mit ihrem Gebrauch in Verbindung brachte: „Opiumrauchen ist nicht unser Laster, und daher kann es sein, daß dieses Gesetz eher dem Wunsch entstammt, den ‚heidnischen Chinesen', soweit das nur möglich ist, zu verärgern und zu beunruhigen, als dem, das Volk vor dieser üblen Angewohnheit zu beschützen." Dennoch fand die Verurteilung statt. Das Gericht stellte nämlich fest, daß es die möglichen Motive hinter dem Gesetz nicht in seine Urteilsfindung einbeziehen könne.

In Hamilton Wrights Augen hatte die Gabel des Teufels zwei Zacken: Die eine war Opium und die andere Kokain, „der bedrohlichste Drogenmißbrauch, der in diesem Land jemals aufgetreten ist", und verbreitet von denen, die er für die bedrohlichste gesellschaftliche Gruppierung hielt: den „kokainverrückten Niggern".

Schwarze wurden, als sie als Sklaven nach Amerika gebracht wurden, fast immer als Wilde betrachtet. Die ersten amerikanischen Eigentümer von Sklaven sahen die Sklaverei als ein notwendiges Hilfsmittel an. Die Sklavenarbeit müßte einfach getan werden, und die Schwarzen selbst könnten von der erzwungenen Assimiliation in die christliche Gesellschaft nur profitieren. Aber von der Wende zum 19. Jahrhundert an begannen sich die Einstellungen zu ändern: Die Sklaverei wurde als notwendiges Übel betrachtet, das irgendwann einmal abgeschafft werden mußte.

Als die Ansichten über „natürliche Sklaverei" immer mehr Amerikanern zusehends störender erschienen, versuchten die Leute, die die Sklaverei in Schutz nehmen wollten, das Bild des Negers von dem des brutalen Wilden in das eines unschuldiges Kindes zu ändern. Dieses Kind war Sambo: faul, hilflos, unwissend, gutmütig, freundlich und – vor allem – zufrieden. Sambo wurde zur festen Bühnengestalt bei Zirkus- und Medicine Shows, aber es war die Minstrel Show, die am meisten dazu beitrug, diese grobe Karikatur am Leben zu erhalten. Sambo, der weiße Mann mit dem schwarzen Gesicht, wurde den Stadtbewohnern des Nordens als das akzeptable Gesicht des Südens präsentiert, als sicheres und bequemes Bild von den Schwarzen und ihrem Leben auf den Plantagen.

In der Minstrel Show war der Neger ein unterlegenes, unterwürfiges und dummes Wesen. Komiker mit schwarzgeschminkten Gesichtern outrierten in lächerlichen Karikaturrollen: Sie trugen übertriebenes Gesichts-Make-up, das Augen und Mund betonte, schlecht sitzende, geflickte Kleidungsstücke, ließen ihre Augen rollen, ihre Körper sich ungeschickt und ruckartig winden und hatten einen schweren „Nigger"-Dialekt drauf. Diese sichtbaren Stereotype wurden durch ein idealisiertes Bild vom Leben auf den Plantagen noch verstärkt. In den Liedern des Stephen Foster beispielsweise waren alle glücklich, sicher und sorgenfrei – entweder glücklich damit, wo sie sich befanden oder voller Vorfreude auf ihre „Heimkehr" nach Afrika:

> Es war kein Zufall, daß der unglaubliche Massenerfolg der Minstrel-Sänger zeitlich mit dem in der Öffentlichkeit intensiv behandelten Thema der Sklaverei und einer angemessenen Stellung der Neger in Amerika zusammenfiel. Eben deswegen, weil die Leute über den Auftritt einfach nur lachen konnten ..., dienten die Minstrel Shows als ein „sicheres" Vehikel, mit dem das hauptsächlich aus Bewohnern der Großstädte im Norden bestehende Publikum seine Gefühle abreagieren konnte – auch wenn es sich dabei um die heikelsten und lebendigsten Themen handelte ... Wie bei jedem anderen Aspekt der Show erwuchs auch bei den Minstrels die Einstellung in der Rassenfrage aus dem engen Kontakt zwischen den auftretenden Künstlern und dem Publikum. Änderte sich die öffentliche Meinung, dann änderten sich auch die Inhalte der Minstrel Shows (zit. nach Toll, S. 65–66).

Das bedeutete, daß sich während verstärkter öffentlicher Diskussionen über die Sklaverei ein Anti-Sklaverei-Unterton in die Shows einschlich.

Sobald die Sklavenfrage aber die Union zum Zerbrechen zu bringen drohte, wurden solche Gefühlsäußerungen unterdrückt.

1852 erschien Harriet Beecher Stowes Buch *Onkel Toms Hütte*. Es war der erste amerikanische Roman, dessen Hauptfiguren Schwarze waren und präsentierte diese Schwarzen als menschliche Wesen, die Leid, Elend und Demütigung empfinden konnten. Aber die Minstrel-Show-Produzenten schafften es, auch das zu verharmlosen, als sie den Roman für die Bühne adaptierten. Ihre Botschaft lautete so:

> Es war nicht notwendig, wegen der Sklaverei einen Krieg zu führen, Neger im Norden als gleichberechtigt anzuerkennen oder wegen der Widersprüche zwischen dem Mißstand der Sklaverei und dem amerikanischen Credo ein schlechtes Gewissen zu haben. Ein Schwarzer konnte nur ein erfülltes Leben führen, ... wenn er in einer untergeordneten Rolle auf einer Plantage tätig war: Denn Schwarze brauchen Überwachung – und die haben sie hier, in der wohltätigen Atmosphäre einer großen liebenden Familie (zit. nach Toll, S. 97).

Die Gleichberechtigung veränderte alles. Obwohl die meisten Schwarzen im Süden blieben, waren sie jetzt beweglicher und bauten durch das schnelle Anwachsen der amerikanischen schwarzen Kirchen ein neues gesellschaftliches und spirituelles Leben auf. Sogar als Erntearbeiter standen sie nicht mehr unter der direkten wirtschaftlichen Kontrolle der Weißen. Schwarze bekleideten politische Ämter und waren bald auch aus den Berufsgruppen der Angestellten und Akademiker nicht mehr wegzudenken. Als Reaktion darauf schufen die Weißen, vor allem Politiker aus den Südstaaten, ein neues volkstümliches Negerbild – er veränderte sich von einem unschuldigen Kind zu einem bösartigen Vergewaltiger.

Von der Angst getrieben, daß die schwarzen Wähler sich mit den schlechtverdienenden Weißen zusammentun und so die demokratische Machtzentrale gefährden würden, stellten Politiker wie Thomas Dixon aus North Carolina in den 1890ern einen Gift und Galle sprühenden Feldzug gegen die Schwarzen auf die Beine, der Hitlers Kampagne gegen die Juden nicht unähnlich war. Daraus entstanden dann offizielle Gesetze, nämlich die „Jim-Crow"-Gesetze, die die Rassentrennung im Süden einführten und in jedem nur vorstellbaren Bereich des öffentlichen Lebens Schwarze streng von Weißen separierten. Angst, Schikanen und Einschüchterungen gehörten für die schwarze Bevölkerung zur täglichen Routine. Aufzeichnungen zufolge wurde zwischen 1890 und 1917 durchschnittlich jeden zweiten Tag ein schwarzer Mann oder eine schwarze Frau gelyncht.

Die Prohibitionsbewegung war im Süden besonders stark, da man von vornherein annahm, daß Schnaps den Sambo in einen Satan verwandeln würde. Aber es war die Verbindung der Schwarzen zum Kokain, die den Anstiftern des Rassenhasses ihr mächtigstes Symbol schwarzer Wildheit in die Hände spielte.

Da die Medicine Shows bei den armen Schwarzen der Südstaaten am beliebtesten waren, war es klar, daß diese auch zu den enthusiastischsten Konsumenten der Stärkungsmittel, Arzneien und Cola-Getränke gehörten, die Kokain enthielten. Ja, mehr noch – Plantagenbesitzer hatten oft ihre eigenen Vorräte und gaben ihren Arbeitern billiges Kokain: Denn glückliche Arbeiter brachten mehr ein, und da Kokain den Appetit unterdrückt, wurden sie auch nicht so schnell hungrig. Ein scharfsinniger Boß, der pro Mann ein Viertelgramm verteilte, konnte damit 16 Arbeiter glücklich und wesentlich produktiver machen und kam mit einer Unze (knapp 30 Gramm) volle sieben Tage aus. Da Kokain damals nur 2,50 $ pro Unze kostete, konnte er also kaum etwas falsch machen. Die Schwierigkeiten, Alkohol zu bekommen, können auch dabei mitgespielt haben, daß einige Schwarze auf Kokain umstiegen.

Der Mythos vom „kokainverrückten Schwarzen" nützte sowohl den Absichten der Anti-Drogen-Front als auch denen der Rassisten (wenn nicht sowieso schon ein und dieselben Personen diese beiden Gruppen ausmachten). Schwarze nahmen Kokain, Schwarze waren eine Bedrohung, also war Kokain gefährlich; oder aber: Kokain war gefährlich, und wenn Schwarze es einnahmen, dann ließ sie das auf das Niveau des Wilden zurückfallen. Zeitungsberichte begannen, Kokain mit von Schwarzen verübten Gewalttaten in Verbindung zu bringen. 1903 schrieb ein gewisser Colonel Watson der *New York Tribune* einen Leserbrief, in dem er warnend meinte, „daß viele der schrecklichen Verbrechen, die in den Südstaaten von Farbigen verübt werden, direkt auf die Kokainabhängigkeit der Täter zurückgeführt werden können". Ein Artikel nach dem anderen erschien zu diesem Thema: Der Polizeichef von Atlanta behauptete, daß siebzig Prozent aller Verbrechen im Zusammenhang mit Kokain stünden, während Dr. Christopher Koch, ein Kämpfer gegen die Drogen, die Feststellung machte, daß „die meisten Angriffe gegen weiße Frauen in den Südstaaten das direkte Ergebnis kokainverrückter Negerhirne sind". Unter dem Einfluß von Kokain bekamen Schwarze also angeblich übermenschliche Fähigkeiten und waren nicht mehr aufzuhalten. Dr. E. H. Williams behauptete in der *New York Times* vom 8. Februar 1914, daß ein „Kokain-Nigger" bei Asheville, North Carolina, fünf Männer gnadenlos niedergeknallt hätte, und zwar mit nur einem Schuß pro Mann. Ein Polizist aus derselben Stadt konnte beschwören, daß ein Schuß, der aus nächster Nähe direkt ins Herz eines „Negers im Kokain-Wahnsinn" abgegeben wurde, diesen nicht einmal ins Stolpern gebracht hätte. Diesen Zwischenfall benutzten die Polizeibeamten der gesamten Südstaaten als Rechtfertigung dafür, sich mit großkalibrigeren Revolvern auszurüsten.

In den 90er Jahren des 19. Jahrhunderts stellte die britische Indian Hemp Commission fest, daß es für die Behauptungen, Marihuana mache Menschen verrückt, keinerlei Beweise gab. Die Mitglieder der Kommission gingen anekdotenhaften Berichten nach und überprüften sie auf ihren Wahrheitsgehalt. Hamilton Wright machte keine Kontrollen dieser Art; sie widersprachen seinen Zielen. Er eignete sich alle unbewiesenen Gerüchte über Kokain an und übernahm sie als Teil der offiziellen und „maßgeblichen" Begründung für seinen Angriff auf den nicht medizinisch gerechtfertigten Gebrauch von Drogen.

Die „verdorbene Jugend" war schon immer ein aufmerksamkeitserregender Schlachtruf in den Kampagnen für die Unterstützung traditioneller Werte. In Amerika stieg dieser Punkt zu einem wichtigen Teil der „moralischen Krise" des Landes auf. Während der Amtszeit des jüngsten amerikanischen Präsidenten, Theodore Roosevelt, betrachtete man die Jugend als die Garantie für die wirtschaftliche und militärische Stärke der Zukunft. Die Bewegung des Progressive Reform Movement, die von der Mittelklasse ausging, setzte alles daran, Gesetze durchzubringen, die junge Menschen vor Prostitution, Abtreibung und Alkoholismus bewahren sollten. Sie fand Unterstützung in einflußreichen Regierungskreisen, die auf den Kongreß Druck ausübten, gegen die Drogen vorzugehen.

Es wurde viel vom Heroinmißbrauch unter Jugendlichen (ein Ausdruck, der 1904 vom Psychologen G. Stanley Hall geprägt wurde, um die Altersgruppe zwischen 14 und 18 Jahren zu kennzeichnen) gesprochen. Die meisten Studien aus dieser Zeit erwähnen zwar, daß Heroin auch von Jugendlichen genommen wurde, zeigen aber, daß es bei älteren Altersgruppen viel verbreiteter war. Ein ähnlicher Fall war der empörte öffentliche Aufschrei über die „Tatsache", daß Angehörige des Militärs Drogen, vor allem Kokain, nahmen. Und auch hier stellte sich bei Untersuchungen wieder heraus, daß der Drogenmißbrauch innerhalb des Militärs keine signifikanten Ausmaße hatte. Die Tatsache, daß so wenige junge Rekruten Drogenprobleme hatten, deutete eher darauf hin, daß junge Menschen im allgemeinen nicht viel mit Drogen zu tun hatten.

Welche Rollen auch immer die Selbstverherrlichung der Mediziner-Fraktion, die internationale Diplomatie und echte Besorgnis über die öffentliche Gesundheit spielten, das Ergebnis war *gesellschaftliche Ächtung*. Sie war hauptsächlich für das Verbot des Freizeit-Drogengebrauchs in Amerika verantwortlich. Die Gesetze, die erlassen wurden, waren deutliche Demonstrationen gegen bestimmte Gruppen von Drogen-Usern, gegen deren Lebensstile und die Bedrohung, die sie angeblich für die weiße Gesellschaft darstellten.

Sambo wurde zu Satan, als er „außer Kontrolle geriet" - wegen des Kokains, behauptete man, aber in Wahrheit natürlich als Ausbruch aus der wirtschaftlichen Leibeigenschaft, in der er sich früher unter dem weißen Mann befand. Die logische Folge davon war, daß Drogen in den Untergrund abwanderten - den richtigen Ort für satanische Vergnügungen. Ebenso richtig war die Verbindung zur neuen Stimme der schwarzen Bevölkerung - dem Blues (der „Musik des Teufels") und Jazz. Schwarze, Dschungelrhythmen und Drogen: eine unheilige Dreifaltigkeit, die den halsstarrigen weißen angelsächsischen Protestanten bis in sein Innerstes erzittern ließ, die es dem Schmierblatt-Journalisten erlaubte, sich freudig die Hände zu reiben, und die all jene, die Gefahr und Aufregung suchten, hinaus auf die Straßen trieb.

3

Light Up And Be Somebody – Mezz und Marihuana

Mezz Mezzrow

Trotz seiner weißen Hautfarbe hat er sich immer als „Neger" gefühlt und bezeichnet – selbst als er im Knast saß. Er war der Dealer der Jazz-Szene der 30er und 40er Jahre schlechthin, der Haus-Dealer von Louis Armstrong & all that Jazz. The Mighty Mezz besorgte das beste Dope, blies eine passable Klarinette und rollte seine legendären Reefer unverkennbar mit einer speziellen sechseckigen Spitze.

I's gwina save all my nickels and dimes/To buy me a Mary Jane

„High Sheriff Blues"

For the cats and kittens of the Jazz Age, marijuana was kicks, climbs, jollies and high times jumpin' to the beat of a hot horn or a mean licorice stick.

Albert Goldman

Meine ... Erinnerungen an Gras werden immer die sein, daß ich dadurch eine Menge Schönheit und Wärme erfahren habe. Nun, das war mein Leben, und ich schäme mich dessen überhaupt nicht. Mary Warner, mein Liebling, du warst wirklich die Beste ...

Louis Armstrong

ALS DER KRIEG in Europa vorbei war und die Jungs wieder heimkamen, durchlebte Amerika eine Zeit spiritueller Leere. Die neuen Religionen hießen Materialismus, Anhäufung von Reichtum und Anbetung alles Neuen und Großen. Und, ebenso wie in den 60er Jahren, bewirkten der Reichtum und der offensichtliche Konsumwahnsinn der Zwanziger eine Reaktion bei einem Teil der jüngeren Generation, der sich den Luxus leisten konnte, unorthodox zu sein. Sie flüchteten sich in Musik, die sich gegen das Establishment richtete, in sexuelle Genüsse, alternative Lebensstile und „andere Welten".

Bei den meisten Jazz Babies drückten sich diese „anderen Welten" hauptsächlich in einer Ouija-Bretter-Mode (Alphabettafeln für spiritistische Sitzungen, *Anm. d. Übers.*) und weniger in östlichem Mystizismus aus. Und die Jugendlichen aus der Zeit vor sechs Jahrzehnten gründeten auch keine „Zurück-zur-Natur"-Kommunen, sondern wandten sich der „ungezügelten Leidenschaft" und „Vitalität" der schwarzen Kultur zu. Der Idealismus eines früheren Zeitalters war dem Realismus gewichen: Alles, was die normale Welt zu bieten hatte, waren Desillusionierung und Stillstand; die Vergangenheit war in den Schützengräben in die Luft gesprengt worden, und die Zukunft hatte nichts als das zweifelhafte Versprechen des „Fortschritts" anzubieten. Die schwarze Kultur schien hingegen Ehrlichkeit, Spontaneität und sogar einen neuen spirituellen Sinn zu enthalten, was vor allem zwei Gruppen von Menschen anlockte: wohlhabende junge Leute, die auf der Suche nach Attraktionen waren und bei denen die Regeln und Dünkel der „guten Gesellschaft" einfach keine Gültigkeit mehr besaßen, und jüdische Einwanderergruppen, die die Probleme, die man als Minderheit hatte, sehr wohl begreifen konnten.

Ganz anders, als die Abstinenzlerbewegung erwartet hatte, ermutigte die Prohibition die Reichen eher dazu, einen „walk on the wild side" zu unternehmen. Cafés, Cabarets und Restaurants waren seit Jahrzehnten ein integrierter Teil des großstädtischen Nachtlebens, aber die Flüsterkneipen und Kellerlöcher, die zu Jazzklängen illegalen Schnaps ausschenkten, fügten den spannenden Attraktionen des „Ein-bißchen-aus-der-Tretmühle-Ausbrechens" eine weitere hinzu. Der Jazzklarinettist Milton Mezzrow, mit dem wir uns in diesem Kapitel näher befassen werden, schrieb in seiner 1946 veröffentlichten Autobiographie *Really the Blues* zusammenfassend über diese Situation (S. 98):

> Ich fand es ganz witzig, wie schnell sich die obersten und die untersten Gesellschaftsschichten während der Prohibitionszeit zusammentaten. In diesem protzigen Club, der Mitgliedern der berüchtigten Purple Gang gehörte, trafen sich die Blaublütigen Detroits – die Typen aus Grosse Point auf einem Ausflug in die Slums – und saßen Schulter an Schulter mit der Bande von Louis the Wop. Die Purple Gang, das waren wirklich harte Jungs … und die hochnäsige Clique Detroits hatte das Gefühl, mit diesen Verbrechern zu plaudern, sei das wahre Leben.

Unter den jungen Weißen (häufig waren es Juden oder Italiener), die sich gegen die traditionellen Werte stellten, waren die Jazzmusiker die rebellischsten. Jazz hatte sich als die großstädtische Stimme der schwarzen Kultur herauskristallisiert. Er war eigentlich eine Protestmusik, in der die Schwarzen ihre täglichen Erfahrungen verarbeiteten. Bei weißen Kids, die ein Mittel suchten, ihre Wut gegen die Gesellschaft auszudrücken, fand das natürlich großen Anklang. Diese Musik schockierte die Spießbürger – genauso wie Rock 'n' Roll Mitte der Fünfziger. Und *ein* Musiker war es ganz besonders, der den fast schon religiösen Eifer verkörperte, den entfremdete Weiße für schwarze Lebensstile empfanden. Er war weiß, er war jüdisch, und er wurde zum Archetypen des Hip-Musikers der Jazz-Ära, der erste weiße Neger.

Milton „Mezz" Mezzrow wurde „in einer winterlichen Nacht" des Jahres 1899 als Sohn einer angesehenen jüdischen Mittelklassefamilie in Chicagos Northwest Side geboren. Als Kind verbrachte er einen Großteil seiner Zeit auf der Straße, geriet in Schwierigkeiten und Raufereien, beging kleine Diebereien und hing in Billardhallen herum. Während seiner Jugend hatte er das Pech, sich immer zur falschen Zeit am falschen Ort aufzuhalten. Als er sechzehn war, wurde er gefaßt, als er gerade mit einem gestohlenen Auto fuhr. Man verfrachtete ihn ins Pontiac Reformatory, eine Besserungsanstalt.

„In diesen Monaten hab' ich eine Menge über das Talent des Farbigen gelernt, sein Leben und seinen Geist nicht aufzugeben und mit der Musik seine Sorgen auszudrücken", schrieb er später (Mezzrow, S. 4).

In Pontiac machte Mezzrow seine ersten schwarzen Musikerbekanntschaften: Er lernte Yellow, einen Kornettspieler, und den Altsaxophonisten King kennen. Rassenunruhen im Gefängnis (und später der vier Tage dauernde Rassenaufstand, der 1919 Chicago erschütterte) zeigten ihm, wie sich Jim Crow (Ausdruck für „Nigger", *Anm. d. Übers.*) fühlen mußte, obwohl er sich ohnehin auf den Straßen der Stadt schon oft genug eine blutige Nase geholt hatte, wenn ihm jemand „Itzig" nachgerufen hatte. Als Mezzrow entlassen wurde, war ihm schon klar, wie seine Zukunft aussehen würde: „Ich wußte, daß ich von nun an mein ganzes Leben in der Umgebung von Negern verbringen wollte. Sie waren meine Leute. Und ich würde lernen, ihre Musik zu spielen, und das dann für den Rest meiner Tage tun" (Mezzrow, S. 18).

Die große Völkerwanderung der Schwarzen vom Süden in den Norden ließ Chicago zwischen 1910 und 1920 einen Anstieg der schwarzen Bevölkerung um 150 Prozent erleben. Der größte Zustrom fand nach 1916 statt, als die Aussicht auf hohe Löhne nach dem Krieg groß war. Die Schwarzen siedelten sich in so großer Anzahl an der South Side von Chicago an, daß dort eine Stadt innerhalb der Stadt entstand, die vom Hauptstrom des Chicagoer Stadtlebens völlig unabhängig war.

Zusammen mit den Zehntausenden Schwarzen, die einen normalen Job suchten, kamen auch Musiker aus New Orleans. Die Geschichte des Jazz, wie sie die Reisegesellschaft „Cook's Tour" darstellt, wartet mit einer stark vereinfachten Begründung für die Verbreitung der Jazzmusik in ganz Amerika auf. Die direkte Wanderung von New Orleans nach Kansas City, Chicago und New York, die angeblich durch die Schließung von Storyville, dem Rotlichtbezirk von New Orleans, in Gang gebracht wurde, vernachlässigt mit den Worten Kenneth Allsops „all den Jazz, Semi-Jazz, Fast-Jazz und die Jazz-Tribute", die im Süden und im Mittelwesten zu hören waren. Blaskapellen, Ragtime, Bierzeltmusik, Vaudeville, Kirchenmusik und eine ganze Menge damit verwandte, örtlich beschränkte musikalische Ausdrucksweisen hatten ihren Einfluß auf das Genre. Nichtsdestotrotz bot New Orleans das Beste, was diese neue Musik anzubieten hatte, und verlieh dem Jazz noch dazu seinen anrüchigen Ruf.

Der Geist von New Orleans war geprägt von „Alles ist erlaubt" und von Nichteinmischung – also dem Glaubensbekenntnis eines Musikers sehr ähnlich. Vom ersten Tag ihres Bestehens an war diese Stadt eine des Lebens der einfachen Leute, der Dieberei, des Spiels und vor allem der

Prostitution. New Orleans „tolerierte völlig unparteilich kleine Gauner und große Gangster, königliche Gouverneure, die in ihre eigene Tasche arbeiteten, aber auch Fünfzig-Cent-Huren" (zit. nach Ostransky, S. 2). In einer Stadt, in der Korruption und leichtverdientes Geld auf der Tagesordnung standen, waren die florierendsten Unternehmen natürlich Bordelle, Spielhöllen, Saloons, Cabarets und Tanzlokale. Die Kundschaft wollte unterhalten werden, also war Musik eine Wachstumsindustrie, obwohl es nur wenige professionelle Musiker gab. In Wirklichkeit war die Musik eine Art Nebenerscheinung des Glücksspiel-Busineß': „Die Gauner, Spieler und Pferdewetter waren sehr oft hart arbeitende Musiker, die gerade keine Saison oder kein Berufsglück hatten und ein bißchen schnelles Geld brauchen konnten" (zit. nach Sidran, S. 44). Außerdem waren sie natürlich exzessive Drogenkonsumenten und konnten dort vor 1914 alles kaufen, was ihr Herz begehrte. Als jedoch der Krieg begann, waren Drogen illegal. Die Navy sorgte sich um das Wohlergehen der jungen Matrosen und veranlaßte die Schließung Storyvilles.

Tatsächlich begann aber der Exodus der Jazzmusiker aus New Orleans schon viel früher. Zu den ersten Klängen, die Mezz Mezzrow prägten, zählten die der Original Creole Jazz Band, die im Big Grand Theatre und dem North American Restaurant in Chicago schon seit 1913 wahre Publikumsmassen anzog. Zu den Starinstrumentalisten der Band gehörten Sidney Bechet, Freddie Keppard, der Schlagzeuger Tubby Hall und die Pianistin Lil Hardin, die später Louis Armstrong heiraten sollte. Die Chicagoer Musikergewerkschaft hatte es Jazzmusikern aus dem Süden, wie Jelly Roll Morton, Keppard, Bechet, Jimmy Moore und Nick La Rocca anfangs schwer gemacht, feste Jobs zu finden, aber ihr Widerstand zerbröckelte angesichts des lawinenartig anrollenden Interesses der Öffentlichkeit. So richtig begann der Jazz in Chicago erst zu brodeln, als 1918 Joe „King" Oliver, ein Superstar-Kornettist aus New Orleans, dort ankam. Er gründete 1929 seine eigene Band, ließ Louis Armstrong kommen und hatte ein Publikum von weißen Kids, die vor Staunen den Mund nicht mehr zubekamen – wie Mezzrow, Eddie Condon, Pix Beiderbecke, Dave Tough, Pee Wee Russell, Jimmy McPartland und Frank Teschemacher, die alle zusammen zu Pionieren des Chicago-Stils werden sollten.

Mezzrow blieb sofort an Bechets Sopransaxophon-Sound hängen. Er verließ das Lokal und kaufte sich ein Sax und ein paar Noten. Dann erklärte er sich selbst zum Musiker und verbrachte jede freie Minute damit, Jazz zu lernen oder zu hören. (Später stieg er dann auf Klarinette um.) Am 11. Dezember 1923, seinem 22. Geburtstag, wurde er vollbezahlendes

Mitglied der Ortsgruppe zehn der Chicago Federation of Musicians. Später schrieb er:

> Ich spielte fest im Pekin und einer Menge anderer Lokale in der South Side. Mit Freunden wie Jimmie Noone Norton, Sidney Bechet, Joe Oliver und Clarence Williams fühlte ich mich, als gehörte die ganze South Side mir … Jedesmal, wenn ich durch die Straßen schlenderte, grinsten mich die „Cats“ (Jazz-Slang für „Typen“, *Anm. d. Übers.*) freundlich an, und von allen Seiten winkte mir jemand zu … Damals hab' ich wirklich gelebt (Mezzrow, S. 55).

Eine der ersten weißen Bands, die den Stil von Joe Oliver kopierten, waren die New Orleans Rhythm Kings. Ihr Klarinettist war „ein kleiner italienischer Kerl, immer high und mit hervorquellenden Augen“, namens Leon Rappolo:

> Eines Nachts, während der Pause im Friars Inn, nahm mich Rapp in seine Garderobe mit, wo er in seinem Instrumentenkoffer herumkramte und eine Zigarette mit braunen Papers hervorzog … Als er sie rauchte, klang das mehr wie ein Seufzen als wie Rauchen … Nach einem ordentlichen Zug preßte er seine Lippen fest zusammen und behielt den Rauch so lange in der Lunge, bis er fast erstickte und zu husten anfing … „Schon mal Muggles geraucht?“ fragte er mich. „Mann, das hier ist ein goldenes Kraut. Hab' ich aus New Orleans raufgebracht. Du wirst dich gut fühlen danach. Mach' einen Zug.“ Als er das sagte, fielen mir all diese Gerüchte über Dope wieder ein und ich hatte Angst – als ich im Drugstore meines Onkels gearbeitet hatte, hatte ich gelernt, daß es eine einfache Fahrkarte zum Friedhof war, wenn man mit Dope herumspielte. Ich antwortete ihm, daß ich nicht rauchte und ließ es dabei bewenden, weil ich ihn als Musiker so sehr verehrte (Mezzrow, S. 59).

Anfang der 20er Jahre kannten fast nur Musiker Marihuana – auch unter den Namen Muggles, Muta, Gage, Tea, Reefer, Grifa, Mary Warner, Mary Jane oder Rosa Maria. Schon die ersten weißen Siedler in den Vereinigten Staaten hatten Hanf angebaut, der eine ertragreiche Ernte zur Herstellung von Kleidungsstücken und Stricken einbrachte – so wertvoll, daß der Bundesstaat Virginia Farmer dafür bezahlte, ihn nicht mehr anzubauen. In vielen Gegenden, auch an den Ufern des Mississippi, wuchs die Pflanze wild. Aber außer vereinzelten obskuren Literaten, die die Haschischerfahrungen französischer Künstler wie Baudelaire, Gautier und Rimbaud nachempfinden wollten, wußte bis zur mexikanischen Revolution des Jahres 1910 kein Mensch etwas von den sonstigen Vorzügen des Marihuana.

In Mexiko war Marihuanarauchen ganz normal. Durch die Revolution strömten Tausende Mexikaner über die Grenzen – und das Kraut brachten sie in großen Mengen mit. Ursprünglich waren die einzigen Amerikaner, die es geraucht hatten, schwarze Soldaten gewesen, die in Garnisonsgrenzstädten wie El Paso gelebt hatten. Nun aber war es fast unvermeidlich, daß Marihuana die Küste entlang seinen Weg nach New Orleans fand, zu diesem geschäftigen Seehafen, in dem Matrosen, die von den westindischen Inseln oder Afrika kamen, ebenfalls zu den Großimporteuren der Droge nach Amerika zählten.

Die Geschichte von Marihuana in Amerika liest sich wie eine Wiederholung des Opiumrauchens der Chinesen oder des angeblichen Kokain-Mißbrauchs der Schwarzen. Marihuana wurde als „ausländische" Droge gebrandmarkt (und niemandem fiel der Zusammenhang zum Hanf auf), die hauptsächlich von einer von Natur aus temperamentvollen und flatterhaften Minderheitengruppe (den Mexikanern) genommen wurde, die unter dem Einfluß des Stoffs zur Bösartigkeit neigte. Wo auch immer ein paar Mexikaner lebten, wurden amtliche Verordnungen gegen das Marihuana-Rauchen erlassen. 1933 war die Droge bereits in 17 Bundesstaaten verboten. Sie wurde damals jedoch noch nicht als nationales Problem angesehen, das eine Aufnahme in die Drogengesetzgebung von 1914 gerechtfertigt hätte. Auch die Presse hatte sich noch nicht darauf gestürzt.

Das organisierte Verbrechen war weder ein Ergebnis der Prohibitionszeit zwischen 1919 und 1933, noch konnte man es in allen Fällen mit der Mafia gleichsetzen. Schon während eines Großteils des 19. Jahrhunderts waren irische und amerikanische Banden in New York, Chicago und San Francisco aktiv. Nach dem Bürgerkrieg kamen auch Einwanderer aus dem südlichen Italien nach Amerika. Aber erst in den 90er Jahren des vergangenen Jahrhunderts machten sich sizilianische Gangster in der Hafengegend New Yorks bemerkbar. Auch jüdische Gangster waren in der Unterwelt vertreten, und Typen wie Arnold Rothstein und Meyer Lansky konnten sich an Berüchtigtsein mühelos mit den wichtigsten Persönlichkeiten der Mafia messen.

Nichtsdestotrotz – die Prohibition garantierte den Aufstieg der Mafia in der Unterwelthierarchie und gestattete ihr die Errichtung einer unglaublich profitablen Dienstleistungsindustrie, die das ganze Land mit scheinbar grenzenlosen Mengen illegalen Alkohols versorgte. Der Mob scheffelte während der Prohibitionszeit Millionen Dollar und benützte die

Gewinne dazu, jede nur vorstellbare Art „persönlicher Dienste" zur Verfügung zu stellen: Prostitution, Glücksspiel, Kredithaiunwesen, Schutzgeldannahme – und den Verkauf illegaler Drogen in einem bisher nie dagewesenen Ausmaß. Bestechliche Politiker und Polizeibeamte halfen dabei und unterstützten diese Vorgänge. Arnold Rothstein ersann während dieser Jahre einen neuen Geschäftszweig der Verbrechensindustrie: das „Waschen" und Investieren der Geldmengen, die man mit Verbrechen verdient hatte und die in legale Geschäfte fließen sollten. Die Mafia investierte große Summen ins Entertainmentbusineß, und Gangster dominierten – ironischerweise zum großen Vorteil der Jazzmusik – die Clubs, Cabarets, Kneipen und Bars in vielen amerikanischen Städten. Hätten sich schwarze Musiker damals auf gesetzlich einwandfreie Tanzlokale, Theater und Restaurants verlassen müssen, um Arbeit zu finden, dann sähe die Geschichte des Jazz wohl ganz anders aus.

Die Gangster brachten den Musikern unendlich viele Auftrittsmöglichkeiten. John Hammond von CBS schätzte einmal, daß etwa drei Viertel aller Jazzclubs und Cabarets unter der Kontrolle des Mob standen. In New York gab es etwa 1.300 lizensierte Clubs und Flüsterkneipen, wohingegen Chicago im Jahre 1926 mit 24.000 Lokalen aufwarten konnte. Der Trompeter Rex Stewart sagte einmal, daß es den Musikern nie so gut ging wie in den Zwanzigern: „Du konntest um 11 Uhr nachts gefeuert werden und um Mitternacht warst du schon mit einer anderen Band auf der Bühne und hast weitergespielt" (zit. nach Morris, S. 22).

Da die meisten der Gangster Einwanderer waren, fühlten sie sich sowohl zu den um ihre Existenz raufenden weißen Musikern aus ihrer eigenen kulturellen Schicht als auch zu den schwarzen Musikern aus dem Süden hingezogen. Fast keiner von ihnen tolerierte Rassismus, und das war auch der Grund, warum mehr als ein Zuhörer, der eine beleidigende Bemerkung gemacht hatte, die Reifen seines Autos aufgeschlitzt fand, wenn er auf den Parkplatz zurückkam. Außerdem existierte natürlich noch eine altersmäßige Verbindung zwischen den beiden Berufsgruppen: 1925 waren Legs Diamond, Lucky Luciano, Louis Lepke, Vito Genovese, Al Capone, Carlo Gambino und Meyer Lansky alle noch unter dreißig. Wenn sie einen Musiker mochten, dann zeigten sie sich ihm gegenüber großzügig. Earl Hines erinnerte sich, daß „Scarface [Capone] gut mit Musikern auskam. Er ging gerne mit seinen Gorillas in einen Club und ließ die Band seine Wunschlieder spielen. Mit seinen 100-$-Trinkgeldern ging er äußerst großzügig um" (zit. nach Morris, S. 25). Wenn der Mob in ein Lokal kam, dann war ihm nichts zu teuer. Louis Armstrong hatte lange Zeit regelmäßige Auftritte im Sunset Café in Chicago – solche regelmäßigen Gigs ermöglichten es Bands, ihren Stil zu entwickeln und Fortschritte zu machen. Als man 1927 das New Yorkea Fletcher Henderson Orchestra engagierte, wurde das Sunset Café extra für die Band neu gestaltet. Der Mob besaß das Lincoln Gardens, in dem King Oliver auftrat, und Charlie's, dessen Hauptattraktion das Bud Freeman/Dave Tough Quintet war. Das Charlie's sah, wie so viele Lokale während der Prohibitionszeit, von außen wie eine Bombenruine aus, damit es keine Bundesagenten anlockte, die nach Schnaps fahndeten, war aber von innen ein kostspieligst ausgestattetes, exklusives Restaurant. Der größte Nachtlokalbesitzer in New York hieß Owney „The Killer" Madden, und der wertvollste Stein in seiner Krone war der Cotton Club. Er kaufte Sonny Greer, dem Haus-Schlagzeuger, ein Drum-Set für etwa 3.000 Dollar. Die Eigentümer der Konkurrenzlokale hatten weniger Glück. Die Besitzer des Plantation Club zum Beispiel, die dem Cotton Club in Harlem die Show streitig machen wollten, wurden zwei Tage nach der Eröffnung ihres Etablissements tot in ihrem völlig zertrümmerten Lokal aufgefunden. Das war die Rache dafür, daß sie Madden Cab Calloway und sein Orchester abspenstig gemacht hatten.

Musiker bekamen Kredite ohne verbrecherische Zinsen, man stand ihnen mit Rat und Tat, wie sie ihr Geld anlegen sollten, zur Seite, sie hatten Zugang zu jeder Droge und konnten sich die Besetzungen ihrer Bands ohne Einmischung aussuchen. Jelly Roll Morton dealte mit Drogen und hatte ein paar Nutten laufen, und Duke Ellington erhielt das Angebot, sich an einer der größten Schwarzbrennereien in New York zu beteiligen.

Was waren also die Spielregeln? Im Prinzip verhielt man sich ruhig, spielte weiter, blieb straight, machte, was einem gesagt wurde und stellte keine Fragen. Die Umgebung war zwar etwas rauh, die Nerven wurden oft bis zum Zerreißen auf die Probe gestellt, und es konnte durchaus zu körperlichen Verletzungen kommen. Muggsy Spanier sah, wie zwei Männer direkt vor seinen Augen erschossen wurden, und mußte trotzdem weiterspielen. Der Komiker Joe Lewis überlebte knapp, daß ihm die Kehle aufgeschlitzt wurde, als er von einem von Gangstern kontrollierten Club auf der North Side zu einem anderen überwechselte. Der Pianist Pinetop Smith wurde auf der Bühne erschossen, und Bix Beiderbecke, der erste von vielen Superstars, der schnell lebte und jung starb, erlag einer Lungenentzündung, die er sich nach einer Sauforgie mit schwarzgebranntem Gin zuzog.

Sogar die berühmten Stars mußten sich in acht nehmen: Als Louis Armstrong einmal seinen Manager wechselte, engagierte er Leibwächter, die ein paar Monate lang Tag und Nacht um ihn herum waren. Außerdem geht das Gerücht, daß es mit den Karrieren von Fletcher Henderson und Joe Oliver steil bergab ging, als sie nicht mehr in der Gunst des Mobs standen. Oliver beendete sein Leben als Hausmeister in einem Billardsalon in Savannah. Mezz Mezzrow erinnerte sich später, wie er bei Al Capone einmal sein Leben aufs Spiel setzte. Capone riet ihm im Arrowhead (einem Lokal, das dem Gangsterboß gehörte), seinen Sänger rauszuschmeißen, und Mezz schrie ihn an: „Was, er kann nicht singen? … Verdammt, Sie würden nicht mal guten Whisky erkennen, wenn Sie ihn riechen, und das ist Ihr Job, also was bilden Sie sich ein, mir etwas über Musik zu erzählen?" Er hatte das Glück, daß Capone lachen mußte und losbrüllte: „Hört euch den Pro-fes-sor an! Der Junge hat wirklich Mut" (Mezzrow, S. 72).

Mezzrow hatte mit seiner eigenen Band Erfolg, erst in Capones Etablissement Arrowhead, später im Roadhouse und dann im Martinique Inn in Indiana Harbour, alle in der Gegend von Chicago. Das Martinique gehörte Monkey Pollack, einem jüdischen Clubbesitzer, der Jiddisch mit texanischem Akzent sprach und sich gerne in der Rolle eines Revolverhelden sah. An diesem Ort rauchte Mezz, wenn auch zögernd, das erste Mal das süße Gras aus New Orleans:

> Nachdem ich mit dem Gras fertig war, ging ich zurück auf die Bühne. Alles kam mir normal vor, und ich begann wie üblich zu spielen. Ich reichte den Joint für die anderen Jungs herum, und dann fingen wir unseren Auftritt an. Das erste, was mir auffiel, war, daß ich plötzlich mein Saxophon drinnen in meinem Kopf spielen hörte, aber von der Begleitband hörte ich nicht viel, obwohl ich wußte, daß sie da war. Die anderen Instrumente klangen so, als wären sie ganz weit weg; es war dasselbe Gefühl, wie wenn man sich Baumwolle in die Ohren stopft und dann laut spricht. Dann begann ich die Schwingungen des Rohrblatts viel stärker auf meinen Lippen zu spüren und mein Kopf brummte wie ein Lautsprecher. Ich bemerkte, daß ich die Noten viel besser miteinander verbinden konnte als sonst und genau das richtige Gefühl in meine Phrasierung hineinkriegte. Es lief richtig gut. Die Noten flutschten nur so aus meinem Saxophon heraus, als würden sie schon fix und fertig drin warten, gut geschmiert und in die Mündung gestopft, und ich brauchte nur ganz leicht hineinzublasen und sie auf den Weg zu schicken, eine nach der anderen, ohne einen falschen Ton, kein bißchen zu spät, und das alles ohne die geringste Anstrengung. Die Phrasen schienen viel mehr Kontinuität zu haben, und ich hielt mich genau an mein Thema, ohne auch nur ein bißchen davon abzuweichen. Ich spürte, daß ich noch jahrelang so weiterspielen könnte, ohne daß mir die Ideen und die Energien ausgehen würden. Es gab überhaupt keine

Schwierigkeiten; alles war in perfekter Ordnung, und mit einem Mal gab es keine häßliche Note und keinen Mißklang mehr auf der ganzen Welt, die mich hätten stören können (Mezzrow, S. 79–80).

Bedenkt man Mezz' ursprünglichen Widerstand gegen das Marihuana-Rauchen, dann wäre es keine Überraschung gewesen, wenn seine Erfahrung damit schlecht gewesen wäre: Die Erwartungen, die man in ein Drogenerlebnis setzt, spielen eine große Rolle bei dem, was dann dabei herauskommt. Aber sogar bei Mezzrows Hang zur Übertreibung (dieser Stelle folgen weitere zwei Seiten bombastischer Prosa) war sein erster Versuch mit Marihuana offensichtlich äußerst erfreulich und überzeugte ihn davon, daß er unter dem Einfluß der Droge besser spielen konnte.

Und Mezzrows Erlebnis war kein Einzelfall; die Ansicht, daß man unter dem Einfluß von Marihuana bessere Jazzmusik schaffen konnte, da man damit Hemmungen loswurde und bessere Ideen sowie Selbstvertrauen bekam, war in der Jazzgemeinde weit verbreitet. Hoagy Carmichael beschrieb einmal, wie Marihuana und Gin auf ihn wirkten, als er einem anderen *aficionado* des heiligen Rauchs, Louis Armstrong, beim Spielen zuhörte: „Das Gras begann zu wirken, und mein Körper fühlte sich ganz leicht an. Jede Note, die Louis spielte, war die reine Perfektion. Ich rannte zum Klavier und setzte mich an den Platz von Louis' Frau. Sie swingten in den ‚Royal Garden Blues'. Ich hatte die Nummer nie zuvor gehört, aber irgendwie konnte ich überhaupt nichts falsch machen. Ich trieb in einem seltsamen tiefblauen Strudel aus Jazz" (zit. nach Leonard, S. 60–61).

Mezz ließ sich sehr schnell bekehren. Bald hing ihm der Ruf an, immer mit bestem Gras versorgt zu sein. 1925, als er in Detroit lebte, befand er das Zeug, das dort zu kriegen war, entschieden für zweitklassig: „Ein paar Mal mußte ich wirklich den Trip zurück nach Chi[cago] machen, um mir neue Vorräte von meiner Connection, einem kleinen Mexikaner namens Pasquale, zu holen. Chicago war eine Stadt, wo es erstklassiges Dope gab, weil in den 20er Jahren Tausende Mexikaner dort ankamen, die Arbeit suchten und mit dem Zeug handelten, um ihr mageres Einkommen aufzubessern. Damals bekamen wir eine Prince-Albert-Tabakdose voller Marihuana ... um zwei Dollar. Der Mist, den sie in der Gegend von Detroit verscherbelten, schmeckte verglichen mit dem goldenen Gras aus Chicago wie Späne von alten Holzbrücken" (Mezzrow, S. 99).

Es dauerte nicht lange, da bildeten die Marihuana-Musiker eine Clique, in der sie einander über ihre Drogenerfahrungen berichteten, Songs darüber schrieben und scheel auf trinkende Musiker und deren Musik hinunterblickten (ausgenommen den von ihnen angebeteten Bix Beiderbecke):

„Ihre Töne klangen hart und böse, unnatürlich, nicht weich und soulful, und alles, was die Musik zerstörte, anstatt sie auf ihren Weg hinauszuschicken, hatte bei uns natürlich keine Chance", beschrieb Mezzrow die Stimmung (Mezzrow, S. 100).

Aber nicht jeder gab Mezzrow recht, was die Rolle des Marihuanas beim Erzeugen guter Musik betraf. John Hammond behauptete, daß Dope „höllisch mit dem Zeitgefühl herumspielte" und Artie Shaw meinte, daß es während der 20er und 30er Jahre eine Menge guten Jazz gegeben habe – aber nicht wegen, sondern trotz des Marihuanas. Die Gültigkeit jedes dieser beiden Standpunkte ist fragwürdig; sicherlich konnte bisher noch nie bewiesen werden, daß jemand wirklich besser spielt, wenn er zugeraucht ist; das Fallen der Hemmschwellen kann Musiker zwar dazu bringen, Dinge zu versuchen, die sie sich sonst nicht zugetraut hätten, aber wenn sie zu stoned sind, schaffen sie diese Dinge nicht, und alles bricht zusammen. Andererseits gibt es viele Musiker, die nicht im Zusammenhang mit Drogen genannt werden wollen und – wie Artie Shaw – jeden Vorteil, den sie aus deren Konsum gehabt haben mögen, nachträglich herunterspielen oder leugnen.

Während die Musiker in Detroit Marihuana rauchten, standen die Gangster und – laut Mezzrow – auch fast der ganze Rest der Stadt auf etwas Orientalischeres. Trotz der Legalität des Marihuanas (im Gegensatz zum totalen Verbot der Opiate) gerieten die Jazzer ins illegale Lager, da sie sich wegen regulärer Jobs auf die Freigebigkeit der Gangster verlassen mußten. Und wenn der psychopathische Neandertaler, der deine Brötchen bezahlt, über deinen Joint lacht und dir vorschlägt, du solltest einmal etwas Stärkeres ausprobieren, wie kannst du dann „einfach nein sagen"? Mezz sagte „ja" und mochte es von diesem ersten Mal an.

Als er 1926 wieder nach Chicago übersiedelte, traf Mezzrow eine Reihe talentierter weißer Musiker, die als High-School-Jazzband mit Namen Austin Blue Friars angefangen hatten und schließlich zu den weißen Musiker-Stars der Stadt geworden waren – Jimmy McPartland (Kornett, Altsaxophon), Bud Freeman (Tenorsax), Charlies Watts' Held Dave Tough> (Schlagzeug) und Frank Teschemacher (Altsaxophon, Klarinette). Letzteren rettete Mezz vor dem Alkoholismus, indem er ihn auf Marihuana brachte.

In den Jahren 1926 bis 1929 nannte sich die Gruppe (inkl. Mezz) Austin High School Gang, spielte wie wild und war dauernd high. Es war eine gute Zeit für Mezzrow. Die wirtschaftliche Depression war der Anfang vom Ende dieses Goldenen Zeitalters, das endgültig vorbei war, als die Prohibition 1933 zusammenbrach. Die Affäre mit dem New-Orleans-Jazz und die Blütezeit des Chicago-Jazz waren vorüber. Die neue Jazz-Stadt hieß

New York. Viele Musiker, unter ihnen auch die Austin High School Gang, machten sich auf den Weg dorthin. Mez blieb in Chicago und versuchte vergebens, dort das puristische Feuer des Jazz am Leben zu erhalten. Er tingelte durch die Stadt, um irgendwie mit seiner Frau Bonnie (die er 1925 geheiratet hatte) und seinem Stiefsohn durchzukommen. Aber schließlich konnte auch er dem Ruf New Yorks nicht mehr widerstehen. Eines Nachts entschied er sich spontan – und voller Kokain, um wachbleiben zu können –, mit einem Freund dorthin zu fahren. Als er ankam, rief er das Hotel an, in dem seine Freunde wohnten. Als erster meldete sich Eddie Condon: „‚Hey, Roll, wo bist du?' Dann war Frank Teschemacher dran: ‚Hey, Milton, hast du was zu rauchen mitgebracht?' Da wußte ich, daß ich wieder einmal zu Hause war", schrieb Mezz später, „wieder bei meinen Leuten. Auf alle Fälle …" (Mezzrow, S. 175).

All das, was Milton so erzählt, erweckt den Eindruck, sein Leben habe sich nur um die Freuden des Jazz und um Marihuana-Highs gedreht. Worüber er sich nie so genau ausließ, das waren seine emotionellen und psychologischen Probleme. New York hielt nicht das, was er sich von der Stadt versprochen hatte (er fand keine feste Arbeit), und 1929 flüchtete er nach Paris, wo Dave Tough lebte, der das französische Publikum für viel aufnahme- und begeisterungsfähiger hielt als das amerikanische. Er wollte Zeit gewinnen und sich von einem Nervenzusammenbruch erholen. Aber die Dinge standen nicht besser, als er wieder zurückkam: Er konnte nur in schmierigen Striplokalen Arbeit finden, wo er vor Geilheit triefenden weißen Geschäftsmännern dabei zusehen mußte, wie sie gelangweilte Frauen beäugten. Wieder ergriffen seine Depressionen Besitz von ihm. Er beschloß, so weit in die Nähe von Harlem, dem Viertel, das für ihn so etwas wie das Heilige Land war, zu ziehen, wie er das seiner Frau plausibel machen konnte. „Mein Werdegang wurde erst auf The Stroll [einer berühmten Straße in Harlem] komplett und ich wurde ein Neger", sagte er (Mezzrow, S. 210).

Es war nicht Mezzrow, der Marihuana nach Harlem brachte. Aber der Stoff, der dort gehandelt wurde, war von schlechter Qualität – und er hatte nach wie vor Zugang zu bester mexikanischer Ware. Und das stellte Mezz' Eintrittskarte in eine Gesellschaft dar, in der er um jeden Preis akzeptiert werden wollte. Seine musikalischen Fähigkeiten waren begrenzt, und er konnte nicht hoffen, wirklich mit schwarzen Musikern konkurrieren zu können, aber als Marihuana-Dealer verschaffte er sich Respekt. Das sprach sich sehr schnell herum, und bald wollte sich jeder von Mezz die Augen öffnen lassen. Über Nacht wurde er so zum Helden dieses Viertels. „Mezzrow" wurde – wie Biro oder Hoover – zu einer Markenbezeichnung, in diesem Fall für einen dicken und gut gestopften Qualitätsjoint. Zwei Slang-Lexika übersetzen das Wort „Mezz" als „echt", „ernsthaft" und „überlegen".

Der Slang, die Geheimsprache der Schwarzen, hieß „Jive". Er war ein Code, der seinen Ursprung im Leben auf den Plantagen des Südens hatte, wo er den Arbeitern gestattete, den Herrn oder die Herrin zu kritisieren oder sich über sie lustig zu machen, ohne deswegen eine Bestrafung fürchten zu müssen. Das Wort „Jive" ist wahrscheinlich afrikanischen Ursprungs. Auf den Plantagen waren Mitglieder der verschiedensten afrikanischen Stämme und Kulturen zusammengepfercht, „aber die Wolof scheinen in der frühen Sklavenkultur der südlichen USA eine besonders wichtige und vielleicht kulturell dominante Rolle gespielt zu haben", schreibt Robert Palmer in *Deep Blues* (London: Macmillan, 1982; S. 31). Der Linguist David Dalby stellte einige interessante Vergleiche zwischen der Wolof-Sprache und dem amerikanischen Musikszene-Slang fest:

Wolof	*Slang*
Jev – geringschätzig über etwas reden	Jive
Hipi – jemand, der seine Augen geöffnet hat	Hip
Degga – verstehen	Dig

Die linguistische Verbindung zwischen „Hipi" und „Hip" sollte sich später auch auf den „Hippie" ausdehnen – einen Menschen, dessen Lebensstil oft durch die psychedelische Suche nach dem inneren Selbst charakterisiert ist und der Drogen nimmt, um sich mit ihrer Hilfe selbst finden zu können. Auch die Sprache der Drogensubkultur hatte einen Einfluß auf die schwarze Jazz-Kultur; das Wort „hip" hängt nach Ansicht einiger Forscher mit der Körperhaltung des Opiumrauchers zusammen, der in der Opiumhöhle seitlich, auf seiner Hüfte, daliegt.

Die Jive-Sprache der Schwarzen in Harlem stellte für Nichteingeweihte ein praktisch undurchdringliches Geheimnis dar. Zwei Schwarze hätten sich über die Ermordung des Präsidenten unterhalten können, und eine Gruppe Polizisten daneben hätte keine Ahnung gehabt, worum es ging. Der Plantagen-Code des Südens war ein Produkt der Angst, aber der „Jive Talk" der nördlichen Stadtviertel von New York entsprang der Hoffnung und einem neuen Geist. Dan Burley, der Herausgeber der Harlemer *Amsterdam News*, nannte ihn „die Poesie des Proletariats" und Mezzrow beschrieb ihn als „voller feinem Sinn für das Lächerliche, hinter dem sich aber eine Menge Sozialkritik verbarg ..., eine ganz neue Einstellung zum Leben". Abgesehen von ein paar Ehrenmitgliedern schlossen die Schwarzen mit Jive alle Weißen aus. Und als wäre die Sprache selbst nicht geheimnisvoll genug, wurden in ihr auch Preise und Zeiten verdoppelt, um die Verwirrung noch vollständiger zu machen. Mezz beschrieb ein Beispiel für Jive und fügte glücklicherweise auch eine Übersetzung hinzu:

> I'm standing under the Tree of Hope, pushing my gage. The vipers come up, one by one.
>
> *First Cat:* Hey there Poppa Mezz, is you anywhere?
> *Me:* Man I'm down with it, stickin' like a honky.
> *First Cat:* Lay a trey on me, ole man.
> *Me:* Got to do it, slot. *[Pointing to a man standing in front of Big John's ginmill]*: Gun the snatcher on your left raise – the head mixer laid a bundle his ways he's posin' back like crime sure pays.
> *First Cat:* Father grab him, I ain't payin' him no rabbit, Jim, this jive you got is a gasser, I' goin' up to my dommy and dig that new mess Pops laid down for Okeh. I hear he riffed back on Zackly. Pick you up at The Track when the kitchen mechanics romp … (Mezzrow, S. 216)
>
> Übersetzung:
> Ich stehe unter dem Tree of Hope und verkaufe mein Marihuana. Ein Kunde nach dem anderen kommt.
>
> *Erster Typ:* Hallo Mezz, hast du Marihuana?
> *Ich:* Eine ganze Menge, mein Alter, meine Taschen sind so voll wie ein Fabriksarbeiter am Zahltag.
> *Erster Typ:* Dann gib mir drei Zigaretten *[um fünfzig Cent]*.
> *Ich:* Aber sicher, Automatenmaul *[ein innerrassischer Privatwitz, in dem es um einen Mund geht, der so groß und gierig ist wie der Einwurfschlitz eines Verkaufsautomaten]*. Aber schau dir den Detective da links genau an – der Barkeeper hat ihm ein bißchen Schweigegeld zugesteckt, und jetzt stolziert er herum, als würde sich Verbrechen lohnen.
> *Erster Typ:* Ich hoffe, er kratzt ab, mir ist der Kerl völlig egal. *[„Father grab him" heißt wörtlich soviel wie: Gott, ergreife diesen Mann und nimm ihn fort von uns; und wenn es heißt: „you don't pay a man no rabbit", dann bedeutet das, daß man ihm nicht mehr Aufmerksamkeit schenkt als dem Hintern eines*

Hasen, der gerade über einen Zaun hüpft.] Mein Freund, dein Marihuana ist großartig. Ich geh' nach jetzt Hause und hör' mir die neue Platte an, die Louis Armstrong für die Firma Okeh gemacht hat. Ich hab' gehört, daß er die Nummer „Exactly For You" einfach wunderbar spielen und singen soll. Wir sehen uns am Donnerstag im Savoy Ballroom ... *[das heißt am freien Tag der Dienstmädchen, wenn alle Hausangestellten dort tanzen gehen]* (Mezzrow, S. 345–346).

Obwohl er immer ein Marihuana-Enthusiast war, hat Mezzrow niemals versucht, es Leuten aufzudrängen. Er verkaufte den Stoff hauptsächlich an Freunde und Bekannte; es handelte sich also eher um eine Familienaffäre als um eiskalte Geschäfte. Als man ihn schließlich 1940 festnahm, nachdem die Droge im ganzen Land verboten worden war, geschah das ironischerweise, als er gerade jemandem etwas davon schenkte.

Mezz war fast so etwas wie ein Untergrund-Star; New-York-Besucher kamen zu ihm, um sich von ihm anturnen zu lassen und keine Kiffer- oder Rent-Party (Partys, bei denen Freunde oder Nachbarn einen Beitrag zahlten, damit der Veranstalter seine Miete bezahlen konnte, *Anm. d. Übers.*) war komplett, wenn nicht eine Mezz-Lieferung in gewohnter Qualität da war. Aber trotzdem fehlte eines bei all dieser Lobhudelei: die Musik. Er war als Reefer-Mann besser bekannt denn als Musiker. Mezzrow betrachtete seinen Marihuanahandel als so etwas wie einen Dienstleistungsbetrieb. Aber jetzt, in den frühen Dreißigern, versuchten die weißen Syndikatsbosse (die viele Clubs in Harlem besaßen), den Handel unter ihre Kontrolle zu kriegen – wenn auch, verglichen mit der Nachkriegszeit, nur in kleinem Rahmen. Daß er nun auf einer Stufe mit weißem Gangster-Abschaum stehen sollte, verstärkte nur die Minderwertigkeitsgefühle, die Mezzrow sowieso schon gegenüber den Schwarzen verspürte.

Und als sein Selbstwertgefühl am niedrigsten Punkt angelangt war, traf Mezz einen Schlagzeuger namens Frankie Ward, der ihn wieder auf Opium brachte. Seine einzige bisherige Erfahrung mit dieser Droge war die mit den Gangstern in Detroit gewesen. Aber jetzt war er mehr als bereit, seine Ängste und Zweifel zu vergessen. Mezz verbrachte den Großteil der Jahre 1931 bis 1935 in einem ehemaligen Kohlenkeller von zwei mal zwei Meter Größe, der eine private Opiumhöhle war. Sie wurde von einem Dealer namens Mike im Keller einen Mietshauses betrieben, wo dieser als Hausmeister arbeitete.

Jetzt war Mezz wirklich in Schwierigkeiten. Sogar die Typen, mit denen er immer wieder rauchte, flehten ihn an, doch damit aufzuhören und sein musikalisches Talent nicht so zu vergeuden. Wie jeder, der mit Opiaten anfängt, glaubte Mezz daran, daß er jederzeit damit aufhören könne. Manche schaffen es auch und können Drogen wie Opium, Morphium und Heroin als „Freizeit"-Drogen benützen, ohne jemals von ihnen abhängig zu werden. Mezzrow gehörte nicht zu dieser Gruppe. Er versuchte mit aller Kraft, es aufzugeben und wieder Musik zu machen. Er traf eine Verabredung mit einem bekannten Radioagenten, weil er immer noch seinen Traum verwirklichen wollte, eine gemischtrassige Band zusammenzustellen. Der Agent begrüßte Mezz warmherzig, wollte aber dann nur darüber sprechen, wie sie gemeinsam einen Marihuanavertrieb aufziehen könnten. Als Mezz schließlich einen Vertrag bekam, gestand man ihm nur einen schwarzen Sänger zu. Andererseits hatte er auch einen schwarzen Arrangeur, und alles sah gut aus, bis ein anderer Bandleader ihm seine Musiker ausspannte: Dann hieß es zum Trösten zurück in den Bunker.

1934 versuchte er ein weiteres Mal, damit aufzuhören, und schaffte es wieder nicht. Sein langjähriger Freund Louis Armstrong bot ihm die Chance an, sein musikalischer Direktor zu werden. Er gab Mezz 1.000 Dollar zur Bezahlung seiner Schulden und Deckung seiner Lebenskosten, aber Mezz konnte sich nicht überwinden, Armstrong seine Sucht zu gestehen. Diesmal, das wußte er, ging es um alles oder nichts. Es kommt häufig vor, daß ein Süchtiger, wenn er mehr Gründe dafür sieht, mit Drogen aufzuhören als weiter draufzubleiben, beschließt, alles aufs Spiel zu setzen, egal wie unangenehm die Erfahrung sein mag. Und seiner eigenen Beschreibung nach zu urteilen, machte Mezzrow mehrere Wochen lang ziemlich viel durch, als er vom Opium wieder loskam. Aber er schaffte es.

> Eines Nachts saß ich einfach da und hörte ins Leere, und dann stand ich auf, nahm meine Klarinette und sperrte mich in meinem Zimmer ein. Ich baute das Instrument zusammen und schaute es sehr, sehr lange an. Dann hob ich es an meine Lippen und blies hinein. Es war ein schöner Schuß ins Schwarze. Heraus kam ein vibrierender Ton, ein Ton, der mutig war, voller Leben und pulsierender Kraft. Und dann fing ich zu weinen an. Ich hatte in den letzten vier Jahren eine Menge geweint, aber dieses Mal waren es reine Freudentränen. Ich war ein Mensch. Ich war wach. Ich war wieder am Leben (Mezzrow, S. 275).

Nachdem er 1940 wegen des Handelns mit Marihuana verhaftet wurde, verbüßte Mezz eine dreijährige Haftstrafe auf Riker's Island. Seine Dealer-Tage waren vorbei. Als er wieder draußen war, arbeitete er als Musiker und Plattenproduzent und heiratete ein schwarzes Mädchen. Schließlich zog er nach Paris, die Stadt, in der so viele – schwarze und weiße – Musiker ihr Exil gesucht und gefunden haben und erleben durften, wie ihre Karrieren vor einem dankbaren und aufnahmefähigen Publikum ein neues Hoch erlebten. 1972 starb er im Alter von 73 Jahren in seiner neuen Heimat.

4

Der Gesang der Vipern

Cab Calloway
Cab sang Lieder über Ur-Junkies wie „Smokey Joe" und „Jerry The Junker". Man hatte Mitleid mit den Junkies. So heißt es in „Minnie The Moocher", seinem berühmtesten Song: „She messed around with a bloke named Smokey, she loved him though he was cokey, he took her down to Chinatown, showed her how to kick the gong around ..." – Hier klimpert Calloway, von Duke Ellington an der Gitarre begleitet, auf dem Klavier.

DA ES SO VIELE Musiker gab, die Drogen als Freizeitvergnügen nahmen, ist es keineswegs überraschend, daß sie auch Songs darüber geschrieben haben. Die erste große Welle gab es in den 30er Jahren, als mehr als 100 Lieder, die Anspielungen auf die Drogenszene enthielten, für das amerikanische schwarze oder „Race"-Radiopublikum aufgenommen wurden. Im allgemeinen tarnten die Songs ihre Botschaft hinter demselben „hippen" Drogen/Jazz-Slang, den die Musiker auch untereinander verwendeten.

Aus zwei Gründen ist es möglich, daß die Zahl hundert stark untertrieben ist. Erstens wurden die Texte nach dem Marihuanaverbot von 1937 immer obskurer, so daß es aus dieser zeitlichen Entfernung oft unmöglich ist, mit Sicherheit festzustellen, was der Autor gemeint hat. Zweitens trugen viele Songs das Wort „high" im Titel, aber keine anderen Hinweise im Text. Ein Teil dieser Nummern bezog sich mit Sicherheit auf Rauschgift, aber es gab auch einige Autoren, die mit dem modernen Hip-Slang Geld machen und ihren Songs „Street Credibility" verleihen wollten. Weitere Verwirrung ist durch Kommentare zu Texten, die sich auf Drogen beziehen, entstanden. Charles Winick, ein Psychologe, der eine Studie über den Drogengebrauch bei Jazzmusikern gemacht hat, besteht darauf, daß die Nummer „Texas Tea Party" von Benny Goodman (1933) mit Drogen überhaupt nichts zu tun hat. Ihre ersten Zeilen lauten:

Now mama, mama mama
Where did you hide my tea
Now come on mama mama mama
Quit holding out on me ...

Wer nimmt nun wirklich die Mühe auf sich, eine Teedose zu verstecken?

Die Droge, auf die (unter ihren vielen Slang-Namen) am meisten Bezug genommen wurde, war Marihuana – oder auch Weed, Tea, Gage, Reefer and Muggles. Der letzte Ausdruck ist der Titel einer der berühmtesten Aufnahmen Louis Armstrongs. Die frühen „Viper"-Songs stellten eine Hommage an den neuen „Sozialhelden" dar, an den Mann, der den Stoff brachte, mit dem die Leute ihre Rent-Partys zu einem Erfolg zu machen hofften. Er war kein böser Gangster, kein linker Dealer, sondern ein Mann wie Mezz Mezzrow, dem man Zuneigung und Respekt entgegenbrachte. In einer Stadt wie New York, wo Marihuana so groß einschlug, war er so etwas wie ein öffentlicher Dienstleistungsbetrieb. New York war nicht nur die Jazz-Hauptstadt der Dreißiger, sondern auch eine Stadt, die keinerlei Verordnungen gegen das Marihuanarauchen kannte.

Die Musiker sangen über die physischen und psychischen Eindrücke, die sie hatten, wenn sie Marihuana nahmen, über die Illusionen, die sie hatten, wenn sie high waren oder – wie sie es nannten – „walking tall" (etwa: groß wie ein Riese werden, *Anm. d. Übers.*):

Dreamed about a reefer five foot long
The mighty mezz, but not too strong…
I'm the King of Everything…
If you're a viper.
(„If You're A Viper", 1938)

You never met the Reefer Man?
Oh no? You never met the Reefer Man?
And yet you say you swam to China
And you wanted to sell me South Carolina
I believe you know the Reefer Man.
(„The Reefer Man", 1932)

Einige der Songs beschreiben Wirkungen des Marihuana, die den Erfahrungen, die man in den Sechzigern mit dieser Droge machte, völlig widersprechen. In der Hippie-Zeit identifizierte man die Droge mit Frieden, Ruhe und intellektueller Kontemplation. Die Sänger der Dreißiger hingegen berichteten von Erlebnissen, die eher zu der damaligen Mythologie der „Reefer Madness" („Joint-Wahnsinn") zu passen scheinen:

Boy, she's really frantic, the wildest chick in town
She blows her gage, flies in a rage
Sweet Marijuana Brown
In her victory garden the seeds grow all around
She plants, you dig, she's flipped her wig
Sweet Marijuana Brown
She don't know where she's going, she don't care where she's been
But every time you take her out, she's bound to take you in.
Boy, that gal means trouble, you ought to put her down
Get hep, take care, look out, beware of Sweet Marijuana Brown
(„Sweet Marijuana Brown", 1945)

Die Psychologie des Drogengebrauchs besagt, daß das, was der User von einer Droge erwartet, auch passieren wird. Auf Marihuana scheint das ganz besonders zuzutreffen. Die Droge taucht in der gesamten Geschichte der Populärmusik auf und wird von unterschiedlichen Subkulturgruppen verschieden erfahren: von den lebenslustigen Typen der Jazz-Zeit, den coolen Bebop-Fans, kosmischen Hippies und den Roots-Rocker-Reggaetypen aus Trench Town, Jamaika. Der Soziologe John Auld hat sich ausführlich mit der Theorie befaßt, daß die Wirkung von Marihuana zum Großteil eine „erlernte“ Erfahrung ist, d. h., daß der Neuling von anderen lernen muß, was er/sie erleben soll. (Das mag auch der Grund für die Tatsache sein, daß oft jemand, der es das erste Mal raucht, überhaupt nichts erlebt und sich wundert, was das ganze Theater soll.) Für jemanden, der zu einer solch „exklusiven“ und anderen gegenüber kritischen gesellschaftlichen Gruppe wie den Musikern gehören will, ist es von ungeheurer Bedeutung, das zu tun, was die anderen tun und das zu sagen, was sie sagen. Wenn man akzeptiert werden wollte, dann mußte man nicht nur Marihuana rauchen, sondern auch in derselben Weise wie die anderen davon beeinflußt scheinen. Mehr noch – in den Dreißigern war der Glaube, daß einen Marihuana verrückt machen könne, so weit verbreitet, daß die User das auf ihre tatsächlichen Erfahrungen übertragen oder dies zumindest *behauptet* haben könnten, um so ihre unorthodoxe Lebenseinstellung zu betonen und ihren selbstgewählten Outlaw-Status zu festigen.

Die Reefer-Songs reflektierten subkulturelle Erwartungen, die in Marihuana gesetzt wurden, aber sie vermittelten auch die Reaktionen des Gesetzes, nachdem die Droge 1937 verboten wurde. Jetzt bezeichnete der Ausdruck „The Man“ nicht mehr nur den Dealer, sondern auch den Agenten der Regierung:

Light up, I know how you feel,
You find what I mean in any old field,
Now get your gig going,
I'll say that's the thing,
Don't let that man getcha,
Just puff on your cig and blow those smoke rings.
(„Light Up“, 1938)

Es war notwendig, daß die Songtexte nun ihre Botschaft, soweit sie Drogen betraf, etwas stärker verschlüsselten. Als Julia Lee 1943 ihren „Spinach Song“ sang, dann dachte sie dabei sicher nicht an Popeye, den Seefahrer:

Spinach has Vitamins A, B and D
But spinach never appealed to me

But one day while having dinner with a guy
I decided to give it a try.

1933 erlaubte man Cab Calloway noch, Reefers in einem Paramount-Film mit großem Budget, der *International House* hieß, zu erwähnen. In den Vierzigern mußte man Insiderwitze über Marihuana schon in Songs der Tin Pan Alley (Schlagerindustrie, *Anm. d. Übers.*) wie z. B. „Tea for Two“ verpacken:

Do you long for Oolong
Like I long for Oolong
Are you gone on Ceylon
Like I'm gone on Ceylon?

Die meisten Musiker, die Marihuana rauchten, fanden es auch gut, obwohl Songs wie „Sweet Marijuana Brown“ (1945) und „Knocking Myself Out“ auch so etwas wie eine Schattenseite der Droge ahnen ließen und Red Nelson in „Working Man Blues“ (1937) erklärte, daß „Reefers etwas für verdammte Narren“ seien. Dem Kokain stand man etwas zwiespältiger gegenüber: In manchen Liedern hieß es, wie gut man sich damit fühle, aber es wurde hinzugefügt, daß man dafür irgendwann den Preis bezahlen müsse. Sogar ein im Prinzip recht positiv eingestellter Song wie Victoria Spiveys „Dope Head Blues“ (1928) klingt schon in den beiden ersten Zeilen ein bißchen verzweifelt. In der Werbung wurde die Aufnahme als „Platte, die vor Traurigkeit stöhnt“ angekündigt. Diesen Worten fügte man noch eine ähnlich jammervoll wirkende Zeichnung einer offensichtlich von Drogen zerstörten Frau auf dem Cover bei:

Just give me one more sniffle
Another sniffle of that dope
I'll catch a cow like a cowboy
Throw a bull without a rope.
Just give me one more sniffle
Another sniffle of that dope

Etwas weniger zweischneidig war eine flotte, muntere Melodie, die 1938 von Chick Webb eingespielt und von Ella Fitzgerald gesungen wurde, „Wacky Dust“:

They call it wacky dust
It's from a hot cornet

It gives feet a feeling, so breezy
And oh, it's so easy to get.

Da die meisten Songs dem Kokain ohnehin negativ gegenüberstanden, schreckten die Autoren auch nicht davor zurück, die Droge mit ihrem wirklichen Namen zu nennen und verdeckten ihn nicht mehr so häufig durch ein Slang-Wirrwarr (wie bei „Wacky Dust"). Die Memphis Jug Band brachte es 1930 mit dem „Cocaine Habit Blues" auf den Punkt:

Cocaine habit's mighty bad, it's the worst ol' habit that I ever had.

Cole Porter gab der Stoff nichts („I get no kick from cocaine"). Leadbelly und Sonny Boy Williamson brachten Blues-Nummern darüber, und sowohl Dick Justice als auch Luke Jordan und Lil McLintock sangen einen Song, der abwechselnd den Titel „Cocaine Blues", „Cocaine" und „Furniture Man" trug und die Gefahren der Droge noch deutlicher herausstellte:

I call my Cora, hey hey
She come on sniffing with her nose all sore
The doctor swore he wouldn't sell no more

Coke's for horses, not for women or men
The doctor said it'd kill you, but he didn't say when
I'm simply wild about my good cocaine

1941 wurde die Nummer „Can't Kick The Habit" veröffentlicht. Das war ein ausgesprochen düsterer und pessimistischer Song über die Probleme der Heroinsucht. Für manche Hipster des Jazz-Zeitalters standen Opium- und Morphiumabhängige ganz tief unten. Sie waren Typen, die man eher bemitleidete als – wie den Reefer Man – respektierte. „Cokey Joe" und „Jerry the Junker" waren so etwas wie Standardtypen, die für Tod und Entwürdigung standen. „Cokey" oder „Smokey Joe" taucht auch in Cab Calloways berühmtem „Minnie the Moocher" von 1938 auf – in einem verschliffenen, schwerfälligen und tragischen Tonfall:

She messed around with a bloke name Smokey
She loved him though he was cokey
He took her down to Chinatown
Showed her how to kick the gong around.

Smokey war auf zweifache Weise ein Verdammter: Er war nicht nur selbst süchtig, sondern auch der Grund für die Sucht seiner Freundin. Hazel Myers' Lied „Pipe Dream Blues" (1924) wird häufig als Beispiel für einen Song angeführt, der dem Opiumrauchen positiv gegenübersteht – aber die schönen Zeiten sind auch darin nicht mehr als Erinnerung. Als die Sängerin erwacht, strömen sämtliche ihrer alten Probleme und auch ein paar neue, die durch das Opium entstanden sind, wieder auf sie ein:

Dreamed I had a hot pipe in my hand
Owned a million dollars down in poppy land
I burn up ten-thousand-dollar bills
Everytime I light my pills
Someone woke me up
Now I'm crying
With the mean old pipe dream blues.

Als der Jazz in den 50er Jahren angelangt war, verschwanden buchstäblich alle Anspielungen auf Drogen jeder Art daraus. In dieser Zeit der antikommunistischen Hysterie und drakonischen Drogengesetze war es für keinen Musiker besonders ratsam, den Gesetzeshütern irgendwie aufzufallen. Die Drogen-Anspielungen in Jazzsongs beschränkten sich größtenteils auf die Titel von Instrumentalnummern, die im Drogen-Slang der Fünfziger gehalten waren, wie etwa Harold Lands „Smack Up", das durch Art Pepper berühmt wurde. Man konnte einfach nie vorsichtig genug sein; die Wände hatten Ohren, und jedes unvorsichtige Wort konnte den FBI-Agenten auf den Plan rufen, der allem ein Ende machen würde – die Nemesis jedes Musikers, Mister Harry J. Anslinger.

5

Hey, Hey Harry J. – How Many Guys Did You Bust Today?

Harry Anslinger

Der „böse Wolf" aller Drogen-User. Anslinger sorgte in den 30er und 40er Jahren im Alleingang für das bis heute schlechte Image rekreativer Drogen. Aufgrund seiner Aktivitäten schmorten und schmoren weltweit Millionen Menschen im Knast. Er selbst starb 1975 – stark morphiumsüchtig.

Opium? Nein! Kokain? Nein! Der große amerikanische Verstandesmörder heißt Tanzmusik!

Portland Oregonian, 12. Juni 1932

Jazz … das Opiat, das den Verstand in Flammen setzt und zu zügellosen Orgien delirierender Synkopen anstiftet.

Harry Von Tilzer, Schlagerkomponist

Guter Jazz kann ein wohltuendes Stärkungsmittel sein; schlechter Jazz ist immer eine gefährliche Droge.

die Zeitschrift *Etude*, Januar 1924

Mehr als 15 Jahre vor dem Bundesverbot für den Besitz von Marihuana von 1937 bedrängten die Behörden der südlichen und westlichen Bundesstaaten Washington bereits heftig, etwas wegen dieser Droge „zu unternehmen". Hauptsächlich handelte es sich dabei um jene Gebiete, in denen sich die Mexikaner ursprünglich angesiedelt hatten, und die Kampagne gegen das Marihuana drückte zum Teil die Gefühle aus, die die Einheimischen gegen die Einwanderer hegten.

Als im Jahre 1910 die mexikanische Revolution ausbrach, griff ein Teil der Kampfhandlungen auch auf die andere Seite des Rio Grande über. Ein Angriff, den Pancho Villa auf einen kleinen Militäraußenposten in New Mexico führte, verstärkte die Antipathien gegen die Mexikaner, die wegen der vielen Flüchtlinge ohnehin schon groß waren, noch mehr. General Pershing führte seine Truppen gegen Villa zu den Klängen dieses Liedes an:

It's a long way to capture Villa
It's a long way to go
It's a long way across the border
Where the dirty greasers grow.

Aber Pancho Villas Männer marschierten zu den Tönen eines anderen Kriegsgesangs. „La Cucaracha" erzählte die Geschichte einer Küchenschabe, die nicht mehr weitergehen konnte, weil sie kein Marihuana mehr zu rauchen hatte. (Dieser Song befand sich im regulären Programm von Edmundo Ros und seinem Orchester, einer angesehenen Mainstream-Tanzband, die man Mitte der Fünfziger oft im englischen Radio hören konnte. So wie der Nummer-eins-Hit der Gruppe Musical Youth, „Pass the Dutchie", entging den Fledermausohren der Radiozensoren auch diese Lobpreisung einer verbotenen Droge.)

Die Mexikaner wurden so sehr mit der Droge in Zusammenhang gebracht, daß die Behörden und die Presse sich aus all den möglichen Namen den mexikanischen, eben „Marihuana", aussuchten. Die Zeitungen der südwestlichen Bundesstaaten brachten regelmäßig Stories über Mexikaner, die durch den Genuß von „Locoweed" angeblich in den Wahnsinn getrieben worden waren und diverse grauenhafte Untaten begangen hatten, die nicht mehr als äußerst bekannt klingende Nacherzählungen der Panik bezüglich „kokainverrückten Nigger" waren. Hinter den meisten dieser Geschichten stand Haß; während der 20er Jahre zogen Tausende Mexikaner in den Norden, nach Chicago, um dort Arbeit zu finden. Als die Depression kam, erging es ihnen wie schon den Chinesen vor ihnen, und sie fanden sich als erbitterte Konkurrenten der verarmten weißen Arbeiterschaft wieder.

Aber die ablehnende Haltung gegen die mexikanischen Einwanderer war nicht der unmittelbare Grund dafür, daß Marihuana zur verbotenen Droge wurde. Man gab zwar den Mexikanern die Schuld dafür, die Droge nach Amerika gebracht zu haben, bezichtigte aber die Musiker, die Verbreiter zu sein, diejenigen, die die Krankheit verschleppten und damit ordentliche weiße Jugendliche infizierten. Das Versagen der Prohibition gab dem moralischen Kreuzzug gegen Marihuana weitere Anstöße.

Die Zitate, die dieses Kapitel einleiten, sollen illustrieren, daß Drogen und Jazz in der öffentlichen Meinung so eng miteinander verbunden waren, daß Bilder aus dem einen Bereich dazu benutzt wurden, den anderen schlechtzumachen. Die Tanzverrücktheit vor dem Ersten Weltkrieg führte zu entsetzlichen Warnungen in modischen Frauenzeitschriften – wie leicht konnte man doch von einem dieser gefährlichen, perfekt gekleideten, aber minderwertigen „Tango-Piraten" verführt werden ... Das Wort „Pirat" ließ sofort an das Bild eines nicht zu fassenden Schurken denken, der hilflosen Frauen, die seinem Charme erlagen, Geld und Tugend raubte, der „der weiblichen Sexualität eine Falle stellte und sie anzapfte" (zit. nach Ehrenberg, S. 83). Aber noch schlimmer: Drogen waren ein Teil seines Arsenals von Fallen. „[Kokain] ... ist das Stigma, das ihn in dieselbe Klasse wie einen niedrigen und gar nicht anziehenden Kriminellen verbannt" (Ehrenberg, S. 84). Indem er ihnen erzählte, daß sie ihren Spaß an der Droge haben würden, verleitete der Tango-Pirat die Frauen angeblich zum Sex und dazu, ihr Geld an ihn zu verschwenden. Die Reformatoren forderten seine Beseitigung, da ansonsten sämtliche Traditionen der viktorianischen Kultur vom Verschwinden bedroht seien.

Vom Tango-Piraten zu einem neuen Typus der sozialen Bedrohung, dem Jazzmusiker, war es nur ein schneller Twostep. Man beschuldigte den Jazz, die Moral der jungen Leute zu gefährden, indem er tierische Leidenschaften in ihnen wecke – durch sinnliche Tänze, Körperkontakt zwischen Jungen und Mädchen, die sexuellen Inhalte von Jazztexten und natürlich die Verbindung zum Drogenmißbrauch. 1922 hatte das Stück *The National Anthem* von Hartley Mann am Broadway Premiere. Es handelte von den Ausschweifungen und der Dekadenz der Jugend, die sämtliche weisen Ratschläge der Eltern ignorierte. Schuld war daran unter anderem der Jazz – in seiner Eigenschaft als „Saturnalien des modernen Menschen", als Rhythmus ohne Seele. Pseudowissenschaftliche Studien gaben vor, das Übel, das diese Musik darstellte, zu dokumentieren.

Ein Bericht der Illinois Vigilance Association, einer Art freiwilliger Volksjustiz-Behörde, behauptete, daß in den Jahren 1921 bis 1922 allein in Chicago 1.000 Mädchen durch Jazzmusik zu Fall gebracht worden seien. Der Leiter des State Hospital in Napa, Kalifornien, erklärte:

> Meinen Erfahrungen nach sind etwa fünfzig Prozent unserer Jungen und Mädchen im Alter von 16 bis 25 Jahren, die heutzutage in der Irrenanstalt landen, Jazzverrückte Drogensüchtige und Kunden öffentlicher Tanzlokale. Das gehört beim Jazz zusammen – Drogensüchtige und Tanzlokale sind ein und dieselbe Sache ... wo man das eine findet, findet man auch das andere (zit. nach Leonard, S. 37).

Man versuchte, Jazz in den Örtlichkeiten, wo sich die Öffentlichkeit unterhalten konnte, zu verbieten. Einige Zeitungen verschwiegen die Existenz dieser Musik vorsätzlich, andere versuchten, sie wegzureden, indem sie darauf beharrten, daß es sich dabei nur um eine schon wieder im Abklingen befindliche Modeströmung handelte. Was die meisten Anti-Jazz-Vorbehalte untermauerte, war eine Ablehnung der schwarzen Kultur und der sogenannten Harlem Renaissance, in der schwarze Künstler von einer Schar wohlhabender Angehöriger der weißen Boheme gefeiert und gefördert wurden. Laurette Taylor, die die Hauptrolle in *The National Anthem* spielte, faßte die traditionelle Ansicht über den Jazz zusammen: „Man kann den Jazz, diesen Anstoß für eine Wildheit, die in unserem Land zweifelsohne mehr als nur die Musik befallen hat, auf den Einfluß der Neger zurückverfolgen", meinte sie (Leonard, S. 38).

Manche Leute glaubten ernsthaft daran, daß der Jazz, wenn man ihm gestatten würde, sich weiterhin zu verbreiten, entweder die rassische Reinheit durch massive Rassenvermischung vergiften oder daß diese Epidemie die nüchterne weiße Bevölkerung infizieren und auf die Ebene des schwarzen Wilden zurückwerfen würde. Keine öffentliche Verdammung des Jazz war vollständig ohne irgendeine Bemerkung über „weiße Kids, die beim Schlagen der Dschungelrhythmen die Kontrolle über sich verlieren".

Die Verbindung zu Drogen war bei der Erschaffung des Bildes, das den Jazz- (und später Rock-) musiker als Gesetzlosen zeichnete, von großer Bedeutung. Schon in die frühesten Diskussionen über Marihuana verwickelte man Musiker. Am 21. August 1920 informierte Dr. Oscar Dowling vom Louisiana Health Board den Gouverneur über die zunehmende Verbreitung dieser Droge. Diese Tatsache war ihm durch die Verhaftung und Einkerkerung eines 21 Jahre alten Musikers zu Ohren gekommen, der verurteilt worden war, weil er auf einem Rezept die Unterschrift eines Arztes gefälscht hatte. Am 1. Juli 1928 berichtete die *Chicago Tribune* unter der Überschrift „Eine neue Kicherdroge erzeugt Mißklänge in den Orchestern unserer Stadt", daß Marihuanaabhängigkeit unter Musikern weit verbreitet sei. Das Blatt wies darauf hin, daß es sich „bei Marihuana um eine alte Droge handelt, die aber im allgemeinen erst vor wenigen Jahren von Mexikanern ins Land gebracht wurde. Sie wirkt wie Kokain. Auf lange Sicht verändert und verkrüppelt sie ihre Opfer. Eine Art schleichender Lähmung ist die Folge des langandauernden Mißbrauchs" (zit. nach Bonnie, S. 34).

In manchen Bundesstaaten war es schon lange vor dem Jahr 1937 verboten, Marihuana zu sich zu nehmen. Normalerweise existierten solche Verordnungen in Gebieten mit mexikanischen Siedlern, aber Kalifornien fing – aus Gründen, die bis heute nicht geklärt sind – bereits 1915 als erster Staat damit an, also zu einer Zeit, in der es dort praktisch keine mexikanischen Siedler gab. Louis Armstrong erzählte Max Jones und John Chilton einmal, wie er mit diesem Bundesstaatsgesetz in Konflikt gekommen war:

> Es war während unserer Pause in diesem großen Nachtclub, der jeden Abend gerammelt voll war. Alle Arten meiner Fans waren dort, auch Filmstars. Auf jeden Fall rauchten Vic [Berton, ein Schlagzeuger der ersten Garnitur] und ich gerade diesen Joint – wir lachten, es ging uns bestens, und wir haben uns gefreut, daß wir zusammen waren. Wir standen vor irgendwelchen Autos. Und plötzlich kamen zwei große starke Bullen ganz lässig hinter einem Auto hervor und sagten: „Den Zigarettenstummel nehmen wir, Jungs" (Jones, S. 113).

Amstrong hatte das Glück, einem möglichen Zusammengeschlagenwerden zu entgehen, da die beiden Polizisten, die ihn festnahmen, seine

Musik bewunderten. Sie waren ziemlich ehrlich und schienen es zu bedauern, daß Armstrong das Pech hatte, bei etwas erwischt zu werden, was so viele andere auch taten. Einer der Detectives erzählte Armstrong, daß ein Bandleader-Konkurrent ihn mit einem Anruf bei der Polizei denunziert habe. Obwohl die Polizei ihm mit Sympathie gegenüberstand, mußte Louis Armstrong mit einer Gefängnisstrafe von sechs Monaten rechnen, weil besagter Zigarettenstummel zum Zeitpunkt der Verhaftung in seinem Besitz gewesen war.

Er mußte neun Tage im Stadtgefängnis von Los Angeles auf seine Verhandlung warten. Der Gerichtssaal war brechend voll, und die Schlagzeilen berichteten noch vor Prozeßbeginn darüber, daß Armstrong ins Gefängnis gehen müsse. Tatsächlich aber kam er mit einer Strafe auf Bewährung davon und konnte noch am selben Abend wieder auftreten. Die Filmstars, die sich auf den Filmgeländen Hollywoods mit Morphium, Heroin und Kokain vertraut gemacht hatten, hatten von Marihuana nicht viel Ahnung. Das ging aus den Bemerkungen einiger von ihnen hervor, die Amstrong nachher gratulierten – sie glaubten, „Marihuana" sei der mexikanische Ausdruck für ein minderjähriges Mädchen!

Etwa zu der Zeit, als Armstrong verhaftet wurde, fing die Regierung an, ihre Ansichten zum Thema Marihuana zu ändern. Bis zu diesem Zeitpunkt hatte man die Appelle der bundesstaatlichen Gesetzgeber und Moralhüter ignoriert. Die Ernennung eines neuen Commissioner of Narcotic Drugs (Beauftragter für Narkotika) und die Neuorganisation der Rauschgiftexekutive markierten den Beginn einer neuen Ära in der Drogenpolitik der USA.

1914 wurde im Inland Revenue Bureau (Amt für Staatseinkünfte) des Finanzamts eine Rauschgiftabteilung gegründet, die die Einkünfte aus Opiatverkäufen einkassieren und die Durchsetzung des Harrison Acts bewirken sollte. 1920 wurde diese Abteilung ein Teil der Prohibitions-Einheit, die 1927 wiederum zum Prohibition Bureau wurde. Das Bureau of Narcotics wurde im Juli 1930 als eigene Stelle im Finanzamt gegründet.

Aber noch vor der Schaffung dieser neuen staatlichen Stelle wurde Levi Nutt, der damalige Leiter der Narcotics Division, nach einem Skandal, in den der damals größte Gangster, Arnold Rothstein, und einige bestechliche Bundesagenten verwickelt waren, seines Amtes enthoben. Rothstein wurde 1928 ermordet. Unter seinen Papieren fanden sich Beweise, die ihn mit dem Sohn und dem Schwiegersohn Levi Nutts, die beide Anwälte waren, in Verbindung brachten. Dokumente, die einer Anklagejury vorgelegt wurden, bewiesen, daß beide Männer von Rothstein bezahlt worden waren, um ihn in diversen Steuerangelegenheiten gegen das Finanzamt zu verteidigen, und daß sich einer von ihnen Geld von dem Gangster geliehen hatte. Die Jury erfuhr auch davon, daß Nutt der Bundesrauschgiftbehörde in New York Anweisung gegeben hatte, durch gefälschte Berichte die Verhaftungsstatistiken zu verbessern und daß Beamte dieser Stelle mit Großdealern unter einer Decke gesteckt hatten. Nutt verlor seinen Job und wurde schließlich zur Alcohol Tax Unit (Einheit für Alkoholbesteuerung) versetzt, wo er bis zu seiner Pensionierung blieb.

> ... er war ein schon fast grotesk häßlicher Mensch. Konnte einem Angst einjagen. Er sah aus wie der Swedish Angel – dieser Ringer. Ungefähr einen Meter achtzig groß, mit dem größten Kopf, den ich mein ganzes Leben lang bei einem Menschen gesehen habe ... total kahl ... mit riesigen Ohren.
>
> Er hatte so eine Art, daß sich die Leute überall, wo er hinkam, vor Angst fast in die Hosen machten ... Wenn er ins Büro kam, verbreitete sich diese Nachricht wie die Kunde von der Pest. Jeder mußte auf Draht sein. Er hat kaum was mit den Leuten geredet. Er schaute einen nur an – und er war jemand, der furchterregend aussah ... Er hatte so eine Art mystischer Aura und sehr seltsame Angewohnheiten. Ich kann nicht genug betonen, welche Ehrfurcht jeder, der unter ihm arbeitete, für ihn empfand (zit. nach Sloman, S. 42).

Am 25. September 1930 übernahm Harry Jacob Anslinger, der „Swedish Angel“, den neu eingeführten Posten des Commissioner of Narcotic Drugs. Bevor Anslinger an die Macht kam (wenn das klingt, als wäre er ein König gewesen, dann ist das Absicht), gab es zwar Rauschgiftgesetze, Anti-Marihuana-Gesetze und eine wenn auch örtlich begrenzte Anti-Marihuana-Kampagne. Aber es war Anslinger, der die bundesweite Kampagne gegen Marihuana inszenierte und das Bild, das die Öffentlichkeit die nächsten dreißig Jahre lang von dieser Droge haben sollte, erzeugte. Dieses Bild änderte sich nur dann, wenn Anslinger seine Taktik änderte. Durch eine völlig zielstrebige Hingabe an Ruhm und Ehre seiner Abteilung und den moralischen Feldzug gegen die Drogen schaffte er es während seiner 30 Jahre währenden Herrschaft im Narcotics Bureau und später als Vertreter der USA in der Narcotics Commission der Vereinten Nationen, in- und ausländische Politiker zu manipulieren.

Über Anslingers Privatleben ist kaum etwas bekannt. Am 20. Mai 1892 wurde er in Altoona, Pennsylvania, als Sohn strenger und aufrichtiger holländischer Eltern geboren. Er war eine ebenso rätselhafte und geheimnisvolle Figur wie sein Erzrivale Edgar J. Hoover vom FBI. Es existiert keine Biographie über ihn, obwohl er nach wie vor die einflußreichste Einzelperson in der Geschichte der Drogengesetzgebung darstellt.

Im zweiten der beiden Bücher, die er verfaßte, *The Murderers: The Shocking Story of the Narcotics Gangs*, erinnert sich Anslinger an den Zwischenfall, der für sein Schicksal bestimmend war (S. 8):

> Als Junge von zwölf Jahren war ich im Haus eines benachbarten Farmers zu Besuch und hörte die Schreie einer Frau aus dem zweiten Stock. Ich hatte noch nie zuvor solche Schmerzensschreie gehört. Später erfuhr ich, daß diese Frau, wie so viele andere damals, morphiumsüchtig war, also von einer Droge abhängig, deren Gefahren die meisten medizinischen Autoritäten zu dieser Zeit noch nicht erkannt hatten. Aber alles, woran ich mich erinnern kann, ist, daß ich eine Frau hörte, die Schmerzen hatte und deren Schreie mein ganzes zwölf Jahre altes Wesen auszufüllen schienen. Dann kam ihr Mann die Stiegen heruntergerannt und sagte mir, daß ich auf den Wagen springen und in die Stadt fahren solle. Ich sollte für seine Frau ein Päckchen aus dem Drugstore holen und es ihr bringen.
>
> Ich erinnere mich, wie ich die Pferde antrieb, wie ich sie peitschte, weil ich davon überzeugt war, daß die Frau sterben würde, wenn ich nicht rechtzeitig zurückkäme. Als ich mit dem Päckchen – es war Morphium – wieder dort war, eilte der Mann nach oben, um seiner Frau ihre Dosis zu verabreichen. Nach kurzer Zeit verstummten ihre Schreie und Stille fiel über das Haus.
>
> Ich konnte diese Schreie nie vergessen. Und ich habe auch nicht vergessen, daß man einem zwölfjährigen Jungen das Morphium für diese Frau verkauft hat, ohne Fragen zu stellen.

Bei Kriegsbeginn arbeitete Anslinger in der War Department Ordinance Division (Verordnungsabteilung des Kriegsministeriums) und war später als Karrierediplomat in Holland, Deutschland, Venezuela und auf den Bahamas (wo er erfolgreich den Whiskyschmuggel von den westindischen Inseln in die Vereinigten Staaten stoppte) tätig. Sein Bahamas-Coup verschaffte ihm eine Versetzung ins Prohibition Bureau, wo er bald zum stellvertretenden Leiter wurde. Mit seiner Karriere ging es steil nach oben; er genoß binnen kürzester Zeit den Ruf eines harten Arbeiters von unerschütterlicher Loyalität, der eine bemerkenswerte Begabung für Untersuchungen aller Art aufwies. Die Jahre im Dienste der Regierung hatten ihn auch dazu befähigt, innerhalb der Möglichkeiten bestens zu arbeiten. Obwohl er ein moralischer Idealist war, war er auch ein pragmatischer Bürokrat, der seine Politik ändern konnte, wenn die Situation es erforderte.

Das kam ihm sehr zugute, denn der Kurs des Marihuanaverbots wand und drehte sich in den 30er Jahren wie eine Klapperschlange.

Als Anslinger seinen Posten antrat, stand er einem bundesweiten Marihuanaverbot eher ablehnend gegenüber. Bei der Gründung des Bureau of Narcotics wies man ihm nur etwa 300 Agenten zu. Als ehemaliges Mitglied des Prohibition Bureau hatte er festgestellt, wie das Gesetz der Mißachtung anheimfiel – nicht nur deshalb, weil es unpopulär war, sondern auch, weil man nicht genug Mittel hatte, es durchzusetzen. Sollte so ein Fiasko noch einmal passieren, dann würde das sowohl seiner Behörde als auch seiner Karriere unwiderruflich den Todesstoß versetzen. Während eines Großteils der 30er Jahre hatten die meisten normalen Leute nie auch nur von Marihuana gehört, geschweige denn es als gefährliche Droge betrachtet, die kontrolliert werden mußte. Noch dazu wuchs es im ganzen Land wild vor sich hin. Daher war Marihuana, trotz des großen öffentlichen Tamtams, den irgendwelche Gesundheitsbehörden und Zeitungen von sich gaben, für die Öffentlichkeit kein Thema.

Anslinger wollte, daß sämtliche Bundesstaaten ein einheitliches Drogengesetz beschließen und anschließend Marihuana als Narkotikum einstufen sollten. Das würde nämlich bedeuten, daß die Verfolgung von Marihuanastraftaten in den Bereich der örtlichen Behörden fallen und somit den Druck vom Bureau nehmen würde, das genug damit zu tun hatte, den Harrison Act durchzusetzen. Und mehr noch: Würde Marihuana als Narkotikum eingestuft, dann würde es bald als gefährliche Droge gelten, da man es immer im selben Zusammenhang mit echten Narkotika wie Opium, Morphium und Heroin nennen würde. Um die Bundesstaaten unter Druck zu setzen (so wie sie ihn unter Druck gesetzt hatten), begann Anslinger, eine landesweite Anti-Drogen-Kampagne zu inszenieren, die sich auf die Bedrohung durch Marihuana konzentrierte und betonte, daß man sehr stark vermute, diese Droge treibe Menschen zu verbrecherischen Handlungen. Den Enthusiasmus für seine Kampagne heizte er dadurch an, daß er im ganzen Land Vorträge vor religiösen Gruppierungen, Abstinenzler-Organisationen und eigentlich vor jeder Gruppe, die ihn einlud, hielt.

Obwohl er selbst zugeben mußte, daß seine Daten suspekt waren, stellte Anslinger einen Fallkatalog zusammen, der vorgab, die Gefahren des Marihuanas über jeden Zweifel hinaus zu beweisen. Diese Fälle gab er zur wörtlichen Veröffentlichung an Zeitungen weiter. Fast alle Informationen, die Mitte der Dreißiger zum Thema Marihuana in Zeitschriften und Journalen kursierten, kamen aus Anslingers Büro. Der Katalog blutiger Verbrechen wurde bei jedem Anlaß hervorgeholt und bildete schließlich die „wissenschaftliche“ Basis für das Marihuanaverbot von 1937. Folgender Fall, der sich im privaten Nachlaß Anslingers fand, gehörte zu seinen Favoriten:

> Corpus Christi. Der Gouverneur von Texas berichtete mir von einem Fall, von dem er persönlich wußte und der zu einem großen Teil dafür verantwortlich war, daß er mehr als zwei Quadratkilometer Hanf vernichten ließ. Ein Ölarbeiter von gutem Charakter rauchte eine Marihuanazigarette und vergewaltigte seine sechs Jahre alte Tochter. Als seine Frau am Abend nach Hause kam, fand sie ihn betäubt auf dem Bett liegend und ihr kleines Kind zerschunden und blutend. Er konnte sich an nichts erinnern. Wurde zum Tode verurteilt (zit. nach Anslinger, Privatpapiere).

Das Paradebeispiel war allerdings der Fall von Victor Licata aus Florida. Am 17. Oktober 1933 ermordete der 21jährige Licata seine Eltern, zwei Brüder und eine Schwester mit einer Axt. Angeblich stand er dabei unter dem Einfluß eines „Marihuanatraums“ – das erklärte er wenigstens den Beamten, die ihn festnahmen. Dieses Ereignis wurde zur Standard-Horrorgeschichte zum Thema Marihuana, und sowohl Anslinger als auch die Presse wiederholten sie immer und immer wieder. Licata behauptete, daß ein halbes Jahr des Marihuanarauchens seinen Verstand aus dem Gleichgewicht gebracht hätte. Obwohl die Polizei nicht davon überzeugt war, daß Marihuana allein die Schuld für dieses Verbrechen trug, nützte Polizeichef Bush die Gelegenheit dazu, den Stoff als gefährliche Droge zu brandmarken. Diese Äußerung wurde sogleich von der *Tampa Times* aufgenommen, die als erste über den Fall berichtete:

> STOPPT DEN MÖRDERISCHEN RAUCH … es mag wahr sein oder nicht, daß die verderbenbringende Marihuanazigarette für die mörderische Raserei eines jungen Mannes aus Tampa verantwortlich ist, der alle Mitglieder seiner Familie, die sich in seiner Reichweite befanden, ausgelöscht hat – aber ob dieses giftige und hirnzerstörende Kraut nun der Hauptschuldige an der Tragödie ist oder nicht: Sein Verkauf sollte nicht erlaubt sein und hätte weder hier noch anderswo je gestattet werden dürfen … Fünf Morde mußten passieren, um die Öffentlichkeit und die Beamtenschaft Tampas hinreichend zu beeindrucken, was die ernsten Folgen dieser üblen Angewohnheit betrifft.

Wie sich herausstellen sollte, wurde Licata als krimineller Geisteskranker eingestuft – ein Krankheitsbild, das er fast mit Sicherheit geerbt hatte. Seine Eltern waren Cousins, und fünf seiner engsten Familienmitglieder, einschließlich einer seiner Brüder, waren ebenfalls geistesgestört.

Licata war bis zum Jahre 1950 in der staatlichen Irrenanstalt interniert, wo er sich dann erhängte. In seiner Krankengeschichte wird das Wort Marihuana kein einziges Mal erwähnt.

Aber Anslingers Hoffnung, daß die einzelnen Bundesstaaten die Verantwortung für das Thema Marihuana übernehmen würden, war nicht der alleinige Grund dafür, daß er die Panikmache startete. Er war ein getreuer Republikaner und wurde von Präsident Hoover ins Amt berufen, und manche behaupteten, daß diese Ernennung im Zusammenhang mit der Tatsache, daß Anslingers Frau die Nichte von Finanzminister Andrew Mellow war, gestanden wäre. 1934 wurde Franklin Roosevelt amerikanischer Präsident. Die demokratischen Vertreter des New Deal nahmen an Anslingers Kommentaren über „Nigger" und die Süchtigen, die angeblich so eine Bedrohung für die Gesellschaft darstellten, erheblichen Anstoß. Man bemühte sich höheren Ortes, ihn aus seiner Position zu verdrängen, aber er konnte mit der Hilfe einiger einflußreicher republikanischer Kongreßabgeordneter und der noch viel einflußreicheren Hearst-Presse, zu der er die besten Kontakte pflegte, seinen Posten halten.

Das alles hieß aber, daß Anslinger die Aufmerksamkeit von seinen rechtsgerichteten Ansichten ablenken und den Wert seiner Behörde beweisen mußte. Außerdem bemühte er sich, einen Teil des Scheinwerferlichts, das auf Edgar J. Hoover und den FBI fiel, auf sich abzulenken. Die Rivalität zwischen den beiden Institutionen war außerordentlich groß. Hoover hielt seine sauberen amerikanischen Jungs aus der schmierigen und leicht anrüchigen Welt der Drogenfahndung heraus, da er befürchtete, daß Korruptionsfälle das Image des FBI ankratzen könnten. Die Arbeit der Drogenfahnder findet meistens als Undercovertätigkeit statt; die Agenten müssen in die kriminelle Szene einsickern, wenn sie eine Chance haben wollen, Großdealer zu erwischen. Und wo schlechtbezahlte Beamte mit reichen Dealern zusammenkommen, ist Bestechung fast unvermeidlich, und die Trennlinie zwischen Polizisten und Kriminellen kann sehr unscharf werden. Also hielt sich Hoover eher an „gewöhnliche" Verbrecher, die spektakuläre Verbrechen wie Banküberfälle begingen und die er mit der größtmöglichen Publicity festnehmen lassen konnte. In den Dreißigern gingen dem FBI zwei große Fische ins Netz, nämlich John Dillinger und Pretty Boy Floyd. Das machte Schlagzeilen.

Das Narcotics Bureau stand vor zusätzlichen Problemen, als die Depression auch Auswirkungen auf das Budget für 1935 hatte – man strich ganze 200.000 Dollar. Anslinger hatte also allen Grund, mit sämtlichen zur Verfügung stehenden Mitteln zu demonstrieren, wie gut seine Behörde arbeitete. Und seine Kampagne trug auch tatsächlich Früchte. Nach einem schleppenden Start waren es im Jahre 1936 schon 38 der insgesamt 48 Staaten, die das Uniform State Narcotics Law, also ein einheitliches bundesstaatliches Drogengesetz, beschlossen hatten. Und viele hatten auch Marihuana in die Liste der Narkotika aufgenommen. Zusätzlich hatten alle 48 Bundesstaaten Gesetze beschlossen, die den Verkauf oder Besitz von Marihuana regelten, und damit war der Prozeß abgeschlossen, den Kalifornien 1915 begonnen hatte. Warum gab es also 1937 überhaupt das staatliche Marihuanaverbot? Welcher Sinn verbarg sich hinter diesem Gesetz?

Ein Grund war, daß der Druck auf das Finanzamt und damit auch auf Anslinger immer größer wurde, von Regierungsseite her ein Verbot der Droge zu beschließen. Anslingers Kampagne war fast zu erfolgreich gewesen. Die Presse behauptete, daß der Staat – und nicht nur die einzelnen Bundesstaaten – die moralische Verpflichtung hätte, etwas gegen diese angeblich so gefährliche Droge zu unternehmen, um die Bürger davor zu schützen. Man hatte kaum Vertrauen in die Idee, daß Marihuana von örtlichen Behörden kontrollierbar sei. Anslinger mußte also seine Gegnerschaft zu einer staatlichen Maßnahme neu überdenken. Er erkannte, daß es angesichts der kürzlich stattgefundenen Budgetkürzungen der beste Weg wäre, das Vertrauen des Kongresses zu gewinnen, wenn er die Kontrolle über die gesamte Drogenexekutive in seine Hände bekäme. Ein Bundesgesetz gegen Marihuana würde für die Verhaftungsstatistiken des Narcotics Bureau Wunder wirken.

Die Verabschiedung des Marihuana Tax Act, des Steuergesetzes gegen Marihuana, das den Besitz der Droge aus nichtmedizinischen Gründen unter Strafe stellte, brachte Anslinger ein neues Problem ein. Und es war wieder ein Ergebnis seiner eigenen Kampagne. Das Volk war so überzeugt davon, daß der Mißbrauch von Marihuana zu verbrecherischen Handlungen führte, daß Verteidiger im ganzen Land dazu übergingen, auf Unzurechnungsfähigkeit und verminderte Verantwortlichkeit jener Klienten zu plädieren, welche behaupteten, die Droge konsumiert zu haben. Eine wichtige Waffe im Arsenal der Anwälte war Anslingers eigener und weitverbreiteter Artikel „Marihuana: Mörder der Jugend“, der im *American Magazine* vom Juli 1937 erschien:

In Los Angeles, Kalifornien, ging ein Jugendlicher durch die Straßen des Geschäftsviertels, nachdem er einen Zug von einer Marihuanazigarette gemacht hatte. Für viele Süchtige reicht schon eine kleine Portion des „Reefers“ aus, um den Rausch hervorzurufen. Plötzlich meinte er ohne jeden Grund, daß jemand ihm gedroht hatte, ihn zu töten und daß sein

Leben in Gefahr sei. Er blickte wild um sich. Der einzige Mensch in Sichtweite war ein alter Schuhputzer. Seine drogenverrückten Nervenzentren machten den unschuldigen alten Schuhputzer für ihn zu einem zerstörerischen Monster. Verrückt vor Angst rannte der Süchtige in sein Zimmer und holte eine Pistole. Er tötete den alten Mann und brabbelte später seine Reue über den mutwilligen und unbeherrschten Mord, den er begangen hatte, heraus. „Ich hab' geglaubt, es wäre jemand hinter mir her", sagte er. „Das ist der einzige Grund, warum ich's getan hab'. Ich hab' den alten Mann nie vorher gesehen. Irgendwas in mir hat mir einfach befohlen, ihn umzubringen!"

Und das ist Marihuana!

Als er merkte, was passierte, stellte Anslinger die Verbreitung von Marihuanahorrorgeschichten durch sein Büro sofort ein. Mehr noch – er brachte andere Moralhüter, die mit Stories derselben Art fortfuhren, öffentlich in Mißkredit. Das tat er nicht nur, um die Plädoyers auf Unzurechnungsfähigkeit zu einem Ende zu bringen: Würden die Leute fortfahren, über die Schrecken des Marihuana zu schwadronieren, dann würde das bedeuten, daß das Bureau seine Arbeit nicht gut machte – und das wäre ganz sicher schlecht fürs Geschäft.

In Wirklichkeit hatte Anslinger bei all seinen Versuchen, einen wirklich großen Drogenfall zu klären, nicht besonders viel Erfolg. Teilweise war sein Problem, daß er an seine eigene Propaganda glaubte. Aber die Droge wurde *eben nicht* von vielen Menschen im ganzen Land konsumiert, wie er behauptete, sondern konzentrierte sich sowohl geographisch als auch sozioökonomisch auf die Umgebung bestimmter Städte wie New York, Chicago, Kansas City und New Orleans. Anslinger hatte auch gehofft, daß die örtlichen Behörden sich die Kleindealer und Süchtigen greifen würden, während das Bureau mit der Verhaftung wirklich großer Gangster einen festen Platz in den Schlagzeilen einnehmen würde. Das Ärgerliche daran war nur, daß es keine wirklich großen Gangster gab; die meisten Marihuana-Dealer verkauften den Stoff – wie Mezz Mezzrow – an ihre Freunde, obwohl in Gegenden wie Harlem auch Gangsterbanden ihre Finger im Geschäft hatten.

Also mußte Anslinger wieder einmal seine Politik ändern. Das Bureau überließ die Verfolgung von Marihuanastraftaten den einzelnen Staaten und konzentrierte sich verstärkt, vor allem nach Kriegsende, auf Opiate. Dennoch sehnte sich Anslinger nach Publicity für seinen Kampf gegen das Marihuana und begann auf prominente Persönlichkeiten, Filmstars und Musiker, loszugehen, um aus der geringstmöglichen Anstrengung den größtmöglichen Effekt herauszuholen. Das wurde als das „star-bust syndrome“ bekannt.

Anslinger hatte seit den frühen 30er Jahren eine spezielle Musikerkartei geführt. In ihr befand sich eine Abteilung, die Einzelheiten über jene Musiker enthielt, die wegen Besitzes von oder Handels mit Marihuana festgenommen worden waren. Um sein Ziel zu erreichen, die Musiker als „Volksfeinde“ abzustempeln, notierte er sorgfältig jeden auch noch so trivialen Fall, von dem er erfuhr:

1933:

Drei Neger kamen vor drei Tagen aus New York [in Montreal] an, um dort einen Acht-Wochen-Tanzvertrag, den sie mit dem Frolics Cabaret eingegangen waren, zu erfüllen. Wenigstens einer von ihnen begann sofort mit Drogen zu handeln. Zusätzlich zu ein paar kleineren Einkäufen fand eine größere Transaktion statt, bei der 15 Zigaretten um 19,00 $ erstanden wurden. Da der Agent, der in den Fall verwickelt war, nicht enttarnt werden durfte, konnten sie nicht wegen des Verkaufens der Droge belangt werden. Zwei der Neger, Banks und Burnham, wurden jedoch, zusammen mit dem Kanadier Gravel, für schuldig befunden und zu sechs Monaten Gefängnis und einer Geldstrafe von 200,00 $ verurteilt. Der dritte Neger wurde freigesprochen.

Banks und Burnham gestanden den Konsum von Marihuanazigaretten und behaupteten, ihren Bedarf in einem Tabakladen in New York City zu decken. Weitere Einzelheiten gaben sie nicht preis. Sie kamen aus New York City auf direktem Weg mit dem Autobus nach Montreal und hatten meines Wissens nach in den letzten Monaten diverse Tanzverträge in den Vereinigten Staaten.

Die Presse eilte Anslinger bei seinem Musiker-„Pogrom“ zu Hilfe. Sie tat das mit Artikeln wie dem folgenden, der sich unter der Schlagzeile „Drogengefahr in der University of Kansas“ im *St. Louis Post Dispatch* vom 8. April 1934 fand:

Alles deutet darauf hin, daß die Droge [Marihuana] von reisenden Jazzbands, die auf Universitäts- oder Studentenverbindungs-Tanzveranstaltungen spielen, in die Universität eingeführt wurde. [Der Rauschgiftfahnder] Johns behauptet, erfahren zu haben, daß viele Mitglieder von Jazzbands, nicht nur in dieser Gegend, sondern im ganzen Land, oft zu Marihuana oder irgendeiner anderen Droge greifen, um so die Monotonie ihres Lebens und das pausenlose Dröhnen der Jazzmusik, die sie Nacht für Nacht spielen müssen, vergessen zu können. „Sie machen ein paar Züge an einer Marihuanazigarette, wenn sie müde sind", sagt Johns. „Das weckt sie wieder auf, und sie können weiterspielen, auch wenn sie von der Hüfte abwärts buchstäblich gelähmt sind, was eine der Wirkungen ist, die das Marihuana haben kann." [Hier handelt es sich zweifelsohne um eine weitere der biochemischen Erkenntnisse, wie sie das Bureau of Narcotics gerne verbreitete.]

In Anslingers Akten befindet sich auch ein seltener Zeitungsausschnitt aus dem englischen Musikblatt *Melody Maker* vom 22. Februar 1936. Er ist deswegen selten, weil er einen der wenigen Anlässe dokumentiert, wo die englische Musikpresse einen redaktionellen Kommentar über den Drogenmißbrauch innerhalb der Unterhaltungsindustrie abgab. Großbritannien hat Opiate und Kokain mit dem Dangerous Drugs Act von 1920 unter Verbot gestellt und Marihuana im Jahre 1928 in dieses Gesetz einbezogen. Statistisch gesehen, befand sich das Drogen„problem" in den 20er und 30er Jahren in England im Abklingen und nahm nicht zu, wie der *Melody Maker* behauptete. Aber innerhalb der kleinen Klasse der Reichen und Berühmten, der Schriftsteller, Showmenschen und Musiker kursierten die illegalen Drogen weiterhin, was der Öffentlichkeit jedoch verborgen blieb. Welche Drogen hier gemeint waren, bleibt unklar, weil der Begriff „Dope" jede der Drogen (oder alle zusammen) bezeichnen kann, die in das Gesetz einbezogen sind. Kokain war in London, wo es in den Bars und Clubs des Westend genommen wurde, die populärste verbotene Droge:

> Drogenhandel und Drogenmißbrauch in unserem Land nehmen zu. Es ist nicht länger zu leugnen, daß Jazzclubs zu den Wirkungsstätten der Drogenhändler gehören.
>
> Daher ist es auch richtig, daß sich die öffentliche Aufmerksamkeit auf solche Lokale konzentriert. Und es ist ein Pech, daß sich diese Aufmerksamkeit auch auf die vielen Clubs konzentrieren wird, die völlig schuldlos sind.
>
> Dieses Blatt hat bisher immer die Avantgarde der Tanzmusik und ihre ausübenden Künstler gefördert. Es wird dies auch weiterhin tun.
>
> In gleichem Maße sind wir fest entschlossen, alles und jedes zu bekämpfen, was das gesunde Wachstum dieser Musik verhindern will, sei dies nun die Politik der BBC, die Apathie der Plattenfirmen ... oder jene Leute, die Jazzclubs zu Marktplätzen für Dope machen wollen ...

In Amerika geschah es in den 30er Jahren immer wieder, daß Musiker wegen des Besitzes von Marihuana verhaftet wurden. Aber Anslinger selbst hielt sich vor dem Februar 1938, als das Bundesverbot Gültigkeit erlangte, von einem Angriff auf die Unterhaltungsindustrie zurück. Bei Minneapolis wurden zwei Männer festgenommen, weil sie Marihuana im Wert von 5.000 Dollar angebaut und vertrieben hatten. Der Bundesbezirksinspektor für dieses Gebiet, Joseph Bell, erzählte der *Minneapolis Tribune*, daß „die heutige Swingmusik, der Big Apple Dance und Orchester-Jam Sessions für den steigenden Mißbrauch von Marihuana durch Musiker von Tanzorchestern und die Jungen und Mädchen, die ihnen zuhören, verantwortlich sind". Sidney Berman, der Herausgeber der hauptsächlich weißen Zeitschrift *Orchestra World*, schickte Anslinger einen wütenden Brief, in dem er sich über diesen Angriff auf die Musiker beschwerte. Anslinger versuchte daraufhin, Berman zu beschwichtigen, indem er diese Bemerkungen den Verhafteten und nicht Joseph Bell zuschrieb. Bell schrieb jedoch in seinem Bericht an Anslinger, daß seine eigenen Erfahrungen den weitverbreiteten Marihuanamißbrauch unter Jazzmusikern nur bestätigten und zitierte einen der Männer, die er verhaftet hatte:

> Dieser Mann hat bestätigt, daß der Gebrauch von Marihuana unter Musikern, vor allem solchen, die bei sogenannten „Jazzbands" spielen, sehr weit verbreitet ist, weil sie unter dem Einfluß der Droge eine bestimmte Gabe zu erlangen scheinen, die sie sonst nicht besitzen. Mit den Worten des erwähnten Individuums: Sie „werden heiß".

Ob die Musiker nun wirklich „heiß wurden" oder nicht, das war eine Frage, die selbst mit der größten Hitze debattiert wurde. Für Anslinger war die Antwort spätestens durch die Ergebnisse eines Experiments, das im Jahre 1944 durchgeführt wurde und in dem Marihuana beim „Musikalischen Fähigkeitentest" von Carl Seashore untersucht wurde, völlig klar. Damals wurden zwölf Freiwillige getestet. Sie alle waren Gefangene, die Strafen wegen Marihuanadelikten verbüßten und eine „durchschnittliche" Drogeneinnahmsdauer von neun Jahren aufwiesen. Nur zwei dieser zwölf Kandidaten waren Musiker. Zwei andere behaupteten, „musikalische Ambitionen" zu haben, was auch immer das heißen mochte. Zuerst wurden sie auf Tonhöhe, Tonart, Klangfarbe, Taktgefühl etc. getestet. Dann verabreichte man ihnen die Droge und testete sie ein zweites Mal. Neun der zwölf erzielten im zweiten Durchgang schlechtere Ergebnisse, obwohl sie *glaubten*, daß sie diesmal besser abgeschnitten hätten. Für Anslinger stellte das den schlüssigen Beweis dafür dar, daß es sich um eine Illusion handle, wenn jemand glaubte, er könne unter dem Einfluß von Marihuana besser spielen. Das mag zwar stimmen, aber durch diesen Test ist es bestimmt nicht bewiesen worden. Was ist mit den drei Männern, die unter Drogeneinfluß besser abschnitten? Welche Ergebnisse erzielten die beiden Musiker? Darüber schrieb Anslinger in seinen Aufzeichnungen nichts. Auf jeden Fall war es schlicht absurd, aus einem solchen Laborexperiment irgendwelche Schlüsse über den Gebrauch von Drogen und das Improvisieren von Jazzmusik zu ziehen.

Sensationsgeile und von Anslinger initiierte Presseberichte über die Marihuanaorgien von Swingbands führten zu einer bitteren Reaktion in *Keynote*, der Zeitschrift der Detroit Federation of Musicians, die sich wie ein Echo des wütenden *Melody-Maker*-Artikels, der fünf Jahre zuvor entstanden war, liest. Das Editorial auf der Titelseite der Januar/Februar-Ausgabe 1941 stand unter der Überschrift „Marihuana – eine Plage“:

> Marihuana – Weed – Gras – Tee – Reefers – nennen Sie es, wie Sie wollen – wird vom Gesetz und von seiner Wirkung her in dieselbe Kategorie wie Narkotika eingestuft. Aus irgendeinem Grund – sehen wir dieser Tatsache ins Gesicht, so schmerzlich das auch sein mag – haben die vergleichsweise wenigen Musiker, die nach dieser Droge süchtig sind, dem gesamten Musikerstand bei der Exekutive und teilweise auch in der Öffentlichkeit einen schlechten Ruf eingebracht, eine Reputation, die widerwärtig ist und dem guten Ruf der großen Mehrheit, die diesen Stoff nicht nimmt, Tag für Tag Schimpf und Schande und noch Schlimmeres bringt.

Am 15. Januar 1943 schloß sich die angesehene Jazz-Zeitschrift *Down Beat* dem Krieg der Worte gegen Musiker an, die gerne eine „Teepause“ machten, nachdem ein paar Soldaten, Musiker und andere Mitglieder der Unterhaltungsbranche in einem Hotelzimmer mit Marihuana erwischt worden waren. Die Herausgeber standen vor einem klassischen Dilemma: Bis zu diesem Zeitpunkt hatten sie solche Stories abgesägt, weil sie Angst hatten, den Musikern damit einen schlechten Ruf anzuhängen, so wie es die Massenpresse getan hatte. Andererseits sahen sie die Notwendigkeit ein, sich in aller Öffentlichkeit der Verdammung jener Musiker anzuschließen, die Drogen nahmen. Also brachten sie mit großem Widerstreben das folgende Editorial:

> Das ist eine der traurigsten Geschichten, die wir je gesehen haben. Unmittelbar nachdem diese Nachricht bekannt geworden war, wurde das New Yorker Büro des *Beat* von Anfragen geradezu überschwemmt … Anfangs reagierten wir darauf nur mit „Wir wissen überhaupt

nichts"; als aber die großen Wochenblätter zu recherchieren begannen, fingen wir an, nachzudenken. Und als dann noch einer der betroffenen Bandleader bei uns anrief und seine panische Angst zum Ausdruck brachte, daß seine Band durch ungünstige Publicity den ruinösen Ruf einer Bande von „Tee-Fanatikern" erhalten könnte, wußten wir, daß es Zeit zum Handeln war ... Wir wissen, daß es Musiker gibt, die Tee rauchen ... Wir wissen, daß es eine besondere Clique gibt, die seit Jahren in den wichtigsten Bands spielt und das tut, und wir wissen, daß ihnen das bald zum Verhängnis werden wird, wenn sie nicht aufpassen. Und wenn das Musikbusineß als Ganzes sich nicht hütet, wird es sich wegen dieser Leute einen schlechten Ruf einhandeln. Und dann werden die alten Schreckgespenster wieder herumgeistern. Das Wort „Musiker" wird ein Synonym für „Gras-Fan" sein. Das Busineß kann sich eine landesweite Kampagne dieser Art weder leisten, noch hat es sie verdient ... Das Narcotics Bureau ist im Besitz von Namen und Informationen, die viele der Musiker, die Tee nehmen, betreffen. Es ist weniger interessiert daran, diese Männer einzusperren, als ihre Bezugsquellen und Verkäufer auszuforschen. Wir können jedem, der diesen Stoff verwendet, nur eines raten: HÖR JETZT DAMIT AUF, BEVOR DU DICH UND DEINE FREUNDE IN ENORME SCHWIERIGKEITEN BRINGST! Wir können der AFM [American Federation of Musicians – amerikanische Musikervereinigung] nur vorschlagen, daß sie eine Bestimmung verabschiedet, die den sofortigen Hinauswurf jedes ihrer Mitglieder fordert, das beim Tee-Rauchen erwischt wird.

Diese Einstellung von *Down Beat* ist typisch für die auch heute noch vorherrschende Haltung des gesamten Musikbusineß zu dem, wovon es *weiß*, daß es in dunklen Ecken geschieht. Zusammenfassend könnte man sie als „Frag mich nicht, weil ich nichts weiß, und sogar wenn ich etwas wüßte, würde ich es dir nicht sagen" bezeichnen. Dabei handelt es sich zu einem Teil um eine absichtliche Nichteinmischungspolitik, zu einem anderen Teil um die gewollte Erzeugung eines glamourösen Mythos und schließlich um die Angst, die Aufmerksamkeit des organisierten Verbrechens auf sich zu ziehen, das für den Drogenhandel verantwortlich ist.

Im Jahre 1943 war es offensichtlich, daß Anslingers „Star-bust"-Politik ein trostloser Fehlschlag gewesen war. Bei seinem einzigen großen Fang hatte es sich um den Schlagzeuger Gene Krupa gehandelt. Im Juli 1943, als Krupa gerade Auftritte im Hollywood Palladium und im Los Angeles Orpheum Theatre hatte, spielte man Anslinger Informationen zu, die in

Krupas Verhaftung in San Francisco resultierten – wegen des Besitzes von Marihuana und weil er seinen 17jährigen Assistenten in sein Hotelzimmer geschickt hatte, um ihm von dort ein paar Reefers zu bringen. Krupa wurde des Besitzes für schuldig befunden und zu 90 Tagen Gefängnis und einer Geldstrafe von 500 Dollar verurteilt. Später befand man ihn auch für schuldig, einen Minderjährigen in den ungesetzlichen Transport von Narkotika verwickelt zu haben, und verurteilte ihn zu einer Gefängnisstrafe von ein bis sechs Jahren Dauer. Dieses Urteil wurde jedoch im Einspruchsverfahren aufgehoben. Anslinger notierte sich, daß eine Zeitungskolumne nach dem Urteil gegen Krupa berichtete, daß „die Sympathisanten Gene Krupas einen 100.000-Dollar-Fonds für einen neuen Public-Relations-Aufbau einrichten, damit Krupas Karriere durch seine momentanen Probleme nicht zerstört wird".

1959 versuchte sich der Schauspieler Sal Mineo relativ gut daran, den Schlagzeuger im Spielfilm *The Gene Krupa Story* darzustellen. Darin sieht man Krupa, wie er Joints zurückweist, die ihm pausenlos von allen Seiten angeboten werden, bis ihm seine neue Freundin einen in die Hand drückt und sagt: „Jetzt sei doch endlich ein Mann, Gino. Vertreib alle deine Sorgen!" Dann „bleibt er sofort hängen", und als die Polizei 39 Marihuanazigaretten bei ihm findet, ist seine Freundin in die ganze Sache verwickelt. Nach der Verbüßung seiner neunzigtägigen Gefängnisstrafe wird Krupa aus der Stadt gebracht und muß in jeder billigen Kneipe auftreten, um irgendwie durchzukommen. Schließlich gibt ihm Tommy Dorsey eine neue Chance, und er findet den Weg zurück in die normale bürgerliche Welt.

Zehn Jahre nach der Premiere dieses Films trat der echte Gene Krupa in einer Story der Zeitschrift *Variety* vom 26. November 1969 wieder ans Licht der Öffentlichkeit. Sie trug die Schlagzeile: „Gene Krupa schlägt die Trommel gegen Marihuana: Er warnt die Jugend vor eingebildeten ‚Highs'". „Krupa sagte: ‚Ich glaube nicht, daß irgend jemand mehr als die Summe seiner Talente ist, und wenn du deine Fähigkeiten nicht voll nützt, dann ist deine Technik falsch ... Wenn du Schlagzeug spielst, versuchst du den richtigen Sound herauszuholen. Wenn du auf Drogen bist, dann klopfst du nur.' Er demonstrierte uns das mit einem gleichmäßigen Wirbel, wie ihn ein guter Trommler, der klar im Kopf ist, spielen kann, und einem ungleichmäßigen Sound, wie ihn ein Schlagzeuger spielt, der auf Weed ist." Sollte Harry Anslinger je von dieser „Beichte" gehört haben, dann hielt er der Nachwelt seine Meinung dazu verborgen.

Ironischerweise ging Tommy Dorsey, der „Held" des Gene-Krupa-Films, 1944 fast selbst den Drogenfahndern ins Netz. Bei seiner Geburtstagsparty kam es zu einer Streiterei, und sein Gegner verkündete plötzlich überall, daß sich Marihuana im Raum befände. Als es dann aber darum ging, vor der Polizei auszusagen, leugnete der Informant, jemals diese Beschuldigung gemacht zu haben, und so mußte der Fall Tommy Dorsey fallengelassen werden.

Es war Malachi Harney, Anslingers rechte Hand, der den Schluß zog, daß das Bureau Insider-Informationen benötige, wenn es jemals wirklich Erfolg dabei haben wolle, namhafte Musiker dingfest zu machen. Anslinger betrachtete Jazzmusiker als Leute, die kaum besser waren als Kriminelle, und hielt sie für notorische Denunzianten, wenn der Preis stimmte oder ihr Konkurrenzneid stark genug war. Daher war er schnell von Harneys Argumentation, was das Informantensystem betraf, überzeugt. Natürlich hatten beide unrecht. Anslinger hatte den engen Zusammenhalt der Jazzgemeinde unterschätzt. Von seinem Standpunkt aus war es noch schlimmer, daß die Musiker vor der Einberufungsbehörde ganz offen ihre Marihuana„sucht" zugaben. Dann wurden sie nämlich als F-4, für den aktiven Dienst ungeeignet, eingestuft und entkamen so dem Krieg.

Und um dem Ganzen noch die Krone aufzusetzen, erschien 1946 Mezz Mezzrows Autobiographie *Really the Blues*. In einem unveröffentlichten Essay mit dem Titel „Marihuana und Musiker" (aus seinem Nachlaß) verlieh Anslinger seinen Gefühlen darüber Ausdruck: „Das Buch spielt nicht nur die gefährliche Wirkung der Droge herunter und glorifiziert das Marihuanarauchen und andere Arten des Drogenmißbrauchs, sondern es stinkt auch sonst nach Dreck. Es scheint kaum vorstellbar [sic], daß eine solche Werbung für die Narkotikasucht über Nacht ein sensationeller Bestseller werden konnte."

Obwohl das Bureau es also nicht schaffte, das gewünschte Informantenheer zusammenzustellen, gelang es den Beamten, eine ganze Reihe prominenter Musiker in ihre Akten aufzunehmen und unter Beobachtung zu halten. Zu ihnen gehörte auch Thelonious Monk. Anslinger führte zudem eine spezielle Liste der Orchester, in denen Musiker arbeiteten, die schon einmal wegen des Besitzes von Marihuana festgenommen worden waren. Diese Liste liest sich wie das Pantheon des Jazz und enthält die Orchester von Louis Armstrong, Count Basie, Cab Calloway, Duke Ellington, Dizzy Gillespie und Lionel Hampton.

In den späten Vierzigern versuchte Anslinger wieder eine neue Taktik – er wollte sich der Hilfe der Gewerkschaften versichern. Er schickte den Entwurf eines Briefes, den er an den Präsidenten der American Federation of Musicians richten wollte, zur Genehmigung an seinen Vorgesetzten, Staatssekretär Foley. Das Schreiben wurde aber, wahrscheinlich aus Gründen interner Politik, nicht genehmigt. Völlig ungerührt von diesem

Rüffel seines Chefs reichte Anslinger seine neue Kampagne im März 1949 beim Ways and Means Appropriation Committee (Komitee zur Bewilligung von Mitteln und Wegen) ein, wo sein Budget für 1950 gerade zur Prüfung vorlag. Er beabsichtigte, in den Gehirnen der Kongreßmitglieder die Ansicht fest zu verankern, wonach Musiker für die Verbreitung von Marihuana unter jungen Leuten verantwortlich wären:

MR. FERNANDEZ:

Soweit ich das verstehe, ist der Mißbrauch [von Marihuana] in den letzten beiden Jahren also weiter verbreitet als vor dem Krieg?

ANSLINGER:

Ich glaube, der Handel mit Marihuana hat zugenommen – unglücklicherweise vor allem bei den Jugendlichen. Wir sind bei Jazzmusikern auf eine Menge Handel mit Marihuana gestoßen, und ich spreche nicht von guten Musikern, sondern von diesen Jazz-Typen. In einem Ort in North Carolina haben wir ein ganzes Orchester verhaftet, jedes Mitglied des Orchesters. In Chicago und New York haben wir einige ziemlich prominente Jazzmusiker festgenommen. Es ist also recht weit verbreitet. Die Musiker sollten etwas dagegen tun. Ich habe sie darum gebeten, etwas zu unternehmen, um zu sehen, ob sie nicht ein bißchen vor ihrer eigenen Tür kehren können. Und wir konnten zu verschiedenen Zeitpunkten von diesen Musikern auch etwas über ihre Bezugsquellen erfahren.

Wir haben in bezug auf den Marihuanahandel nicht dieselben Fortschritte wie in anderen Bereichen gemacht. Es wird Ihnen aufge-fallen sein, daß bei der Statistik der Vergehen Jahr für Jahr über etwa gleich viele Fälle berichtet wird.

Indem er einen Unterschied zwischen „guter Musik" und dem Jazz machte, rief Anslinger eine Lawine von Protestbriefen an das Finanzministerium hervor. Mit diesem einen Zitat hatte er es geschafft, die Musikindustrie, deren Freundschaft er sich so gerne versichert hätte, zu seinen Feinden zu machen. *Down Beat* stellte Anslingers Kommentar in den Mittelpunkt ihres ersten Editorials nach den Kongreß-Anhörungen:

> Wie verwirrt kann man eigentlich sein? ... Die üblen Gerüchte, die Musikern ohnehin schon von der Tagespresse angehängt werden, sind ernst genug. Aber wenn ein Regierungsbeamter sie noch dazu in seinem Bericht vor dem Kongreß willkürlich in zwei Gruppen unterteilt, nämlich „gut" und „Jazz", dann geht das ein bißchen zu weit.

Da er nun erkennen mußte, daß jeder systematische Versuch, sich der Mitarbeit irgendeines Teils der Unterhaltungsindustrie zu versichern, hoffnungslos war, versuchte es Anslinger wieder mit einer etwas direkteren Vorgehensweise. Er schlug vor, das Außenministerium solle die Pässe aller Musiker einziehen, die wegen Marihuanavergehen vor Gericht erscheinen hatten müssen. Damit schlug er wieder gegen Thelonious Monk los. Anslinger war zwar offensichtlich kein Fan, hatte aber die Bedeutung Monks für andere Musiker und Fans erkannt. Diese Tatsache schien ihm die spezielle Überprüfung dieses Musikers zu rechtfertigen. Das gleiche galt für Charlie Parker und Billie Holiday. Thelonious Monk mußte sich im Laufe etlicher Jahre viele Schikanen gefallen lassen, aber sein Paß wurde nie für ungültig erklärt, weil Staatssekretär Foley sich auch diesmal wieder weigerte, Anslingers Antrag zu unterstützen.

Es waren Musiker, die ganz oben auf Anslingers schwarzer Liste standen. Er hat versucht, inkriminierende Informationen über sie zu bekommen, sie aus ihrer Gewerkschaft hinauswerfen zu lassen, sie in den USA festzuhalten und in der Presse an den Pranger zu stellen. Er konnte auch diverse Erfolge erzielen und hat wahrscheinlich mehr als jeder andere dazu beigetragen, in der Öffentlichkeit eine Verbindung zwischen Drogen und Musikern herzustellen. Aber es war kein leichter Kampf; die Jazzgemeinde schloß ihre Reihen, und sein eigener Chef zog ihm, zumindest bei den beiden oben erwähnten, dokumentierten Anlässen, den Boden unter den Füßen weg. Den schwersten Schlag mußte der „Swedish Angel" aber wahrscheinlich von Fats Waller einstecken. Man bat den Musiker darum, eine Platte für die kämpfenden Truppen, etwas, das die Moral „unserer Jungs da drüben" aufrichten sollte, aufzunehmen. Der Song, erschienen auf dem Armed Forces Radio V-Label, wurde zu Tausenden Stück an sämtliche Militärbasen in Übersee verkauft. Und so fing er an:

Dreamed about a reefer five foot long
Mighty Mezz but not too strong ...

6

Die Männer mit den goldenen Armen

Charlie Parker

Die ersten drei Töne des Stücks „Parker's Mood" galten als Signal zwischen Heroinsüchtigen in Los Angeles – als ein Erkennungszeichen, das sie vor dem Haus ihres Dealers sangen, wenn sie mitten in der Nacht ihren Stoff brauchten. Parker war ganz und gar Musik. Je mehr Drogen er nahm, desto unermüdlicher spielte er weiter und weiter. Bird schwebte als Mensch und als Musiker zwischen den Sternen.

Sie können es aus deinem Blut rausholen, aber sie kriegen es nie aus deinem Kopf.

Charlie Parker

Wir alle finden Mittel und Wege für den Versuch, uns selbst zu zerstören. Drogen – das war die große Mode. Es ist immer noch die große Mode. Es ist die große Mode, wenn du unglücklich und unzufrieden bist, wenn du mit deinem Leben nicht fertig wirst. Es ist die reine Todessehnsucht. Und ich spreche von etwas, was ich wirklich weiß und nicht bloß irgendwo gelesen habe.

Sheila Jordan

Der *einzig wahre* Jazz ist aus Unterdrückung und Drogensucht entstanden …

Archie Shepp

DIE WIRTSCHAFTLICHE Situation, in der sich viele schwarze Musiker während der Depressionszeit der 30er Jahre befanden, gab der jüngeren Generation den Mut, sich vom Mainstream der weißen Kultur abzukoppeln. Es gab kaum Arbeit, und die weißen Musiker wurden bei Session-Jobs fürs Radio immer bevorzugt behandelt. Die Säuberungsaktionen gegen die großen Gangsterbosse (durch ihre Festnahme oder Ermordung) führten zur Schließung zahlreicher Clubs in New York oder Chicago, wonach die Musiker dann auf der Straße standen. Das Geschäft mit den „Race"-Schallplatten war zwar lebhaft gelaufen, aber zu einer Zeit, in der man den Gürtel so eng schnallen mußte, daß es weh tat, befand sich das Nettoeinkommen auf einem Mindeststand, und die Verkaufszahlen sanken wieder. Das alles hatte zur Folge, daß die Arbeitsmöglichkeiten für schwarze Musiker sowohl im Radio als auch live und im Studio sehr reduziert waren. Dazu kam, daß Bands, die auf Tournee gingen, immer öfter vor einem Publikum, das derselben Rasse angehörte wie sie, auftraten, was die Polarisation zwischen schwarzen und weißen Musikern noch verschlimmerte.

Die Abgründe waren sogar noch tiefer, als viele ahnten: Die jüngeren schwarzen Musiker lehnten die der älteren Generation ab und machten sich über sie lustig – sie waren für sie die „Onkel Toms", die immer noch nach dem Rhythmus des weißen Mannes tanzten. Der Pianist Hampton Hawes drückte es so aus: „Unsere Rebellion war unsere Art zu überleben. Was hätten wir denn sonst tun sollen, wenn nicht genau das? Die Haare glätten lassen, Krawatte umbinden, ein lustiges Grinsen aufsetzen und dann für die reichen Weißen hübsch aufspielen? Wir waren Pilger, die Freaks der Dreißiger und Vierziger; unsere Rebellion war eine einsame Angelegenheit" (Hawes, S. 9).

Die Rebellion hieß Bebop. Sie baute auf der Tradition auf, daß der schwarze Mann beweisen mußte, daß er auch nach den Kriterien des weißen Mannes besser war als der weiße Mann, denn nur dann konnte er akzeptiert werden. Aber jede Revolution braucht das richtige Umfeld, in dem sie wachsen und sich entwickeln kann. Vielleicht war es ein wichtiger Faktor für die Entwicklung des Bebop und seines „Hipster"-Jazzers, daß nur wenige der Sorgen und Nöte des professionellen schwarzen Musikers auf jene Leute zutrafen, die in Kansas City arbeiteten. (Das soll keineswegs heißen, daß der Bebop in Kansas City „geboren" wurde. Aber die politische Situation im Kansas der 30er Jahre machte die Gegend zu einem besonders fruchtbaren Boden für die Entwicklung eines neuen Musikstils.)

Unter dem Patronat von Bürgermeister Tom Pendergast und den Mafiagangstern, die ihn unterstützten, war jede Art „öffentlicher Dienstleistung" schnell und leicht zu haben. Schnaps floß wie Wasser, an jeder Straßenecke standen verfügbare Frauen, und die Stadt war der wichtigste Drogenumschlagplatz der gesamten südwestlichen Bundesstaaten der USA. Die Prohibition und zum Teil auch die Depression waren Ereignisse, über die die Einwohner von Kansas City nur in der Zeitung lasen. Kansas war eine nach allen Seiten offene Stadt, in der ein Nachtlokal nach dem anderen eröffnete und wo der Jazz florieren konnte, wie er es früher in Chicago und New Orleans getan hatte. Die politische Herrschaft Pendergasts brach 1939 zusammen, aber da hatten sich Manager, Agenten und Veranstalter schon einen Weg in die Stadt, wo die wichtigsten neuen Dinge passierten, geebnet.

Neue Jazz-Krieger wie Lester Young, Walter „Hot Lips" Page, Ben Webster und Count Basie injizierten einem Musikstil, der mit der Zeit ebenso klischeehaft und klinisch kalt geworden war wie viele andere vor ihm, die dringend notwendige Dosis Frische und Aufregung. Saxophon-Größen wie Coleman Hawkins und Chu Berry lieferten sich in „Saxophone City" wilde Schlachten. Und ein ernster 14jähriger hing über der Balkonbrüstung im Reno Club und beobachtete (und belauschte) alles, was Lester Young tat, bis zu der Art, das Saxophon zu halten. Der junge Mann, der gar nicht hätte dort sein dürfen, weil er noch minderjährig war, war Charlie Parker.

Die Jazzer der Lester-Young-Generation waren viel raffinierter als die frühe New Orleans/Chicago-Szene, aber sie waren noch nicht zum Kampf gegen das weiße Establishment bereit. Kansas City mag zwar viele Auftrittsmöglichkeiten für schwarze Musiker geboten haben, aber in jeder anderen Hinsicht war es eine Jim-Crow-Stadt, in der man sich als Schwarzer keinen Fehler erlauben durfte. Also neigten diese Musiker dazu, sich in einem exklusiven, bohèmehaften Lebensstil zu vergraben. Sie gefielen sich in einer unnahbaren, arroganten, nonkonformistischen und introvertierten Haltung. Später sollten diese Barrieren, die von den Bebop-Musikern vorsätzlich zwischen ihnen und ihrem Publikum errichtet wurden, ein romantisches und aufreizendes Bild erzeugen: das des straßenerfahrenen, der Welt überdrüssigen Lord-Byron-Schattens, des Ewigen Juden mit einem Saxophon. Wichtig bei der Erschaffung dieses tragischen Helden und dem ganzen Prozeß der kulturellen Isolation war der überwältigende Wunsch, die ekelerregende Realität des normalen Alltagsbewußtseins zu ändern. Lester Young war der erste, und sein Isolationstank war voller Whisky; aber erst Charlie Parker lag der Ansicht seiner Fans nach voll im Zeitgeist, weil sein Schild gegen die Außenwelt Heroin hieß.

Eine unbekannte Anzahl schwarzer und weißer Jazzmusiker hatte in den 40er und 50er Jahren mit Heroin zu tun – ob nur ein bißchen oder exzessiv. Es ging das Sprichwort um, daß man, wollte man die beste Band zusammenstellen, nur in die Public Health Service Hospitals in Lexington und Fort Worth gehen müsse, wohin die meisten Leute geschickt wurden, die mit den Narkotikagesetzen in Konflikt kamen – dort sollten sie wieder clean werden.

Heroin war billig; sogar die Leute mit den schlechtestbezahlten Jobs konnten es sich leisten, süchtig zu werden, ohne deswegen Verbrechen begehen zu müssen. Die Droge wurde in pharmazeutischen No.-5-Kapseln geliefert und kostete zwischen einem und drei Dollar pro Stück. Zehn dieser Kapseln enthielten ein Gramm Heroin. Das allein würde schon eine ziemlich starke Tagesdosis ausmachen, aber manche Musiker behaupteten, ihre Sucht verschlinge exzessive vier bis fünf Gramm pro Tag. Als die Fleischtöpfe Pendergasts 1939 plötzlich leer waren, zogen einige der Musiker nach New York. Die Nachtlokale in der 52. Straße, wie zum Beispiel Minton's, das Royal Roost und Smalls' Paradise, bildeten die Treffpunkte für Bebop und alle Dealer der ganzen Stadt. Während der Kriegsjahre kehrten Soldaten nach ihren freien Abenden oft total stoned und/oder ausgeraubt in die Kasernen zurück. Das war der Grund dafür, daß das Militär auf die Stadtverwaltung Druck ausübte, ihre Drogenfahndung etwas straffer zu betreiben. Die Folge davon war, daß viele der Lokale behördlich geschlossen wurden und sich sowohl die Musik- als auch die Drogenszene in einige wenige Clubs verlagerten. Nach dem Krieg stieg die lieferbare

Heroinmenge drastisch an, da die Mafia die Schmugglerstraßen aus der Türkei und dem Nahen Osten via Marseille nach New York wieder öffnete, um dem steigenden Bedarf der immer größer werdenden schwarzen und puertoricanischen Bevölkerung New Yorks Genüge zu tun. Die Dealer versammelten sich zum Beispiel auf dem Männerklo im Birdland und stellten ihre Ware ganz offen auf dem Fenstersims zur Schau. Der Pianist Billy Taylor erinnert sich: „Um 1948 konzentrierte sich das alles im Royal Roost. Ich kam 1947 aus Europa zurück und dachte, ich hätte alles gesehen, aber da brachte sogar ich vor Staunen den Mund nicht mehr zu. Alles, was du tun mußtest, war hinter die Bühne schauen und du sahst Typen, die jede Droge konsumierten, auf die sie Lust hatten" (zit. nach Hentoff, S. 87).

Den Musikern, die heroinabhängig wurden – und unter ihnen befanden sich ein paar der besten, die der Jazz je hervorgebracht hatte – bedeutete die Sucht viel mehr als nur die physische Sensation des Berauschtseins. Die pharmazeutische Wirkung von Heroin (und jeder anderen stimmungsverändernden Droge) auf die Person, die es nimmt, ist nur ein Teil eines komplizierten Zusammenspiels zwischen den chemischen Eigenschaften der Droge, der physischen und psychischen Veranlagung dessen, der sie nimmt, den Erwartungen des Konsumenten und dem kulturellen und sozialen Umfeld, in dem sie genommen wird. Heroin erfüllte die symbolischen, praktischen, psychologischen und sozialen Bedürfnisse des coolen, über den Dingen stehenden Jazzmusikers – das alles summierte sich zu dem, was man vielleicht die Heroin-Erfahrung nennen könnte. Und es war eher diese totale Erfahrung als nur die Droge, von der die Musiker abhängig wurden.

Beim Heroinmißbrauch schwarzer Musiker handelte es sich aber nur um die am deutlichsten sichtbare Manifestation dessen, was sich in den frühen Fünfzigern in der schwarzen Gesamtbevölkerung abspielte. In seinem Buch *Soul on Ice* stellte Eldridge Cleaver fest, daß „wir vor 1954 in einer Novocain-Atmosphäre lebten. Neger befanden es für notwendig – um soviel wie möglich von ihrer geistigen Gesundheit beibehalten zu können –, so weit wie möglich über den Dingen zu stehen und Distanz zum ‚Problem' zu haben." Hampton Hawes drückte es weniger vorsichtig aus: „Alle Nigger haben was mit Narkotika zu tun ... man mußte sich in Anwesenheit Weißer ganz anders benehmen, und diese Angst und Unterdrückung waren der Grund dafür, daß Nigger gerne high wurden. Vor allem Musiker, denn wenn ein Musiker das spielen will, was er fühlt, dann muß er diese ganze Scheiße vorher loswerden. Es ist fast jedem passiert, den ich kenne" (zit. nach Taylor, S. 180).

Das furchtbare Bild, das die Öffentlichkeit von Heroin und jedem, der es nahm, hatte, stellte den größten Anreiz für eine Reise an den Rand der Gesellschaft dar und bestätigte den Status der schwarzen Musiker, die als Angehörige der schwarzen Bevölkerung schon vorher dort waren. Heroin war wie maßgefertigt, wenn man ein Gefühl der emotionellen Distanz – also den wichtigsten Lehrsatz der Hipster-Ideologie – erreichen wollte. Es ist außerdem bis heute das wirksamste Mittel gegen Schmerz, das je hergestellt wurde. Die Gefühle, die man dabei hat, sind weder Euphorie noch ein aktives High, sondern Coolness und Distanziertheit; einige User haben es damit verglichen, in einem riesigen Wattebausch eingepackt zu sein.

Wenn Heroin für schwarze Musiker die Flucht aus der weißen Gesellschaft symbolisierte, dann symbolisierte es für weiße Musiker die Flucht *hin* zur schwarzen Gesellschaft. Um in die abgeschlossene Welt der Jazzgemeinde aufgenommen zu werden, mußten weiße Musiker erst den deutlichen Nachteil (wenigstens hier bestand er) überwinden, keine Schwarzen zu sein. Jazz war die Musik der schwarzen Gesellschaft; als sich die weißen Musiker der Ära Bix Beiderbeckes, die sich in ihrer eigenen Kultur wie Fremde vorgekommen waren, bemüht hatten, sich mit dem Jazz und dem Leben der Schwarzen zusammenzutun, hatte sie allein das schon zu „sozialen Außenseitern" gestempelt. Tatsächlich war es für junge Weiße wesentlich unnormaler, Jazzmusiker zu werden, als für Schwarze. Denn die Musik war traditionellerweise immer schon eine der wenigen Karrierechancen für diejenigen in der schwarzen Bevölkerung, die aus einem System ausbrechen wollten, das sie zu einem lebenslangen Dasein minderwertiger, ungelernter Arbeit verurteilen wollte. Die Schwarzen haben nicht mehr „natürliche" Begabung zum Musikmachen als die Juden zum Geldmachen. Beide dieser Fähigkeiten sind vielmehr Konsequenzen des Minderheitenstatus, den sie in rassistischen und antisemitischen Gesellschaften innehatten. Hoffnungsvolle weiße Jazzer fanden sich nun häufig in einem unangenehmen Niemandsland wieder: Sie wurden von der Gesellschaft abgelehnt, der sie den Rücken gekehrt hatten, aber nur selten von der Gruppe, deren Zustimmung sie so bemüht suchten, akzeptiert (wie Mezz Mezzrow). Viele Schwarze glaubten, daß sich die Weißen nur deshalb zur romantischen Vorstellung des Schwarzseins hingezogen fühlten, um damit ein politisches oder subkulturelles Statement abgeben zu können, ohne sich aber deswegen mit den Schwarzen als Mitmenschen auseinanderzusetzen. Weiße Musiker wollten „hipper" sein als die echten Hipster, schwärzer als die Schwarzen – oder, um es mit Norman Mailer zu sagen, „Weiße Neger". Ihr egoistisches Ziel war es, „in unmittelbarer Todesgefahr zu leben, sich von der Gesellschaft völlig loszusagen, ohne Wurzeln zu existieren und sich auf die Reise in die noch unkartographierten und rebellischen Regeln der eigenen Person zu begeben ... Man existiert nur dazu, um in der Gegenwart zu leben", schrieb Mailer (S. 22–23). Und lieferte damit zugleich eine ziemlich genaue Beschreibung der Heroinerfahrung und der Motivation für eine Menge weißer Musiker, Heroin zu nehmen – als endgültigen Ausdruck des Hip-Seins.

Jazzmusiker standen Tag für Tag unzähligen – sowohl persönlichen als auch beruflichen – Problemen gegenüber. Wenn sie oft auf Tournee waren, stellte das eine enorme Belastung für ihre persönlichen Beziehungen dar. Man mußte sich mit Managern, Veranstaltern, Agenten und Plattenfirmen herumschlagen, die oft eine sehr seltsame Auffassung von Ehrlichkeit hatten; mit einem Publikum, das manchmal feindselig oder uninteressiert war; mit Ego-Problemen in der eigenen Band, der Unsicherheit der Arbeitssituation, dem Auf und Ab des Beliebtheitsgrades und dem Scheinwerferlicht der öffentlichen Aufmerksamkeit. Für Musiker, denen das alles ein bißchen zuviel war, stellte Heroin eine praktische Lösung dar: Anstatt sich mit mehreren Problemen zu befassen, mußte man sich jetzt nur noch um ein Problem kümmern: wie man seine Sucht stillte. „Junk konnte einem eine Traumwelt vorgaukeln. Das alltägliche Leben war langweilig, und man mußte sich sein tägliches Brot zusammenschnorren, obwohl man doch nichts anderes wollte, als irgendwo sein Instrument zu spielen. Junk schien einem durch diese schlechten Zeiten zu helfen" (Gerry Mulligan, zit. nach Hentoff, S. 87).

Dabei handelte es sich natürlich um reine Illusion. Es mochte stimmen, daß Heroin die anderen Probleme von einem fernhielt, aber es erzeugte mehr als nur ein Problem. Die, die es regelmäßig nahmen, waren oft Musiker, die unregelmäßig spielten. „Wenn ich nach Watts fuhr, um zu spielen, und der Typ sagte: ‚Der Mann [Dealer] wird in einer Stunde da sein', und ich in eineinhalb Stunden auftreten sollte, und der Mann dann erst in zwei Stunden auftauchte, dann war das eine ganz einfache Rechnung. Ich würde mindestens eine halbe Stunde zu spät zu meinem Auftritt kommen. Wenn der Mann gar nicht auftauchte, dann spielte ich auch nicht... Schließlich hatte es Vorrang, daß mein Arsch normal blieb; alles andere mußte warten – die Musik, Essen, meine Wohnung, Schlaf, alles", schrieb Hawes (S. 96).

Jene Musiker, die in dem Ruf standen, unverläßlich zu sein, hatten es natürlich auch viel schwerer, Arbeit zu finden, und es konnte ihnen passieren, daß sie in einen Teufelskreis gelangten – sie konnten immer schwerer Jobs finden und nahmen daher immer mehr Heroin. Viele Bandleader weigerten sich, „Exsüchtige" einzustellen, weil sie fest daran glaubten, daß es so etwas gar nicht gäbe. Es war unvermeidlich, daß Leute, die sich

Heroin unbekannter Qualität und Stärke unter unsterilen Umständen mit verschmutzten Nadeln injizierten, Probleme mit ihrer Gesundheit bekamen. Die persönlichen, finanziellen und häuslichen Probleme eskalierten, und am Ende dieser Entwicklung stand, falls man noch am Leben war, das Gefängnis. Und natürlich verschwand nie eines dieser Probleme; irgendwann mußte man sich ihnen stellen.

Aus diesem Grund handelte es sich also bei der Vorstellung, mit Hilfe von Heroin verschiedene Probleme zu einem einzigen werden zu lassen, um ein Trugbild. Aber die Droge hatte zudem einen viel praktischeren Wert – sie machte den süchtigen Musiker arbeitsfähig. Kein Musiker konnte stockbesoffen spielen, aber es gab viele, die gut spielten, wenn sie auf Heroin waren. Der Glaube jedoch, daß man die Sucht in einer Größenordnung entwickeln müsse, die einen Stier umhauen würde, um dann wie Charlie Parker spielen zu können, war der klassische Fehler, den viele seiner Anhänger begingen. Was sie absichtlich oder unabsichtlich übersahen, war die Tatsache, daß Bird auf Heroin großartig spielen konnte, weil er süchtig danach war und sich nur unter dem Einfluß der Droge gut genug fühlte, um normal spielen zu können – d. h. besser als alle anderen. Er spielte nicht wegen des Heroins besser; er spielte einfach normal, weil ihm nicht kotzübel war.

Zu dieser Erkenntnis gelangte jedenfalls der amerikanische Psychologe Charles Winick im Jahre 1954, als er seine – die einzige je durchgeführte – Untersuchung über den Drogengebrauch von Jazzmusikern auswertete. Er hatte 409 New Yorker Musiker befragt und ihre Angaben zu Drogen und ihren eigenen Drogengewohnheiten analysiert: „32 Prozent wiesen darauf hin, daß ein Musiker, der regelmäßig Heroin nimmt, dann seine musikalische Norm erreicht, wenn er unter dem Einfluß der Droge steht. Ein solcher Mensch kann nur dann richtig funktionieren und spielen, wenn er Heroin genommen hat." Während 53 Prozent der Befragten die Droge für gefährlich hielten, gab es eine kleinere Gruppe, die Heroin als „Arbeitsdroge" bezeichnete; und das ist auch genau das, was es für Musiker wie Charlie Parker und Hampton Hawes darstellte.

Heroin brachte die, die bereits süchtig danach waren, auf die Bühne, um ihren Gig zu spielen, aber es erfüllte auch noch eine andere Funktion, die verschiedene nichtsüchtige Musiker schließlich in die Abhängigkeit trieb. Musiker sind besonders anfällig für Erkältungen und Grippeerkrankungen, da sie sich so oft aus einem eiskalten Tour-Bus direkt in überheizte Clubs und dann wieder hinaus in die Nachtluft begeben müssen – und das oft wochenlang hintereinander. Das stellte vor allem für die Sänger ein großes Problem dar – wenn ihre Stimme weg war, dann war der ganze

Gig in Gefahr, da der Rest der Band davon abhing, daß der Sänger auftreten konnte. Wenn man im Musikbusineß gern weiterhin eine vielbeschäftigte Kraft sein will, dann kann man es sich nicht leisten, einfach anzurufen und sich krank zu melden, wie dies andere Arbeiter tun. Ganz egal, wie schlecht es dir geht, du mußt auf die Bühne. Und niemand, der Heroin nimmt, bekommt Grippe, Husten oder eine Erkältung; die Schleimhäute sind ausgetrocknet, und der Hustenreflex wird unterdrückt. Aber viele Musiker mußten nach einer gewissen Zeit eben feststellen, daß sie sich statt einer Grippe nun eine Heroinsucht eingefangen hatten.

Wenn man sich den Fallen und Gefahren des laienhaften Psychologisierens ein bißchen aussetzt und die Glaubenssysteme von Musikern auch nur oberflächlich unter die Lupe nimmt, dann scheint man oft auf eine massive Unterlage aus ausgesprochen pubertären Einstellungen zu stoßen. Jenen Leuten, die die stärksten Pubertätsreste aufwiesen, kam die Verwendung von Heroin und anderen Drogen – einschließlich Alkohol – am meisten zugute. Ein Teil der Hipster-Ideologie gründete sich auf Selbstkontrolle, auf das Starksein, wenn alle anderen schwach waren. Man wollte kein Junkie werden, der über seine eigenen Füße stolpert, sondern sehen, wie weit man gehen konnte, um dann wieder zurückzukommen. Die, die zurückkamen, waren Helden, die, die es nicht schafften, wurden zu Legenden. Hampton Hawes sagte über Thelonious Monk: „Wenn Wardell (Gray) so etwas wie mein großer Bruder war, dann war Monk mein Vater – und er mischte sich nie in mein Leben ein oder machte mich schlecht, weil ich ein Junkie war. Aber im Jahr darauf, als es mir wirklich dreckig ging, da war er hier, um mir zu helfen. Wenn er den Stoff selbst auch genommen hat, dann weiß ich nichts davon und er hat es nie gezeigt – und das ist es, worum es geht, wenn man cool sein will" (Hawes, S. 86). Sogar dieser Vorgang der Heldenverehrung hat etwas Kindliches an sich, nämlich den Wunsch, jemand anderer zu sein, wenn sich eine starke eigene persönliche Identität noch nicht entwickeln konnte. Es ist zweifelhaft, ob der Einfluß von Charlie Parker auf die Gesamtheit der jugendlichen schwarzen Bevölkerung sehr groß war – die meisten hatten wahrscheinlich nie von ihm gehört. Aber er hatte einen enorm großen Einfluß auf die Art, wie andere Musiker spielten und wie sie ihr Leben lebten. Die ersten drei Töne der Nummer „Parker's Mood" galten als Signal zwischen Heroinsüchtigen in Los Angeles, als ein Erkennungzeichen, das sie vor dem Haus ihres Dealers sangen, wenn sie mitten in der Nacht Geschäfte machen wollten.

Paradoxerweise waren gerade die besten Typen der Jazzszene, die glaubten, sich am meisten unter Kontrolle zu haben, jene, die unter einer schwachen Selbstachtung litten. Das ist unter Menschen, die Drogen nehmen, eine weitverbreitete Eigenschaft. Art Pepper erzählte beispielsweise selbst, daß es ihm an familiärer Zuneigung fehlte: „Ich war ängstlich und völlig allein. Und damals begriff ich, daß mich niemand haben wollte. Es gab keine Liebe, und ich wünschte mir, sterben zu können" (zit. nach Pepper, S. 5). Seiner Logik nach war es völlig egal, was er tat, wenn er ohnehin wertlos war. Sämtliche normalen Hemmschwellen waren gefallen; er fühlte sich mächtig und potentiell gefährlich und wurde auch von anderen so gesehen. Er zog mit Straßenbanden herum, wurde Jazzmusiker, nahm Heroin, beging Raubüberfälle und hatte eine Vorstrafenliste.

Obwohl es das wichtigste beim „Coolsein" war, sich selbst unter Kontrolle zu haben und das fleischgewordene Bild eines Machos abzugeben, scheint es nicht so, als hätte man seine Glaubwürdigkeit verloren, wenn man zugab, die Kontrolle *nicht* zu haben. Leute, die Drogen nehmen, bedienen sich eines großen Vokabulars rational klingender Erklärungen, auf die sie immer wieder gern zurückgreifen. Viele Musiker gaben den Händlern, den Pushern, die Schuld an ihren Problemen. Ray Charles war da ehrlicher. Er lebte in Seattle, als sämtliche Dealer sich im Royal Roost aufhielten, und war bereits mit 18 Jahren heroinsüchtig: „Es passierte, weil ich wollte, daß es passierte ... Es gab keinen Pusher, der da irgendwo in einer Seitenstraße herumlungerte ... kein weißer oder schwarzer Typ hat mich draufgebracht oder mich auch nur dazu ermutigt, damit anzufangen." Er war jung, wollte alles erfahren, was es nur gab, und antwortete auf Warnungen über mögliche Gefahren nur: „Wenn es so schlimm ist, warum nimmst du es dann?" (Charles, S. 110–111).

Natürlich wich die „Kontrolle-Ideologie" der Hipster schnell der Symbolik des zum Leiden verurteilten Helden, sobald ein Musiker einmal die Kontrolle über seinen Heroingebrauch verloren hatte. Musiker verkündeten, daß sie „einen Affen auf dem Rücken sitzen hätten" und trugen ihre Sucht wie eine Ehrenmedaille. Woher dieser Ausdruck kommt, ist nicht ganz klar; vielleicht bezieht er sich auf den Affen, den Drehorgelspieler mit sich herumtragen, damit er Geld von den Passanten einsammelt. Der Affe verlangte Geld von den Kunden und Futter von seinem Besitzer – und verhielt sich daher ähnlich wie die Heroinsucht des Jazzmusikers. Der Junkie-Status war nichts, was man so schnell wieder aufgab.

Eine weitere Gemeinsamkeit, die Kinder und jene Menschen, die sich in Zwangshandlungen ergehen, verbindet, ist das Verlangen nach einer sofortigen Belohnung. Der Musiker-„Süchtige" ist im Prinzip gar nicht so anders als jeder andere „Süchtige", nur viel auffallender, da er zwischen den Ängsten und Anforderungen hin und her gerissen ist, die es mit sich bringt, wenn man – zu viel oder zu wenig – im Licht der Öffentlichkeit steht. Einige Musiker wandten sich der sofortigen Belohnung zu, die ihnen die Nadel versprach, als ihnen klar wurde, daß sie nicht von einem Tag auf den anderen Superstars sein würden. Und der Hipster, der nur für den Augenblick lebte und zufälligerweise auch noch ein berühmter Musiker war, hatte stets eine Horde von seinem Glanz geblendeter Jünger um sich, die nichts anderes wollten, als ihm jeden seiner Wünsche sofort von den Augen abzulesen und zu erfüllen. Wenn man sieht, in welchem Ausmaß die Megastars des Rock verwöhnt werden, dann wirkt das schon fast lächerlich übertrieben, aber die Jazzstars der 50er Jahre wurden in gewisser Weise ähnlich gefeiert.

Richard Freeman, ein Psychiater, der Charlie Parker behandelte, sagte, daß Parker, abgesehen von der Musik, nichts als ein weiterer, potentiell geistesgestörter Patient gewesen sei, den man in eine Klinik steckt und dort vergißt.

> Aber bei Charlie Parker ist es eben der musikalische Faktor, der den Unterschied ausmacht. Er ist der einzige Grund, warum wir uns für ihn interessieren, warum sich seine Fans für ihn interessieren, der Grund, unsere eigenen Leben aufzugeben und hinter ihm aufzuräumen. Menschen wie Charlie brauchen jemanden, der ihnen durchs ganze Leben folgt und die Scheiße hinter ihnen wegräumt (zit. nach Russell, S. 232).

Der Trompeter Kenny Dorham spielte von 1948 bis 1950 mit Bird:

> [Parker] war ganz und gar Musik. Er mußte alles haben. Wenn er spielte, dann konnte er nie lang genug spielen und nichts konnte ihn dabei aufhalten. Je mehr Drogen er nahm, desto mehr spielte er weiter und weiter. Bird war ein Mensch, der zwischen den Sternen schwebte … Er hatte immer viele Menschen um sich und trug ihnen allen verschiedene Arbeiten auf: ‚Geh und hol meine Trompete. Geh und hol mir was zu rauchen. Mach dies. Mach das.‘ Und schon sprangen sie (zit. nach Reisner, S. 80).

Aber auch in der „Ich-will-es-jetzt“-Abteilung war Parker ein recht ungewöhnlicher Typ. Im Gegensatz zu den meisten schwer Heroinsüchtigen war Parkers Appetit auf andere Genüsse aller Art nicht im geringsten reduziert. Vor einem Gig konnte er zwei dreigängige Abendessen oder zwei Dutzend Hamburger verdrücken, sie mit einem wahren Sturzbach aus Whisky hinunterspülen und dem ganzen Menü eine gigantische Portion Heroin nachfolgen lassen. Nach dem Auftritt gingen die Frauen, die an diesem Abend seine Gunst errungen hatten, mit ihm ins Bett. Parker griff nach jedem Stück Leben und stopfte es sich in großen Bissen in den Mund.

Die soziale Umgebung des Heroins und die Rituale, die seine Einnahme umgaben, stellten nicht nur ein Symbol für den Großstadt-Outlaw, eine scheinbare Problemlösung, die Möglichkeit, den Auftritt zu schaffen und dem Elend zu entkommen, dar, sondern konnten auch die Bedürfnisse jener Musiker erfüllen, für die der normale Rückhalt innerhalb der Musikergemeinde nicht ausreichte. In den 50er Jahren schien diese Gruppe die Mehrheit darzustellen. Ein Jazzmusiker hat dazu einen anonymen Kommentar abgegeben:

> Meiner Ansicht nach ist der Grund dafür, daß so viele Musiker so stark mit Drogen anfingen, der, daß sie als Künstler und Performer einander näherkommen und so intim wie möglich miteinander kommunizieren wollten, und damals schien das Drücken die beste Art zu sein, das zu erreichen. Für viele von ihnen wurde es dann so zur Gewohnheit, daß von jedem neuen Mann in der Band fast schon erwartet wurde, seinen Gemeinschaftssinn zu beweisen, indem er sich eine Nadel in den Arm steckte, so wie es seine Freunde taten.

Die Beziehungen in der Musikerwelt sind in der Arbeitswelt wahrscheinlich einzigartig. Menschen, die normalerweise keine Freunde, geschweige denn enge Freunde sein würden, sind plötzlich wochen- oder monatelang ununterbrochen in Tour-Bussen, Hotelzimmern, Studios und Garderoben zusammengesperrt. Dabei können sie einander besser kennenlernen als Familienmitglieder oder Freunde. Beziehungen können in einer so klaustrophobischen Umgebung sehr intensiv, unbeständig und unvorhersehbar werden, besonders dann, wenn eines der Bandmitglieder – oder mehrere – stark mit Drogen zu tun haben. Die Drogenkonsumenten bilden oft eine innere Clique oder stellen sogar, wie es bei vielen Jazzbands der Fünfziger der Fall war, die Mehrheit der Musiker dar.

Bill Harris, Posaunist bei Woody Herman's Herd, war 50 der 52 Wochen eines Jahres mit dem Band-Bus unterwegs und der einzige Mann in dieser Band aus lauter Heroin-Usern, der keine Drogen nahm. Er saß alleine mit seiner Flasche Schnaps auf der hintersten Bank, las Zeitungen oder Bücher und beschäftigte sich im allgemeinen mit sich selbst. Alle anderen, außer Herman, der immer getrennt von den anderen reiste, saßen vorn. Es war nicht so, daß einer dem anderen die kalte Schulter gezeigt hätte, es war nur so, daß der Trinker und die Heroin-User verschiedene Welten bewohnten. Sie hatten einander nichts zu sagen.

Auf die selbe Art und Weise, wie Drogen die Überhand über die Musik gewinnen konnten, entwickelten Musiker manchmal sehr unterschiedliche Einstellungen ihren Kollegen gegenüber, was deren musikalische Qualitäten und ihre Drogengewohnheiten betraf. Als Musiker betete Hampton Hawes den Boden an, auf dem Charlie Parker stand: „Wir waren bereit, alles zu tun, um uns an seinem Feuer aufwärmen zu dürfen und etwas von dem Talent abzukriegen, das durch seine Adern strömte. Er hat uns total durcheinandergebracht. Wir wußten, daß er die endgültige Wahrheit in sich hatte“ (Hawes, S. 13). Aber als Heroinsüchtiger hatte er das Gefühl, Parker nicht vertrauen zu können. Das war eine Parallelwelt, auf die die Regeln der Musikerkollegialität nicht mehr unbedingt zutrafen:

> [Er sagte,] daß der Typ draußen auf der Straße stünde und daß ich etwas für 25 Cents [das hieß Dollar] haben konnte. Ich sagte dann, daß ich keine 25 Cents hätte, aber das mußte nicht unbedingt wahr sein … Hätte ich gesagt: „Ich brauch' nur was für einen Zehner“, dann hätte er vielleicht geantwortet: „Na ja, ich bin selber ziemlich flach, mach' zwei Zehner draus und wir pegeln [teilen] das. Natürlich – wenn ich mich darauf eingelassen hätte, hätte ich meinen zweiten Zehner nie wiedergesehen. Damals ging es um das Überleben des Stärksten, und du mußtest wissen, wie andere Leute drauf waren (zit. nach Hawes, S. 45).

Nichtsdestotrotz fühlten sich süchtige Musiker in Gegenwart anderer Süchtiger wohler als in der von Musikern, die keine Drogen nahmen. Art Pepper fand sowohl als Musiker als auch als Heroin-User seine Selbstachtung. Das hatte nichts mit der körperlichen Wirkung der Droge zu tun, sondern mit der sozialen Erfahrung ihrer Einnahme. In der Bruderschaft der Drogenkonsumenten fand er eine vorgegebene Familie, in der einer den anderen verstand. In ihrer Gesellschaft fühlte er sich weder ängstlich noch allein. Er war ebenso stolz darauf, ein „rechtschaffener Junkie“ zu sein, der nicht andere denunzierte, um seinen Hals zu retten, wie er stolz darauf war, ein Musiker zu sein – vielleicht sogar noch mehr, weil er, wie viele großartige Musiker, sein Talent für gegeben ansah. „Ich habe das nie gelernt, nie geübt … Ich wußte, das es da war. Alles, was ich machen mußte, war danach zu greifen und es einfach zu tun.“

Pepper verbrachte fast zehn Jahre seines Lebens im Gefängnis; und traurigerweise schien er sich in Strafanstalten am wohlsten zu fühlen. Dort drinnen mußte er keine Verantwortung übernehmen, seine Tagesabläufe waren für ihn vorausgeplant. Leute, die wegen Drogenvergehen saßen, genossen im Gefängnis einen gewissen Status, und er konnte die Schmeicheleien, die ihm als berühmtem Musiker zukamen, ohne die Schikanen, die in der Außenwelt mit diesem Dasein verbunden waren, genießen: „Als ich anfing, Drogen zu nehmen, lernte ich plötzlich ganz andere Menschen kennen. Im Gefängnis traf ich Leute, die Würde hatten. Sie waren echt. Sie sagten, was sie dachten ... ich hatte das Gefühl, daß die Dope-Fans mir gegenüber warmherzig und ehrlich waren" (Pepper, S. 226).

In der Welt des Jazz, in der die täglichen weltlichen Probleme der „Normalen" mit Verachtung betrachtet wurden, mußte der süchtige Musiker trotzdem ein ausgeklügeltes System von Gewohnheiten und Ritualen aufbauen, um die Versorgung mit seiner Droge aufrechtzuerhalten. Man mußte die richtigen Kontaktleute kennenlernen, Treffpunkte ausmachen, irgendwelche Orte organisieren, an denen man fixen konnte, wenn das daheim nicht möglich war. Dann folgte der Kreislauf, das Heroin zum Spritzen vorzubereiten, high zu werden, sich dann schlecht oder gut drauf zu fühlen und das Ganze später wieder von vorne anzufangen. Nina Simone sagte einmal: „Jazz ist nicht Musik, es ist eine Art, zu leben und zu denken" (zit. nach Taylor, S. 156). Und was war es noch, was William Burroughs über Heroin sagte? „Heroin ist kein Kick. Es ist eine Art zu leben." Viele Musiker mußten sich im Laufe ihrer Karrieren entscheiden – und sie entschieden sich nicht immer für die Musik.

Der persönliche Beitrag zur Heroinerfahrung kann sehr stark sein. Die Gewohnheiten, die mit dem Heroingebrauch verbunden sind, können als wichtige soziale und verhaltensmäßige Verstärker wirken. Man hat schon von Heroin-Usern gehört, die sich warmes Wasser injizierten, wenn sie sich keine Drogen leisten konnten, nur um das Ritual des Fixens durchzuspielen. Exsüchtige haben einige der physischen Symptome des Entzugs an sich gespürt, wenn sie nur an einem Ort vorübergingen, der mit ihrem früheren Leben zusammenhing.

Art Pepper war von den sozialen Ritualen abhängig, die mit der Sucht verbunden waren. Seine Beschreibung davon mag traurig und tragisch anmuten, aber für ihn repräsentierte sie Sicherheit, Gewißheit, Einfachheit und Ordnung – eingesponnen in die „behagliche" Welt des Heroin-Users. Er erzählt davon, wie er mit Stan Kentons Band in den frühen Fünfzigern auf Tournee war:

> Ich und Andy Angelo haben uns lange Zeit ein Zimmer geteilt ... und wir hatten beide unsere eigene Ausrüstung. Ich hatte ein kleines Necessaire mit, etwa so groß wie die Schachtel eines Rasierapparats. Ich hatte einen Augentropfer und meine Nadeln, vier oder fünf davon. Ich

hatte meine kleinen Drähte dabei, mit denen ich die Nadel ausputzen konnte, wenn sie verstopft sein sollte. Dann hatte ich noch ein kleines Fläschchen Alkohol und einen Löffel aus Sterlingsilber, der einfach schön war, und ein Messer, mit dem ich den Stoff auf den Löffel hinüberhob ... Ich stellte meine Ausrüstung immer neben mein Hotelbett ... Ich wachte jeden Morgen auf und griff rüber, nahm mein kleines Messer, tat ein paar Messerspitzen voll auf den Löffel, kochte es auf und fixte. Es war schön (Pepper, S. 97).

Zwei Forscher, Zinberg und Lewis, zitieren den Fall eines amerikanischen Jazzmusikers (seinen Namen kennen wir nicht), der zum zweiten Mal mit Gelbsucht ins Krankenhaus eingeliefert wurde. Da er im Junkie-Slang redete, vermutete man, daß es sich bei ihm um einen Süchtigen handeln könnte. Er gab voller Scham zu, daß er zweimal Heroin versucht und daß es ihm beide Male keinen Spaß gemacht hätte. Er bat seine Ärzte, seiner Frau und seiner Familie aber nichts davon weiterzuerzählen, da er sonst den Status verlieren würde, süchtig zu sein. Er war psychologisch so stark von der *Erfahrung* abhängig, ein Heroin-User zu sein (offensichtlich war er aber nicht von der Droge abhängig), daß die einzige Art, wie ihn die Krankenhausärzte dazu bringen konnten, sich einer Behandlung wegen seiner Gelbsucht zu unterziehen, die war, die Tatsache hochzuspielen, daß diese Krankheit ein sicheres Zeichen für Heroinsucht sei, und damit auf sein Selbstbild und seine Selbstachtung eingingen (zit. nach Laurie, S. 52–53).

Der Lebensstil des Heroin-Users und die damit zusammenhängenden Risiken für die Gesundheit konnten einen Musiker von Zeit zu Zeit außer Gefecht setzen. Ebenso bedrohlich für die Entwicklung einer Jazz-Karriere war es auf lange Sicht jedoch auch, wenn man wegen eines Narkotikavergehens verurteilt wurde. Damals war es nach den amerikanischen Gesetzen so, daß es ein kriminelles Vergehen darstellte, wenn man Heroin-User war. Anders als in Großbritannien sah man es in den USA nie als legitime medizinische Methode an, Usern Drogen zu verschreiben, um ihnen so zu helfen, ihre Lebensweise etwas zu stabilisieren und sie von dem Zwang zu befreien, sich auf dem Schwarzmarkt etwas beschaffen zu müssen.

Gerry Mulligan stellte fest, daß „wir uns alle wie Kriminelle zu fühlen begannen und unsere Sucht verbergen mußten. Nach einer Weile verschlang die Abhängigkeit unsere ganze Art zu leben, und wir kamen gezwungenermaßen mit Leuten in Kontakt, denen wir ansonsten ausgewichen wären. Aber so mußten wir sie behandeln, als wären sie unsere Freunde" (zit. nach Hentoff, S. 84–85). Süchtige Musiker konnten leicht zu Opfern der Machinationen skrupelloser Gangster werden, denen die Clubs gehörten und die den Heroinhandel unter ihrer Kontrolle hatten. Einem verschuldeten Musiker konnte es noch viel schlechter ergehen, als es ihm je vom Heroin allein ergangen wäre.

Obwohl in den 40er Jahren die Anzahl der Jazzmusiker, die Heroin nahmen, anstieg, schien es mit der *Gesamtzahl* der Heroinsüchtigen bergab zu gehen. In den ersten Jahren des Zweiten Weltkriegs war der Heroinmißbrauch fast kein öffentliches Thema, wohingegen die aufgeheizte Marihuanadiskussion munter weiterging. Art Peppers frühes Musiker-Leben spielte sich rund um die Central Avenue in Los Angeles ab – „Die Sache mit dem Dope war damals bei weitem nicht so schlimm wie jetzt, mit diesen ganzen Polizeiaktionen. Ich hab' nie was von einem Rauschgiftbullen gesehen, wußte gar nicht, was das sein sollte. Niemand wollte jemanden an die Polizei verkaufen oder einem einen Joint oder irgendeinen anderen Stoff ins Auto legen, damit man festgenommen werden konnte" (Pepper, S. 41).

Die Zahl der Süchtigen stieg trotz des Wiederöffnens der illegalen Handelswege auch nach dem Krieg nicht so drastisch an – zumindest nicht drastisch genug für Anslinger. Jener aber war krampfhaft bemüht, erst gar nicht die Idee aufkommen zu lassen, daß das Bureau entbehrlich sein könnte.

In Wirklichkeit wurden die Zahlen künstlich übertrieben, wieder einmal wurde der böse Geist der von der Droge versklavten Jugendlichen heraufbeschworen, und der Ruf nach härterer Bestrafung hallte in den Ohren der Justiz wider. Seit Mitte der Dreißiger hatte Anslinger praktisch das Monopol auf jede öffentliche Information zum Thema Drogenmißbrauch. Er konnte alles sagen, und man glaubte ihm alles. Und jetzt behauptete er eben, daß Heroin für die steigenden Verbrechenszahlen verantwortlich wäre, weil es dazu verwendet wurde, einen „rauschigen Mut" zu erlangen. Es trifft zwar zu, daß Alkohol und Amphetamine dieses Gefühl hervorrufen können, aber für Dope gilt das sicher nicht – schon dieses Wort allein („to dope" ist ein Slangausdruck für „betäuben") weist auf die einschläfernde Wirkung der Droge hin. Kämpfe von Straßenbanden kamen immer seltener vor, als die Jugendlichen dieses neue „High" für sich entdeckten. Einige schwarze Kommentare gingen sogar in die Richtung, daß der weitverbreitete Heroinmißbrauch die Ghettos ruhig gehalten und die Polizei aus diesem Grund ein Auge zugedrückt hätte.

Die Schlüsselstelle in Anslingers Anti-Heroin-Kampagne nahm die Forde-rung nach einer härteren Bestrafungspolitik ein. 1951 verabschiedete der Kon-greß, als Ergebnis von Anslingers Aussage vor dem Kefauver-Senatskomitee für organisiertes Verbrechen, den Boggs Act. Dieses Gesetz zwang Bundesrichter, beim ersten, zweiten und dritten Vergehen wegen Drogenbesitzes eine *Mindeststrafe* von zwei bzw. fünf und zehn Jahren auszusprechen. Vom zweiten Vergehen an würde es keine Bewährung, Begnadigung und keinen Straferlaß mehr geben. Gesetzliche Maßnahmen, die sogar Verrätern und Mördern zustanden, wurden Drogenkonsumenten also verweigert.

Der Bericht des Daniel-Unterkomitees aus dem Jahre 1955 führte ein Jahr darauf zum Narcotic Control Act, der sogar noch drakonischer war. Nach dem Boggs-Gesetz lagen die Höchststrafen für erste, zweite und dritte Vergehen bei fünf bzw. zehn und zwanzig Jahren. Sie wurden jetzt auf zehn bzw. zwanzig und vierzig Jahre angehoben. Diese Strafen galten nur für den Besitz und nicht für den Weiterverkauf und für alle Drogen, einschließlich Marihuana. Dann gab es noch eine separate Strafe von fünf bis zwanzig Jahren für die erste Verurteilung wegen Rauschgifthandels und zehn bis vierzig Jahren für jede weitere Verurteilung. Jeder, der mindestens 18 Jahre alt war und wegen des Verkaufs von Heroin an einen Minderjährigen verurteilt wurde, mußte mit einer Gefängnisstrafe von mindestens zehn Jahren, möglicherweise aber auch mit „lebenslänglich" oder der Todesstrafe rechnen, wenn die Geschworenen darauf entschieden. Drogenfahnder und Zollagenten wurden mit Waffen ausgerüstet und durften Verhaftungen ohne Haftbefehle vornehmen. Und natürlich waren schwarze Jazzmusiker die Hauptziele aller Schikanen. Die Polizei haßte es, wenn sich Schwarze und Weiße zu sehr miteinander befaßten, speziell dann, wenn es um ein weißes Mädchen in den Armen eines schwarzen Musikers ging. Erfolgreiche Musiker, die neue Autos fuhren, mußten gewärtig sein, daß sie regelmäßig kontrolliert wurden und daß nach dem Ende der „Durchsuchung" durch die Beamten wie durch ein Wunder plötzlich Drogen in ihrem Auto auftauchten.

Das vielleicht außergewöhnlichste Gesetz des Jahres 1956 machte es zur Bedingung, daß sich nicht nur Leute, die wegen eines Drogenvergehens verurteilt worden waren, sondern auch alle nichtverurteilten User bei der Zollbehörde eintragen lassen und sich dort eine Bescheinigung ausstellen lassen mußten, wenn sie die Vereinigten Staaten *verlassen* wollten. Diese Bescheinigung mußte bei der Rückkehr ins Land der Behörde wieder ausgehändigt werden. Die Mindestrafe dafür, daß man sich nicht eintragen ließ, war ein Jahr. Die Gesetzgeber glaubten wirklich daran, daß sich die Drogenkonsumenten eintragen lassen würden.

In den Fünfzigern und frühen Sechzigern wurden zahlreiche Musiker wegen Drogenvergehen (Marihuana oder Heroin) verhaftet, und einige dieser Leute mußten Gefängnisstrafen absitzen. Zu diesen beiden Gruppen gehörten Gerry Mulligan, Stan Getz, Tadd Dameron, Anita O'Day, Billie Holiday, Art Pepper, Lester Young (eine Anklage wegen Kokain, als er beim Militär war), Red Rodney, Hampton Hawes, Chet Baker, Thelonious Monk, Miles Davis, Art Blakey, Percy Heath, Phil Urso, Milt Jackson, Elvin Jones, Charlie Persip, Curtis Fuller und Philly Joe Jones.

Erstaunlicherweise wurde Charlie Parker niemals auch nur wegen einer einzigen Drogensache festgenommen. Er kam unbeschadet durch zahlreiche Haus- und Körperdurchsuchungen. Einige seiner Bandkollegen hatten weniger Glück. Der Startrompeter seines Quintetts, Red Rodney, wurde mit der Höchststrafe von fünf Jahren wegen des Besitzes von Heroin bedacht, nachdem er sich eine 75-Dollar-pro-Tag-Sucht aufgebaut hatte. Wie Stan Getz und Art Pepper war er auch dazu übergegangen, kleine Straftaten zu begehen, um so an Geld zu kommen, wenn seine Arbeitssituation gerade nicht die beste war. Im Januar 1953 wurde er zu einer Gefängnisstrafe in Leavenworth verurteilt. Nach den Paragraphen des Boggs Act wurde er 1955 auf Bewährung entlassen, da es aber im Gefängnis keine Therapiemöglichkeit gegeben hatte, war er binnen zwei Wochen nach seiner Freilassung wieder voll auf Heroin. Wenn man aus dem Gefängnis kommt und wieder anfängt, Heroin zu nehmen, dann kann das besonders gefährlich sein, weil der User häufig wieder mit der Dosis einsteigt, an die er vor seiner Verhaftung gewöhnt war und dabei vergißt (oder es einfach nicht weiß), daß sein Körper diese Menge nicht mehr verträgt. Es ist also bei dieser Gruppe nichts Ungewöhnliches, daß sich jemand eine Überdosis verabreicht. Rodney überlebte trotzdem und unternahm wieder kleine Einbrüche, bis er wegen einer Verletzung der Bewährungsauflagen erneut aufgegriffen wurde. Den Rest seiner Strafe büßte er im US Public Health Service Hospital in Lexington, Kentucky ab.

Anslingers Informationssystem brachte ihm zwar nicht den großen Fang, auf den er so gehofft hatte, aber immerhin gingen ihm eine Menge bekannter Musiker ins Netz. 1953 wurde Art Pepper von einem nicht bekannten Musiker denunziert und – wie es im Amerika der McCarthy-Ära halt so üblich war – unter Druck gesetzt, die Namen anderer Musiker preiszugeben, wenn er wieder freikommen wollte. Seine Weigerung brachte ihm neun Monate im Los Angeles County Jail ein – den ersten von sechs Aufenthalten hinter Gittern. Er saß auch einmal im Fort Worth Hospital, der einzigen anderen großen öffentlichen medizinischen Institution, in der Drogen„verbrecher" aufgenommen wurden. Seine strikte Weigerung, andere zu verraten, brachte ihn ins Gefängnis, während andere in Freiheit blieben, aber für ihn handelte es sich um eine Prinzipsache, keine „Ratte" zu sein.

Ein Bassist, den Hampton Hawes „Wally Shade" nannte, gilt als Beispiel für einen Musiker, der Informationen über andere preisgab. Shade war selbst schwer süchtig und zahlreiche Male festgenommen worden, aber er kam nie ins Gefängnis. Ironischerweise ging Hawes einem mexikanischen Agenten namens Vince in die Falle, der sich sein Vertrauen erschlich, indem er ihn warnte, daß Shade ein Polizeiinformant sei. Vince ließ dann den glücklosen Pianisten zweimal Heroin für sich besorgen. Beim zweiten Mal stieg Hawes in Vinces Auto, und der Agent richtete eine Pistole Kaliber 38 auf seinen Kopf und hielt ihm seine Dienstmarke vors Gesicht.

Da man Hawes dazu gebracht hatte, Heroin zu verkaufen, behandelte man ihn jetzt wie einen „üblen Pusher" und verurteilte ihn 1958 zu unglaublichen zehn Jahren Gefängnis in Fort Worth. 1960 ließ sich Hawes auf den quälenden Vorgang ein, beim neugewählten Präsidenten John F. Kennedy um eine Begnadigung anzusuchen. Drei Jahre später, nur zehn Wochen vor seiner Ermordung, begnadigte Kennedy Hampton Hawes mit sofortiger Wirkung.

Obwohl Charlie Parker einer Verhaftung wegen Drogen entgehen konnte, wurde ihm seine New York Cabaret Card in den Jahren 1951 bis 1953 auf Empfehlung des Federal Bureau of Narcotics, auf deren Verdächtigenliste er ziemlich weit oben stand, entzogen.

In dieser Zeit konnte er also nicht in New York arbeiten. Denn wenn man mehr als drei Tage in einem Lokal mit Alkoholausschank arbeitete, mußte man sich von der Konzessionsstelle der Polizei eine Cabaret Card holen. Jeder Anstragsteller wurde fotografiert und seine Fingerabdrücke wurden abgenommen. Die Karte kostete zwei Dollar, und man mußte sie alle zwei Jahre verlängern lassen. Einem Musiker, der eine oder mehrere Vorstrafen wegen Drogenvergehen hatte, wurde die Karte automatisch verweigert, und wenn jemand, der bereits eine Karte besaß, geschnappt wurde, dann wurde sie ihm entzogen.

New York war die Weltzentrale des Jazz; der Ruf, den ein Musiker anderswo genoß, bedeutete nicht viel, solange er es in New York nicht geschafft hatte. Dort gab es die besten Clubs und das große Geld. Wenn ein Musiker nicht die Erlaubnis hatte, dort zu spielen, dann bedeutete das einen harten Schlag für seine Karriere. Manche erholten sich nie davon.

Auch Thelonious Monk hatte unter diesem bösartigen System, das für Bestechung und Korruption mehr als offen war, schwer zu leiden. 1951 läutete ein Freund, der sich in Begleitung von zwei anderen Personen befand, in seiner Wohnung an. Da das Appartement aber nicht besonders groß und seine verwitwete Mutter bettlägrig war, schlug Monk vor, daß sie sich in sein Auto setzen sollten. Ziemlich bald tauchten Drogenfahnder auf, und jemand ließ ein kleines Päckchen Heroin auf den Wagenboden fallen, das von den Polizisten gefunden wurde. Das reichte zwar nicht aus, um Monk wegen Dealens zu verurteilen, aber es war Ehrensache für ihn, daß er für seinen Freund sechzig Tage „rap" (Knast) auf sich nahm. Schlimmer als diese Strafe war es für ihn aber, daß er seine Cabaret Card verlor und sechs Jahre, bis 1957, brauchte, um wieder zurückkommen zu dürfen – und auch das nur mit der Hilfe der einflußreichen Baronesse de Koenigswater, der Jazz-Aristokratin, in deren Wohnung Charlie Parker 1955 verstarb.

Kaum ein Jahr nachdem er seine Karte wieder hatte, schlugen die Behörden bei Monk ein weiteres Mal zu. Er befand sich gerade – mit der Baronesse und dem Tenorsaxophonisten Charlie Rouse – auf der Heimfahrt von einem einwöchigen Engagement im Comedy Club in Baltimore. Sie blieben bei einem Motel stehen, und Monk ging hinein und bat um etwas Wasser. Er war ein auffallender Mann, 1,80 m groß und mehr als 100 Kilo schwer, und seine dunkel aufragende Person dürfte den Motel-Besitzer geängstigt haben, da dieser sofort die Polizei anrief. Monk konnte gar nicht so schnell schauen, da wurde er schon aus dem Auto gezerrt und verprügelt. Die Polizei „fand" Marihuana im Auto. Obwohl die Anklage wegen Drogenbesitzes fallengelassen wurde, verlor Monk seine Karte wieder, weil er wegen eines Drogendelikts *verhaftet* wurde. Es dauerte bis 1967, bis das Cabaret-Card-System von Bürgermeister John Lindsay für verfassungswidrig erklärt und abgeschafft wurde.

Und wie reagierte die Jazzgemeinde als Ganzes auf das, was von vielen still und heimlich als zerstörerisches Krebsgeschwür im Körper der Musik betrachtet wurde? Mit verständlicher Zurückhaltung weigerten sich viele, überhaupt über das Thema zu sprechen, weil sie fürchteten, dadurch dem Bild des Junkie-Jazzmusikers noch mehr Nahrung zu geben. Im dem Jahr, als Charlie Parker und Wardell Gray starben, spielte Frank Sinatra in einer Filmfassung des Nelson-Algren-Romans *Der Mann mit dem goldenen Arm* die Hauptrolle des Frankie Machine. Da sich der Film mit dem Thema Drogensucht auseinandersetzte, brauchte er ein Certificate of Approval, also eine Genehmigung der Public Control Administration (PCA), bevor er anlaufen konnte. Nach dem Krieg kamen ausländische Filme und Fernsehfilme beim amerikanischen Publikum immer besser an, doch sie unterlagen nicht denselben Beschränkungen wie die Produkte aus Hollywood. Otto Preminger stieg also für mehr Freiheit auf die Barrikaden und brachte den Film ohne Genehmigung in die Kinos. Da der Streifen eine Menge Publikum anlockte, entschied sich die PCA, um ihren Zensur-Code nicht in Mißkredit zu bringen, die Regeln zu ändern: Von nun an durfte Drogensucht im Film gezeigt werden, wenn es dabei keine Spur einer positiven Vorbildfunktion, einer glamourösen Darstellung, der Höhe der Gewinne im Rauschgiftbusineß oder auch nur eine Andeutung davon, daß man mit der Sucht leicht wieder Schluß machen könnte, gab. Der Film war eine Sensation, da er einen süchtigen Jazzmusiker zeigte, der weiß war. Und wahrscheinlich etablierte er für alle Zeiten (oder zumindest bis zur Rockmusik in den Sechzigern) in den Gehirnen der Öffentlichkeit den Zusammenhang zwischen Jazz und Drogen.

In dieser Hinsicht war der Film jedoch keine genaue Umsetzung des Romans. Frankie Machines Verbindung zur Musik stand im Kino – wahrscheinlich deswegen, weil Sinatra die Hauptrolle spielte – viel mehr im Vordergrund als im Buch (wo sie kaum erwähnt wurde). Dort ist Frankie eigentlich ein Teufelskerl von einem Kartengeber. Er träumt davon, daß er eines Tages einen ordentlichen Job als Schlagzeuger in einer Big Band haben wird, aber das ist eben nur eine Phantasievorstellung, die durch seine Heroinsucht immer unerfüllbarer wird. (Interessanterweise wird Jazz hier als das weit entfernte „normale Leben" angesehen und nicht als das anrüchige, „abweichende Verhalten".) Frankie war das klassische Beispiel für den hoffnungsvollen Musiker, der Heroin nahm, um sein Versagen zu rationalisieren. Vom rein dramatischen Standpunkt aus gesehen war der Zusammenhang zwischen Jazz und Drogen bei Algren jedoch äußerst dürftig.

1960 passierte etwas Ähnliches: Jack Gelbers Off-Broadway-Stück *The Connection* war sowohl ein Publikums- als auch ein Kritikererfolg. Das Stück hatte einen Jazz-Soundtrack, aber keiner der Süchtigen, auf die sich die Handlung konzentrierte, war Musiker. Nichtsdestotrotz war es unvermeidlich, daß die üblichen Zusammenhänge hergestellt wurden.

Wenn es um illegale Drogen welcher Art auch immer ging, befand sich die Musikindustrie in einer Zwickmühle. Ihre Standardantwort lautete immer: „Warum hacken Sie auf Jazzmusikern herum, wenn es doch wesentlich mehr Ärzte gibt, die Drogen mißbrauchen?" Das mag zwar richtig gewesen sein, aber es diente nur schwerlich dazu, die Aufmerksamkeit vom Problem des Jazz abzulenken oder die Kritiker zum Schweigen zu bringen. Die Verhaftung eines Jazzmusikers wegen Drogenbesitzes war auf jeden Fall eine Schlagzeile wert; Zeitungseigentümer wollten ihre Blätter verkaufen, und Polizisten ließen sich gerne in den Blickpunkt des öffentlichen Interesses rücken, wenn sie einen Star verhaftet hatten.

Man kann jedoch nicht behaupten, daß die Industrie den Gebrauch von Drogen entschuldigte. Cab Calloway gehörte zur alten Schule; die Hipster-Ideologie, die Heroin befürwortete, war ihm fremd, und er ließ seinen diesbezüglichen Gefühlen in einem Artikel mit dem Titel „Killt das Dope unsere Musiker?" in der Schwarzen-Zeitschrift *Ebony* 1951 freien Lauf:

Ein böser Geist schwebt über der amerikanischen Musikindustrie; der Geist der Narkotika, die die Begabungen vieler unserer besten Künstler zerstören und einige unserer besten Bands auseinanderbrechen lassen …

Oder übertreibe ich etwa mit der Bedrohung, die Dope für unsere Musik darstellt? Ich glaube nicht. Als ein Mann, der seit mehr als zwanzig Jahren Musik macht, kenne ich die Situation ebensogut wie die meisten Angehörigen unseres Berufsstandes. Ich konnte im Laufe meiner Karriere eine ganze Generation amerikanischer Jazzer bei ihrem Werdegang beobachten, und ich habe gesehen, wie ganze Reihen dieser vielversprechenden Künstler von einem Übel niedergestreckt wurden, das so grausam und unbarmherzig ist wie ein Tiefseekrake. Einige meiner engsten Freunde sind dieser heimtückischen Sucht in die Falle gegangen, die sich wie die Pest an sie angehängt hat … Drogen sind daran schuld, daß eine erschreckend große Zahl guter Musiker zu hoffnungslosen Versagern verkommen sind. Viele der exzellenten jungen Musiker, die mit Heroin angefangen haben, um davon „angeturnt" zu werden, mußten zu ihrem Schrecken feststellen, daß ihre gesamte Kreativität mit einem Schlag von dieser furchtbaren und unkontrollierbaren Sucht vernichtet wurde.

Im Jahre 1953 wagte die Lokalgruppe 47 (Hollywood) der American Federation of Musicians den halbherzigen Versuch, jedes ihrer Mitglieder, das schon einmal wegen eines Drogendelikts verurteilt worden war, auszuschließen. Glücklicherweise konnte sie sich damit nicht durchsetzen. Im Gegenteil – die Jazz-Schreiber waren aufgebracht über die äußerst harten Strafen, die man den Musikern wegen der Drogen, die sie nur zum persönlichen Gebrauch bei sich hatten, aufbrummte. Die beste Illustration dieses Dilemmas gibt ein Editorial der Zeitschrift *Down Beat*, das zum Anlaß der Verhaftung Ray Charles' wegen Drogenbesitzes, die im Januar stattgefunden hatte, erschien:

DER FALL RAY CHARLES – Als Ray Charles kürzlich in Indianapolis wegen einer Narkotika-Anklage festgenommen wurde, erzählte der Sänger der Polizei angeblich, daß er seit seinem sechzehnten Lebensjahr süchtig sei. Die Beamten, die die Verhaftung durchgeführt hatten, berichteten, daß sie in seinem Zimmer eine bestimmte Menge Marihuana und Heroin sowie das Besteck eines Drogensüchtigen vorgefunden hätten.

Aber es gibt in diesem Fall auch noch andere Umstände. Menschliche Umstände. Charles ist blind, seit er sechs Jahre alt war.

Was soll man also mit einem Blinden machen, der als Heroinsüchtiger festgehalten wird? Ihn als Bedrohung für die Gesellschaft ins Gefängnis werfen? Ist er wirklich ein Gesetzesbrecher, wie die Polizei behauptet, dann sind die Regeln klar; er muß bestraft werden. Viele sehen die Bestrafung selbst schon als ein Mittel zur Rehabilitation an; sie gehen dabei von der Voraussetzung aus, daß jemand, der für ein Vergehen bestraft wird, dieses in Zukunft nicht mehr begehen wird. Diese Voraussetzung hat sich jedoch, soweit es die überragende Mehrheit der Rauschgiftsüchtigen betrifft, als ziemlich haltlos erwiesen. Außerdem wurde Charles schon früher wegen der Übertretung der Drogengesetze festgenommen.

Nehmen wir nun um der Diskussion willen an, daß Charles nicht bestraft wird, wenn man ihn schuldig spricht – sagen wir, aus Gründen des Mitleids. Würde sich dann nicht automatisch die Frage stellen: Wo ziehen wir die Grenze? Wäre Charles in Anbetracht seiner Blindheit von der üblichen Strafe, wie das Gesetz sie vorsieht, ausgenommen, warum sollten dann nicht andere Süchtige, die in anderer Weise – etwa durch geistige oder emotionelle Störungen – behindert sind, auch freikommen? Sie sind doch auch krank, oder?

Aber andererseits: Sollte Charles als Süchtiger verurteilt und eingesperrt werden, was beweist das Gesetz dann damit? Daß es unflexibel und unnachgiebig ist? Oder daß es brutal und taub für die Stimme des Mitleids ist? Charles' angebliches Bedürfnis nach Drogen wird durch eine Gefängnisstrafe mit Sicherheit nicht verschwinden, ebenso wie die Gier bei Tausenden anderen verurteilten Süchtigen durch die Zeit hinter Gittern nicht nachläßt. Gibt es demnach also einen Unterschied zwischen der Sucht des Künstlers Ray Charles und der Suchst des Parkplatzwächters von nebenan? Natürlich nicht. Der Fall Charles konfrontiert uns nur in sehr drastischer und menschlich bewegender Art und Weise mit einem der wichtigsten Probleme, denen unsere Gesellschaft gegenübersteht. Sein physisches Leiden ist deutlich sichtbar und weckt Sympathie und Verständnis. Bei unserem Parkplatzwächter mag das Leiden nicht so leicht wahrnehmbar sein oder uns so schnell zum Verstehen seiner Situation bringen, aber dennoch existiert es.

Wir im Jazz neigen dazu, Sympathie zu zeigen und uns einzureden, daß wir Verständnis dafür haben, wenn ein Musiker wegen eines Drogendelikts ins Gefängnis kommt. Die gefühlsmäßige Verbindung, die zwischen einem Jazzer und einem ganz normalen Kunstliebhaber besteht, dient uns dafür als Entschuldigung. Aber es gibt auch eine viel zu häufig auftretende Tendenz unter Jazz-Leuten, einen süchtigen Musiker automatisch von der kritischen Haltung der Gesellschaft und den Strafen, die seine

Sucht nach sich ziehen kann, auszunehmen. Der Fall Charlie Parker ist wahrscheinlich das herausragendste Beispiel für diese Einstellung. Aber die Neigung zum Entschuldigen hat noch tiefere und ernsthaftere Folgen, wenn sie Jazz-Helden wie Parker und Charles betrifft.

Wir wurden auf tragische Weise mit den vielen Möglichkeiten, falsche Schlüsse zu ziehen, vertraut gemacht: Bird ist ein Genie des Jazz; Bird kann ohne Heroin nicht leben; also: Ein Jazz-Genie kann ohne Heroin nicht leben. Und so wie Parker zu Lebzeiten bejubelt wurde und seinen Platz im Olymp bekam, vermarktet die Industrie heute die Musik von Ray Charles auf Platte und live mit der uneingeschränkten Verwendung des Wortes „Genie". Ob Charles nun an seine Publicity glaubt, das ist genauso unwichtig wie die Tatsache, ob Charlie Parker an seine geglaubt hat. Aber der Unterschied zwischen Parker und Charles, was ihren Einfluß auf die Allgemeinheit betrifft, sollte dennoch klar sein. Charles erreicht mit seiner Musik und seiner Persönlichkeit mehr Menschen, als Parker es je gekonnt hätte. Und ein erstaunlich hoher Prozentsatz der Charles-Verehrer sind Kids. Es wäre nun wirklich tragisch, würde die Massenverehrung des Ray Charles auch nur in einem einzigen Fall eines ähnlichen falschen Schlusses wie bei Parker gipfeln. Denn wenn ein Jugendlicher durch die Geschichte von Charles' Verhaftung dazu motiviert oder beeinflußt wird, selbst Heroin auszuprobieren, dann hätte es überhaupt keine Bedeutung, was das Gesetz jetzt von diesem Sänger verlangen wird.

Wie sich die Industrie um jene Musiker kümmerte, die schließlich die Basis ihres Reichtums darstellen, die aber andererseits auch wegen Drogen und Alkohol in Schwierigkeiten geraten können, das war normalerweise weit entfernt von jeder praktischen Hilfe. Es besteht kein Zweifel daran, daß jene Musiker, die Anfang der Fünfziger von einem kleinen Jazzlabel in Heroin ausbezahlt wurden, ewig dafür dankbar waren, aber dieser Weg konnte nur schwerlich eine gezielte Reaktion auf das Problem darstellen, dem die Industrie gegenüberstand. Der Klarinettist Buddy de Franco rief in einem Brief, den er im März 1954 an die Zeitschrift *Variety* richtete, alle mit Beziehungen im Musikbusineß dazu auf, endlich damit anzufangen, dem Problem des Drogenmißbrauchs unter Musikern die nötige Aufmerksamkeit zu widmen.

Drei Jahre später zog der Jazz-Kritiker Nat Hentoff, obwohl man ihm vehement zugeraten hatte, diese Idee doch wieder fallenzulassen, im Rahmen des Newport Jazz Festivals 1957 ein Symposion zum Thema Sucht auf. Aus diesem Zusammentreffen entstand schließlich die Musicians Clinic in New York, die mit Hilfe einer Spende des Festivals gegründet wurde.

Dr. Marie Nyswander war dort Chefpsychiaterin. Sie war eine der Pionierinnen der Methadon-Behandlung und verstarb 1986. 1960 verfaßte sie zusammen mit dem Psychologen Charles Winick einen Aufsatz, in dem sie sich mit den Fortschritten jener Musiker befaßte, die sich einer psychotherapeutischen Behandlung unterzogen. In einer kontrollierten (klinischen) Studie, in welcher die Patienten der Klinik und eine andere Gruppe süchtiger Musiker, die nicht zur psychotherapeutischen Behandlung kamen, untersucht wurden, erzielten die Klinikpatienten deutlich bessere Ergebnisse als die anderen, was das Aufhören mit Drogen, die Anpassung an den Lebensstil eines Nichtsüchtigen und das Finden einer neuen Arbeit betraf. Die Anzahl der Leute, die die Klinik im ersten Jahr ihres Bestehens besuchten, war gering; es kamen nur 15 Musiker – dabei hatte Winick in einer anderen Studie geschätzt, daß es wahrscheinlich etwa 750 regelmäßige Heroin-User in New Yorks Jazzgemeinde gab.

Außer dieser einen Klinik gab es nur die Drogenrehabilitations-Gefängniskliniken in Fort Worth und Lexington, die das wenige, was es an psychotherapeutischer Hilfe gab, anboten. Dennoch konnten die Ärzte bemerkenswerte Erfolge verzeichnen, u. a. bei Gerry Mulligan und Red Rodney, der *Down Beat* (in der Ausgabe vom 20. Februar 1958) erzählte:

> Ich habe dagegen gekämpft, ich wollte die Analyse überhaupt nicht. Ich stellte mich sogar freiwillig für Narkotikatests zur Verfügung. Ich malte mir aus, wie ich jedesmal, wenn ich in der Klinik war, high werden, mich wohlfühlen und die drei Jahre so herumkriegen würde. Aber kurz bevor ich mit den Tests anfangen hätte sollen, änderte ich meine Meinung. Vielleicht hatte ich endlich erkannt, daß ich schon zuviel von meinem Leben weggeworfen hatte. Aber ich weiß, daß ich von diesem Zeitpunkt an angefangen habe, wieder wie ein menschliches Lebewesen zu existieren.
>
> Die Analyse ist das beste, was mir je passiert ist. Ich wurde endlich erwachsen. Am Anfang habe ich gelogen und die wildesten Geschichten erfunden. Dann fragte ich mich: „Wen lüge ich da eigentlich an?“ Die Antwort war natürlich, daß ich mich wieder einmal selbst belog. Als ich das mit mir selbst geregelt hatte, fing die Analyse an, mir zu helfen. Ich erkannte das erste Mal, wie tief ich gesunken war. Ich schämte mich, mehr als je zuvor in meinem Leben.

Die Studie, die Winick und Nyswander verfaßt hatten, bewies, daß süchtige Musiker eine bessere Konstitution haben als der „typische Süchtige“, insofern, als viele von ihnen bei mehr als einer Gelegenheit alleine einen Heroinentzug gemacht hatten, bevor sie zur Behandlung erschienen waren. Nach einer vier Jahre dauernden Suchtperiode, während der er so tief in der Gosse landete, wie man es überhaupt nur tun kann, beschloß Miles Davis (der kein Patient der Klinik war), daß der damit verbundene Ärger zu groß war, schwitzte seine Sucht zwölf Tage lang aus und rührte nie wieder Heroin an. Auch John Coltrane wurde seine Sucht aus eigener Entschlußkraft los und füllte das dadurch entstandene Vakuum nicht mit Alkohol aus, wie so viele seiner Kollegen es taten, sondern mit Verinnerlichung und Musik.

Aber es gab andere, denen es nicht so gut erging. Mit Interviews, die während verschiedener Stadien seiner zerrissenen Karriere erschienen, versuchte *Down Beat* heldenhaft, den Eindruck zu erwecken, daß Art Peppers Probleme hinter ihm lägen. Pepper hatte es zwar bei Synanon, einer Rehabilitationsanstalt, die auf nachweisliche Erfolge bei anderen Musikern verweisen konnte, versucht, aber er konnte sein zwanghaftes Verhalten nicht aufgeben. 1982 gab sein Körper schließlich den Kampf auf.

Welche Schlüsse können wir also aus dem Heroinmißbrauch bei Jazzmusikern der Nachkriegszeit ziehen? Hampton Hawes zufolge „erweckte die Verlustliste in den Fünzigern – Tote, Verwundete, Geisteskranke – den Eindruck, als würde der Koreakrieg an der Ecke Central und 45. Straße ausgetragen“ (Hawes, S. 32). Der in den 40er oder 50er Jahren beginnende, langandauernde Heroinmißbrauch forderte die Leben von – unter anderen – Billie Holiday, Fats Navarro, Sonny Berman (dem brillanten Trompeter von Woody Hermans Band), dem Pianisten Carl Perkins, Wardell Gray, Tadd Dameron, Shadow Wilson, dem englischen Schlagzeuger Phil Seaman und Tubby Hayes. Urkunden beweisen, daß durch einen seltsamen Zufall sowohl Charlie Christian als auch Jimmy Blanton im Jahre 1942 der Tuberkulose erlagen. Entgegen dieser Unterlagen meinte ein Jazzmusiker dazu: „Es gibt eine Menge Jungs, die heute noch leben würden, wenn die Pusher nicht gewesen wären – zum Beispiel Charlie Christian und Jimmy Blanton, Dukes Bassist. Sie waren nicht sehr stark und ließen zu, daß üble Typen ihre Schwäche ausnützten“ (zit. nach Shaw, S. 310).

Die Notwendigkeit, ihre regelmäßigen und – bei erfolgreichen Musikern – teuren Heroingewohnheiten zu bezahlen, trieb einige Leute in die verrücktesten Situationen: Charlie Parker überschrieb doch tatsächlich die Hälfte der Tantiemen, die er von Dial Records zu bekommen hatte, an Emry Bird, seinen wichtigsten Dealer an der Westküste. Musiker standen nach langen Gefängnisstrafen vor den Ruinen ihrer Karrieren, und es war nicht immer leicht, ein Comeback zu schaffen. Es half einem nicht viel, wenn man „Street Credibility“ besaß und zugleich als geschäftliches Risiko betrachtet wurde. Anzahlungen auf Gighonorare wurden bereits ausgegeben, bevor die Arbeit getan war, und viele vertrauensvolle Musiker borgten einem „Freund" ihr Instrument, nur um ein paar Wochen später mit der Post einen Pfandschein dafür zu erhalten.

Der Heroinmißbrauch schadete dem Bebop, weil viele Clubeigner die „neue Droge" mit der „neuen Musik" in Zusammenhang brachten und beide nicht in ihr Lokal lassen wollten. Die Festnahmen von Elvin Jones und Tony Williams wegen Drogendelikten, die 1966 in Japan erfolgten, führten zur Absage von Art Blakeys Sommertournee 1967 und damit zum Verlust von 30.000 Dollar.

Es wird nun sicher einige Leute geben, die behaupten, daß sämtliche Probleme, die durch die Drogen entstanden sind, eben der Preis waren, der für klassischen, zeitlosen Jazz bezahlt werden mußte. Vielleicht waren es dieselben pubertären Eigenschaften, die Charlie Parker zum zwanghaften Drogen-User, Säufer und Fresser machten, die ihm die völlig selbstvergessenen Freiflüge seiner Phantasie gestatteten und ihn so seine Art Musik machen ließen. Um Robert Reisner zu zitieren (S. 19): „Bird war ein Neurotiker, aber die wirklich großen Fortschritte in der Kunst werden nie von glücklichen und ausgeglichenen Leuten zustande gebracht. Kunst ist nur eine Art der Sublimierung und wird von Neurotikern und zwanghaften Menschen geschaffen." Art Blakey machte folgende Beobachtung:

> Mit Heroin spielt man nicht besser, aber man hört besser. Bird sagte immer, daß er seine Sucht loswerden wolle, um den Leuten zu berichten, was er hörte ... Während er leidet, kann er nichts tun; denkt er aber über sein Leid nach, dann kann er etwas schaffen. Musiker, die Junkies waren und sich dann von ihrer Sucht befreiten, haben es manchmal geschafft, sich dann musikalisch selbst zu finden (zit. nach Reisner, S. 52).

Miles Davis ist ein gutes Beispiel für diese Behauptung. Sein Biograph Ian Carr stellte fest, daß der Effekt, den die Heroinerfahrung auf das spätere Leben und die Arbeit des Musikers hatte, nicht zu unterschätzen ist. Während der Jahre, in denen er nicht arbeiten konnte, wurde Davis oft mit einer Nadel im Arm am Boden des Badezimmers in der Wohnung Howard McGhees aufgefunden. Es ist möglich, daß Musiker, die das überstehen, stärker, elastischer und disziplinierter daraus hervorgehen und es schaffen, diese Erfahrung mittels ihrer künstlerischen Kreativität umzusetzen. Davis hatte genug Begabung, um davon profitieren zu können. Sein musikalisches Talent hat ihn nie verlassen, es war nur eine Zeitlang stillgelegt.

7

Lady Days

Billie Holiday
Das Opiumrauchen war – unter anderem wegen des penetranten Geruchs des Rauches und der angegriffenen Kehle – für eine Musikerin auf Tournee zu unpraktisch. Deshalb stieg Billie tragischerweise auf Heroin um. Um ihre Einstichnarben zu verbergen, trug sie langärmelige Kleider. Später fixte sie sich in Ermangelung nutzbarer Venen direkt in die Vaginawände.

Es ist genauso, wie alle sagen: Es gibt kein verdammtes Busineß wie das Show-Busineß. Du mußtest lächeln, weil du sonst gekotzt hättest.

Billie Holiday

DER GROSSTEIL der anerkannten psychiatrischen Theorien über weibliche Sucht (die meistens von Männern aufgestellt wurden) stellt weibliche Heroin-User schablonenhaft als geborene Opfer dar – als passive, unsichere, verletzliche und von anderen abhängige Wesen. Ihr familiärer Hintergrund wird meist als gestört und chaotisch bezeichnet und enthält in vielen Fällen Episoden der Mißhandlung oder des sexuellen Mißbrauchs. Solche Frauen werden wahrscheinlich mehrmals schwanger, um auf diese Weise aus einer tyrannischen familiären Umgebung ausbrechen und die Sicherheit einer Beziehung finden zu können. Wenn sie ein Mann „nimmt", der süchtig ist, dann wird er auch sie in die Sucht zwingen. So sieht zumindest laut Meinung der Wissenschaft der normale Weg von Frauen in die Drogenabhängigkeit aus.

Und hängt sie erst einmal am Heroin, dann wird der Frau das Stigma eines noch „abweichenderen" Verhaltens, als ihr männliches Gegenstück es aufweist, zugeschrieben, weil sie damit, daß sie ihre Rolle als gehorsame Frau und Mutter nicht erfüllt, den Status quo herausfordert. Doch sogar dann, wenn sie diese Rolle gern spielen würde, hat das Gesetz beschlossen, daß Drogensucht und Elternschaft miteinander unvereinbar sind; Billie Holiday wurde wegen ihrer Drogenvorstrafen als Pflegemutter abgelehnt. Gerichtsentscheide aus letzter Zeit in England und Amerika haben festgestellt, daß das ungeborene Kind einer schwangeren Süchtigen vor dem Gesetz als das Opfer von Kindesmißhandlung gilt, wodurch die betreffende Frau als ungeeignet für eine Mutterschaft betrachtet wird. Im Gegensatz dazu wird das Verhalten einer Frau, die von Beruhigungsmitteln abhängig ist, (mit Recht) nicht jenseits der Grenze des Erlaubten angesiedelt, wahrscheinlich deshalb, weil ihr Zustand auf die „legitime" Verordnungspraxis angesehener Ärzte zurückzuführen ist und nicht auf die Folgeerscheinung eines unverantwortlichen Hedonismus.

Andererseits stimmt es aber, daß das obige Modell auf Billie Holiday und die zweite Frau, um die es in diesem Kapitel gehen wird, Anita O'Day, die beide Jazzsängerinnen mit einem Heroinproblem waren, teilweise zutrifft. Beide lebten und arbeiteten zu einer Zeit, als dem sozialen Druck, der auf die Frau ausgeübt wurde, noch keine energiegeladene und im Blickpunkt der Öffentlichkeit stehende Frauenbewegung gegenüberstand. Billie Holiday litt unter ihrer äußerst ungesicherten Kindheit und Jugend, die sie ohne ihre Mutter in der Obhut einer sorglosen Tante zubringen mußte. Sie wurde so oft das Opfer von Vergewaltigung und sexueller Belästigung, daß sie schließlich Angst vor Sex hatte. Im Alter von erst zehn Jahren wurde sie in eine katholische Erziehungsanstalt gesteckt, da man sie beschuldigte, den Mann, der sie vergewaltigt hatte, verführt zu haben. Mit fünfzehn arbeitete sie bereits als Prostituierte. Anita O'Day, die von ihrer Mutter als „Übergepäck" bezeichnet wurde, mußte von ihren frühesten Kindheitstagen an damit fertigwerden, auf sich alleine gestellt zu sein und eine Menge unerwünschter sexueller Annäherungsversuche abzuwehren. Sie machte mehr als zwölf Abtreibungen durch, obwohl sie sich nie sicher war, nicht von irgendwelchen Hinterhof-Abtreibern belogen worden zu sein, die ihr vielleicht nur eingeredet hatten, daß sie schwanger war. Ihre Teenagerjahre brachte sie teilweise damit zu, von einem Tanzschuppen zum nächsten zu fahren und sich ihr Geld damit zu verdienen, daß sie bei den berüchtigten Tanzmarathons oder „Walkathons" mitmachte, wie sie im Film *Nur Pferden gibt man den Gnadenschuß* dargestellt werden. Das war zwar keine Prostitution, aber eine fast genauso schlimme Ausbeutung des eigenen Körpers für Geld.

Vom soziologischen Standpunkt aus gesehen wichen Holiday und O'Day allein durch die Tatsache, daß sie Jazzsängerinnen waren, schon vom normalen Dasein ab. Aber bei beiden Frauen schlummerte im Hinterkopf stets der Wunsch nach Tradition und Angepaßtheit; in ihren Autobiographien finden sich ergreifende Gedanken über die Vorzüge von Sicherheit und einem glücklichen Heim, von Familie und Kindern. Aber wie sehr Holiday und O'Day auch dem beschriebenen Bild einer „gestörten" Frau geglichen haben mögen, eines waren sie mit Sicherheit nicht – passiv. Billie Holiday war sogar stolz darauf, eine Prostituierte gewesen zu sein; sie wußte, sie konnte damit in einer Nacht mehr verdienen als eine Wäscherin in einem Monat, und sie sagte selbst, daß sie nie irgend jemandem dienen würde.

Sowohl als professionelle weibliche Sängerinnen in der unerbittlich chauvinistischen Welt des Jazz als auch als Heroinkonsumentinnen mußten beide Frauen eine harte und abgebrühte Einstellung dem Busineß gegenüber entwickeln, um arbeiten zu können, sich Drogen zu beschaffen und nicht mit dem Gesetz in Konflikt zu kommen. Jazzsänger standen unter besonderem Druck, weil die ganze Band meist davon abhängig war, daß sie auftreten konnten. Kein Mensch hätte bemerkt, wenn jemand für den Bassisten oder den Drummer eingesprungen wäre, aber der Sänger war die Hauptattraktion des Ganzen, und sein Nichterscheinen konnte den Verlust der Auftrittsmöglichkeit und damit des Honorars für alle bedeuten. Jenseits dieser Gemeinsamkeiten gleichen sich die Umstände der Drogenabhängigkeiten von O'Day und Holiday jedoch nicht mehr. Die Holiday war ein Star – die Dealer kamen von selbst, um sie zu hören, und auch die Männer in ihrem Leben versorgten sie mit Stoff. Die O'Day hatte nie einen solchen Status inne und mußte sich häufig auf die Straßen begeben, um mit all den dazugehörigen Risiken Drogen einzukaufen. Ein anderer wichtiger Unterschied ist natürlich die Tatsache, daß Billie Holiday schwarz war, und alle Demütigungen und Entwürdigungen, die sie in ihrem Leben einstecken mußte, eine Menge Schmerz und Bitterkeit in ihr erzeugten.

Für Billie Holiday brachte der Rassismus einige fast schon ironisch wirkende Aspekte mit sich; als sie 1937 in Count Basies Band mitwirkte, verlangte man doch tatsächlich von ihr, sie solle ihre Haut schwärzer färben, weil sie im Licht der Bühnenscheinwerfer zu hell aussähe und die Veranstalter Unruhen befürchteten, falls das Publikum auf die Idee kommen sollte, da singe eine Weiße in einer schwarzen Band. Im darauffolgenden Jahr schloß sie sich Artie Shaw an, und obwohl sie nicht die erste schwarze Sängerin in einer weißen Band war, war sie doch die erste, die es wagte, in den Südstaaten auf Tournee zu gehen. Man muß Shaw zugute halten, daß eigentlich er es war, der dieses Risiko einging, aber es kam keineswegs überraschend, daß Billie auf Tour eine entsetzliche Behandlung erfuhr; immer wieder kam es zu Szenen mit Sheriffs, Hotels und Veranstaltern. Die schmierigsten Imbißbuden wollten sie nicht einmal in der Küche essen lassen und manchmal kam es sogar vor, daß die Veranstalter ihr verboten, aufzutreten und sie durch eine weiße Sängerin ersetzten. Einmal nannte sie einen Südstaatler-Idioten, der schrie: „Die Niggerhure soll noch was singen!", im Flüsterton einen *motherfucker* und mußte daraufhin eiligst in Sicherheit gebracht werden, um der Lynchjustiz zu entgehen. Aber der Tropfen, der das Faß zum Überlaufen brachte, passierte im sogenannten liberalen Norden. Es war im Blue Room des Lincoln Hotels in der 43rd Street in New York. Der Auftritt sollte im ganzen Land im Radio übertragen werden – die beste Gelegenheit, einen großen Bekanntheitsgrad zu erzielen. Die Hoteldirektion sagte Shaw – mit der Ausrede, daß sich gerade so viele Gäste aus dem Süden im Haus befänden –, daß die Holiday weder den Haupteingang noch den Hauptlift benützen, sich nicht unter die Gäste mischen und auch nicht auf der Bühne stehen dürfe, wenn sie nicht gerade singe. Artie Shaw hätte sich dagegen wehren können: Er war in seinem Leben oft genug mit Antisemitismus konfrontiert worden, um verstehen zu können, was Billie durchmachte, aber er entschied sich dagegen, die Karriere der ganzen Band wegen einer Prinzipfrage aufs Spiel zu setzen. Die Folge davon war, daß Art und Billie Holiday sich trennten. Die

Sängerin hatte verständlicherweise bittere Gefühle, die sich aber in den Jahren, die darauf folgten, anscheinend wieder milderten.

Die Schmach, mit der sie konfrontiert wurde, war angesichts des Todes ihres Vaters im Jahre 1937, der zum indirekten Opfer des angeborenen Rassismus der weißen Mehrheit Amerikas wurde, noch schwerer zu ertragen. Er war ein reisender Musiker, der während einer Tournee in Dallas an Lungenentzündung erkrankte, aber kein Krankenhaus aufsuchte, weil er glaubte, daß er sowieso keines finden würde, das Schwarze behandelte. Schließlich überredete man ihn, es doch zu versuchen, und er fand auch eines, das ihn aufnehmen wollte – aber da war es schon zu spät. In ihrem Song „Strange Fruit" drückte Billie Holiday ihren ganzen Zorn über die Unmenschlichkeit der Weißen gegen die Schwarzen aus.

Es war also Verzweiflung, die dabei half, die Holiday mit Heroin bekanntzumachen. Sie war in New Yorks Café Society Downtown fest engagiert, aber obwohl sie ein gefeierter Star war, besaß sie nach diesem zweijährigen Engagement (sieben Abende pro Woche) nur sehr wenig Geld. 1942 befand sie sich in einem emotionellen Tief. Damals trat Jimmy Monroe in ihr Leben. Er war der jüngere Bruder Clark Monroes, des Besitzers von Uptown House, in dem Billie Holiday ebenfalls auftrat. Jimmy wurde im allgemeinen als jemand betrachtet, der nur Schwierigkeiten brachte, und man hatte Billie vor ihm gewarnt. Sie ließ sich trotzdem mit ihm ein und heiratete ihn schließlich auch. Diese Ehe sollte sich als grausame Farce erweisen.

Die Beziehung der Holiday zu Männern sah der Liebesaffäre, die sie zum Heroin unterhielt, erstaunlich ähnlich. Beide waren selbstzerstörerisch, aber dennoch unwiderstehlich und allumfassend – sie bewegte sich von einer „Abhängigkeit" zur anderen und wieder zurück, ohne dabei auch nur ein bißchen aus dem Takt zu geraten. Es hatte ebensoviel Sinn, ihr zu raten, daß sie sich von jemandem fernhalten sollte, wie ihr zu sagen, daß sie mit den Drogen oder dem Trinken aufhören sollte. Männer und Drogen schienen in ihrem Leben fast dieselbe Funktion zu erfüllen – beide boten ihr scheinbare Sicherheit, Sorglosigkeit und eine Möglichkeit zur Flucht. Der Sozialpsychologe Stanton Peele schrieb in seinem Buch *Love and Addiction* (Liebe und Sucht) sehr überzeugend, wie sehr sich diese beiden Zustände ähneln können, was auf Frauen ebenso wie Männer zutrifft.

Monroe war ein schwerer Opium-User, und Billie Holiday geriet auf denselben Weg, nicht, weil sie dazu gezwungen wurde, sondern weil sie auf derselben Wellenlänge wie er sein mußte, wenn sie ihm nahe bleiben wollte. Für eine Musikerin auf Tour war das Opiumrauchen auf alle Fälle ziemlich unpraktisch – aufmerksame Polizisten konnten es zu leicht feststellen, es machte sie krank und der Rauch reizte ihren Rachen, so daß sie vor jedem Auftritt länger und länger brauchte, um wieder bei Stimme zu sein. Also stieg sie auf Heroin um, das diskreter und bequemer zugleich war, und fing an, lange Abendkleider zu tragen, um die Einstichnarben zu verbergen, die Beweis genug für eine Verhaftung gewesen wären.

Die Schwierigkeiten fingen erst wirklich an, als Billie Holiday beschloß, wieder vom Heroin *runterzukommen*. In den ersten Jahren nach dem Krieg war in den New Yorker Jazzclubs nur schwer Arbeit zu bekommen, und die Holiday ergriff die Gelegenheit und begab sich für drei Wochen (und 2.000 Dollar) in ein Krankenhaus zur Behandlung. Von dem Augenblick an, als sie die Klinik wieder verließ, war ihr ein Polizist auf den Fersen. In den 20er Jahren war das Krankenhaus einen Deal mit der Stadtpolizei eingegangen, wobei die Polizei reiche Süchtige mit der Festnahme bedrohte, sollten sie sich nicht zur Behandlung in die Klinik begeben. Das Krankenhaus bezahlte die Polizisten dafür mit entsprechend großzügigen Schmiergeldern. Obwohl das Geschäft aufgeflogen war, ist es möglich, daß die Connection immer noch bestand. Vielleicht waren es aber auch Informanten gewesen, die auf eine Belohnung aus waren oder die Bullen von sich ablenken wollten und ihnen deshalb erzählt hatten, daß die Holiday von der Droge wegzukommen versuchte (bis zu diesem Zeitpunkt hatte fast niemand von ihrer Sucht gewußt). Wenige Wochen nachdem sie die Klinik verlassen und wieder mit den Drogen angefangen hatte, wurde sie verhaftet. Der stellvertretende Staatsanwalt Joseph Hildenberger sagte zwar vor Gericht, daß Billie Holiday das Opfer der schlimmsten Art von Parasit wäre, der ihr für einen Fünf-Dollar-Fix 100 Dollar berechnete, aber auch das schützte sie nicht davor, für ein Jahr und einen Tag ins Alderson Reformatory in West Virginia geschickt zu werden.

Aber die wirklich schlimmsten Parasiten waren anscheinend jene Leute, die immer von ihrer Liebe für Billie sprachen und sie sowohl emotionell als auch finanziell bis aufs letzte Hemd ausraubten. Joe Guy war süchtig, und die Holiday mußte besser bezahlte, aber künstlerisch unbefriedigendere Auftritte in Theatern annehmen, um für seine und auch für ihre Sucht aufkommen zu können. John Levy, der auch ihr Manager war, hatte sie durch Deals und Verträge total an sich gefesselt und drohte ihr bei jedem Streit, sie bei der Polizei zu verraten („drop a dime", wie das damals hieß – also einen Zehner ins Münztelefon zu werfen und die Drogenfahnder anzurufen). Natürlich verlor sie nach ihrer ersten Verurteilung wegen eines Drogendelikts ihre New Yorker Cabaret Card, was für ihre Versuche, eine nationale Berühmtheit zu werden (das sollte ihr übrigens nie gelingen – eine weitere Ursache der Verzweiflung in ihrem Leben), einen schweren

Schlag bedeutete. Obwohl sie sich in der Ausübung ihrer Kunst nie kompromittieren ließ und nie nach der Pfeife jemandes anderen tanzte, tat sie alles, um „populär" zu werden und *Down-Beat*-Umfragen zu gewinnen. Durch den wohlüberlegten Einsatz von Schmiergeldern gelang es Levy, ihre Cabaret Card zurückzubekommen, aber Billie Holiday war trotzdem davon überzeugt, daß er sie einmal vorsätzlich hereingelegt hatte. Eines Tages im Januar 1949 gab er ihr in einem Hotelzimmer etwas Heroin und sagte ihr, sie sollte es die Toilette hinunterspülen. In genau diesem Augenblick brach die Polizei die Tür auf und verhaftete sie wegen Drogenbesitzes. Um zu beweisen, daß sie clean war, ging Holiday in ein Sanatorium, wo sie Tag und Nacht von Ärzten überwacht wurde, die darauf achten sollten, ob sie Entzugserscheinungen an ihr feststellen könnten. Sie blieb vier Tage dort, was sie 4.000 Dollar kostete, aber immerhin hatte sie ihre Unschuld bewiesen und wurde für nicht schuldig erklärt. Später sah sie einmal Fotos von Levy aus dem Uptown-Club, auf denen er sich äußerst freundschaftlich mit George White, dem Mann, der die Razzia geleitet hatte, unterhielt.

Anita O'Day wurde von Lord Buckley, dem auffallendsten Exzentriker der hippen Jazzszene, zum Singen ermutigt. Außerdem verliebte sie sich in einen Musiker namens Don Carter, einen brillanten Schlagzeuger, der es aus irgendwelchen Gründen nie schaffte. Carter lehrte sie eine Menge über Musik, und mit siebzehn heiratete sie ihn. Sie zog mit ihm und seiner tyrannischen Mutter in deren Haus in Chicago zusammen und kämpfte ein Jahr lang darum, ihn den Klauen seiner Mutter zu entreißen. Während dieser ganzen Zeit wurde ihre Ehe nie vollzogen. Schließlich zerbrach die Beziehung, Mutter und Sohn verließen das Haus und die O'Day zog ins berüchtigte Chelsea Hotel in der New Yorker Wilson Avenue, jenes Haus, in dem sowohl Devon Wilson als auch Nancy Spungen, die Freundinnen von Jimi Hendrix bzw. Sid Vicious, den Tod fanden.

Im Jahre 1941 schloß sich Anita O'Day der Gene Krupa Band an und wurde mit zwei Hits zum Star: „Let Me off Downtown" und „Thanks for the Boogie Ride". Noch im selben Jahr gewann sie ihre erste *Down-Beat*-Umfrage als „Neuer Star des Jahres" und wurde vierte in der Abteilung „Sängerin". In den darauffolgenden paar Jahren konnte sie ihre Position bei diesen Umfragen halten, und 1943 heiratete sie Carl Hoff, einen Profigolfer und Jazzfan, der schon längere Zeit ihr „Hin und wieder"-Liebhaber gewesen war. Von Krupa ging sie zu Woody Herman, dann trat sie zweimal mit Stan Kenton auf. Aber es ging nicht alles so gut, wie es aussah; die Tourneen und der Druck der Fans forderten ihren Tribut, und die O'Day fing an, vehement zur Flasche zu greifen:

> Ich hätte glücklich sein sollen, aber ich war müde und deprimiert, bezog meine Kraft aus Energien, die ich gar nicht wirklich besaß ... Ich aß nicht mehr regelmäßig. Aber ich trank. Ich trank sogar bei der Arbeit ein bißchen. Aber ich hielt mich nie für eine Frau, die hinter dem Schnaps her war. Andererseits war ich auch nicht hinter dem Essen her. Niemand hatte mir jemals beigebracht, daß man essen mußte. Aber ich hätte trotzdem wissen sollen, daß eine Menge Schwierigkeiten auf mich zukamen (O'Day, S. 137).

1945 litt sie sechs Wochen lang an einem Nervenzusammenbruch. Den Großteil dieser Zeit verbrachte sie in einer Garderobe, aus der sie nicht mehr herauskommen wollte. Da sie ein Mensch war, der von sich glaubte, er sei zum Scheitern geboren, konnte sie auch mit dem Erfolg nicht umgehen: „Vielleicht war ich zu glücklich ... an so etwas bin ich nicht gewöhnt."

Ihr Mann Carl und Ray Foreman, ein alter Freund der O'Days, versuchten, in North Hollywood einen Jazzclub aufzumachen. Aber sie waren entweder unglaublich unpraktisch veranlagt, oder sie beschäftigten einen zwielichtigen Anwalt: Die beiden Männer besaßen weder eine Bauerlaubnis, noch schafften sie es herauszufinden, daß die Stadt auf dem Platz, wo sie ihren Club hinstellen wollten, eine Wasserleitung vorgesehen hatte. Erschwerend kam hinzu, daß es immer noch Beschränkungen für die Errichtung unnotwendiger Bauten gab, da das Material zu Kriegszwecken benötigt wurde. Es kam also nicht überraschend, daß aus dem Club nichts wurde. Und die Dinge wandten sich noch weiter zum Schlechteren, als Carl im März 1947 von Drogenfahndern aufgegriffen wurde:

> Das war eine blöde Zeit, wie ein Alptraum. Hätte ich das Glück gehabt, bei einer Filmfirma oder einer großen Agentur unter Vertrag zu stehen, dann hätte ich nur den Publicity-Chef anrufen müssen, und der hätte schon gewußt, wen man bestechen müßte. Um diese Zeit gab es nur einen großen Filmstar, der in den Schlagzeilen auftauchte, weil er Gras rauchte, und das war Bob Mitchum – aber der war sicher nicht der einzige, der es tat. Es gab eine Menge anderer Leute, deren Drogengebrauch geheimnisvollerweise nie in den Polizeiakten auftauchte (O'Day, S. 145). [Mitchum mußte 1948 für zwei Monate ins Gefängnis.]

Carl und Anita wurden gegen 1.000 Dollar Kaution freigelassen, ein Einspruchsverfahren blieb in Schwebe. Anfänglich schien sich die Verhaftung gut aufs Geschäft auszuwirken. Eine Unmenge Menschen wollte sie in einem Club in Milwaukee sehen, weil – wie der Manager des Clubs es ausdrückte – „man hier nicht oft einen Drogie zu sehen bekommt". Aber der Einspruch wurde abgelehnt, und O'Day mußte für 90 Tage ins Gefängnis, obwohl sie diese Zeit eher als Urlaub denn als Strafe zu betrachten schien – es war das erste Mal in ihrem Leben, daß sie regelmäßige Mahlzeiten zu sich nahm. Als sie mit 29 Jahren wieder aus dem Gefängnis kam, stand sie vor einer Karriere, die anscheinend steckengeblieben war. Carl Hoff versuchte noch einmal, einen Club aufzumachen, diesmal in Chicago, aber auch das scheiterte, und die beiden trennten sich.

Die O'Day neigte nun eher dazu, sich mit den Beboppern herumzutreiben. Sie kam in die Kreise, in denen auch Charlie Parker verkehrte, und es war unvermeidlich, daß sie Heroin entdeckte. 1952 befand sie sich in Begleitung von Stan Getz und Chet Baker, die damals beide User waren, und wollte sich die Droge nur so zum Spaß injizieren. Aber auch Gerry Mulligan war bei diesem Auftritt, und obwohl er selbst Heroinkonsument war, drohte er, jeden zusammenzuschlagen, der der O'Day beibringen würde, wie man fixt. Wie sie selbst sagte: Damals begann die „schlechte Anita" die „gute Anita" abzulösen.

Im Oktober wurde die O'Day zusammen mit ihrem neuen Liebhaber, einem jungen Trompeter namens Denny Roche, zum zweiten Mal wegen des Verdachts, Marihuana konsumiert zu haben, verhaftet. Als sie nach Hause fuhren, folgte ihnen ein Polizeiauto. Die Polizisten sagten aus, gesehen zu haben, wie Anita O'Day einen „Roach" (den Stummel einer Marihuanazigarette) aus dem Autofenster geworfen hatte. Sie wurde auf Kaution in Freiheit entlassen, und es dauerte vier Monate, bis der Fall vor Gericht kam. Sie wurde freigesprochen, weil die Polizei den „Roach", den sie angeblich weggeworfen hatte, nicht beibringen konnte. Während sie noch auf ihre Verhandlung wartete, machte die O'Day in der Garderobe von Harry „The Hipster" Gibson, der mit der Platte „Who Put the Benzedrine in Mrs. Murphy's Ovaltine?" einen Hit gehabt hatte, im Musikbusineß aber eher als Lieferant bestimmter chemischer Substanzen bekannt war, ihre erste Heroinerfahrung.

Da sie ihrer Anklage wegen Marihuana und ihren bisherigen Zusammenstößen mit dem Gesetz unbeschadet entkommen war, war Anita O'Day zu der Zeit, als die Polizei besonders hinter Musikern her war und sich überall Informanten herumtrieben, so etwas wie ein willkommenes Ziel. Tatsächlich war es ein Musiker, wegen dem sich die O'Day eine Anklage wegen Heroin, also etwas wesentlich Ernsteres, einhandelte. Ein Pianist steckte ihr im Club Samoa ein Päckchen Heroin zu und bat sie, es bis zum Ende des letztes Auftritts für ihn aufzubewahren. Anita versteckte den Stoff auf der Damentoilette, aber als sie nach dem Gig von der Bühne ging, wurde sie von der Polizei geschnappt. Auch Denny wurde verhaftet. Die Polizei bezog sich auf das auf dem Klo gefundene Heroin und versuchte Anita dazu zu bringen, zuzugeben, daß sie es dort versteckt hatte. Man nahm sie und Denny mit und hielt sie auf Verdacht fest. Dann gab man ihr zu verstehen, daß sie sich mit 2.500 Dollar von einer Gerichtsverhandlung freikaufen könnte. Anita weigerte sich, also wurde die Anhörung für den 4. Mai 1953 angesetzt, nachdem sie wegen eines Gesangsengagements einmal vertagt werden mußte. Nach einer Menge legaler Herumstreitereien fing die Verhandlung am 8. Juli endlich an und zog sich ein Monat lang hin, bis sie damit endete, daß ein neuer Prozeßtermin angesetzt werden mußte, da sich die Geschworenen mit ihrem Urteilsspruch in einer hoffnungslosen Patt-Situation befanden. Schließlich wurde Anita O'Day am 25. August schuldig gesprochen und zu fünf Jahren auf Bewährung verurteilt – unter der Bedingung, daß sie fünf Monate im County Jail auf Terminal Island verbrachte. Und wieder fand sie, wie Art Pepper, daß es im Gefängnis gar nicht so schlimm war. Man mußte keine Verantwortung übernehmen, und es gab auch keine Probleme, solange man sauber blieb. Es ging ihr nur dann wirklich schlecht, als ihre Mutter starb und die Gefängnisdirektion sich weigerte, sie das Begräbnis besuchen zu lassen, weil es nicht im selben Bundesstaat stattfand.

Das Verrückteste an der ganzen Angelegenheit war die Tatsache, daß man Anita O'Day, abgesehen von einem gelegentlichen Sniefen, bestimmt nicht als Heroin-Userin bezeichnen konnte. Dennoch war sie durch ihre Gefängnisstrafe und durch die Tatsache, daß das Gesetz und die Öffentlichkeit zwischen einem Heroinsüchtigen und einem Marihuanaraucher keinen Unterschied machten, als Junkie gebrandmarkt und stand vor den Problemen, die dieses Image mit sich brachte, ohne wirklich ein Junkie zu sein. Um die Tatsache ihrer abwärtsführenden Karriere, die durch Probleme mit der Justiz und Phasen längerer Abwesenheit von der Bühne fast zerstört worden war, zu verdrängen, trank sie heftig. Da sie aber den Ruf einer Drogensüchtigen und nicht den einer Trinkerin hatte, entschloß sie sich, wie sie selbst sagte, „das Spiel mitzuspielen, wenn man sie schon an den Start gestellt hatte". Und das war der Grund, daß Heroin in ihr Leben kam und mit ihm ein neuer Mann, der zu einem wichtigen Element dieser Gleichung werden sollte.

John Poole war für einen Jazzer ein recht ungewöhnlicher Mensch. Er trank und rauchte nicht und war aus einer starken religiösen Überzeugung heraus ein Gegner des außerehelichen Geschlechtsverkehrs. Aber er spritzte sich regelmäßig Heroin. O'Day und Poole wurden nie zu Liebhabern, aber sie plagte ihn so lange, bis er ihr Heroin injizierte. Wahrscheinlich waren Schuldgefühle der Grund dafür, daß er ihr das Schießen nie beibrachte, sondern darauf bestand, es selbst zu tun.

Als User und Musiker auf Tour und auf der Suche nach Arbeit nahmen O'Day und Poole enorme Risiken auf sich, um an Drogen zu kommen. Sie vertrauten unbekannten Connections und ließen sich sogar mit der Post Heroin schicken. Die O'Day hörte mit dem Trinken auf, was sie wahrscheinlich vor einem frühen Tod bewahrte, aber natürlich brachte das Heroinspritzen seine eigenen, möglichen Gefahren mit sich.

Es war unvermeidlich, daß man sie erwischte. Sie kauften 84 Prozent reines Heroin von einem Informanten, der von Regierungsagenten mit Narkotika versorgt wurde. Sie kamen nie dazu, es zu nehmen, und das war sicherlich gut so, weil die durchschnittliche Reinheit des Stoffs, der damals normalerweise auf der Straße verkauft wurde, nur 20 bis 30 Prozent betrug, und eine so hohe Dosis die beiden wahrscheinlich umgebracht hätte. Die Fahnder machten gleich nach dem Kauf eine Razzia in ihrem Zimmer. Aber Poole zog eine Show ab, als wäre er total durchgedreht, um die Polizisten abzulenken, und stieß das Päckchen vom Tisch, so daß es außer Sichtweite auf den Boden fiel. Die Polizei ging mit leeren Händen wieder weg. Die beiden Musiker hatten Glück gehabt, denn es hätte sicher einen zweiten Schuldspruch für Poole gesetzt, und das bedeutete in den Fünfzigern, daß sich die Gefängnistüren nie wieder für ihn geöffnet hätten. Und Anita O'Day hätte wegen des Verstoßes gegen die Bewährungsvorschriften fünf Jahre ins Gefängnis gehen müssen.

Poole und O'Day verloren ihre New Yorker Cabaret Cards, man sagte ihnen aber, daß sie trotz ihrer Verurteilungen beide Auftrittsgenehmigungen erhalten würden, wenn sie erfolgreich Nallin-Tests bestünden. „Nallin" war die Handelsbezeichnung für Nalorphin, ein Narkotika-Gegenmittel, also mit anderen Worten: eine Droge, die die Wirkungen von Narkotika wie z. B. Heroin ins Gegenteil verkehrte. Ein körperliches Kennzeichen des Opiatgebrauchs ist das Zusammenziehen der Pupillen. Beim Nallin-Test mußte sich die Versuchsperson in ein finsteres Zimmer setzen, bekam 3 mg Nallin injiziert und wurde eine halbe Stunde lang alleingelassen. Wenn sich nach Ablauf dieser Zeit die Pupillen um mehr als 0,5 mm erweitert hatten, dann wurde das als Beweis dafür betrachtet, daß das Nallin ein Opiat gefunden hatte, gegen das es wirken konnte, und den Effekt der Droge, nämlich die Pupillen zusammenzuziehen, umgekehrt hatte. Aber es gab auch auffälligere Wirkungen: Der User würde Entzugserscheinungen haben, er würde schwitzen und gähnen. Ist die Testperson aber clean, dann wirkt Nallin paradoxerweise wie ein Opiat und ahmt die Wirkungen des Heroins eher nach, als sie zu bekämpfen. Lenny Bruce (ein

Kabarettist, der durch seine Texte mit den Obszönitätsgesetzen in Konflikt kam und schließlich auch von der Polizei zu Tode schikaniert wurde, *Anm. d. Übers.*) unterzog sich diesem Test, als er kein Heroin mehr nahm und war nach der Untersuchung so high wie ein Papierdrachen in der Luft. O'Day und Poole entwöhnten sich selbst, indem sie eine Hustenmedizin auf Opiatbasis namens Cosynal nahmen, machten den Nallin-Test und schafften es, ihn zu bestehen. Für die Chance, ihre Auftrittserlaubnis „zurückgewinnen" zu können, war es vielleicht von Bedeutung, daß beide Musiker weiß waren.

Es wäre fast eine Untertreibung, wollte man behaupten, daß 1958 für Anita O'Day ein Jahr der Aufs und Abs war. Im Mai wäre sie fast umgekommen, und am Ende des Sommers war sie ein internationaler Star. Der Wendepunkt in ihrer Karriere war *Jazz on a Summer's Day*, Bert Sterns Film über das Newport Jazz Festival von 1958. Die O'Day war total stoned auf Heroin und wurde von *Metronome* als „bester Künstler des Festivals" und von *Esquire* als „der Hit" bezeichnet. Stern nahm aus Anitas neun Nummern umfassendem Auftritt zwei Songs in die Endfassung seines Films auf, nämlich „Sweet Georgia Brown" und eine schnelle Version von „Tea for Two". Der Streifen brachte ihr noch mehr Lob von *New York Times* und *Newsweek* ein (eine kleine Ironie am Rande: Beide Songs im Film haben Drogenassoziationen).

Aber es hätte auch alles anders kommen können; eines Spätnachmittags im Mai desselben Jahres hielt sich Anita mit John Poole und einem Mann, von dem nur bekannt ist, daß er ein „sehr berühmter Jazzschlagzeuger" und schwer heroinsüchtig war, in einem Hotelzimmer auf. Es war das erste Mal, daß sie jemand anderem als John erlaubte, ihr eine Spritze zu verabreichen. Aber – wahrscheinlich, weil der Schlagzeuger so viel mehr vertrug als sie – er injizierte ihr zuviel, und sie war sofort weg. Sofort schoß ihr der Schlagzeuger eine Riesendosis Kokain, und die beiden männlichen Begleiter nahmen sie zwischen sich und belebten sie wieder, indem sie mit ihr im Zimmer auf und ab gingen und sie kalt abduschten.

Anita O'Day traf Billie Holiday nur zweimal. Beim zweiten Mal benahm sich Holiday, als wäre O'Day gar nicht vorhanden, aber beim ersten Mal legten sie ihr Geld zusammen, um sich Heroin kaufen zu können. Anita O'Day schrieb darüber:

> Ich habe sie nicht nur wegen ihres Singens bewundert. Ich bewunderte sie auch wegen ihrer Sucht. Sie kochte den Stoff nicht auf einem Löffel auf. Mann, sie nahm eine kleine Thunfischdose und schoß 10 Kubik von dem Zeug in ihre Füße. (Später, so habe ich gehört, konnte sie am

ganzen Körper keine Vene mehr finden. Also verwendete sie die an den beiden Seiten ihrer Vagina. Eines ist sicher – dort würde sie kein Drogenfahnder auf Einstiche untersuchen) (O'Day, S. 227).

„Später", das war 1959. Der Jazz-Film ebnete für die O'Day den Weg für Tourneen nach Europa und Japan, wo sie ein Publikumsliebling war. Die Holiday hatte weniger Glück. Im Februar jenes Jahres kam der Jazz-Kritiker Leonard Feather einmal hinter die Bühne, um Billie Holiday zu besuchen. Was er sah, ließ ihn blaß werden. „Was ist los, Leonard? Hast du ein Gespenst gesehen?" Feather mußte gar keine Antwort geben: Schon sein Gesichtsausdruck sagte alles. Am Nachmittag des 31. Mai 1959 brach Billie Holiday zusammen und fiel ins Koma. Man brachte sie ins Knickerbocker Hospital in New York und dann ins Metropolitan Hospital in Harlem.

Die ursprüngliche Diagnose über eine nichttödliche Heroindosis mußte bald geändert werden: Es war ein Leberleiden, das durch einen Herzschlag verkompliziert worden war. Sie befand sich bereits auf dem Weg der Besserung, als die Polizei wieder zuschlug. Die Gesetzeshüter machten eine Razzia im Krankenzimmer und behaupteten, einen kleinen Umschlag voller Heroin gefunden zu haben. Man wies darauf hin, daß Billie Holiday, die an eine ganze Reihe medizinischer Geräte angeschlossen war, gar nicht dort hingreifen hätte können, wo das Heroin angeblich entdeckt worden war. Die Polizei schenkte diesem Argument jedoch keine Beachtung. Sie durfte nicht transportiert werden, also postierte man eine Wache vor ihrer Tür, als wäre sie ein Mafiaboß. Manche Leute behaupteten, daß die Polizei die Droge selbst mitgebracht hätte, andere hielten sie für das unpassende Geschenk eines Besuchers. Ihre Gesellschafterin Alice behauptete in einer Fernsehdokumentation der BBC, daß die Sängerin darum gebeten hätte, daß man ihr Kokain bringe, und daß die Schwester Spuren dieser Droge auf ihren Lippen entdeckt hätte.

Wie auch immer die Wahrheit ausgesehen haben mag – von diesem Schlag sollte sich Billie Holiday nicht mehr erholen. Ohne ihr Wissen oder ihre Zustimmung entfernte die Polizei das wenige, was sie besaß, aus dem Zimmer und demütigte und erniedrigte sie dann noch mehr, als sie sie in ihrem Krankenbett fotografierte und ihr die Fingerabdrücke abnahm. Die Ärzte fügten der Diagnose eine Leberzirrhose hinzu, und ihr Zustand verschlechterte sich. Am Freitag, den 17. Juli 1959, um 3 Uhr 10 starb sie.

Mit der Veröffentlichung ihrer Autobiographie *Lady Sings the Blues* im Jahre 1956 stand der Name Billie Holiday mit einem Schlag für die humane Behandlung von Drogensüchtigen, so wie der Name Lenny Bruce für eine

Reform der Obszönitätsgesetze stand. Ihre Ansichten fanden große Verbreitung, stießen bei der Polizei aber nicht auf Gefallen. Gleich nach dem Erscheinen ihres Buches wurde sie wieder einmal verhaftet. In ihrem Buch schrieb sie:

> Menschen auf Drogen sind kranke Menschen. Und jetzt stehen wir vor einer Situation, in der die Regierung Kranke jagt, als wären sie Kriminelle, in der sie Ärzten verbietet, ihnen zu helfen, in der sie die Süchtigen gesetzlich verfolgt, weil sie unversteuerten Stoff bei sich haben, und sie einsperren läßt.
> Stellen Sie sich einmal vor, die Regierung würde Zuckerkranke jagen, eine Steuer auf Insulin beschließen und den Stoff so auf den Schwarzmarkt treiben, den Ärzten verbieten, Kranke zu behandeln und die Diabetiker dann einfangen, sie anklagen, ihre Steuern nicht bezahlt zu haben und sie ins Gefängnis schicken. Wenn unser Land das täte, wüßte die ganze Welt, daß wir verrückt sind. Dennoch tun wir Kranken, die drogenabhängig sind, Tag für Tag praktisch dasselbe an. Die Gefängnisse sind voll, und das Problem wird täglich schlimmer (zit. nach Holiday, S. 132).

Harry J. Anslinger widmete in seinem Buch *The Murderers* dem Drogenmißbrauch in der Unterhaltungsbranche ein ganzes Kapitel. Er schrieb über die Gefahren, die damit verbunden waren, im Blickpunkt der Öffentlichkeit zu stehen (S. 199): „Ein Beispiel dafür war Billie Holiday. Ihr ganzes Leben lang waren die Hyänen hinter dieser talentierten Negersängerin her. Sie brachten sie nicht nur auf Drogen, sondern ließen sie auch nicht mehr davon herunterkommen ... Trotz ihrer Sucht erreichte sie in der Welt der populären Unterhaltung eine hohe Position, die sie noch heute einnimmt. Aber nur wenige Jahre nachdem sie den Höhepunkt ihrer Karriere erreicht hatte, war sie tot." Anslinger vermied es tunlichst, die Beamten zu erwähnen, die ihrer Karriere in New York ein Ende gesetzt und dadurch wahrscheinlich ihren Aufstieg zur landesweiten Berühmtheit verhindert hatten, nach der sie sich so verzweifelt gesehnt hatte. Außerdem hatte sie das Auftrittsverbot natürlich um mehrere tausend Dollar Gagen gebracht (zusätzlich zu den Tantiemen, die sich verbrecherische Plattenfirmen behielten). Er schrieb auch nichts über die tapferen und furchtlosen Polizisten, die eine kranke Frau in den Tod getrieben haben.

Das Leben der Anita O'Day wurde schlechter, bevor es sich wieder verbesserte. Sie war zwar ein internationaler Star, hatte aber, wie die Holiday, im Vergleich zu kommerzielleren Sängerinnen sehr wenig Geld. Als die 60er Jahre auf Hochtouren liefen, bemerkte sie, daß sie – wie viele Jazzer – gegen die aufstrebende Pop- und Rockszene keine Chance hatte. Sie schrieb, daß ihr Privatleben damals ein einziges Chaos gewesen sei; das Heroin war einer der wichtigsten Punkte ihres Lebens, das durch wechselhafte Affären mit labilen Männern, unter anderem mit einem Psychopathen, der damit drohte, ihr die Stimmbänder durchzuschneiden, wenn sie ihn abwies, schon kompliziert genug war.

Anfang der Sechziger war ihre Gesundheit stark in Mitleidenschaft gezogen – der andauernde Heroinmißbrauch und ihre äußerst ungesunde Ernährungsweise zeigten ihre Wirkung auf die Verdauung und den Magen-Darm-Trakt. Außerdem litt sie an schwerer Arthritis in den Knien und im rechten Arm. 1966 mußte sie eine besonders karge Zeit überstehen; sie hatte kaum Geld und konnte sich keine Drogen leisten. Ihr falscher Freund John Poole, der Mann, der sich (ihrer Ansicht nach) so viele Jahre um sie gekümmert hatte, hatte mit den Drogen aufgehört, geheiratet und war nach Hawaii gezogen. Sie hatte keine andere Möglichkeit, als sich auf einen „Cold Turkey“ (unfreiwilliger, radikaler Entzug ohne medizinische Hilfe, *Anm. d. Übers.*) einzulassen, aber da sie bereits seit vierzehn Jahren heroinsüchtig war, hatte sie schreckliche Angst vor dem Entzug. Die Chancen, daß sie ihn ohne körperliche, emotionelle oder finanzielle Hilfe überstehen würde, waren gering. Am 4. März 1966, als sie sich fast entgiftet hatte, schoß sie sich eine Dosis Heroin, die ihr Körper nicht mehr vertrug – eine Überdosis.

Ein Freund fand sie mit der Nadel, die immer noch in ihrem Arm steckte, und ließ sie eiligst ins Krankenhaus bringen. Als sie dort ankam, erklärte man sie für klinisch tot, aber die Ärzteschaft des UCLA Medical Center schaffte es, sie wiederzubeleben. Sie wurde entlassen und flog nach Hawaii, wo ihr John Poole half, den langen Weg zurück zur Gesundheit zu gehen. In ihrer Autobiographie schrieb sie (S. 268): „Nun endlich stand ich vor der Tatsache, daß das Leben hart war. Ich erkannte, daß ich nicht mehr länger vor meinen Problemen weglaufen konnte. Ich merkte, daß ich zu alt und zu müde war, um etwas anderes zu tun, als das Beste aus dem zu machen, was ich hatte.“

Teil 2

Vorwort

Die 50er Jahre sahen sich mit einer neuen Generation unzufriedener und entfremdeter Jugendlicher in Amerika und England konfrontiert, die sich gegen all das wandten, was ihre Eltern als Zeichen des Sieges über die Achsenmächte und Japan betrachteten – Frieden, Sicherheit, Sorglosigkeit und Wohlstand. Für viele Jugendliche in den Fünfzigern bedeutete das aber nur eine gleichgültige und sinnlose Welt, in der sämtliche Leidenschaften erdrückt wurden und der Lebensrhythmus sich nach dem Ticken der Stechuhren in den Fabriken richtete. In England war die Situation nach wie vor ziemlich hart und bedrückend; die Rationierungen hatten nicht mit Kriegsende aufgehört, man konnte dem Anblick der Kriegsschäden nirgends entgehen, und die jungen Leute hatten am Anfang dieses Jahrzehnts nicht die Gelegenheit, dieselben wirtschaftlichen Freiheiten zu genießen wie ihre amerikanischen Altersgenossen.

In Amerika war es dasselbe erdrückende Gewand aus Angepaßtheit, das in einer Welle antikommunistischer Hysterie jeden politischen Radikalismus erstickte; die schlimmste Beleidigung war es, ein „Pinko" (Liberaler oder nichtradikaler Sozialist, *Anm. d. Übers.*) genannt zu werden. Wenigstens in dieser Hinsicht wichen die Teenager aller sozialer Schichten in den Fünfzigern nicht von den herrschenden Ansichten ab. Sie hatten kein Interesse an der Revolution, weil bei einer echten Revolution Menschen umkommen konnten. Ein sanfter Aufstand, das war es, was sie wollten – ein bißchen Anderssein am Wochenende, sich ein bißchen auf der dunklen Seite der Gesellschaft herumzutreiben, bevor es wieder zu Mammis Apfelkuchen oder zu einer Portion Fish und Chips, die ins letzte Sonntagsblättchen eingepackt war, heimging.

Im Jargon der Soziologen und Psychiater hießen sie Heranwachsende – der Begriff „Teenager" bezeichnete etwas völlig anderes. Er stammte aus der Marktforschung und der Wirtschaft einer Konsumgesellschaft. Vor dem Zweiten Weltkrieg existierten jene jungen Leute, die wir heute Teenager nennen, in einer bevölkerungsstatistischen Wildnis. Sie waren keine Kinder mehr, aber auch noch quälend weit vom Status eines Erwachsenen entfernt. Ein 19jähriges Wunderkind aus Chicago namens Eugene Gilbert ist dafür verantwortlich, daß das alles anders wurde. Er gründete im Jahre 1945 die Gil Bert Teen Age Services und versprach allen Produzenten, die in diesen neuen und gewinnbringenden Markt einsteigen wollten, die größtmöglichen Erfolge für ihre Werbung. Aber es sollte bis 1956 dauern, bevor der Teenager in Amerika als kulturelle und wirtschaftliche Macht anerkannt war. Das war das Jahr, in dem der Rock 'n' Roll so weit war, daß er den Teenagern eine Stimme und eine Einstellung verlieh, die niemand mehr übersehen konnte. Aber auch damals war dieses Phänomen nichts mehr ganz Neues: Die Kids wandten sich, wie die Nachkriegsgeneration der 20er Jahre, der schwarzen Musik zu, weil sie für sie ein Vehikel darstellte, ihre unterdrückten Gefühle zu befreien und ein Statement gegen kulturelle und moralische „Normen" abzugeben. Aber diese Musik war nicht mehr Jazz; denn die moderne Form des Jazz war ihnen zu introspektiv, kompliziert und elitär. Und – was noch schlimmer war – man konnte nicht dazu tanzen. Tanzen war aber schon immer der Schlüssel für alle möglichen postpubertären Moden gewesen. Also passierte es dem Jazz (und den Jazzmusikern), daß er einfach aus dem öffentlichen Rampenlicht, in dem er als verderblicher Einfluß auf das Verhalten der Jugend galt, verdrängt wurde. (Dennoch war Jazz bei jungen Leuten nicht völlig passé; seine traditionellen Formen waren bis 1962 ein Teil der europäischen Tanzmusikszene.) Die magische Formel des Rock 'n' Roll vermischte – in welchem Verhältnis, ist nicht genau feststellbar – den schwarzen Rhythm and Blues und Großstadt-Blues mit weißer Countrymusic und Südstaaten-Gospel. Und der Atomkern im Urknall der populären Musik war ein Lastwagenfahrer aus Tupelo, Mississippi: Elvis Presley.

Über Presley ist viel geschrieben worden, aber trotzdem sollten wir hier festhalten, daß er das Ikon einer neuen Zeit war, die Verkörperung all dessen, wovon Teenager träumten und was ihre Eltern haßten und fürchteten. Heute, dreißig Jahre später, als sich aus diesen ersten Rock-'n'-Roll-Platten so viel entwickelt hat, kann man sich unmöglich vorstellen, welchen Eindruck Presley, Jerry Lee Lewis und Bill Haley auf eine Generation machen mußten, die mit Tommy Dorsey, Glenn Miller und Benny Goodman aufgewachsen war. Hier gab es auf einmal weiße Landjungen, die nicht mehr einem jungfräulichen Mädchen, das auf einem unerreichbaren Podest stand, eine langsame Ballade vorweinten, sondern zu schwarzer Musik Texte sangen, die an Deutlichkeit zum Thema Liebe nichts mehr zu wünschen übrigließen. Hauptsächlich wegen seiner schwarzen Einflüsse wurde Rock 'n' Roll fast mit denselben Worten verurteilt wie ehemals der Jazz. Bastionen der Gedankenfreiheit wie das North Alabama White Citizens Council (Rat der weißen Bürger von North Alabama) erklärten den Rock 'n' Roll zu einer rassistischen Verschwörung gegen die weiße Bevölkerung. Andere bezeichneten die Musik als „Eingeborenenlärm" und „ansteckende Krankheit". Es fanden sogar Anhörungen vor dem Senat statt, die sich mit der sexuellen Deutlichkeit von Rhythm-and-Blues-Texten befaßten. Die Plattenfirmen, allen voran die RCA, konnten darüber nur lachen, während sie wohlwollend ihre Bankkonten betrachteten. „Heartbreak Hotel" war gleichzeitig Platz eins der Pop-, Country- und R&B-Charts, und die RCA setzte sechzig Prozent ihrer Produktionskapazität nur zu dem Zweck ein, den Bedarf nach Presleys Musik zu stillen.

Presley stellte natürlich auch die Chance dar, eine Stellvertretererfahrung für den „Rebellen-Chic" zu machen. Schließlich wurde er nicht zuletzt als eine Bedrohung für alle rechtgläubigen Amerikaner vermarktet, deren Kinder im sexuellen Morast des Rock 'n' Roll ertränkt werden sollten. Tatsächlich profitierte das Image der gefährlichen und außerhalb des Gesetzes stehenden Aufrührer gewaltig von ihrem Erbe als Jungs aus den Südstaaten. Im amerikanischen Süden existiert eine bewährte Tradition, nach der es zu den normalen und alltäglichen Beschäftigungen eines Mannes gehört, sich zu besaufen oder anders stoned zu werden, hinter den Weibern her zu sein, mit Pistolen um sich zu schießen und um des reinen, höllischen Vergnügens willen in Autos herumzurasen. Die bessere südliche Gesellschaft akzeptiert dieses Verhalten im allgemeinen mit einem resignierten oder amüsierten Achselzucken, wie Jerry Hopkins in seinem Buch über Elvis schreibt (S. 119). Durch Elvis hatten die Kids im ganzen Land die Chance des „Roarin' with the Billies" (also „mit den Hillbillies auszuflippen"), wie man das nannte; auf sie wirkte das jung und lebendig, und die weißen Rock 'n' Roller mußten sämtliche Frustrationen des weißen Teenagerdaseins in den Fünzigern auf ihre Schultern nehmen. Die Kids drehten durch, wenn die neuen Helden auftraten; und durch die öffentliche Verurteilung waren sie für die Teenager absolut glaubwürdig geworden.

Presley, Brando und James Dean wurden zu einer neuen Art Antihelden der Arbeiterklasse und wirkten viel stärker als der schwarze Jazz-Hipster, weil sie eben weiß waren und dadurch von den Medien umschlungen und zu Tageshelden gemacht wurden, was ihren Vermarktungserfolg – ob tot oder lebendig – garantierte. Ihre Einstellung zur Gesellschaft hatte einen hohen Wiedererkennungswert: das höhnische Grinsen, die aufgeworfene Oberlippe, der allmählich in Wut geratende Zynismus und die schwarze Lederjacke sagten alles.

Geschwindigkeit war für die Philosophie der Jugendkultur von höchster Bedeutung, und Räder waren die Essenz der amerikanischen Erfahrung der Fünfziger – man raste die Haupstraßen im 49er Ford, dem 55er Chevy, dem (Ford) T-Bird und dem Studey (Studebaker) auf und ab. Brando saß in *The Wild Ones* auf einem Motorrad, und Jimmy Dean fuhr am Steuer seines Porsche in die Unsterblichkeit. Aber Geschwindigkeit, Speed, bedeutete mehr als nur „Von 0 auf 100 in sechs Sekunden“, das Ganze schön aus der Luft abgefilmt. Der Rock 'n' Roll brauchte hochprozentigen Treibstoff zum Weiterlaufen – die neue Musik und eine neue Generation erforderten es, daß man neue Arten des Stonedseins erfand. Um die Behörden von sich fernzuhalten, tat der berühmte amerikanische Discjockey Alan Freed in den 50er Jahren immer noch so, als wäre Rock 'n' Roll eine brave und saubere Unterhaltung. Und wahrscheinlich stimmte es auch, daß die pickeligen Gesichter im Zuschauerraum nichts Stärkeres als Pepsi Cola zu sich nahmen; aber hinter der Bühne war jeder total drauf und genoß den Sound.

Man kann sowohl über Rock 'n' Roll als auch über die Mod- und Garagenbands der Sechziger oder die Punks der Siebziger immer nur im Zusammenhang mit Amphetaminen sprechen. Dasselbe trifft auch auf den Westküsten-Rock und LSD oder auf Reggae und Marihuana zu. Aber das soll nicht heißen, daß die Acid-Rockbands nur LSD genommen oder Punks sich nur Amphetamine reingezogen hätten; nichts wäre falscher. Es ist nur so, daß gewisse Drogen mehr als andere den Sound und die kreativen Zusammenhänge bestimmter Genres beeinflußt haben. Als die pharmazeutische Industrie jedoch immer stärker miteinander konkurrierte und die Straßen-Chemiker immer besser wurden, da wurden der Musik-Apotheke auch mehr und mehr neue Drogen zugeführt. Es gab Sedativa, Hypnotika und Beruhigungsmittel in allen Farben und Dosierungen, wobei Methaqualone (Quaaludes/Mandrax) am häufigsten vertreten waren; eine ganze Reihe synthetischer Schmerzmittel wie Dilaudid; eine Buchstabensuppe von Halluzinogenen – LSD, DMT, PCP, MDA, STP usw. – und eine ganze Menge Modegifte wie Amylnitrat (Poppers).

Heroin und Kokain überließ man dem Untergrund-Jazzer. Diese Drogen tauchten vor allem vehement in der Straßen-Drogenszene schwarzer Ghettogebiete und daher auch in den Leben vieler bekannter schwarzer Musiker, von Frankie Lymon bis Marvin Gaye, auf. Diese beiden Rauschgifte, von denen es heißt, daß sie die härtesten des ganzen Drogenspektrums wären, schienen auch für die aufblühende weiße Rock-Elite obligatorisch zu werden, als diese in den Frühsiebzigern die Filmstars ablöste und zur neuen Aristokratie wurde. Die neuen Stars mußten entweder bis unter die Augen zugekokst sein, um vor die Mikrophone und Kameras treten zu können, oder in irgendwelche Heroinkliniken weggesperrt werden, damit man ihren Ruf als großer Zampano wieder aufwärmen konnte und sie dann zur Comeback-Tour inklusive neuer Platte wieder auftauchen durften. Logischerweise konzentrierte sich auch die Aufmerksamkeit der sozialen Rächer auf sie, als der weiße Popstar den schwarzen Jazzer als Staatsfeind Nummer eins ablöste.

Und dann gibt es da natürlich noch Marihuana, die Droge für alle Jahreszeiten. Es war die Hauptstütze der Jazzmusiker und Beatnikkünstler der Fünfziger und verbreitete sich dann durch die gesamte Popmusikszene, als Droge der Entspannung, der Innenschau, der politischen Statements und des Gemeinschaftsgeistes. Seit Bob Marley internationale Berühmtheit erlangt hat, assoziiert man Gras am ehesten mit Reggae.

Zu guter Letzt existiert auch, neben den sich stets ändernden Verknüpfungen zwischen Drogen- und Musikmoden, neben den Schicksalen und Leiden einzelner Musiker, die Zusammenarbeit zwischen Musikbusineß und illegalem Drogenhandel. Im großen und ganzen betrachtet, wurden Pop und der Gebrauch illegaler Drogen gemeinsam groß. Sie entwickelten sich parallel zueinander – von den ersten Tagen in New Orleans an, durch die Prohibition und den Aufstieg des organisierten Verbrechens und seine zunehmende Verwicklung in sämtliche Freizeitindustrien, einschließlich die populäre Musik. Die Pfade des Drogenhandels innerhalb der Industrie sind naturgemäß verworren. Am einen Ende des Spektrums stehen die Musiker, die freundschaftlich untereinander dealen, auf die Straßen hinausgehen, um ihren eigenen Bedarf aufzustellen oder aber mit Kleindealern verkehren – immer aber geht es hier um relativ geringe Mengen Geld bzw. Drogen. Bewegt man sich in der Rock-Hierarchie weiter hinauf, dann nehmen die Verhältnisse schon festere Formen an. „Drugola" (die Bestechung von Radiomachern durch Drogen, *Anm. d. Übers.*) hat wieder ihr häßliches Haupt erhoben – das Busineß verwendet Kokain statt williger Frauen als Schmiermittel, wenn Platten in die Charts kommen sollen. Das Personal der Künstlerbetreuungsbüros in den Plattenfirmen ist mit der Aufgabe betraut, sämtliche Launen des menschlichen Kapitals des Unternehmens zu erfüllen – Launen, die sehr oft chemischer Natur sind. Und schaut man gar dort hinauf, wo die Luft wirklich dünn ist, dann sind Drogen nicht nur das Schmiermittel der Branche, sondern auch ihre Währung.

8

Wired For Sound – Musik zum Abheben

The Beatles
Die Beatles steuerten mit ihren bunten Klängen mehr zur globalen Psychedelisierung bei als Timothy Leary. Erst lasen sie Jack Kerouacs „On The Road", dann schluckten sie auf der Reeperbahn Speed, kifften erstmals mit Bob Dylan und experimentierten mit LSD von Dr. Robert – heraus kam die Musik einer Generation. John Lennons „Cold Turkey" war dann nicht mehr der große Hit.

Elvis und Nixon am 21. Dezember 1970

1970 war der King eine wandelnde Apotheke – und doch bot er sich seinem Präsidenten als verdeckter Drogenfahnder, quasi als nationaler Petzer, in der Musikszene an. Gegen die Beatles und andere „antiamerikanische Geister, die der kommunistischen Gehirnwäsche ausgesetzt waren". Nixon erinnerte sich später: „Einige Menschen meinten, er sei kein gutes Beispiel, da er selber viele Drogen nähme. Sie übersahen, daß er nie illegale Drogen nahm, sondern nur das, was ihm ein Arzt verschrieb."

In Jack Kerouacs Buch *On The Road* (*Unterwegs*) taucht Neal Cassady in der Gestalt des Dean Moriarty auf – als eine Kombination aus „dem, der nicht wußte, was er tat", und dem Erzfeind von Sherlock Holmes aus den Stories von Arthur Conan Doyle. Alles an Casady war „verrückt", „irre" oder „wild". Er ist wahrscheinlich der großartigste Autofahrer der Literaturgeschichte. Kerouac läßt Moriarty auf der Suche nach Amerika mit 150 km/h durch's ganze Land rasen. (Was er finden sollte, war Kerouacs Version des amerikanischen Traums. Hunter S. Thompson, der Verfasser von *Angst und Schrecken in Las Vegas*, hatte auch nicht mehr Glück; am Ende des Regenbogens warteten die Hells Angels auf ihn, um ihn zu verprügeln.) Aber Speed bedeutete für Casady (und Thompson) mehr, als nur das Gaspedal bis zum Boden durchzudrücken. Zitieren wir aus Kerouacs Roman (S. 114):

> Wütend rieb er sich den Unterkiefer, er wendete das Auto und fuhr an drei Lastwagen vorüber, er raste mit aufbrüllendem Motor in die Stadtmitte von Testament, schaute in alle Richtungen zugleich und sah alles, was sich im Winkel von 180 Grad vor seinen Augen befand, ohne auch nur den Kopf zu bewegen. Zack, da entdeckte er auch schon eine Parklücke und wir standen drinnen. Er sprang aus dem Auto. Ungestüm eilte er in die Bahnstation; wir folgten ihm wie die Schafe ... Seine Bewegungen waren absolut irre geworden; er schien alles zur selben Zeit zu tun. Es war ein Kopfschütteln, nach oben, nach unten, seitlich; sprunghafte, lebendige Hände; schneller Gang; sitzen, die Füße übereinanderschlagen, sie wieder auf den Boden stellen; aufstehen, Händereiben, an den Eiern kratzen, die Hose hochziehen, aufschauen und „Am" sagen, und auf einmal machte er die Augen ganz schmal, um alles zu sehen; und die ganze Zeit hielt er mich so fest, daß mir die Rippen wehtaten, und redete und redete.

Eine lebhaftere oder genauere Beschreibung eines Amphetamin-Freaks könnte man sich gar nicht wünschen.

Amphetamin wurde 1887 von der pharmazeutischen Firma Smith, Kline und French das erste Mal synthetisch hergestellt und 1932 als Benzedrin-Naseninhalator auf den Markt gebracht, der die Symptome von Erkältung, Heuschnupfen und Asthma lindern sollte. Die Hersteller registrierten den stimulierenden Effekt der Droge und starteten 1935 eine Werbekampagne, in der sie die Wirksamkeit des Mittels beim Kampf gegen die chronische Schlafkrankheit Narkolepsie betonten.

Wie es schon bei Morphium und Kokain geschehen war, wurden auch die Amphetamine von den Medizinern bei der Behandlung von fast 40 Krankheitssymptomen, von Strahlenkrankheit über andauernden Schluckauf bis zur – ja, richtig geraten – Opiatsucht, oft völlig ungeeigneterweise eingesetzt. Zur selben Zeit erschienen in den englischen Zeitungen Berichte über Benzedrinmißbrauch. 1939 wurden Amphetamine der Giftliste des United Kingdom hinzugefügt.

Fast sofort nachdem Benzedrin auf die Straßen gelangte, wurde es von jungen Leuten entdeckt, die nach neuen Arten des Highwerdens suchten und auf die verjüngende Wirkung stießen, die es hatte, wenn man den Benzedrinstreifen aus seiner Hülle entfernte und im Kaffee trank. Charlie Parker wurde so das erste Mal mit Drogen konfrontiert.

Trotz diverser medizinischer Befürchtungen verabreichte man den Soldaten aller Kampfeinheiten während des Krieges freizügig Amphetamine, um die Moral zu heben und gegen die Kampfmüdigkeit anzugehen; an die britischen Streitkräfte wurden 72 Millionen Tabletten ausgegeben. Sowohl Kamikazepiloten als auch deutsche Panzertruppen zogen mit von Speed aufgeputschten Nervensystemen in den Kampf. Medizinische Befunde enthüllten, daß Hitler während des Krieges bis zu acht Mal pro Tag Methamphetamin injiziert wurde. Das würde auch sein zunehmend wirres und unvorhersehbares Verhalten, seine akute Paranoia und seine immer unrealistischer werdenden Schlachtpläne mehr als erklären.

Amerikanische Soldaten nahmen auch im Koreakrieg noch Speed, aber da sie sich im Fernen Osten befanden, hatten sie die Gelegenheit, etwas Neues auszuprobieren. Amphetamine machen wach und aufmerksam; aber zugleich wird man auch sehr gereizt und nervös; in Korea vermischte man also Speed mit Heroin, um die scharfen Kanten zu glätten. So wurde der „Speedball“ geboren. Bei den Eingeweihten sollte später Kokain den Platz des Amphetamins in dieser Gleichung einnehmen; dem Bericht des Leichenbeschauers zufolge war es eine solche Mixtur, die Wells Kelly, den Schlagzeuger von Meatloaf, 1984 in London umbrachte.

Die Tatsache, daß Amphetamine auch den Appetit unterdrücken, gestattete es den Medikamentenfirmen, Speed als Diätpillen zu verkaufen. Leute, die im Blickpunkt der Öffentlichkeit standen und um alles in der Welt schlank bleiben wollten, fraßen Amphetamine wie Süßigkeiten in sich hinein. Aber ob man sie nun nahm, um wach, aufmerksam und selbstsicher oder schlank zu bleiben, auf alle Fälle hatten sie auch ihre Nachteile. Bei Stimulantien wie Amphetamin und Kokain stimmt es mehr als bei jeder anderen Droge, daß man nichts im Leben geschenkt kriegt.

Aufputschmittel verleihen einem Energie und Selbstvertrauen, machen gesprächig und stoppen das Hungergefühl. Man fühlt sich geistreich, gescheit, amüsant und mächtig. Aber man gewöhnt sich auch sehr schnell an sie. Je mehr man nimmt, desto mehr davon benötigt man. Bei Amphetamin ist es so, daß regelmäßige, hohe Dosen den energiegeladenen User voller Selbstvertrauen in einen neurotischen Paranoiker verwandeln können, der ständig am Rande einer Psychose lebt. Speed *gibt* einem nicht wirklich Energie, statt dessen *holt* es sich die Energie aus den Reserven des Körpers. Wenn man die Droge absetzt, setzen schwere lethargische Zustände und Depressionen ein, die man auch als „Crash" bezeichnet, und man braucht eine Menge Ruhe und Erholung. Das größte Problem jedoch stellt das Risiko dar, daß der User zu gefährlicheren Sedativen, wie Alkohol oder Barbituraten greift, um die Wirkung der Amphetamine zu dämpfen. Die Kombination kann tödlich sein; der Sängerin Dinah Washington beispielsweise kostete sie im Dezember 1963 das Leben. Sie hatte verzweifelt versucht, für einen bevorstehenden Auftritt ihr Gewicht zu senken und dazu Amphetamin-Diätpillen verwendet. Elvis Presley fing aus zwei Gründen mit Speed an – um auf Tournee wach bleiben zu können und später, um sich beim Kampf gegen sein Übergewicht zu „unterstützen". Und wieder war es der Versuch, die Wirkung der Stimulantien zu dämpfen, der ihn dazu brachte, auf die große chemische Reise zu gehen, die ihn in die tiefsten Tiefen des Tablettenverzeichnisses der Firma Merck führte und ihn jedes Schmerz- und Beruhigungsmittel, jedes Hypnotikum und jeden Tranquilizer nehmen ließ, die die Männer in Weiß sich nur ausdenken konnten.

Was die amerikanischen GIs aus dem Krieg mitbrachten, war eine Drogensucht, die ihnen ihre eigene Regierung angehängt hatte. Jene Leute, die sich mit der Zwangsjacke eines Lebens als Fabrikarbeiter nicht abfinden wollten, trieb es als Lastwagenfahrer auf die Autobahnen, wo sie die Produkte von Amerikas Nachkriegswohlstand in ihren geliebten Trucks durchs ganze Land transportierten. Amphetamin wurde zum besten Freund der Trucker. Damit brauchten sie weniger Schlaf und weniger Essen, und mehr gefahrene Meilen bedeuteten mehr Geld. Außerdem fühlten sie sich gut damit. Die Redneck-Trucker aus den Südstaaten, voll des Amphetamin-Wohlwollens, besuchten die Bars und Kneipen staubiger Rebellenstädte wie Natchez, Mississippi, um dort zuzuhören, wie Country-Jungs ihre Lieblingssongs schmetterten, oder um bei einem der rauhen Saturday Night Specials dabeizusein, wo dieses neue Ding namens Rock 'n' Roll gespielt wurde. Jerry Lee Lewis, damals noch ein wilder Neunzehnjähriger, spielte vor einem Haufen Lastwagenfahrer, die ihm dadurch applaudierten, daß sie ihm 15-Milligramm-Benzedrinkapseln auf die Bühne warfen.

Speed war der Schnittpunkt der frühen Rock 'n' Roll- und Countrymusik. Sowohl die Künstler als auch die Roadies und das Publikum konsumierten die Droge. Johnny Cash wurde amphetaminabhängig, als er mit den Fahrern herumhing, die die Stars der Grand Ole Opry durchs Land kutschierten. Anfangs waren seine Auftritte scharf wie Rasierklingen, sein Timing war erstklassig, und er hatte soviel Selbstvertrauen, daß er fast geplatzt wäre. Aber schon lange bevor seine Stimme erschöpft klang, hatte er dieses magere, hungrige und verbrauchte Aussehen, und sein Verhalten wurde gewalttätig und unberechenbar. Als er in der Opry nicht mehr auftreten durfte, brauchte er lange Zeit, wieder dorthin zurückzukehren – und auf diesem langen Weg standen überall Dr. Feelgoods, die mit jeder Pille dienen konnten. Cash mußte nur selten auf den mexikanischen Schwarzmarkt oder Drogendiebstähle zurückgreifen.

Obwohl Presley früher selbst Lastwagenfahrer gewesen war, bekam er seinen ersten Geschmack vom Amphetamin erst in seiner Militärzeit, als ihm ein Sergeant welches gab, damit er während seiner Wache nicht einschlief. In den Sechzigern händigte die US-Army nach wie vor Amphetamine an Soldaten aus. Zwischen 1966 und 1969 konsumierten die amerikanischen Truppen erlaubterweise mehr Amphetamine als die englischen und amerikanischen Truppen zusammen während des Zweiten Weltkriegs.

Die kleinen magischen Pillen halfen auch Rockern auf die Bühne und verliehen ihnen das Selbstvertrauen, ganze Konzerthallen auf den Kopf zu stellen. Jahre bevor die Who sich durch Speed zu ihren selbstzerstörerischen Aktionen hinreißen ließen und Hendrix auf Amphetaminen ein Feuerwerk mit seiner Fender machte, zündete Jerry Lee Lewis auf der von Alan Freed organisierten Big-Beat-Tournee 1958 sein Klavier an. Als das Feuer tobte, grölte er die Bühnenmannschaft an: „Ich möchte *einen* Hurensohn sehen, der mir so was nachmachen kann!“

Jerry Lee und Elvis wurden zu Rock-'n'-Roll-Vorbildern, aber auch sie hatten ihren eigenen Drogen-Guru – Hank Williams, der als einer der besten Songwriter und Countrymusiker gilt, die es je gab.

Williams starb mit 29, in der Silvesternacht des Jahres 1953, an einem Herzanfall. Die Mengen an Alkohol und Speed, die er in sich hineingeschüttet hatte, waren proportional zu seinem kometenhaften Aufstieg zum Ruhm gewachsen. Er war erst vier Jahre vor seinem Ableben in der Countryszene aufgetaucht. Und mit der Berühmtheit konnte dieser halbgebildete Holzfällersohn nicht umgehen. Wie Carl Perkins einmal über sein eigenes Alkoholproblem sagte:

> Wenn du ein Junge vom Land bist und vor einem Jahr noch hinter dem Pflug gegangen bist, und plötzlich bist du ein Star mit Geld in der Tasche, Autos, Frauen, Großstädten, Menschenmengen, dann kommt

diese Veränderung viel zu schnell. Innerlich bist du noch derselbe Mensch, aber nach außen bist du ein Star, also weißt du nicht, wie du dich verhalten sollst. Du schämst dich für deinen Gang, deine Tischmanieren, dein Aussehen. Und diese Strapaze schaffst du nur mit einer Krücke (zit. nach Fong-Torres, S. 450).

Wer seine zeitlos guten, einfachen und ehrlichen Songs mit den ausgesprochen schönen Texten hört, der weiß, daß Williams diesen frühen tragischen Tod am Rücksitz eines Autos nicht gebraucht hätte, um zur Legende zu werden. Aber in gewissem Sinne zeichnen sich sein Leben und die Leben aller anderen, die nach ihm verglühten wie eine Kerze, die an beiden Enden brennt, eben durch seine zeitlich begrenzte Natur aus. Es ist nicht leicht, den Gedanken, daß er zum Zeitpunkt seines Todes sein Bestes gegeben hatte, ganz und gar zu verwerfen.

Hank Williams schaffte es nie; Jerry Lee Lewis, Johnny Cash und die Everly Brothers fochten lange Kämpfe gegen das Amphetamin. Cash entdeckte die Religion, aber Jerry wurde weiterhin an jeder Ecke mit dem langen Arm des Gesetzes konfrontiert.

Als ein „großer Fang" noch gleichbedeutend mit Marilyn Monroe war (unübersetzbares Wortspiel: „big bust" bedeutet sowohl „großer Fang" od. „große Razzia" als auch „großer Busen", *Anm. d. Übers.*) und man wegen Speed höchstens von Verkehrspolizisten verhaftet wurde, wurden Lewis und seine Band, die Memphis Beats, schon wegen des Besitzes von 700 Amphetaminkapseln angeklagt, die bei einer Razzia in ihrem Motel in Grand Prairie, Texas, gefunden wurden. Amphetamine fielen zwar bis 1970 nicht unter ein strenges Bundesgesetz, aber Jerry Lee und seine Jungs wurden die Opfer eines bereits bestehenden Gesetzes aus dem Jahre 1951, das den Verkauf nichtverordneter, rezeptfreier Medikamente regelte. Und so ging es in den darauffolgenden 20 Jahren weiter. Die permanente Speedzufuhr machte Lewis unberechenbar, gewalttätig und paranoid, er schoß in Hotelzimmern mit Pistolen um sich und verprügelte seine Frau, als sie seine Drogenvorräte die Toilette hinunterspülte. Kurz nachdem er eine einjährige Bewährungsstrafe wegen Drogenbesitzes hinter sich hatte, wurde er in seinem Haus in Hernando, Mississippi, 1980 wieder verhaftet. Steueragenten kamen zu ihm, um Wertgegenstände zu beschlagnahmen, da er seine Steuerschulden nicht bezahlt hatte, und entdeckten einen Kokainvorrat. Mit 44 Jahren war Jerry Lee Lewis immer noch ein Gezeichneter.

Die Geschichte von Amphetaminen und populärer Musik führt uns aus dem tiefsten Süden Amerikas in den englischen Süden, genauer gesagt, in die Clubszene des Londoner Westend.

Wenn man vom hysterischen Ausbruch absieht, den der *Melody Maker* 1936 zum Thema „Musiker als Drogen-User" hatte, dann war der illegale Drogenmißbrauch in England eigentlich nicht nur sehr beschränkt, sondern auch alles in allem kein soziales Problem. Die Süchtigen, die den Behörden bekannt waren, waren meistens aus der Mittelklasse stammende Morphiumkonsumenten mittleren Alters, die häufig akademische Berufe ausübten und von ihren Hausärzten Dauerrezepte ausgestellt bekommen hatten. Die meisten von ihnen (wenn nicht alle) waren Therapiesüchtige; d. h., sie waren von opiatähnlichen Substanzen abhängig geworden, als sie von ihren Ärzten gegen Schmerz behandelt wurden. Ihre Anzahl war gering und zudem stets sinkend; 1935 waren es etwa 700 und Anfang der 50er Jahre nur mehr weniger als 300. Die Zahlen begannen Anfang bis Mitte der Sechziger drastisch anzusteigen, als die Reihen der Süchtigen von einer Gruppe jüngerer Leute gefüllt wurde, die eher Heroin als Morphium nahmen, und das eher aus „Freizeitgründen" denn als Ergebnis einer Abhängigkeit, die sie entwickelt hatten, als sie ihre Schmerzen loswerden wollten.

Nichtsdestotrotz gab es nach dem Zweiten Weltkrieg immer wieder Hinweise auf eine Drogensubkultur, die ihren Stoff hauptsächlich außerhalb des Netzwerks praktischer Ärzte bezog, anfangs mit Marihuana und dann mit Heroin zu tun hatte und sich auf Musiker zu konzentrieren schien, die in London lebten oder arbeiteten. Rauschgifte wie Opium und Marihuana waren seit Jahren von chinesischen oder afrikanischen Seeleuten nach England eingeschmuggelt worden, die sie in ihren eigenen kleinen Vierteln in London oder Liverpool verkauften. Als aber in den Jahren 1946 und 1947 die Drogendelikte, hauptsächlich solche, die mit Marihuana zu tun hatten, sprunghaft anstiegen, war das ein deutlicher Hinweis darauf, daß die Droge auch außerhalb dieser abgetrennten Viertel vertrieben wurde.

Detective Sergeant George Lyle vom Scotland Yard berichtete bei einem Vortrag, den er im Januar 1953 hielt, über folgenden Vorfall:

> 1950 erhielten wir die ersten Beschwerden, daß in gewissen Tanzlokalen im Westend indischer Hanf verkauft würde.
> Am 15. April 1950 um 12 Uhr 30 machte eine große Polizeitruppe, um die 40 Männer, eine Razzia im Club 11, einem privaten Tanzlokal in der Carnaby Street, W1. In den Räumlichkeiten des Lokals hielten sich zwischen 200 und 250 Personen, Farbige und Weiße beiderlei Geschlechts, in der Mehrheit zwischen 17 und 30 Jahren alt, auf. Diese Personen wurden alle durchsucht. Bei zehn Männern fand man indi-

schen Hanf. Zwei von ihnen trugen zudem eine kleine Menge Kokain bei sich, und ein anderer Mann besaß eine kleine Menge Morphium. Zusätzlich dazu wurden 23 Päckchen mit indischem Hanf, eine Anzahl Hanfzigaretten, ein kleines Päckchen Kokain, eine kleine Menge aufbereiteten Opiums und eine leere Morphiumampulle am Fußboden des Clubs aufgefunden. Sämtliches Kokain, das wir fanden, war mit Borsäure gestreckt. Die Verdächtigen wurden später schuldig gesprochen und verurteilt. Die Zigaretten mit indischem Hanf waren für dreißig Shilling pro Stück und das gestreckte Kokain für sechzig Shilling pro Gran verkauft worden (zit. nach Lyle, *British Journal of Addiction*, 1953, *50*, S. 52).

In diesem Bericht werden zwar keine Namen genannt, aber in besagten Fischzug waren auch Ronnie Scott, der schon einmal wegen Kokain verurteilt worden war, und der Bassist Lenny Bush verwickelt. Die Entschuldigungen, die vor Gericht vorgebracht wurden, gingen von „Ich habe keine Ahnung, wie diese Zigarette vor meine Füße gekommen ist" bis zum Einwand, daß der Angeklagte überhaupt nicht gewußt hätte, daß es sich bei Cannabis um eine illegale Droge handle. Einer behauptete, daß das Kokain, das man bei ihm gefunden hatte, gegen seine Zahnschmerzen wäre. Der Richter war nicht beeindruckt. Ronnie Scotts Verurteilung wegen Drogenbesitzes war ein besonders großes Pech, da man ihm daraufhin ein amerikanisches Visum verweigerte und er somit jede Chance auf eine Karriere in den Staaten verspielt hatte.

Ein zweiter großer (groß für die damalige Zeit) Drogenhandelsfall ereignete sich 1951, als in die Apotheke eines Krankenhauses bei London eingebrochen wurde und dabei große Mengen Morphium, Heroin und Kokain gestohlen wurden. Kurz danach wurde die Metropolitan Police darauf aufmerksam, daß ein Mann, der als „Mark" bekannt war, im Westend mit Drogen dealte. Er wurde verhaftet und als früherer Angestellter des Krankenhauses identifiziert, in dem der Einbruch stattgefunden hatte. Es war interessant, daß von den 14 Personen, von denen man wußte, daß sie von „Mark" Drogen gekauft hatten, nur zwei schon vorher polizeibekannt ge-wesen waren. Ende 1954 hatte die Polizei bereits Kenntnis von 36 Personen, die mit „Mark" Geschäfte gemacht hatten. 21 von ihnen waren Musiker.

Im August 1952 wurde der erste weiße Teenager, der sich im Besitz von Marihuana befand, in England verhaftet. Er „war zum Drogenmißbrauch gekommen, indem er die Bebop-Clubs und Cafés frequentierte, wo sich die Süchtigen trafen" (zit. nach Spear, *British Journal of Addiction*,

1969, *64*, S. 254). Marihuana wurde vor allem von Jazz- und Folkmusikern und ihrem gebildeten Mittelklassepublikum genommen. Aber auch die Heroin-User waren belesene Leute. Sie verschlangen De Quincey, Burroughs und andere Autoren und wußten mehr über die Natur der Sucht als die meisten Ärzte. Zu den Jazzmusikern, die in Charlie Parkers schwankende Fußstapfen traten, gehörten zwei der Besten Englands, Phil Seaman und Tubby Hayes, die heute beide tot sind.

Bis in die späten Sechziger war die Drogenszene eng begrenzt, sowohl in ihrer örtlichen Ausdehnung als auch in ihrer elitären und exklusiven Einstellung und vor allem in ihrer Größenordnung. Die User kannten einander, und die Drogenfahnder des Innenministeriums kannten sie auch alle – sowohl die Dealer als auch die Ärzte. Die Amphetamine halfen dabei mit, diesen Zustand zu verändern.

Obwohl Amphetamine und Mods fast ein und dieselbe Sache darstellten, waren Mods nicht die erste „von der Gesellschaft abweichende" Subkultur, die diese Drogen zu sich nahm. Sozialarbeiter hatten in den 50er Jahren einen ziemlich starken Gebrauch von Drinamyl, blauen dreieckigen Zusammensetzungen aus Amphetaminen und Barbituraten, die unter dem Namen „Purple Hearts" (Purpur-Herzen) bekannt waren, bei den Prostituierten im Eastend festgestellt. Drinamyl, Dexadrine und andere Amphetamine waren im Westend der frühen Sechziger so verbreitet, daß man in den Toiletten der U-Bahn-Station Leicester Square auf herumliegende Pillen stieg und davon kein besonderes Aufhebens machte. Auch bei den Mitgliedern der herumziehenden Teenagerszene von Soho, die schwul, lesbisch und/oder in geringfügige Verbrechen oder Prostitution verwickelt waren, war Speed sehr beliebt.

Man kann auch nicht behaupten, daß englische Musiker keine Ahnung von Speed gehabt hätten. Amphetamine in den verschiedensten Farben und Formen hielten in den Fünfzigern und Sechzigern die Pop- und Rock-'n'-Roll-Tourneen am Laufen. Und Phenmetrazin, das als Preludin im Handel war, wurde von Gruppen, die in Hamburg spielten, also auch von den Beatles, kiloweise geschluckt. Bis über die Kiemen vollgestopft mit „Prellies", die sie beim Apotheker erstanden hatten, spielten die Beatles Stunde um Stunde und sieben Tage in der Woche im Indra, im Bambi, in den Top Ten und in Manfred Weissleders Star Club. Prellies hielten sie wach, machten sie hektisch genug, die Menge aufzurütteln, und ließen sie keinen Hunger spüren, was ganz nützlich war, weil sie sowieso kein Geld besaßen, um sich etwas zu essen zu kaufen. Peter Brown, der frühere Manager der Beatles, sagte einmal: „Eines Abends verlor John so komplett die Kontrolle, daß er einen Zuhörer, der sich voller Enthusiasmus der Bühne näherte, zweimal gegen den Kopf trat, sich dann ein Steakmesser von einem Tisch schnappte und es nach dem Burschen warf" (zit. nach Brown, S. 38).

Die Beatles entdeckten also das, was die Rock 'n' Roller längst wußten und was die Rockmusiker der Zukunft bald herausfinden würden – daß Amphetamine „Arbeitsdrogen" waren. Es gibt niemanden, der stockbesoffen spielen kann, und jene, die versucht haben, auf LSD aufzutreten, fanden sich oft in tiefsinnigen Gesprächen mit Mikrophonständern und Lautsprecherboxen wieder. Speed (und später Kokain) verleihen dem Musiker den Mut, auf die Bühne hinauszugehen, und soviel Nervenstärke, daß er den ganzen Gig gut durchziehen kann. Aber dann kann es zum Fehler werden, wenn man sich mit dem Publikum zu unterhalten versucht; als Elvis einmal Unmengen Speed genommen hatte, um für eine Tour abzunehmen, mußte sein Publikum zwischen den Songs lange und weitläufige Monologe über sich ergehen lassen.

Soweit also zur rein praktischen Verwendung von Amphetaminen. Für die Mods aber waren Amphetamine ein wichtiges Symbol im Herzen ihrer Subkultur. Sie paßten in ein völlig abgeschottetes Universum, ein System magischer Beziehungen, in dem sämtliche Objekte – Kleidungsstücke, Musik, Scooter (Motorroller, *Anm. d. Übers.*) und Drogen – eine genau abgegrenzte Beziehung zu allen anderen hatten. Jeder der Gegenstände war der Welt der Normalen entnommen und wurde in einem homogenen Kosmos neu definiert; Amphetamine waren der subkulturelle Klebstoff, der Lebensstile und Werte miteinander verband, das praktische Sprungbrett für die rasende Aktivität des Langaufbleibens, Kleiderkaufens, Scooterfahrens und -reparierens und des Tanzens.

Das Wort „Mod" war so etwas wie ein Überbegriff, der die verschiedenartigsten Moden bezeichnete, die alle zum von den Medien erzeugten Bild des „Swinging London" beitrugen. Man hätte es eher „Speeding London" nennen sollen; die durch Amphetamine erzeugte Arroganz, Nervosität, der Narzißmus und das Rasende der Modkultur spiegelten sich in der Kunst, Musik und Mode dieser Zeit wider. Londons Popart-Szene wirkte wie ein riesiges Roy-Lichtenstein-Bild – POW!! ZAP!! Aber wie es bei Amphetamin-Highs eben immer so ist, folgte auch hier der unvermeidliche „Crash". Die Szene brach zusammen wie das Ringelspiel am Ende von Hitchcocks *Strangers on a Train* („Zwei Fremde im Zug"), und London war danach wahrscheinlich ein bißchen langweiliger.

Als aber alles anfing, waren die Mods die Botschafter einer neuen Zeit. Zu dem Zeitpunkt, als ihr Kleidungsstil von den High-Street-Unternehmern so weit kastriert war, daß er zwar wie wild, aber ohne Risiko konsumiert werden konnte, hatten die Mods längst „Ordentlichkeit zur Kunstform gemacht", wie Julie Burchill in ihrem Buch *Damaged Gods* (S. 34) schreibt. Aus der Welt der britischen Nachkriegs-Arbeiterklasse kamen sie zu einer Eleganz, die man am besten als „Flash" (auffälliger Glanz, *Anm. d. Übers.*) bezeichnen könnte. Den Spivs (Nichtstuern, Schiebern, etwa jemand wie George Cole als „Flash Harry" in den Filmen von St. Trinian oder Arthur Daley als junger Mann) folgten die Teds, die sich einen gescheiterten Versuch der Modemacher von der Saville Row, die Eleganz des aristokratischen Edwardianischen Zeitalters neu zu beleben, zunutze machten und ihrer Vorliebe für amerikanischen Rock 'n' Roll und den Typ des Berufsspielers von den Schaufelraddampfern des Mississippi Bindfadenkrawatten sowie flotte Frisuren hinzufügten.

Auch die Mods ließen sich in ihrem Musikgeschmack und bei ihrem Versuch, die schon in der Kleidung vorhandene Coolness der schwarzen Hipster nachzuempfinden, von den USA inspirieren. Aber um die Kleidung selbst sahen sie sich auf dem Kontinent, speziell in Italien um.

Amphetamine fördern ein Gefühl des kontrollierten Zorns (aus diesem Grund konnten sie sich wahrscheinlich auch bei amerikanischen Footballern so gut durchsetzen). Und die Mods, das war nicht zu leugnen, waren äußerst reizbar. Sie sahen normal aus, aber sie waren es nicht. Bei ihnen wirkte es aggressiv, wenn sie Anzug und Krawatte trugen. Sie waren irgendwie *zu* gepflegt und *zu* ordentlich, und das konsternierte „die Normalen", die bemerkten, daß man sich über ihre eigene konservative Kleidung lustig machte. Das Schlimmste, was einem Mod passieren konnte, war, daß seine Eltern ihn verstanden.

1961 wurden zweieinhalb Prozent aller Rezepte des National Health Service auf Amphetamine ausgestellt. Trotzdem machten die Mods Speed zu ihrem eigenen Ding: Es war dann schließlich der jugendliche Freizeitgebrauch von Amphetaminen und nicht die Tatsache, daß praktische Ärzte zuviel davon verschrieben, was dazu führte, daß die Pillen seit 1964 durch ein Drogengesetz kontrolliert werden, das speziell zu diesem Zweck geschaffen wurde. Die Tatsache, daß man sich am Wochenende mit Tabletten zumachte, trennte „*die* von *uns*".

Dieses schonungslose der Mode Folgen war wichtiger als alles andere; Essen, Trinken und Frauen hatten keine Bedeutung, weil Speed den Appetit auf alle drei zum Erlöschen brachte, was auch ein Grund dafür sein mag, daß der Mod-Kult vorwiegend männlich war. Viele Mods hatten Bürojobs und verdienten etwa elf Pfund die Woche, von denen der Großteil für Kleider und Tabletten draufging. Die Mode der Mods war so etwas wie ein Mikrokosmos einer Industriegesellschaft, welcher der heiligen Kuh des eingebauten künstlichen Altwerdens seine Reverenz erwies. Ein Mod gab das Gehalt von drei Wochen dafür aus, Luftlöcher in seine Sakkos zu machen oder sie wieder entfernen zu lassen, Revers schmäler oder weiter machen zu lassen, obwohl er genau wußte, daß drei Wochen später etwas anderes in sein würde, und ein Mod lieber zu Hause bleiben würde, als sich in der Mode der letzten Woche in der Öffentlichkeit zu zeigen. Wahrscheinlich hat es nie eine andere Teenagersubkultur gegeben, die auch noch den kleinsten Einzelheiten ihrer Uniform solche Aufmerksamkeit geschenkt hätte; eine Besessenheit, die sich im Verhalten eines Amphetamin-Users widerspiegelt, der völlig in hirnlosen und trivialen Tätigkeiten wie dem Abwaschen eines Tellers aufgehen kann.

Speed hatte für die Mods rein praktische Verwendungszwecke. Der erste war das Kämpfen. Die ersten Mods hatten für Gewalt nichts übrig, aber die hysterischen Zeitungsberichte über den ersten großen Zusammenprall von Mods und Rockern am Ostermontag 1964 in Clacton wurden zu einer selbsterfüllenden Prophezeiung. Es war das erste Mal, daß die meisten Leute überhaupt von Mods und Rockern hörten, und die Presse erschuf sofort eine neue Gattung von „Teufeln fürs einfache Volk", die mit den Teds und Rasiermesserbanden konkurrieren konnte. Die Zeitungsberichte strotzten vor Wörtern und Ausdrücken wie „Schlacht", „Angriff", „Belagerung", „brüllender Haufen" und „Orgien der Zerstörung". Sie übertrieben und verdrehten jede Einzelheit des Zusammenstoßes und erweckten dadurch den Eindruck, daß das ganze Spektakel sich nur zwischen den Fronten der Mods und der Rocker ereignet hätte. Tatsächlich aber spielten sich die Kämpfe eher zwischen rivalisierenden Banden aus London und den umliegenden Grafschaften ab. Erst später, als sich viel blutigere Unruhen ereigneten und es modern geworden war, entweder Mod oder Rocker zu sein, fanden diese Schlachten wirklich zwischen zwei subkulturellen Gruppen statt. Zu diesem Zeitpunkt wurde der Mod-Untergrund, ein Haufen cooler, zurückhaltender Typen, die sich geschniegelt anzogen, zum Liebling der Medien. Nicht, was *wirklich* subversiv gewesen wäre, konnte je auf die Seiten des *Sunday Times Colour Supplement* gelangen. Auf der Jagd nach dem idealen Mod, den man interviewen konte, stieß die *Sunday Times* auf „Denzil", der sagte: „Tabletten machen dich nervös und streitlustig"; tatsächlich machten sie hypersensibel für jede Gelegenheit zur Action und erzeugten den Wunsch, hinauszugehen und Streit zu suchen. Wenn sie total auf Tabletten waren, dann *mußten* die Mods geradezu einen Streit finden, um die Frustrationen loszuwerden, die das Gefühl eines gehemmten Orgasmus in ihnen auslöste. Und nach der Art, wie die Presse die Ereignisse der Oster- und Pfingstfeiertage im Jahre 1964 behandelt hatte, war es offensichtlich, daß alle rechtgläubigen

Mods oder Rocker, die auf ein bißchen kostenlose Publicity aus waren, mit der sie das ganze Land schockieren konnten, zu verabredeten Zeiten und an Orten, die von den Medien „vorausgesagt“ worden waren, zusammenkamen, weil sie genau wußten, daß dort die Kameras nur auf sie warten würden.

Denzil hatte noch mehr zu berichten – zum Beispiel Fakten über eine durchschnittliche Woche im Leben eines Londoner Mods:

Montag abend	Tanzen im Mekka, im Hammersmith Palais, im Purley Orchard oder im Streatham Locarno
Dienstag	Soho und der Scene Club
Mittwoch	Marquee-Nacht
Donnerstag	Haare waschen (und sie dann *unbedingt* mit einem Fön mit angeschlossener Trockenhaube trocknen)
Freitag	Wieder im Scene
Samstag nachmittag	Platten und Kleider einkaufen
Samstag abend	Der Allnighter im Flamingo

Es ist unwahrscheinlich, daß irgendein Mod es geschafft hat, diesen Stundenplan auf lange Sicht durchzuhalten – egal, wieviel Speed er nahm. Das alles kostete Geld, und obwohl Mods die bisher wohlhabendsten Teenager waren, mußte auch ihnen irgendwann das Geld ausgehen. Nichtsdestotrotz demonstriert dieses Tagebuch die Bedeutung, die Musik und dic Clubszene für alle Mods hatten, ob sie nun „Hardcore“- oder „Wochenend“-Mods waren.

Die Clubszene stellte in England immer schon die wichtigste Plattform für die Entwicklung neuer musikalischer Genres dar, vom traditionellen Jazz bis zum Punkrock. Sie hatte nur einmal eine halbwegs bedeutsame Konkurrenz, und zwar durch die Collegeszene der reichen Spätsechziger, in der viele Underground- oder „progressiven“ Bands ihre ersten Fans fanden. Die Clubs und Pubs litten in den frühen 70er Jahren etwas an einem Vakuum, das entstanden war, nachdem die meisten englischen Rockbands nach Amerika gegangen waren, um dort in großen Stadien zu spielen. Pub-Bands wie Dr. Feelgood und Kilburn and the High Roads waren die Anfänge einer Wiederbelebung der kleinen Auftrittsorte, die schließlich ihren Höhepunkt fand, als Punk losging. Auch Clubs im Norden, wie das Cavern in Liverpool und das Twisted Wheel in Manchester, schufen sich durch die Beatles eine wichtige Position in der Rockgeschichte, aber der Großteil des Medien- und Businеßinteresses konzentrierte sich in den 60er Jahren auf London und die Clubszene in Soho. Dort konnte man die Musik finden. Und die Drogen. Dunkle, unterirdische Lokale, vollgestopft mit Leuten, die wild zu lauter Musik tanzten, waren eine ideale Umgebung für den Drogenhandel.

Eine der Zentralen der Speed-Dealer war der Scene Club, der sich in Ham Yard, 41 Great Windmill Street, befand. Der Club wurde von Ronan O'Rahilly, der auch einmal Manager von Alexis Korners Band Blues Incorporated und mit Radio Caroline ein Pionier der Piratensender gewesen war, geführt. Obwohl O'Rahilly Geschäftsführer des Scene war, war das Lokal ein Teil der Clubkette, die der Nash-Bande (welche wie die Krays und die Richardsons eines der größten kriminellen Syndikate der Sechziger betrieb) in Soho gehörte, und daher ein gefährlicher Aufenthaltsort.

Der Club hatte eine interessante Vergangenheit. An dem Ort, wo er stand, existierten früher schon diverse andere Lokale, darunter der Cy Laurie Club und der Piccadilly Jazz Club, wo der Musikveranstalter Giorgio Gomelsky die Rolling Stones zum ersten Mal sah. Und in den 40er und 50er Jahren war das Lokal natürlich kein anderes als der Club Eleven, wo 1950 die erste Club-Razzia in London stattgefunden hatte. Als Scene war es das Lokal, wo man als Mod einfach hingehen *mußte*. Der Discjockey Guy Stevens hatte die beste Sammlung amerikanischer Schallplatten in ganz London, und darunter befanden sich Unmengen seltener Soul-, Blues- und R&B-Platten. Zusammen mit Chris Blackwell betrieb er Co-Records und später war er als Produzent für Mott the Hoople und The Clash tätig.

O'Rahilly ließ die Wände des Clubs polstern und überall Kissen hinlegen, so daß jene Gäste, die das Speed bis zur Erschöpfung wirken ließen, sich ausruhen konnten. Zwei Cousins, die eine Zeitlang den Eingang bewachten, hatten die Angewohnheit, den Gästen beim Hereinkommen ihre Tablettenvorräte abzunehmen und so zu tun, als spülten sie sie die Toilette hinunter. In Wirklichkeit „recycleten" sie die Pillen, indem sie sie weiterverkauften. Im Club, wo neugierige Augen es nicht sehen konnten, ging das Dealen weiter; Drinamyl wurde zu sechseinhalb Pence pro Tablette verkauft, aber normalerweise in Mengen von fünf, zehn, zwanzig, fünfzig oder hundert Pillen losgeschlagen.

Im März 1967 veröffentlichte die Zeitschrift *Oz* ein Interview mit zwei 21jährigen Dealern, die sich Paul und Cliff nannten. Gemeinsam verdienten sie 400 Pfund in der Woche, und jeder von ihnen besaß einen Ford Zephyr Baujahr 1966. Ein Drittel des Geldes mußten sie an ihren Paten abliefern, den sie „Big Sid" nannten, und sie beschäftigten zwei westindische „Aufpasser“, mit denen sie sich eine Wohnung für 21 Pfund Miete pro Woche in Chelmsford teilten:

> Ihre Arbeit beginnt im Marquee-Club, wo sie einen Markt von 13 Jahre alten Mods versorgen; nach einem Abendessen besuchen sie die Clubs rund um die Greek Street; gegen ein Uhr früh ziehen sie weiter auf einen Standplatz vor dem Tiffany's. Falls notwendig, legen sie eine Schicht in den Lyon's Cafés um den Trafalgar Square ein; und wenn sie Sonntag früh noch Tabletten über haben, dann gehen sie damit nach Chelsea, wo es anscheinend immer genug müde Debütanten und Debütantinnen gibt, die ihnen bereitwilligst den Stoff abkaufen. Beim Gespräch mit einem unserer Reporter über die Herkunft der Amphetamine sagten sie, daß ein Teil ihrer Pillen gestohlen sei, aber das meiste davon regelmäßig über die Londoner Docks geliefert würde – sie waren nicht sicher, woher genau, aber „um diesen Teil kümmert sich Big Sid“. Sie verkaufen nie unter 3.000 Tabletten an einem Wochenende und manchmal sogar mehr als 6.000, wobei sie andere Dealer unterbieten und ihren Stoff um ein Sixpence pro Stück anbieten.

Ein anderer wichtiger Club für die Speed-Dealer der frühen Sechziger war La Discotheque in der Wardour Street. Ursprünglich hatte das Lokal El Condor geheißen und war 1957–1961 ein exklusives Nachtlokal für Angehörige des englischen Königshauses gewesen. Die Besitzer des Clubs waren Raymond Nash und Peter Rachman, deren Namen seit dieser Zeit als Synonyme für verbrecherische Vermieter gelten. Rachman verkaufte den Club an Tommy Yeardye und einen seiner eigenen Schützlinge, Peter Davies. Wie auch immer, der Club ging bankrott und wurde als „Discotheque“ wiedereröffnet. Unter diesem Namen sprach er eine wesentlich niedrigere Klasse an – Horden von jungen Leuten ersetzten die Angehörigen der Mittelklasse und die oberflächlichen Aristokraten. Durch den Ankauf von Anteilen bekamen Rachman und Nash den Club wieder unter ihre Kontrolle. Sie installierten eine großartige Licht- und Tonanlage. Drinks kosteten dreißig Pence, aber billige Amphetamine überfluteten das Lokal viel stärker. Ein Dealer mit dem Spitznamen „Peter the Pill“ war eine andere Verbindung zwischen Rachman und der Londoner Amphetamin-Szene, da er zugleich ein (wenn nicht *der*) Großdealer für Speed *und* einer von Rachmans treuergebenen Soldaten war.

Die Frage, wo die Drogen in dieser Zeit eigentlich herkamen, wurde nie vollständig geklärt. Mit Sicherheit läßt sich sagen, daß die meisten der Amphetamine, die damals in den Clubs im Umlauf waren, in Fabriken hergestellt worden sind und keine Erzeugnisse illegaler Straßenlabors waren. Andererseits können sie, wenn man die Riesenmenge Tabletten bedenkt, um die es hier geht, sicherlich auch nicht einfach durch überschüssige Arztrezepte besorgt worden sein. Einige der Jugendlichen hätten die Drogen aus dem Medizinschränkchen zu Hause haben können – nicht aber die Dealer.

Da auf sämtlichen dieser Drogen der Namen ihres Herstellers SKF (Smith, Kline und French) zu finden war, gelangten jene Leute, die mit chronischen Amphetaminkonsumenten in Soho arbeiteten, zu dem nicht ganz unlogischen Schluß, daß große Menge der Drogen direkt von SKF-Angestellten, die sie aus der Fabrik und den Lagern stahlen, zu den Dealern gelangten. Bei einem Treffen der Gesellschaft zur Untersuchung der Sucht im September 1966 stand eine der Therapeutinnen, Judith Piepe, auf und sagte öffentlich:

> Ausgedehnte Sicherheitsvorkehrungen in einer Fabrik sind recht teuer. Es ist für jemanden, der am Fließband steht, keine Schwierigkeit, still und leise eine Handvoll der Ware an sich zu nehmen und sein Gehalt aufzubessern, indem er sie weiterverkauft. Die Herstellungskosten für Drogen wie Drinamyl sind sehr gering, und die Kosten, die für bessere Sicherheitsmaßnahmen aufgewendet werden müßten, scheinen den Herstellern zu hoch. Sie bedenken nicht, wieviel Leid das junge Menschen kostet.

Ein Mr. Schrire gab für die Firma SKF Antwort:

> Bezüglich der Anschuldigung, daß Tabletten aus den Herstellerfirmen gestohlen würden, möchte ich sagen, daß ich das für Unsinn halte. Die Tabletten werden unter strenger Überwachung hergestellt, und es ist höchst unwahrscheinlich, daß unter diesen Umständen irgendwelche Mengen aus den Fabriken gestohlen werden könnten (zit. nach Wilson, C. W. M. [ed.]: *The Pharmacological and Epidemiological Aspects of Adolescent Drug Dependence* [Oxford: Pergamon, 1968], S. 266).

Ungefähr um dieselbe Zeit berichtete die Presse über einen Arzt aus Gloucestershire, der behauptete, daß Amphetamine von Teenagern mit einem Schulabschluß in Chemie hergestellt würden. Er hatte jedoch keinen Beweis für seine Behauptung, und der *Daily Mirror* rief mehrere Experten an, um die Geschichte zu überprüfen. Ein praktischer Arzt, Ian Pierce James, sagte, er sei sich sicher, daß jeder mit einem Chemie-Abschluß

Amphetamintabletten herstellen könne, aber er frage sich, wie sie es schafften, diese kleinen Wölbungen und die Schrift SFK in die Pillen zu pressen!

Wer waren die Dealer? Wenn man nach den Worten Pauls und Cliffs urteilen will, dann war dieses Geschäft äußerst einträglich, und es gab auch so etwas Ähnliches wie eine Dealerhierarchie dabei. An der Spitze dürften Mitglieder der berüchtigtsten englischen Banden der 60er Jahre gesessen haben. Sie besaßen viele der Clubs im Westend, und es war unwahrscheinlich, daß sie es zulassen würden, daß dort irgendwelche ertragreichen Nebengeschäfte stattfanden, ohne daß sie einen Teil der Gewinne für sich beanspruchen würden. 1968 gab die Regierung einige Krankenhäuser des National Health Service bekannt, welche die Süchtigen mit Drogen versorgen würden – in der Hoffnung, so das organisierte Verbrechen davon abhalten zu können, einen ausgedehnten Schwarzmarkt für illegale Drogen aufzuziehen. Wie wir heute wissen, zögerte dieses System diese Entwicklung höchstens etwas hinaus, aber es könnte auch sein, daß die kriminellen Banden bereits vor 1968 ihre Finger im illegalen Markt hatten.

Die Clubs, in denen Speed genommen und gedealt wurde, reichten von den weltberühmten Lokalen bis zu den Eintagsfliegen. Trotz seines sauberen Images war das Marquee ein Pillen-Palast, der die Gruppe jüngerer Mods versorgte, die sich auf dem Weg nach Hause und in die Betten befanden, bevor der Allnighter im hipperen Flamingo Club anfing. Im Flamingo hatten die Mods die Chance, Schulter an Schulter mit Schwarzen aus der amerikanischen Air Force zu stehen, die gerade für 48 Stunden Urlaub hatten, und zum sehr schwarzen Rhythm and Blues von Georgie Fame und Zoot Money zu tanzen. Die Mods frequentierten das Last Chance, Le Kilt, La Poubelle und das Roaring Twenties, ein Kellerlokal in der Carnaby Street (bevor diese Straße in Mode kam). Ursprünglich hatte dieses Lokal den gescheiterten Versuch dargestellt, jüdische Teenager aus den teureren Gegenden von Nord-London davon zu überzeugen, ihr Geld an Samstagabenden hier auszugeben. Es wurde später als Roaring Twenties neueröffnet, ein schwarzer Club, wo erstmals der jamaikanische Bluebeat und Zuhälter, Prostituierte und die Gauner aus Soho, die gestohlene Uhren und fragwürdige Jaguars verkauften, aufeinandertrafen. Ein anderes wichtiges Lokal war das Tiles, Treffpunkt einer mittäglichen Modkultur, die Tom Wolfe den „Noonday Underground" nannte.

Reverend Ken Leech war eine bekannte Erscheinung im Soho der Sechziger. Er nahm sich im Centrepoint-Nachtasyl der St. Anne's Church junger Leute an, die in Schwierigkeiten geraten waren, und war ein aufmerksamer Beobachter des Lebens, das sich damals in Soho abspielte. Sämtliche der grundverschiedenen und launischen Elemente, die diese faszinierende

Gegend damals bevölkerten, schenkten ihm ihr Vertrauen. In einem Interview, das ich mit ihm führte, erzählte er:

> Wenn man die Wardour Street hinaufging und in die D'Arblay Street einbog, kam man in ein kleines Gebiet, das man in zehn Minuten zu Fuß umkreisen konnte, in dem sich besonders viele Amphetamin-Clubs befanden. 1967 befanden sich dort nur wenige Meter nebeneinander das Le Douce, ein Homosexuellen-Club; direkt gegenüber befand sich ein Club, der öfters seinen Namen änderte, aber als Subway am bekanntesten war. Dann gab es noch das Coffee Pot, das niemals zusperrte (und wo ich nach Richard Nevilles Buch *Playpower* angeblich immer zu finden bin). Darunter war das Huntsman und gegenüber, in einer stinkenden Sackgasse zwischen Wardour Street und Berwick Street, war die Wardour Mews mit dem Limbo Club, dem Granada und dem Take Five.

Und was war mit der Musik? So etwas wie Modmusik gab es eigentlich nicht – nur Musik, die die Mods mochten. Mod war eigentlich eine Kurzbezeichnung für „Modernists", und das hieß, auf die Musik umgelegt, moderner Jazz. Aber sie hörten auch schwarzen R&B, Soul und Bluebeat aus Jamaika. In den winzigen oben erwähnten Clubs tanzten sie wie wild zu Hitparadennummern aus der Musikbox. Aber wenn es eine Musik gab, die den Zorn, die Frustration, Frechheit und Arroganz der Mods ausdrückte, dann war es die der Who.

Ganz zu Anfang waren die Kinks die einzige Konkurrenz der Who, was den Wunsch betraf, lebende Identifikationsfiguren der Mods und so etwas wie die Stimme des Volkes zu werden, aber im Endeffekt konnten sie mit den selbstzerstörerischen Tendenzen der Who und den Hymnen, die Pete Townshend für das Teenager-Niemandsland schrieb, nicht mithalten. Außerdem hatten sie weder einen Pete Meaden noch einen Kit Lambert.

Es waren Meaden und Lambert, die gemeinsam das Mod-Image der Who fabrizierten, obwohl die Bandmitglieder nicht von vornherein zum Mod-Dasein neigten. Der Drinamyl-Jünger Meaden, eines unter vielen Gesichtern in der Szene, wurde der Öffentlichkeitsmann der Who und begann, das Image aufzubauen, das die Band zu Identifikationsfiguren der Mods machen sollte. Sein kurzlebiger Versuch, die Who in High Numbers umzubenennen, sollte den Zustand andeuten, in dem sich sowohl Meaden als auch die Bandmitglieder die meiste Zeit befanden. Kit Lambert, der anscheinend nur unter dem Einfluß von Aufputsch- oder Beruhigungsmitteln funktionieren konnte – das kam darauf an, welches Image er zum gegebenen Zeitpunkt gerade vermitteln wollte –, arbeitete weiter an der Verwandlung, indem er die Band durch die Carnaby Street und zum Friseur hetzte. Später sollte Townshend sagen: „Das Mod-Image wurde uns aufgezwungen. Es war unehrlich" (zit. nach Steve Clarke, S. 32). Um noch glaubwürdiger zu sein, beobachtete die Band genau, welche Tanzschritte das Mod-Publikum machte, und versuchte, sie auf der Bühne selbst nachzustellen, so daß das Publikum beim nächsten Konzert dachte, die Who hätten diese Bewegungen erfunden. Das Management von Kit Lambert und Chris Stamp war ideal, wie Keith Moon einmal bemerkte: „Diese Leute waren genau richtig für uns: Da gab es mich, ich hüpfte wild herum und war voll mit Tabletten, voll mit allem, was ich in die Hände kriegen konnte ... und auf der anderen Seite Pete, sehr ernst, er lachte nie, war immer cool, ein Grasraucher ... Kit und Chris waren unsere perfekten Gegenstücke" (Clarke, S. 24).

Das Publikum reagierte auf die Who auf die verschiedensten Arten. Zuerst war da natürlich Aggression. „Wir alle waren Pillenschlucker", sagte Daltrey. „Wahrscheinlich waren wir die aggressivste Band, die es in England je gegeben hat" (zit. nach Marsh, S. 122). In Wirklichkeit waren sie natürlich nicht alle Pillenschlucker – Daltrey am allerwenigsten. Der wahre Grund, warum es immer wieder zu Reibereien kam, die zu Schlägereien in der Band und dieser ganzen Aufregung auf der Bühne führten, war nämlich genau der, daß Daltrey sich über den Drogenkonsum von Townshend und Moon ärgerte, der die beiden Musiker oft völlig die Kontrolle verlieren ließ. Als aber Townshend seine Gitarre gegen den Plafond des Railway Hotel in Wealdstone, Harrow, warf und das Instrument dann endgültig zerstören mußte, um so sein Gesicht zu wahren, wurde es auf einmal zum Markenzeichen der Who, „die Kontrolle zu verlieren" – mit Armen und Mikrophonen in der Luft herumzuwirbeln und soviel kaputtzumachen wie möglich. Und dazu kam noch ihre unglaubliche Lautstärke. Die Fans mußten ja schon auf die physische Anwesenheit der Who reagieren: ein schriller, schneidender Gitarren-Sound über einem rohen, angespannten Hämmern und Krachen, das sämtliche Nervenenden freizulegen schien. Die Who hatten lautere Verstärker als alle anderen Bands, und Keith Moon war zugleich mit Ginger Baker ein Pionier des Rock-Schlagzeugs, indem er zwei riesige Baßschlagzeugsets und einen ganzen Wald von Tom-Toms und Becken um sich herum aufbaute. Und dann waren da natürlich noch Townshends Songs: „I Can't Explain", der rückwirkend betrachtet gar nicht wie das Liebeslied für eine lauschige Mondnacht aussieht, das Townshend damit geschrieben zu haben glaubte, sondern wie ein Statement über die Unfähigkeit, seine Gedanken und Gefühle mitzuteilen; „My Generation“, mit diesem Stottergesang eines Amphetamin-Freaks – ein Lied, das Daltrey zuerst gar nicht singen wollte; „Anyway, Anyhow, Anywhere“ mit den Worten „Nothing gets in my way, not even locked doors“; und „Substitute“, ein Song über die Unsicherheiten, die sich hinter dem verzweifelten Wunsch verbergen, sein äußeres Erscheinungsbild aufrechtzuerhalten und hinter ihm zu stehen.

Die Mods wurden als Armee betrachtet – und so sahen sie sich auch selbst –, als eine Einheit, die oft auch gemeinsam handelte. Und zugleich sah sich aber auch jeder Mod als eine Insel; Speed verlieh jedem einzelnen eine Identität, die scharf wie eine Rasierklinge war, und ein nadelspitzes Bewußtsein für seine Stellung in der Welt. Und das war es, was The Who erreicht hatten, der Grund, warum sie trotz ihres künstlichen Images für die Mods all das symbolisierten, was das Mod-Dasein ausmachte, nämlich „das endgültige Beispiel für Individualität, die ihren tieferen Sinn aus der Interaktion mit anderen bezieht“. The Who „spielten mit der Spannung zwischen individueller Vision und kollektiven Leistungen, ohne sich damit aufzuhalten, den Streß zu verbergen, den dieses Balancieren mit sich brachte – und das wurde zu einem wichtigen Teil ihres Images“, wie Dave Marsh in seinem Buch *Before I Get Old: The Story of the Who* (S. 140) behauptete.

Obwohl es ursprünglich die Kinks gewesen waren, die mit den Who um die Rolle *der* Mod-Band gekämpft hatten, waren es schließlich die Small Faces, welche die Fackel der Mod-Subkultur hochhielten, als jene schon in ihren letzten Zuckungen lag und chancenlos dagegen war, in den Mainstream des gesäuberten Pop hineingesogen zu werden. Die Small Faces waren echte Mods; und so wie die Yardbirds die Stones ablösten, so errangen die Small Faces in der Clubszene bald den Kultstatus der Who. Aber sie blieben nicht lange in dieser Szene. Ihre erste Single, „What 'Cha Gonna Do About It?“ kam im August 1965 auf Platz 14 der Charts, und im Januar 1966 hatten sie mit „Sha La La La Lee“ einen Riesenerfolg. Vom Gesichtspunkt dieses Buches aus betrachtet, war jedoch 1967 ihr erfolgreichstes Jahr. Im Juni 1967, als jedermann Worte wie „Hippie“, „Joint“, „Acid“ und „psychdelisch“ aus dem Mund fielen, veröffentlichten The Small Faces ihren Song „Here Comes The Nice“, eine Hymne auf die tablettenschluckende Blütezeit der Mods. Und während Polizei und Medien eine Hexenjagd auf die Rolling Stones veranstalteten, die man für satanistische Junkies hielt, spazierten die Small Faces seelenruhig vor die Fernsehkameras von „Top of the Pops“ und sangen: „Here comes the nice/He knows what I need/He's always there when I need some speed“ – und so ging es das ganze Lied weiter, eine ganz offensichtliche Lobeshymne auf den

Dealer als Kulthelden. Stevie Marriott sollte später sagen: „,Here Comes the Nice' war ein Drogensong, aber kein Mensch hat Verdacht geschöpft und ist darauf losgegangen. Und das war das Gute daran: Wenn niemand dagegen war, dann war es cool ... Wir spielten den Song in ,Top of the Pops' und taten das auch, um rebellisch zu sein – um zu sehen, was wir uns alles leisten konnten" (zit. nach John Pidgeon: *Facing the Music. History of Rock*, 1982,*4*, S. 808).

Noch im selben Jahr kam es zum Ausbruch des intravenösen Amphetamin-(Methedrin-)Mißbrauchs. Diese Entwicklung fand nicht bei Tablettenschluckern statt, die jetzt auf die Nadel umstiegen, sondern in der bereits existierenden Szene der Heroin- und Kokain-User, die vom berühmtesten (oder berüchtigtsten, wie manche sagen würden) Arzt Londons, John Petro, von Kokain auf Heroin umgestellt wurden. Damals hatte die Londoner Methedrinszene kaum eine direkte Verbindung zum Musikbusineß, aber man sollte trotzdem drauf hinweisen, daß Petro kein Rauschgiftdoktor war. Er mag zwar auf dem falschen Weg gewesen sein, aber immerhin kümmerte er sich um seine Patienten. In New York, wo es unter Musikern sehr verbreitet war, sich Methedrin intravenös zu spritzen, sah die Situation ganz anders aus.

I don't have a bedtime
I don't need to come
For I have become an Amphetamine bum.
If you don't like sleeping
    and don't want a screw
Then you should take lots
    of amphetamine too.

New Amphetamine Shriek, von The Fugs

Mitte der Sechziger erzeugte die starke Verbreitung von Amphetamin-Tabletten und Methedrin zum Spritzen in der Künstlerszene New Yorks eine total gestörte Stimmung, in der es in war, ein ausgeflippter Freak mit seltsamen Gewohnheiten zu sein. Der Brennpunkt dieser hektischen Subkultur war die Factory Andy Warhols, die sich erst in der East 47th Street und dann auf 33 Union Square befand und in der Künstler, Poeten, Schriftsteller, Musiker, Models und andere Leute, die in einer von unendlich vielen Weisen irgendwie kreativ waren – Groupies, Mitläufer, Sklaven, Speichellecker und Nullen –, sich zusammenscharten und hofften, daß Warhol, das Wunderkind, ihnen die versprochenen fünfzehn Minuten Berühmtheit schenken würde.

Sie waren wie Maulwürfe, leere Schatten, die nur nachts in ihren supercoolen und absolut angesagten schwarzen Sachen unterwegs waren und einen elegant abgefuckten Look draufhatten (den sich Keith Richards später patentieren ließ), weil sie solche Unmengen Speed nahmen, der den äußeren Blutgefäßen das Blut entzieht. Schlafen und Essen fielen völlig unter den Tisch. Auch Heroin erzeugt dieses fahle, unterernährte Aussehen, bei dem das Gesicht nur mehr aus Haut und Knochen besteht, mit stark betonten Wangenknochen und tief in den Höhlen liegenden Augen.

Wie modisch, hip und „kreativ" diese Leute auch immer waren, in Wahrheit waren die meisten Factory-Typen irgendwie beschädigte, labile und launenhafte Unpersonen, die wie verrückt Speed einwarfen, um genügend Mut zu haben, ihr gewünschtes Image nach außen zu projizieren. Sie schliefen nicht, weil sie nichts versäumen wollten. Jeder quatschte alle anderen stundenlang an und erzählte von seinen großartigen Plänen, Schrullen und Launen, die im selben Augenblick vergessen waren, in dem sie ausgesprochen wurden. „Uptight" (angespannt) war das Schlüsselwort für diese Szene; Speed machte sie alle total paranoid, was ihre Stellung in der Factory-Hierarchie betraf – warum hatte Andy ihn/sie nur lieber als mich? Dieser Begriff traf im Jahre 1966 auch auf das gesamte Musikbusineß zu – jeder versuchte, sich eine möglichst gute Position zu erkämpfen und war hungrig nach Publicity. Niemand sah, wohin er unterwegs war, weil alle so damit beschäftigt waren, ängstlich über die Schulter zu schauen.

Die Factory war nichts anderes: Man fand irgendwelche Leute, gestaltete sie um und warf sie den gierigen Medien, die sich wie die staunenden Menschen im Märchen von des Kaisers neuen Kleidern verhielten, zum Fraß vor. Später wurden sie wie leere Suppendosen wieder weggeworfen. Manche von ihnen wurden vertrieben oder bemerkten, daß ihre Realitätswahrnehmung eine einzige Drogenvision war. Wenn sie beispielsweise aufhörten, Speed zu nehmen, dann bekamen sie unerträgliche Depressionen, und viele von ihnen griffen zur Flasche, zu Heroin oder zu Barbituraten.

Edie Sedgwick war der klassische Warhol-Schützling. Ihre traurige Biographie erzählt die Geschichte eines schönen, zum Scheitern verurteilten, armen, kleinen, reichen Mädchens, das auf Speed durch den Strudel der Warholschen Welt unterwegs war, „Star" in seinen Filmen sein durfte und halbverrückt nach Ruhm und Bewunderung war. Irgendwann ekelte sie das Factory-Leben an und sie schloß sich dem Dylan-Clan an, wo sie noch mehr Drogenirrsinn durchmachen mußte und dann fallengelassen wurde. Mit 28 starb sie an einer Überdosis Barbiturate. Joel Schumacher, der Regisseur von Filmen wie *The Wiz*, *Car Wash* und anderen, gab den folgenden Kommentar dazu ab: „Sie war die vollkommene Verkörperung der Zersplitterung, der Explosion, der Unsicherheit und des Irrsinns, die wir alle in den Sechzigern durchmachten. Je verrückter man war, desto eher wurde man als Held betrachtet“ (zit. nach Stein, S. 295).

Wenn Warhol Gott war, dann war Dr. Charles Roberts sein Erzengel. In seinem Sprechzimmer in der 48th Street verteilte er Methedrininjektionen an die Reichen, Berühmten und nicht ganz so Berühmten. Er verordnete die Droge, ohne irgendwelche Unterschiede zu machen und offensichtlich aus nichtmedizinischen Gründen, an alle, die genug Geld besaßen. Sein Sprechzimmer war immer voller Schauspieler, Models, Geschäftsmänner und Musiker, die sich bei einem Arzt um ihren Schuß anstellten, der (um noch einmal Schumacher zu zitieren) „selbst die ganze Zeit stoned war“. Er hatte seine Lieblinge, die einfach in seine Praxis schlendern und die Horden, die schon ziemlich entnervt dort warteten, verächtlich angrinsen konnten und sich dann direkt zu Doc Roberts begaben, um sich ihr Speed zu holen. Abgerechnet wurde von einem zuvor bereits eingerichteten Gebührenkonto. Edie Sedgwick war eine dieser bevorzugten Patientinnen.

Injiziertes Methedrin ist so etwas wie eine Turboladung Amphetamin; nimmt man die Droge über längere Zeit hinweg, dann kann das zu einer paranoiden, schizophrenieartigen Psychose, zu Wahnvorstellungen und Halluzinationen führen. Chronische User bleiben oft tagelang wach, essen fast nichts und nehmen bis zu 5.000 Milligramm im Tag – wobei eigentlich schon 250 mg tödlich sein können. Wenn man die Droge einige Monate lang konsumiert hat, dann kann es einige weitere Monate dauern, bis man sich von der depressiven Stimmung des Entzugsstadiums erholt hat. Manche schaffen es nie. Aber darum schien sich kein Mensch zu scheren; vielleicht war diese Angewohnheit nur eine Extremversion des normalen Lebens in New York.

Doc Roberts spritzte der ganzen Besetzung von Warhols Film *Ciao Manhattan* Methedrin, damit der Streifen schneller gedreht werden konnte. Auf dem Video des Films kann man Edie Sedgwick hören, wie sie über die Schrecken und die Freuden, die Speed gleichzeitig für sie darstellt, redet:

> Dieses Acryl-High, schreckenerregende, jodelnde, sich ewig wiederholende Echos einer Unendlichkeit, die so brutal und quälend ist, daß Worte die Verwüstung und die Stimmung, die so ein böser Alptraum in einem anrichtet, gar nicht wiedergeben können … [trotzdem] ist es schwierig, sich zwischen den höchsten Ekstasen von Speed und Kokain für eine von beiden zu entscheiden … oh, sie sind so sagenhaft. Dieses phantastomatische sexuelle Kitzeln … (zit. nach Stein, S. 266).

Jene, die es am besten schafften, den reißenden Strudel des Bohemelebens, der Edie Sedgwick und andere wie sie verschlang, auszudrücken, waren wahrscheinlich die Velvet Underground, die mit dem echten musikalischen Talent eines Lou Reed gesegnet waren. Die kalifornischen Musen der Rockmusik mit ihren acidgetränkten Texten boten nur Flucht und die Hoffung auf eine bessere Welt voller Frieden, Liebe und Harmonie; was Lou Reed anzubieten hatte, war eine Einbahnfahrt in die Hölle. Mit den Velvet Underground gab es keine Möglichkeit zur Flucht.

1966 fand Tony Conrad, ein Freund der Band, in einem Rinnstein der New Yorker Bowery ein Taschenbuch, einen sadomasochistischen Roman mit dem Titel *The Velvet Underground*, und verhalf der Band so zu ihrem Namen. Im selben Jahr wollte Andy Warhol eine Multimedia-Show aufziehen, die auf Tour gehen und bei der die Band vor einem Hintergrund aus Tänzern, Dias, Filmen und Lichtern auftreten sollte. Warhols berühmtester Schauspieler, Paul Morrisey, erinnert sich, wie er damals mit dem Tänzer und Poeten Gerard Malanga und einer Factory-Type namens Barbara Rubin herumsaß:

> Ich hob irgendeine Platte vom Boden auf, auf deren Backcover Barbara zu sehen war, wie sie Bob Dylans Kopf massierte (*Bringing It All Back Home*). Bei diesem Bild stand auch ein Begleittext, irgend so ein Amphetamin-Bob-Dylan-Geschwafel. Ich schaute ihn an, ohne ihn genau zu lesen, und sah diese Worte erscheinen: etwas, das explodierte („exploding"), etwas das aus Plastik war („plastic"), und etwas, das unvermeidlich („inevitable") war (zit. nach Bockris, S. 31).

Und so geschah es, daß aus Andy Warhol's Uptight Show die „Exploding Plastic Inevitable" wurde. In den Jahren 1966/67 ging sie auf Tournee. Die Band an sich hatte schon genug theatralische Wirkung: ein manischer Geiger, ein geheimnisvoller Punk, der lange genug auf der Straße gewesen war, um alles zu wissen, ein normal aussehender Typ, ein Schlagzeuger unbestimmbaren Geschlechts und eine Zeitlang noch dazu Nico, die überwältigend blonde deutsche Sängerin. Sie hätten die Light-Show, die Filme und das degenerierte Getanze gar nicht gebraucht. Es war zwar in dem Augenblick in Ordnung und erzeugte Atmosphäre, aber was für die Nachwelt davon überblieb, sind einzig und allein die Musik und die dämonischen Texte Lou Reeds. Die Songs zeigen eine Frische, die einem Großteil der restlichen Musik dieser Zeit abgeht. Heute ist der Hippie-Traum tot und begraben, und wir leben immer noch Reeds öde und hoffnungslose Sicht des Großstadtlebens. Drogen sind Krankheit und Liebe, Leben und Tod.

In jedem Lied der Velvets waren es nur ein paar Noten, die immer wieder aufeinanderkrachen, bis zum Feedback – dem Kreischen, dem Aufschrei des Amphetamins –, das unweigerlich kommen muß. Der Rhythmus ließ einen nie frei, er hielt den Zuhörer nieder, während die Texte ihn mit Bildern von der Straße überschütteten. Der Sound der Gruppe war die hörbare Umsetzung der Amphetaminerfahrung. Das war der Kontext, in dem diese Band existierte, der Rahmen, in dem sie arbeitete; Reed Reed, Lou baute in „Sister Ray" das Amphetamingestotter ein, um das noch zu unterstreichen. Aber Reed präsentierte auch die Gegenseite: Er sang über einen weißen Jungen, der nach Harlem ging, um sich dort Heroin zu besorgen („Waiting for the Man"), und über die allesverschlingende Liebesbeziehung zwischen einem Heroinsüchtigen und seiner Droge („Heroin"). Trotz seines Titels baut der Song auf dem Kamm einer Methedrin-Welle auf: „When I'm rushing on my run/And I feel like Jesus' son". Dann windet er sich nach ganz unten, dorthin, wo der Junkie die Erlösung von einer Welt sucht, in der er einfach nichts begreift („I just don't know"). Durch das Heroin befindet er sich in einem endgültig scheinenden Widerspruch: „... Heroin/will be the death of me", aber „it's my wife/and it's my life." Am meisten schockierte der Song auf der Bühne; Gerard Malanga zeigte dort den vollständigen Vorgang des Fixens, vom Erhitzen des Löffels über das Abbinden und den Schuß, bis er am Schluß am Boden lag und Lou Reed aus leeren Augen anstarrte.

Daß er Lieder wie „Heroin" schrieb, trug Lou Reed den Ruf des ärgsten Junkies weit und breit ein. Seine Kommentare zu diesem Thema waren immer zwiespältig, und meistens beließ er es bei Aussagen wie: „Nur weil ich darüber schreibe, heißt das noch lange nicht, daß ich es auch tue." Auf seiner 1975er-Platte *Metal Machine Music* war zu lesen: „Was ich in einer Woche erlebe, schlägt dein ganzes Jahr", und Mitte der Achtziger sagte er dann (in einem Interview im *Melody Maker* vom 1. März 1986): „Ich habe mit Dope nichts zu tun. Ich rauche weder Gras, noch mag ich Dinge, die jedermann von einem Tisch snieft. Das ist so gewöhnlich." Dennoch – während einer Periode seines Lebens, in der es ihm besonders schlecht ging, Mitte der Siebziger nämlich, gab Reed zu, daß er Speed schoß. Und Drogen waren *tatsächlich* eines der wichtigsten Themen seiner Musik. In seiner depressiven Zeit ließ er sich ein Eisernes Kreuz in die Haare färben und stellte bei seinen Soloauftritten „Heroin" nach, komplett mit Aderpresse und Spritzennadel. Das zentrale Thema seiner LP *Berlin* (1973) war die zum Scheitern verurteilte Beziehung zwischen zwei Speedfreaks, und der Titelsong von *Street Hassle* (1978) erzählte von einem jungen Mädchen, deren Leiche auf der Straße abgeladen wird, nachdem sie sich eine Überdosis gesetzt hat.

Die erste Platte der Velvet Underground wurde ursprünglich von Ahmet Ertegun von Atlantic Records wegen ihrer Drogentexte abgelehnt. Verve veröffentlichte das Album 1967 in den USA. Als die LP im Oktober desselben Jahres gerade in England herausgebracht wurde, tauchten Lou Reeds dunkelste New Yorker Vignetten im sonnigen Kalifornien auf. Der Bezirk Haight/Ashbury in San Francisco, der sich schon auf dem Abstieg zur schmierigen Touristenattraktion befand, erlebte die Anfänge einer Speed/Heroin-„Epidemie". Die Blumenkinder bestiegen Jim Morrisons Kristallschiff aus Methedrin, und die Hippiegemeinde begann unterzugehen.

Diese Tatsache war der Grund für die „Speed-Kills"-(Speed-tötet)-Kampagne, die an der Westküste entstand. Die Gegenkultur hat stets versucht, Drogenprobleme selbst in den Griff zu kriegen; 1969 verbreiteten einige erleuchtete Rocksender die Warnung, daß gestreckte Drogen in Umlauf wären. Die Haight Ashbury Free Clinic, die 1967 gegründet wurde, um sich der Drogenopfer der Gegend anzunehmen (und heute noch existiert), erhielt vom Monterey Pop Festival eine 5.000-Dollar-Spende, und der Rockveranstalter Billy Graham organisierte einige Wohltätigkeitskonzerte für die Klinik, als sie finanzielle Schwierigkeiten hatte.

Streng medizinisch gesehen tötet Speed nur sehr selten, aber der Slogan war wirksam genug, um damit das Musikbusineß um Unterstützung angehen zu können. In Hollywood zog man einen Straßen-Informationsdienst namens „Do It Now" auf, der Drogenkonsumenten wahre und präzise Informationen liefern sollte. Das Radio teilte der Bewegung Sendeplätze zu, in denen Musiker über die Gefahren der Drogen sprachen. In einem dieser Beiträge sagte Frank Zappa: „Ich möchte euch empfehlen, kein Speed zu nehmen, und zwar aus folgenden Gründen: Es wird eure Leber und eure Nieren zerstören und euren Verstand verfaulen lassen. Alles in allem wird euch diese Droge in genau dasselbe verwandeln, was eure Väter und Mütter jetzt schon sind."

Um weitere Geldmittel zu beschaffen, klopfte Do It Now an die Türen verschiedener Plattenfirmen und bat sie darum, Songs für eine LP zur Verfügung zu stellen. Die Platte hieß *First Vibrations,* und darauf befanden sich Titel wie „Amphetamine Annie" (Canned Heat), „The Pusher" (Hoyt Axton), „Flying on the Ground is Wrong" (Buffalo Springfield), „Artificial Energy" (The Byrds) und „Roses Gone" (Peanut Butter Conspiracy). RCA spendete die Nummer „Somebody to Love", da Grace Slick den Kids mitteilen wollte, was ihre Band Jefferson Airplane über Speed dachte: „One pill makes you larger, one pill makes you small, but if you shoot speed, you won't be here at all", verkündete sie damals.

Zwei Punkte scheinen beim Engagement von Musikern in der „Speed-Kills"-Kampagne bemerkenswert: Erstens handelte es sich um eine bedeutende Geste von seiten der Musiker, die durch die Veröffentlichung von *First Vibrations* demonstrierten, daß die meisten Rock-Songs über Drogen – entgegen der öffentlichen Meinung – dem Thema negativ oder zumindest neutral gegenüberstanden. Dieser Punkt wird im elften Kapitel ausführlicher behandelt. Und zweitens fühlten sich die Musiker recht gut, wenn sie bei Anti-Drogen-Kampagnen mitmachen konnten, bei denen es um Drogen ging, die sie nie genommen oder mit denen sie aufgehört hatten. Im Jahr, als *First Vibrations* veröffentlicht wurde, sangen Canned Heat „Amphetamine Annie", während ihr Gitarrist Al Wilson das Opfer schwerer Depressionsanfälle war und schließlich an einer Überdosis Barbiturate starb. Grace Slick konnte leicht über Speed herziehen, wenn sie doch wußte, daß ihre größte Schwäche der Alkohol war. Diese Story wiederholte sich in letzter Zeit, als eine ganze Welle von Musikern Statements über die Gefahren von Drogen abgab. Viele von ihnen gaben flammende Anti-Heroin-Statements ab und waren doch selbst Repräsentanten eines Busineß, das buchstäblich von Kokain zugeschneit ist.

In den 70er Jahren wandten sich viele jener Musiker, die reich genug waren, um sich die Droge stets leisten zu können, von den Amphetaminen dem Kokain zu, das ihr beliebtestes Stimulans wurde. Für jene Musiker aber, die sich nach wie vor als Stellvertreter der nicht ganz so entspannten Tradition amerikanischer Rockmusik betrachteten und deren Musik Ecken und Kanten brauchte – und natürlich auch für Fans, die sich kein Kokain leisten konnten –, blieb Speed ein wichtiges Element in der großen Apotheke des Rock.

Heavy-Metal-Musik ist seit den Tagen von Blue Cheer, der Lieblingsband der Speed-Freaks in San Francisco, so etwas wie die Heimat des Speed. Für Bands wie Blue Cheer (die sich durch eine angeblich besonders starke LSD-Sorte zu ihrem Namen inspirieren ließen) gab es so etwas wie den Begriff „zu laut" nicht. Es geht die Legende, daß sich während eines ihrer Gigs ein Hund auf die Bühne verirrte und tot umfiel. Led Zeppelins fusionierten die Blues-Rock-Bestrebungen von Gruppen wie Blue Cheer und Iron Butterfly und stellten das Ergebnis einem internationalen Publikum vor. Die Atmosphäre bei einem Konzert der Zeppelin vor Massen von Menschen wirkte bedrohlicher als alles, was in den Tagen des Friedens und der Liebe passiert war. Die Stones setzten in Altamont den Maßstab für zukünftige Heavy-Metal- und Heavy-Rock-Konzerte – unter der Oberfläche brodelte immer ein lastendes Gefühl der Gewalttätigkeit, ob nun wirklich jemand verletzt wurde oder nicht. Um für den kompromißlosen und energiegeladenen Sound-Hurrikan in die richtige Stimmung zu kommen, kamen Teile des Publikums schon in verschiedenen Stadien chemisch induzierter Veränderung zu den Konzerten. Sie waren ein Ozean langhaariger Burschen aus der Arbeiterklasse in Jeans-Kleidung, die Speed mit Alkohol mischten und sich gegenseitig (aber auch ungeliebte Vorgruppen) mit Bierdosen und Flaschen bewarfen.

Die Free Medical Clinic aus Haight Ashbury betrieb normalerweise bei großen Konzertereignissen eine mobile Ambulanz im Stil des Films „M*A*S*H". 1973 führte sie bei zwei Konzerten, die im Kezar-Stadion in San Francisco stattfanden – eines von Grateful Dead und eines von Led Zeppelin –, Tagebuch. Die Klinik hatte ein Team von dreißig Leuten zusammengestellt, das mit den 20.000 Besuchern, die gekommen waren, um die Dead zu sehen, fertigwerden sollte. Die Atmosphäre war im allgemeinen recht warmherzig und heiter, die Leute machten Picknicks, tanzten und nahmen Sonnenbäder – eine richtige Jahrmarktsstimmung. Die 55.000 Besucher des Led-Zeppelin-Konzerts waren da schon ganz anders; die Gruppe „war kommerziell geworden, sie hatte sich schubladisieren und ausverkaufen lassen – und das an eine Horde von Teeny-Boppern, die in der Umgebung der Stadt lebten und die Träume und Erwartungen der Love Generation nie am eigenen Leib erfahren hatten. Die Menge schien zwar neugierig, aber mürrisch zu sein" (zit. nach Gay und Elsenbaumer, S. 197). Harmonie und Fröhlichkeit waren einer Stimmung rastlosen Unbehagens gewichen. Alkohol und Speed wurden mit einer neuen Droge, nämlich Methaqualon, gemischt.

Diese Droge, die in England unter dem Namen Mandrax und in den Staaten als Quaalude verkauft wurde („Mandies" oder „Ludes"), war in ihrer hypnosedativen Wirkung den Barbituraten ähnlich, aber es war weniger wahrscheinlich, daß sie Stimmungen ganz und gar auslöschte. „Luding out" wurde zu einer Standardphrase im Rock 'n' Roll. Ludes erzeugten auf dem Led-Zeppelin-Konzert, kombiniert mit Schnaps und Speed, ein angespanntes Gefühl unterdrückter Wut und Gereiztheit. Die Belegschaft der Klinik schätzte, daß etwa 40.000 der insgesamt 55.000 Menschen umfassenden Menge während des Tages Drogen eingenommen hatten. Da aber dabei ein Übergewicht an Sedativen bestand, kam es zu keinen echten Gewalthandlungen, aber zu Schwingungen, die die Klinik-Leute mit „Stacheldraht" verglichen.

Heavy Metal verschwand in den Siebzigern eine Zeitlang aus dem Blickfeld der Öffentlichkeit, hat aber in den Achtzigern auf beiden Seiten des Atlantiks eine Renaissance erlebt. Die neue Welle der Metal-Musik wurde in England von Motörhead angeführt; und die Medikamentenfirma

SKF hatte niemals ein durchschlagenderes Team reisender Vertreter. Alles an dieser Band ist schnell; die Musik, der Name (amerikanischer Slang für „Speed-Freak“) und der Frontmann, Ian „Lemmy“ Kilminster, Bassist, Sänger und – wie er selbst zugab – ein ergebener Jünger des Amphetaminsulphats. Aus letzterem Grund trat er auch aus der Gruppe Hawkwind aus. 1975 schnappte ihn der kanadische Zoll mit einem Vorrat des weißen Pulvers. Hawkwind fürchteten, daß diese Tatsache ihre Zukunft in Amerika aufs Spiel setzen könnte, und warfen ihn aus der Band. Also fuhr er nach Hause und gründete Motörhead. Die Titel der LPs sprechen für sich: „Iron Fist“, „Overkill“ und „No Sleep Till Hammersmith“. Wie Lemmy sagt: „Meine Lieblingsdroge ist Speed, weil ich damit auf der Bühne gut drauf bin, aber ich würde das den meisten Leuten nicht empfehlen, weil die meisten Leute, die es nehmen, nach ein paar Wochen komplett durchdrehen. Für die meisten Menschen ist es nicht gut, aber mein Stoffwechsel scheint sich daran gewöhnt zu haben.“ Wenn er aber für die Band über Heroin spricht, dann sagt er: „Wir hassen Heroin und werden es immer hassen ... Heroin macht die Leute immer kaputt“ (aus einem Interview in der *High Times,* März 1984).

In England wurden Motörhead zu der Zeit berühmt, als Punk gerade aufkam. Die beiden Fraktionen hatten eine befruchtende Wirkung aufeinander – sie konnten die Energien des anderen Teils gut umsetzen. Motörhead trat oft gemeinsam mit Bands wie The Damned und The Adverts auf. Dadurch, daß sie sich vom Heroin fernhielten, distanzierten sich Motörhead jedoch von der starken Neigung vieler Punks, diese Droge geradezu anzubeten – das Erbe des Nihilismus, das den amerikanischen und englischen Punks von Velvet Underground hinterlassen wurde. Das Image eines öffentlichen Ärgernisses ging auf Iggy Pop, die MC5, die New York Dolls und Johnny Thunders and the Heartbreakers über. Die beiden Musiklokale Max's Kansas City und CBGB's in New York wurden zu Bastionen der Trash-Ästhetik.

Die New York Dolls verkörperten die ideale Legierung aus dem Großstadt-Alptraum der Velvets, dem gnadenlosen Hämmern des Hardrock, dem Kult der Bisexualität und der rücksichtslosen Lebensweise des permanenten und zum Untergang verdammten Berauschtseins. Diese Mischung stellte einen großen Einfluß für den englischen Punk dar. Man könnte ihre Kunst aber auch anders definieren: Rhythm & Blues mit Make-up und Stöckelschuhen.

Die Band wurde 1971 gegründet. Mitglieder waren Bassist Arthur Kane, Gitarrist Johnny Thunders und Schlagzeuger Bill Murcia, später stießen Sylvain Sylvain an der Gitarre und Sänger David Johansen dazu.

Sie benötigten nur kurze Zeit, um als Fast-Nachfolger der Velvet Underground die Lieblinge der New Yorker Clubszene zu werden, und traten oft im Max's Kansas City auf. 1972 erhielt ihre Karriere einen riesigen Auftrieb, da sie von den Faces eingeladen wurden, in Wembley zu spielen. Tragischerweise verstarb jedoch der Schlagzeuger Bill Murcia am 6. November 1972 an einer Überdosis Tabletten, gemischt mit Schnaps. Arthur Kane, mit rotgeschminkten Lippen und einem Sweatshirt über engen weißen Hosen, jammerte in einem Interview mit Robert Christgau über das Image der Band als ein Haufen „transsexueller Junkies". Möglicherweise war es seinem schnapsgetränkten Hirn entgangen, daß David Johansen während der Nummer „Looking for a Kiss", die alte Lou-Reed-Nummer mit der Nadel abzog. Und zur gleichen Zeit machten Johnny Thunders und Jerry Nolan, der Ersatz für Murcia, hinter der Bühne damit ernst.

Wenn man sich die Sex Pistols anhört, entdeckt man in ihrer Musik die grundlegenden Rock-'n'-Roll-Riffs der New York Dolls wieder, aber härter und schneller gespielt und mit einer darüberliegenden knurrenden und sardonischen Stimme. Dabei handelt es sich aber keineswegs um einen Zufall. Die New York Dolls engagierten 1975 einen jungen Engländer als Manager, der ihre Karriere, mit der es bergab ging, wiederbeleben sollte. Er versuchte, sie als anarchistische Band wieder glaubwürdig zu machen, indem er überall das Gerücht verbreitete, daß sie alle Kommunisten wären. Doch dieser Versuch scheiterte, und der Manager, Malcolm McLaren, ging nach London zurück und probierte es noch einmal.

Malcolm McLaren bestand darauf, daß Punk eigentlich gar nichts Neues wäre: „Ich glaube nicht, daß es sich nur um eine vergängliche Modeströmung handelt, weil die Haltung dahinter so einfach ist; es ist meiner Ansicht nach dieselbe Haltung, die auch Eddie Cochran oder jeder echte Rock 'n' Roller hatte." Der *Kontext* jedoch, aus dem heraus Punk plötzlich explodierte, war ein anderer als bei allen bisherigen Jugendbewegungen nach dem Krieg. Die Mods in ihren smarten Anzügen und Krawatten waren nicht einmal Pseudoanarchisten; sie verkündeten laut und deutlich, daß sie es auf ihre eigene Art in der Welt zu etwas bringen wollten, aber diese Welt war die Welt aller anderen Bürger, eine Welt, in der man einen Arbeitsplatz finden konnte. Mama und Papa strebten neue Kühlschränke, Fernsehapparate und sogar Autos an, und für den Geschmack des Juniors sorgten die Medien mit vergänglichen Moden und Musikrichtungen.

In den späten Siebzigern und frühen Achtzigern sah es jedoch in England ganz anders aus. Die zusammengestückelten Punk-Uniformen entstanden aus dem Abfall und dem frei verfügbaren Müll einer zerfallenden

Industriegesellschaft, die keine Zukunft hatte. Für die Medien stellten die Punks die Verkörperung der Anthony-Burgess-Vision (in *Uhrwerk Orange*) einer ziellosen und gewalttätigen Droog-Armee („Droogs" ist in Burgess' Buch die Bezeichnung für Straßenbandenmitglieder, *Anm. d. Übers.*) dar.

Die aggressive Angst der Punks richtete sich nicht nur gegen die Welt der Normalen, sondern auch gegen die vorangegangene Rock-Generation, die man einmal für anarchisch und subversiv gehalten hatte. Daran ist nichts Neues: Auch die Mods wandten sich gegen das Hitparadengedudel und die Männer mit den komischen Hüten, die traditionellen Jazz spielten. Neu für England war jedoch das explosive Ansteigen der Zahl unabhängiger Schallplatten-Labels, die die einzige konsequente Möglichkeit darstellten, die im Wohnzimmer entstandenen Drei-Akkord-Produkte auch an die Öffentlichkeit zu bringen. McLaren gab zu, daß es sich bei der Musik an sich um ganz normalen Rock 'n' Roll handelte und die Besetzungen der Bands – Gitarren, Baß, Schlagzeug – ebenso konventionell waren. Die Punks hatten die Sex Pistols; die Mods hatten The Who – Bands, die die Armeen in die Schlacht führten. Beide dieser Subkulturen hatten starke Beziehungen zur schwarzen Musik und Kultur – Bluebeat und Soul in den Sechzigern, Reggae in den Spätsiebzigern. Mods nahmen sich den schwarzen Hipster zum modischen Vorbild; Punks schufen eine Neuinterpretation der Rasta-Dreadlocks mit ihren stacheligen, mit Gel aufgestellten Mohawks, die sie in den Farben Jahs färbten. Dennoch war Punk die Antithese zum Designer-Chic der Mods (und der Siebziger-Disco-Szene). Der Punk-Look hatte überhaupt nichts Prächtiges an sich; statt dessen ließ er sich von der sexuellen Zweideutigkeit und den Fetischen des Sado-Maso-Weltbilds der Velvet Underground sowie von der dramatischen optischen Wirkung des Glam-Rock inspirieren.

Seit den ersten Tagen des Rock 'n' Roll ist es das wichtigste Ziel der Musiker, eine Reaktion, irgendeine Reaktion, zu erzeugen. Jerry Lee stieg auf sein Klavier, Elvis wackelte mit den Hüften, The Who zerschlugen ihr Equipment, Reed und David Johansen spritzten auf der Bühne Heroin, die Stones pinkelten gegen Wände, die Pistols kotzten Flughäfen voll. Sid stand blutüberströmt auf der Bühne und spuckte in die Menge, während Johnny Rotten das Publikum anrotzte: „Hat man euch schon mal übers Ohr gehauen, ihr Scheiß-Idioten?" „Summertime Blues", „My Generation" und „Pretty Vacant" – alle diese Songs waren Hymnen für Jugendliche, die sich eingesperrt vorkamen und durch ihre Teenagerjahre knallten wie die Kugeln in einem Flipperautomaten. Eddie war zu jung zum Wählen („Summertime Blues": „ ... you're too young to vote"); Pete hatte anscheinend Schwierigkeiten mit Leuten, die ihn unterdrückten (in „My Generation"); und Johnny war die ganze Welt scheißegal.

Und ein wichtiger Teil dieser ganzen Frustration und Wut, dieser zornigen Bemühungen, seine Jugend auszudrücken, indem man sich möglichst extrem aufführte, war Speed – für Angehörige des Proletariats ein billiger Passierschein zu einer höheren Selbsteinschätzung und sozialer Mobilität. Speed war die subkulturelle Konstante, die die Jahre '56, '66 und '76 miteinander verknüpfte.

In den Siebzigern (wie auch heute noch) meinte man, wenn man von Amphetamin sprach, eher das illegal hergestellte Amphetaminsulphat in Pulverform als die Tabletten, die man von Ärzten, Chemikern und Fabriken beziehen konnte. Die Wirkung war hingegen immer dieselbe. Johnny Rotten war das Rollenmodell eines mit Speed vollgepumpten Punks: „Stacheliges rotgefärbtes Haar, sein Gesicht blaß wie der Tod, Metalldinger hängen von seinen Ohrläppchen runter, dünne Beine … er sieht aus wie eine Amphetaminleiche aus dem feuchten Traum einer sonntäglichen Boulevardzeitung" (aus dem *New Musical Express* vom 11. Dezember 1976). Es war wieder modern, die ganze Nacht in Musik-Clubs unterwegs zu sein; und wer im Roxy oder im Nashville jemand sein wollte, mußte so aussehen, als litte er unter einer fortgeschrittenen Amphetaminpsychose, auch wenn er mit dem Stoff noch nie in Berührung gekommen war. Speed war auch ein integraler Bestandteil der Northern-Soul-Szene in den Clubs nordenglischer Städte wie Wigan.

Aber es gab auch eine Menge Kids, die mit dem Stoff sehr wohl in Berührung kamen, und auch sehr viele, die auf gefährlichere, aber immer noch billige Barbiturate wie Tuinal umstiegen, um wieder runterzukommen und dem Amphetamin-„Crash" einen Teil seiner Schrecken zu nehmen. Für Punkrockstars, die es sich leisten konnten, gab es natürlich Heroin. Topper Headon von den Clash und Keith Levine von Public Image Ltd. (um nur zwei zu nennen) gingen nur knapp daran vorbei, dem endgültigen Rock-'n'-Roll-Klischee zum Opfer zu fallen. Malcolm Owen von den Ruts und Sid Vicious schafften es nicht.

In der *Sunday Times* erschien einmal ein Artikel mit dem Titel „All Dressed Up and Nowhere to Go" (etwa: „Total gestylt und kein Platz, wo ich hin kann") über das Dasein eines arbeitslosen Punks. Interviewt wurde ein gewisser „Keith": „Ich nahm zweimal pro Woche LSD, und es machte mich verrückt. Ich wußte, was es hieß, verrückt zu werden."

LSD war also wieder da, diesmal nicht als Werkzeug irgendwelcher politischer Ideen, sondern als Teil der ganz und gar auf sich selbst gerichteten Bestrebungen, sich kaputtzumachen. Aber war das in den Sechzigern so anders?

9

Viel zu viele bunte Träume

Timothy Leary

Er lehrte die Leute, psychoaktive Substanzen nicht zu konsumieren, sondern überlegt und kreativ zu nutzen. Bis zu seinem Tod blieb er sowohl der psychedelischen Erfahrung als auch der Rockmusik treu. Kurz vor seinem Ableben, als Leary sich nur noch im Rollstuhl bewegen konnte, „düste" er mit 20 alten Freunden den Sunset Boulevard runter ins „House Of Blues" – alle aus Solidarität in Rollstühlen. Rockin' Chairs.

Die oberste Regel des Pranksters ist, daß nichts von Dauer ist.

Ken Kesey

Die wirkliche Macht hinter der Acid-Revolution ging von den Plattenfirmen aus ... Acid-Musik war LP-Musik, und eine LP kostete viermal soviel wie eine Single. Wenn es jemals eine Droge gab, die einen zutreffenden Namen trug, dann war das LSD. Die Pfund, Shillings und Pence (engl. abgekürzt: £, s, d, *Anm. d. Übers.*), die damit verdient wurden, hatten auf die gesamte Industrie, von ganz oben bis ganz unten, einen starken Einfluß.

Simon Napier-Bell

Ohne LSD würde wahrscheinlich heute niemand den Namen Albert Hofmann kennen – außer seiner Familie, Freunden und Chemikerkollegen, die mit ihm in den Labors von Sandoz, der Schweizer Pharmazeutikfirma, arbeiteten.

Hofmann stieß im Jahre 1929 direkt nach seinem Abschluß an der Züricher Universität zu diesem Unternehmen, um dort innerhalb der chemischen Industrie an Naturprodukten zu arbeiten. In den frühen 30er Jahren schafften es zwei amerikanische Forscher, Lysergsäure als den gemeinsamen Kern aller Alkaloide im Mutterkorn (ein Pilz, der Roggen befällt) zu isolieren. Der Großteil von Hofmanns Tätigkeit bis 1938 bestand darin, das medizinische Potential der Lysergsäure zu untersuchen. Er versuchte, Lysergsäurediäthylamid (LSD) als Kreislaufstimulans zu entwickeln, aber nachdem Hofmann 25 verschiedene Arten LSD synthetisiert hatte, wurde dieser Forschungszweig 1938 als unbefriedigend und ergebnislos eingestellt.

Seine wissenschaftliche Wißbegier führte jedoch dazu, daß er die Arbeit nicht ganz und gar aufgab. 1943 synthetisierte er seine letzte Formel, LSD-25. Obwohl er normalerweise mit peinlich genauer Sorgfalt im Labor arbeitete, kamen Hofmanns Fingerspitzen mit der Chemikalie in Berührung – das Ergebnis sollte in den Sagenschatz der Drogensubkultur eingehen. Hofmann schrieb in seinem 1980 erschienenen Buch *LSD: My Problem Child* (New York: McGraw-Hill):

Letzten Freitag, am 16. April 1943, sah ich mich gezwungen, meine Arbeit im Laboratorium am mittleren Nachmittag zu beenden und mich nach Hause zu begeben, da ich von bemerkenswerter Ruhelosigkeit und zugleich leichten Schwindelgefühlen befallen war. Daheim legte ich mich hin und verfiel in einen nicht unangenehmen, rauschähnlichen Zustand, der sich durch äußerst stimulierte Phantasie auszeichnete. In einem traumähnlichen Bewußtseinszustand und mit geschlossenen Augen (da ich das Tageslicht als unangenehm grell empfand) nahm ich einen ununterbrochenen Strom phantastischer Bilder und außergewöhnlicher Formen in einem intensiven Farbenspiel wahr. Nach etwa zwei Stunden hörte dieser Zustand auf (Hofmann, S. 15).

Hofmann zog den Schluß, daß das LSD für seine bizarre Erfahrung verantwortlich gewesen war und tat das einzige, was ein echter empirischer Wissenschaftler nur tun kann: Er nahm etwas LSD zu sich, um zu sehen, was passieren würde. Dazu löste er ein tausendstel Gramm der Droge in zehn Kubikzentimeter Wasser auf – und ging auf einen ausgewachsenen LSD-Trip von mehreren Stunden Dauer, von denen einige gut, andere wiederum nicht so besonders waren. Drei seiner Kollegen machten den Versuch mit, nahmen aber nur ein Drittel der Dosis, die Hofmann konsumiert hatte. Die Ergebnisse waren dieselben. Hofmann war über die stärkste stimmungsverändernde Droge, die es je gab, gestolpert.

Ein Jahr vor Hofmanns folgenschwerer Entdeckung und ein paar tausend Kilometer weit weg, in Washington D. C., wurde eine Gruppe amerikanischer Wissenschaftler unter dem Kommando des CIA-Vorläufers OSS (Office of Strategic Services) zusammengebracht. Ihr streng geheimer Auftrag war es, eine Droge herzustellen, die den Konsumenten zum Sprechen bringen sollte, eine „Wahrheitsdroge“, die man bei Verhören des Geheimdiensts verwenden wollte. Im Verlauf der Forschung wurden Koffein, Alkohol, Barbiturate und Meskalin ausprobiert und wieder verworfen. Eine Zeitlang hielt man Marihuana für die Lösung des Problems, aber die Ergebnisse waren – wie bei so vielen stimmungsverändernden Drogen – zu unvorhersagbar. Einige der OSS-Agenten, die an den Experimenten teilnahmen, konnten unter dem Einfluß der Droge nicht mehr zu reden aufhören, andere wurden in der kalten und klinischen Umgebung, die im Labor herrschte, paranoid und sagten kein Wort. Die Wissenschaftler standen einem Beweis für das klassische Problem der Rolle, die Umgebung und individuelle Erwartungen für die Bestimmung der Wirkung einer Droge spielen, gegenüber. Sollte eine Wahrheitsdroge jemals funktionieren, dann mußte man die Angst eines feindlichen Agenten nach und nach steigern, bis er von selbst zu reden anfangen würde. Marihuana wurde in dieser Hinsicht also ebenfalls als wirkungslos verworfen, und das Untersuchungskomitee verfaßte einen Bericht mit seinen Ergebnissen. Einer der Unterzeichner dieses Berichts war der Chef des Bureau of Narcotics, Harry

J. Anslinger, den man wegen seines „Expertenurteils“ zum Thema Drogen zum Komitee hinzugezogen hatte. Anslinger unterschrieb also zu genau derselben Zeit, als er einen öffentlichen Krieg gegen Marihuana als Verstandeszerstörer inszenierte, einen Bericht, der besagte, daß die „psychotischste“ Wirkung des Marihuana seine Fähigkeit war, die, die es nahmen, in einen Zustand unkontrollierbaren Lachens zu versetzen.

Erste veröffentliche Berichte über LSD begannen während des Jahres 1947 innerhalb der wissenschaftlichen Gemeinde zu zirkulieren. Die Wissenschaftler, die für den CIA (wie der Geheimdienst jetzt hieß) arbeiteten, glaubten nach der Lektüre dieser Berichte inbrünstig daran, daß LSD genau das wäre, nach dem sie gesucht hatten: eine Droge, die den Verstand eines Menschen aufschließen kann. Bisher war eine ganze Anzahl von Geheimprojekten – mit den Codenamen „Chatter“, dann „Bluebird“ und „Artichoke“ – gestartet worden, um eine Wahrheitsdroge zu finden. Jetzt begann man, eine Unmenge Forschungsgelder in das Projekt „MK-Ultra“ zu stecken, das die Einsatzmöglichkeiten des LSD untersuchen sollte. Der CIA probierte die Droge an seinen eigenen Agenten, mit deren Wissen und Einverständnis, aus, führte später jedoch auch nichtautorisierte Tests an Außenstehenden ohne deren Wissen durch. Im November 1953 präparierte das LSD-Forschungsteam des CIA, das von Dr. Sidney Gottlieb geleitet wurde, die Drinks mehrerer Armeeangehöriger, die sich in einer entlegenen Jagdhütte für CIA- und Armeepersonal in West Maryland aufhielten. Einer der Offiziere, Dr. Frank Olsen, wurde daraufhin total paranoid und stürzte einige Wochen danach aus dem zehnten Stock des Statler Hilton Hotels in New York zu Tode. Es dauerte zwanzig Jahre, bis diese Geschichte ans Tageslicht kam – zugleich mit Enthüllungen, daß der CIA ein Bordell aufgemacht und die Prostituierten bezahlt hatte, die Drinks ihrer Kunden zu präparieren, wobei die Agenten hinter getarnten Spiegeln gesessen und beobachtet hatten, was passierte. Aber die ganze Wahrheit über die LSD-Experimente des CIA ist bis heute nicht bekannt.

Der verachtenswerteste Aspekt der LSD-Forschung in den Fünfzigern war jedoch wahrscheinlich die von Wissenschaftlern, deren Forschungstätigkeit von CIA-Geldern abhing, durchgeführte Arbeit: Man probierte LSD an Leuten aus, die sich nicht dagegen wehren konnten, zum Beispiel an Insassen von Gefängnissen und Nervenheilanstalten. Dr. Harris Isbell bekam die Möglichkeit, Hunderte verschiedene Drogen an Gefangenen in Lexington zu testen. Da die Belohnung für die Teilnahme an solchen Tests normalerweise in Morphium oder Heroin bestand, ist es kein Wunder, daß 90% der Untersuchten immer wieder mitmachen wollten.

Dr. Paul Hoch entdeckte im Zuge seiner vom CIA finanzierten Forschung, daß es sich bei LSD um eine „psychomimetische" Droge handelte – mit anderen Worten: Die Wirkung der Droge ähnelt psychotischen Reaktionen. Bis zum Nachlassen der Drogenwirkung hätte ein Arzt Schwierigkeiten, zwischen einem LSD-User auf einem schlechten Trip und einem Schizophrenen zu unterscheiden. Dieser Aspekt interessierte den CIA natürlich – ebenso wie die Möglichkeit, die Droge für Gehirnwäsche einzusetzen.

Und auch die Armee begann sich zu beteiligen. Ein Offizier entwarf ein Szenario, in dem der Feind mit einem halluzinogenen Gas bombardiert würde. Während die Bevölkerung dann also herumstehen und sich angeregt mit den Bäumen unterhalten würde, würden die GIs einmarschieren und alles übernehmen. Niemand würde dabei draufgehen, und – was noch wichtiger wäre – alle Gebäude und die Wirtschaft des Landes blieben völlig intakt. Ein anderer Zweig der LSD-Forschung befaßte sich nicht mit der Möglichkeit, die Droge als Kriegs- oder Gegenspionagewaffe einzusetzen, sondern als therapeutisches Werkzeug, um jenen zu helfen, deren psychische Probleme aus unterdrückten Gefühlen resultierten.

Der englische Psychiater Humphrey Osmond, dem – wie Hoch – die Vergleichbarkeit von Schizophrenie und LSD aufgefallen war, begann etwa 1951/52 in Kanada, LSD und Meskalin an Psychiatriepatienten anzuwenden. Er behandelte auch Alkoholiker, weil er die Theorie hatte, daß manche von ihnen erst dann versuchen, mit dem Saufen aufzuhören, sobald sie einmal ganz unten gelandet sind. Und LSD war das Mittel, sie nach „ganz unten" zu bringen. Osmonds Arbeit stieß in wissenschaftlichen Kreisen auf großes Interesse und weckte auch die Aufmerksamkeit Aldous Huxleys, der 1931 in seinem Roman *Brave New World (Schöne neue Welt)* die Möglichkeit beschrieben hatte, mittels Drogen soziale Kontrolle auszuüben. Huxley experimentierte unter Osmonds medizinischer Überwachung in seinem Haus in Hollywood mit Meskalin. Die Ergebnisse, auf die er stieß, eröffneten eine völlig neue Sicht auf LSD: Es war nicht nur eine Droge, die jemanden in den Wahnsinn treiben konnte, sondern auch eine, die die Existenz alternativer oder erweiterter Realitäten ermöglichte. Huxley schrieb in *The Doors of Perception* über seine Erfahrungen und stellte in diesem Buch die Theorie auf, daß das menschliche Gehirn bei der Alltagswahrnehmung als Filter fungiert, der nur die notwendigen Informationen passieren läßt. LSD verschob diesen Bildschirm des Geistes; es war der Schlüssel zu den „Pforten der Wahrnehmung". Wenn diese einmal geöffnet waren, strömte ein Sturzbach von Sinneseindrücken, Farben, Tönen und Bildern auf den Verstand ein. Und das war, laut Huxley, nichts anderes als die Ekstase mystischer Offenbarungen. Der Autor sagte eine weltweite

Wiederbelebung der Religion voraus, sobald solche Drogen für jeden verfügbar wären.

Die Experimente mit Huxley veränderten auch die Richtung von Osmonds Forschungstätigkeit. Er erfuhr von den Anonymen Alkoholikern, daß einer der wichtigsten Beweggründe für erfolgreiche Abstinenz eine echte religiöse Erfahrung sei. Wenn LSD eine solche bewirken konnte, dann war diese Droge viel mehr als nur ein Mittel, eine Lebenskrise hervorzurufen. Und das bedeutete weiter, daß der Begriff „psychomimetisch" viel zu eng gefaßt war. Osmond kreierte also den Begriff „psychedelisch", um vom negativen Zusammenhang des Wortstamms „Psycho" wegzukommen. Bei einem Treffen der New York Academy of Sciences im Jahr 1957 sprach er erstmals über seine neue Terminologie. Zu dieser Zeit hatte eine kleine Gruppe, die aus Wissenschaftlern und Literaten bestand, bei gesellschaftlichen Anlässen bereits mit LSD experimentiert. In diesem Land, das von den Vorzügen der Psychoanalyse geradezu besessen ist, wurde LSD zur großen Mode bei den Psychiatern und Analytikern Hollywoods, die sich der gequälten Psychen der Reichen und Berühmten annahmen. Nach einer längeren LSD-Behandlung sagte Cary Grant in einem vielbeachteten Statement: „Ich habe mein Leben lang nach innerem Frieden gesucht. Ich habe es mit Yoga, Hypnose und auch ein paar Mal mit Mystizismus probiert. Aber nichts konnte mir das geben, was ich wollte – erst diese Behandlung" (zit. nach Lee, S. 57).

Worum handelte es sich also bei der LSD-Erfahrung? Wir wir bereits wissen, reichen bereits winzigste Mengen der Droge aus, um eine Wirkung hervorzurufen. Diese kann von dreißig Minuten bis zu zwei Stunden lang anhalten. Erst hat man ein angeregtes Gefühl, dann bemerkt man, daß die Welt aus dem Gleichgewicht geraten zu sein scheint; aus den alltäglichsten Gegenständen können sich die seltsamsten Visionen entwickeln. Die Sinneswahrnehmung kann so weit gesteigert werden, daß man den Eindruck hat, Farben „hören" und Töne „sehen" zu können – ein Phänomen, das als Synästhesie bekannt ist. Die banalsten Gedanken können tiefschürfend und irgendwelche zufälligen Geräusche höchst bedeutend scheinen.

Der Schlüssel zur LSD-Erfahrung während der Frühphasen einer psychedelischen Reise ist jedoch das, was allgemein als „Ego-Tod" bezeichnet wird. Wenn man ihn entweder in Gesellschaft eines Freundes, der diesen Weg bereits gegangen ist, in geselliger Umgebung oder auch als ein Mensch, dessen kreative und intellektuelle Fähigkeiten zu einer überlegten Weltsicht geführt haben, erlebt, dann ist der „Ego-Tod" nicht unbedingt etwas Angsterzeugendes. Ganz im Gegenteil; er regt ein Gefühl der Einheit mit der Welt an, da der User sich über alle Verstrickungen seines Egos erhebt. Versucht er aber, gegen die Wirkungen der Droge anzukämpfen, oder wurde sie ihm gar ohne sein Wissen verabreicht, dann führt der Zerfall des Egos möglicherweise nicht zu seligen Visionen einer „einheitlichen Welt", sondern zu einer Zerstörung der inneren Zuversicht und dem Gefühl, wahnsinnig zu werden.

Gegen Ende eines Trips wird der User oft tief nachdenklich und versucht, das Bombardement der Sinne, das er in den vergangenen Stunden erlebt hat, zu verarbeiten. Manchmal werden während dieses Stadiums wichtige persönliche Entscheidungen getroffen. Und schließlich und endlich läßt er sich wegtreiben, oft in einen lange dauernden Schlaf.

Einige Forscher, wie z. B. Dr. Oscar Janiger, versuchten in den 50er Jahren die Beziehung zwischen LSD und Kreativität zu erkunden. Zu den Freiwilligen der Experimente Janigers gehörten André Previn, James Coburn, Lord Buckley und Jack Nicholson. (Nicholson schrieb später das Drehbuch zu einem B-Film von Roger Corman mit dem Titel *The Trip* [1966].) Dr. Sidney Cohen turnte Henry Luce, den Präsidenten von *Time Life* und einen heftigen Verfechter des rechten politischen Flügels, an. Dessen Frau, die selbst eine sehr einflußreiche politische Gestalt war, war der Meinung, daß LSD für Ärzte und deren Freunde aus der Oberschicht in Ordnung wäre, aber „wir wollen eigentlich nicht, daß jedermann von einer guten Sache zuviel erhält" (zit. nach Lee, S. 71). James I. hatte 350 Jahre früher ähnliche Bedenken zum Thema Tabak geäußert. Während aber die amerikanischen Blaublütigen und Intellektuellen bei netten Dinner-Parties auf Trip waren und zwischen phantastischen Lichtern schwebten, wartete ein Psychiater nur darauf, LSD hinter den Türen dieser geheiligten Hallen hervorzuholen und es dem Volk als Allheilmittel gegen die Übel der Welt zu verabreichen.

1959 befand sich Dr. Timothy Leary, damals 39, der Verfasser eines Standardwerks der Psychologie und Entwickler des Leary-Persönlichkeitstests (der unter anderem auch dazu verwendet wurde, die Mitarbeiter des CIA zu testen), in so etwas Ähnlichem wie einer Midlifecrises. Er litt unter dem Gefühl, im universitären Leben festzustecken, und hatte zwei ruinöse Ehen hinter sich – die erste fand ein tragisches Ende, als seine Frau Selbstmord beging. Als er 1960 in Mexiko Urlaub machte, probierte Leary, der vordem noch nicht einmal einen Joint geraucht hatte, ein paar halluzinogene Psilocybinpilze. Die überwältigende religiöse Erfahrung, die er damit machte, sollte sein Leben verändern.

Wieder zurück in Harvard, startete Leary zusammen mit Richard Alpert, einem Assistenzprofessor für Pädagogik und Psychologie, ein Psilocybin-Forschungsprojekt. Sie führten gemeinsam offizielle Untersuchungen über die halluzinogene Erfahrung durch und veranstalteten zwanglose Sitzungen außerhalb des Labors. Der Beat-Literat Allen Ginsberg besuchte eine solche Sitzung; zu dieser Zeit hatte Leary noch kein LSD genommen, während Ginsberg noch nicht mit Pilzen auf Trip gegangen war. Während der abschließenden Stadien seines Psilocybin-Trips scheint Ginsberg die apokalyptische Vision eines neuen Zeitalters gehabt zu haben, in dem auf der ganzen Welt Liebe und Frieden herrschen würden und es keinen Krieg mehr geben würde. Um dieses Ziel zu erreichen, beschloß Ginsberg, müßten sämtliche politischen Führer der Welt angeturnt werden, um zu verstehen und seine Vision ebenfalls zu erfahren.

Berichten zufolge war Leary anfangs nicht besonders enthusiastisch, aber Ginsberg wurde zu einem Ein-Mann-Kreuzzug für Psilocybin. Zu seinen engsten Freunden gehörten Jazzmusiker, und es waren daher eher sie – und nicht Rockmusiker –, die die ersten Versuche mit halluzinogenen Drogen machten. Zu ihnen gehörten Thelonious Monk, Dizzy Gillespie und John Coltrane, der nach einem LSD-Trip sagte, er hätte „die wechselseitige Beziehung zwischen allen Lebensformen wahrgenommen".

Ginsberg wurde zu so etwas wie einem Kanal, durch den Künstler, Schriftsteller, Musiker und Dichter in Learys Forschung strömten. Von diesem Augenblick an war die Geschichte des LSD von Exzentrikern aller Art bevölkert – literarischen Visionären, Millionären, die alle Zeit der Welt und genug Geld zu verschwenden hatten, Gangstern, von der Schulwissenschaft abgefallenen Chemikern, Geschäftsmännern, Gaunern, CIA-Spionen und Leuten, die in der Schattenzone zwischen politischer Intrige und politischem Einfluß herumsausen.

Ein solches Individuum, dessen Beruf nicht genau definierbar war, war Michael Hollingshead, der aus England kam, um Leary kennenzulernen und mit einem Mayonnaiseglas voller LSD – genug für 10.000 Trips – herumwackelte. Hollingshead, der bereits den Jazztrompeter Maynard Ferguson und dessen Frau mit LSD bekannt gemacht hatte, tauchte mit seinem frisch bekehrten Gefolge in Learys Haus auf. Als er den Ausdruck auf Fergusons Gesicht sah, probierte Leary selbst Acid aus und wurde danach zu einem weiteren der augenblicklich Bekehrten. Ab sofort wurde LSD zum Brennpunkt seiner Psychedelikforschung.

1962 war LSD noch nicht illegal, aber Learys Aktivitäten außerhalb seines Uni-Stundenplans erregten die Aufmerksamkeit des CIA. In den frühen Sechzigern führte die Regierung nach wie vor ihre Experimente durch, und der CIA hegte besonderes Interesse an dem, was er als „unkontrolliertes Herumexperimentieren" bezeichnete – eine Ironie, wenn man bedenkt, welche unverantwortlichen Tests er selbst an ahnungslosen Versuchspersonen durchgeführt hatte. Leary war von einer Person mit Kontakten zum CIA bereits davor gewarnt worden, daß er unter Beobachtung stünde, da bekannt geworden sei, daß er mit LSD arbeitete. Aber ein religiöser Eifer hatte ihn ergriffen; religöse Bilder beeinflußten alles, was er über LSD dachte. Er war ein Priester des Gottes Acid; es gab eine Botschaft zu verkünden, Seelen zu retten, eine Bibel und Traktate zu schreiben.

Es war offensichtlich, daß Learys Forschung nichts mit dem psychomimetischen Modell von LSD, das von sämtlichen großen Regierungsagenturen angenommen worden war, die sich mit Drogenforschung, -überwachung und -gesetzgebung befaßten, zu tun hatte. 1963 gründete er die International Federation for Internal Freedom (Internationale Vereinigung für Innere Freiheit, *Anm. d. Übers.*) und nahm sich zusammen mit Alpert einen langen Urlaub von seiner Arbeit, um in Mexiko seine Untersuchungen weiterzuführen. Er versuchte, sowohl Huxley als auch Hofmann für sein Unternehmen zu gewinnen, aber die beiden fühlten sich von Learys deutlicher Publicitygier abgestoßen und lehnten ab. Es ist möglich, daß auf den Universitätsvorstand von Harvard Druck ausgeübt wurde, „etwas wegen Leary zu unternehmen"; inmitten blühender Gerüchte über Orgien auf dem Universitätsgelände wurden Leary und Alpert in Abwesenheit entlassen.

Mexiko erwies sich als unruhiger, als Leary und seine Freunde angenommen hatten. Die mexikanischen Behörden waren nicht glücklich darüber, daß „Langhaarige" auf ihrem Staatsgebiet herumhingen, und verwiesen die Forscher des Landes. Sie wurden von einem zwanzig Jahre alten Börsenmillionär namens William Mellon Hitchcock gerettet, der 1964 die Castalia Foundation in Millbrook gegründet hatte, einen Herrschaftssitz mit 64 Zimmern, der im nördlichen Teil des Staates New York in ausgedehntem Privatgelände errichtet worden war. Es war klar, daß Millbrook für die New Yorker Boheme bald zu dem Ort wurde, an dem man „gesehen werden mußte" und der viele Besucher anzog, die kamen, um sich anturnen zu lassen. Unter ihnen befanden sich auch die lebenden Halbtoten aus Warhols Factory-Szene.

Und auch die Medien waren fast dauernd anwesend. Leary hob LSD nicht nur als den kürzesten Weg zu mystischer Erleuchtung in den Himmel, sondern verschaffte sich fette Schlagzeilen, indem er diesen Gedanken mit Sex verband und ein Konzept erfand, das er die „Politik der Erotik" nannte. Michael Hollingshead tauchte wieder auf und wurde Learys Agent in England. Nach dem Vorbild des Modells Millbrook gründete er in der King's Road das World Psychedelic Centre, das die modische Szene der Londoner Mittsechziger anzog wie die Motten – Donovan, die Rolling Stones, Paul McCartney und Eric Clapton.

Es war großteils auf das Interesse solcher angesagter Berühmtheiten an halluzinogenen Dingen zurückzuführen, daß die Londoner Mod-Szene sich in einem Nebel aus LSD und Marihuanarauch auflöste. Hollingshead selbst war ein gieriger Drogenverschlinger, der unglaubliche Mengen Acid, Dope und Speed konsumierte. Schließlich wurde er festgenommen und mußte 21 Monate in Wormwood Scrubs absitzen, wo er den Spion George Blake mit LSD bekannt machte, das irgendwie ins Gefängnis eingeschmuggelt worden war.

In den USA wurde Leary für das politische und akademische Establishment einstweilen immer peinlicher, als sein Medien-Zirkus weiter und weiter rollte. Wegen seiner eingängigen Schlagworte wie „Turn On, Tune In, Drop Out" ernannten die Medien Leary zum Sprecher für jeden unter 25, obwohl die jungen Leute selbst, besonders solche, die nicht in Amerika lebten, gar nicht so versessen auf diesen über vierzigjährigen Akademiker aus Harvard waren. Es war wohl nicht zu vermeiden, daß Leary im Dezember 1965 wegen einer Marihuanasache geschnappt wurde und Millbrook von diesem Zeitpunkt an regelmäßigen Polizeischikanen ausgesetzt war, bis die Gemeinschaft, die sich buchstäblich in einem Belagerungszustand befand, 1967 auseinanderbrach.

Obwohl Leary immer Publicity wollte, war es ihm im Prinzip mit dem, was er machte, sehr ernst. Die in Millbrook durchgeführten LSD-Experimente waren feierliche und sehr ritualisierte Angelegenheiten, die von ernsthaften Diskussionen zwischen den Teilnehmern und Meditationen über die Natur der LSD-Erfahrung begleitet waren. Millbrook war ein psychedelisches Seminar. Aber ähnlich wie bei den Meinungsverschiedenheiten der Akademiker in den Fünfzigern, herrschte auch bei den kreativen Geistern große Uneinigkeit über den Wert des LSD. Für Acid-Veteranen wie Leary und Alpert stellte LSD das psychische Transportmittel für die Reise in innere Universen dar und mußte daher mit entsprechender Hochachtung betrachtet werden. Für andere war es nur eine Freizeitdroge, eine, die soziale Gemeinschaft und Freundschaft förderte und – alles in allem – eine interessante Art darstellte, sich zuzumachen.

Ken Kesey war einer der College-Schüler, die von Onkel Sam angeturnt worden waren – er hatte sich freiwillig zu LSD-Experimenten im Menlo Park Veterans Hospital gemeldet. Kurz danach bekam er einen Job als Nachtwächter im psychiatrischen Flügel dieses Krankenhauses. Dort entdeckte er einen Schatz aus Drogen des Weltraumzeitalters, der nur darauf wartete, gehoben zu werden. Es dauerte nicht lange, bis eine Gruppe Auserwählter an der Stanford University und in Perry Lane, der Greenwich-Village-artigen Gemeinde um diese Uni, das erste Mal mit LSD in

Berührung kam. Rund um Kesey entstand eine psychedelische Kommune, und es gab genug Leute, die oft kamen, um sein berühmtes acidgetränktes Wild zu kosten. Mit dem Geld, das ihm sein 1960 veröffentlichter Roman *One Flew Over the Cuckoo's Nest (Einer flog über das Kuckucksnest)* einbrachte, übersiedelte Kesey nach La Honda, einem Landsitz fünfzig Meilen südlich von San Francisco. La Honda wurde – so wie Millbrook an der Ostküste – so etwas wie ein Pilgerort für eine bunte Ansammlung von Künstlern, Dichtern, Musikern und wurzellosen Reisenden.

Kesey stellte in vieler Hinsicht so etwas wie eine Wasserscheide dar zwischen dem zornigen Nein, das die Beatniks einer Welt, die sie für rettungslos verloren hielten, entgegenschleuderten, und dem transzendenten Ja der Hippies, die an eine bessere Welt glaubten, zu der man mit Hilfe von Frieden, Liebe und Chemikalien gelangen konnte. Die Beatniks hatten die amerikanische Kultur und ihren allgegenwärtigen Materialismus – Ginsberg nannte ihn den „Moloch" – aufgegeben, was mit ein Grund dafür war, daß sie sich fatalistischen östlichen Religionen zugewandt hatten. Außerdem waren sie vom alten amerikanischen Mythos der Reise als Mittel zu spirituellen Entdeckungen besessen, der in Kerouacs *On the Road* besonders schön dargestellt wurde. Aber wo soll man denn noch hingehen, wenn man schon an der Westküste lebt? Für einige hieß die Antwort Indien. Die Beatniks lebten nur für alle möglichen Erfahrungen, mit denen sie das ausschließen konnten, was sie verachteten; Marihuana, Alkohol, Speed, Heroin und LSD waren unentbehrlich. Marihuana und Acid eröffneten der großen Reise völlig neue Horizonte – Reisen in den inneren Raum.

Aus den in La Honda versammelten Individuen bildeten sich die Merry Pranksters (etwa: fröhliche Streichespieler, *Anm. d. Übers.*), die während des gesamten Jahres 1964 in einem psychedelisch bemalten Bus aus den 30er Jahren, der von Neal Cassady wie rasend gesteuert wurde, kreuz und quer durch Amerika fuhren. Aus den Lautsprechern dröhnten die Beatles und Dylan, alle trugen lustige Kleider und waren permanent total stoned – von Acid, das in Kool-Aid-Orangensaft aufgelöst wurde. Kesey hatte noch in Kalifornien den Acid Test (Säureprobe, bedeutet aber auch „Feuerprobe", *Anm. d. Übers.*) ins Leben gerufen, einen Vorläufer der „Be-Ins", „Happenings" und letztendlich auch der Rock-Festivals. Wer daran teilnehmen wollte, wurde aufgefordert, sich so verrückt wie möglich anzuziehen, mußte einen Dollar bezahlen und konnte für diesen Betrag soviel Kool Aid trinken, wie er aushielt. Und das war der total berauschte Hintergrund für Ereignisse, die total ohne feste Regeln abliefen; man ließ allerlei Musik- und Filmequipment herumliegen, mit dem jeder tun konnte, was er wollte. Normalerweise tauchte eine Folk/Rock-Band namens The

Warlocks auf, deren Leadgitarrist in den letzten paar Jahren in Perry Lane herumgehangen war. Die Warlocks spielten nur dann bei einem Acid Test, wenn sie gerade Lust und Laune dazu verspürten. Und wenn sie nicht wollten, hatte auch niemand etwas dagegen einzuwenden und keiner drängte sie dazu. Hätten sie das ein paar Jahre später versucht, wäre die Reaktion darauf nicht so gelassen ausgefallen – denn 1966 hatten die Warlocks bereits ihre Metamorphose in die Grateful Dead hinter sich.

Die Merry Pranksters waren unterwegs und begaben sich an die Ostküste. Sie waren auf der Suche nach Kerouac und Leary. Kesey hatte die Vision einer aufregenden Begegnung großer Geister mit sich herumgeschleppt, aber er wurde in beiden Fällen enttäuscht. Cassady organisierte ein Treffen zwischen Kesey und Kerouac, aber die beiden hatten sich nur wenig zu sagen. Kerouac war der klassische Typ des völlig isolierten Beatniks. Er hielt nichts von den Westküsten-Verrücktheiten, der Geselligkeit des Acid-Rausches und den Erleuchtungen von Leuten, die stoned waren. Auch Burroughs, ein anderer Beat-Literat, hatte die psychedelische Revolution vernichtend kritisiert und in seinem Roman *Nova Express* (1964) vor der Verwendung halluzinogener Drogen als Waffen zur sozialen Kontrolle gewarnt. Die beiden waren also alles andere als Blumenkinder. Es war offensichtlich, daß die Beat-Poeten und -Schriftsteller auf die Kulturhelden der Sechziger, die Musiker, einen gewissen Einfluß hatten, aber der Masse normaler Teenager, die in dieser Zeit aufwuchsen, fast nichts zu sagen hatten.

In Millbrook erging es den Merry Pranksters um keinen Deut besser. Sie hielten die Meditationssitzungen und ernsthaften Diskussionen über die Natur psychedelischer Erfahrungen schlicht und einfach für langweilig und nannten ihre Reise nach Millbrook einen „Trip in die Gruft".

Um eine Bemerkung, die David Pichaske in seiner Studie über die 60er Jahre gemacht hat, etwas auszubauen: die Beatniks, Acid-Kreuzritter und radikalen Studenten wollten mit aller Macht, daß alles eine Bedeutung haben sollte. Im Gegensatz dazu wollte das Rock-Publikum nur seinen Spaß haben und unterhalten werden. Die Musiker entschieden sich für die zweite Möglichkeit, inklusive des Geldes, und fanden dabei auch die Zustimmung der Geschäftsmänner des Establishments, die sich überglücklich schätzten, das Luxusleben der Rockstars finanzieren zu dürfen, solange sie damit nur ihren Gewinn machen konnten.

Ein weiteres Zeichen für den sinkenden Stern der Beat-Kultur war das in den Jahren 1962/63 stattfindende Auseinanderbrechen der Bohemegemeinde von North Beach in San Francisco. Touristen, Gauner und Gangster vertrieben die Beatniks und Hipster in einen anderen Stadtteil, wo ein

Labyrinth heruntergekommener, baufälliger viktorianischer Häuser billige Unterkunftsmöglichkeiten bot. Dieser Bezirk war unter dem Namen Haight Ashbury bekannt, einem Namen, der später auch einen bestimmten Geisteszustand bezeichnen sollte. Von 1964 an wurde Haight Ashbury zum Treffpunkt all jener, die mit den Hauptströmungen amerikanischer Politik und Kultur nicht zurechtkamen. Und der Grundstein für die Stellung, die Haight Ashbury im Bereich der Gegenkultur einnahm, war die Rockmusik.

Man übertreibt wahrscheinlich nicht, wenn man sagt, daß die Musik mehr als ein Dokument der Sechziger ist. Sie *war* die Sechziger, und außer ihr existierte nicht viel mehr, das an der Oberfläche sichtbar war. Die Gebäude sind verschwunden, die Konzerthallen wurden zugesperrt, einige der besten Musiker dieser Zeit sind tot, die damalige Mode ist aus der Mode geraten, und die Werte dieser Zeit werden kaum mehr offen ausgedrückt, sondern eher in den Herzen der Millionen Menschen, die damals dabei waren, verschlossen gehalten. Aber wenn man eine Platte der Doors oder von Love auflegt, leben die Sechziger plötzlich wieder.

Musik und Drogen schafften es gemeinsam, viele Unterströmungen der Fünfziger zusammenzubringen: den Widerstand gegen Krieg und Atomwaffen; die Zunahme von Anti-Establishment-Satire, -Literatur und -Folkmusik. Es gehörte zur jugendlichen Liebesbeziehung zu Amerikas ethnischen Ursprüngen und der „Zurück-zur-Natur"-Bewegung, die die Indianer und die Zeit der ersten Siedler abgöttisch verehrte, daß Folk, Blues und Hillbilly-music hochmodern waren. Alle der großen Bands aus San Francisco, die man als „Acid-Rocker" bezeichnete, hatten damit angefangen, diese Musikstile zu spielen und sie beliebig zu variieren und zu ändern.

Die Grateful Dead sind das hervorstechendste Beispiel für die Kombination von Acid und Elektrizität, die an der Westküste eine musikalische Revolution hervorbrachte. Der Werdegang der Dead zu einer der am längsten existierenden Shows der Rockgeschichte ist eines dieser wunderbar wirren Wollknäuel musikalischer Chronologie, die der bekannte *Rock-Trees*-Verfasser Pete Frame so gut entrollen kann. Der Gitarrist Jerry Garcia verließ mit siebzehn die Schule, blieb einige Male ohne Ausgangserlaubnis seinem Militärdienst fern und ließ sich dann in Palo Alto am Rande der San-Francisco-Halbinsel nieder, wo sich die Stanford University und Ken Keseys Perry-Lane-Enklave befanden. Dort traf er den Texter Robert Hunter; gemeinsam tingelten sie durch Kaffeehäuser, wo sie Folksongs spielten, und schliefen in Autowracks. Garcia fuhr total auf Bluegrass-Musik ab und tourte in einer ganzen Reihe von Folk-Bluegrass-Bands, wie etwa den Thunder Mountain Tub Thumpers, den Hart Valley Drifters (die immerhin gut genug waren, den Amateur-Bluegrass-Bewerb des Folk-Festivals 1963 in Monterey zu gewinnen), den Wildwood Boys und den Black Mountain Boys, und immer zusammen mit Hunter, durch die Nachtlokale von Palo Alto, Berkeley und North Beach. In diesen Bands spielten auch David Nelson (New Riders of the Purple Sage), David Freiberg (Quicksilver Messenger Service und Jefferson Airplane) und Pete Albin (Big Brother and the Holding Company). 1962 lernte Garcia den Schlagzeuger Bill Kreutzmann kennen und arbeitete mit ihm gemeinsam in Dana Morgans Musikgeschäft, in dem sich der angehende Gitarrist Bob Weir öfters aufhielt, um dort musikalische Tips aufzuschnappen. Garcia lebte mit einigen anderen Musikern in einer Kommune im Vor-La-Honda-Stil, die unter dem Namen Chateau bekannt war und bei der sich eines Tages ein bluesverrückter Mundharmonikaspieler namens Ron „Pigpen" McKernan vorstellte. 1964 gründeten Garcia, Weir und Pigpen die kurzlebige Band Mother McGee's Uptown Jug Champions, aber dann veränderten die Beatles die Auffassung, wie ein junger weißer Musiker sein sollte, und der akustische Folk blieb auf der Strecke. Die große Offenbarung der Beatles war die Tatsache, daß man Spaß haben und Geld verdienen konnte, wenn man elektrischen Rock 'n' Roll spielte. Pigpen übernahm die Führung; die Wachbretter wurden rausgeschmissen, Kreutzmann wurde zum Schlagzeugspielen reingeholt, und die Warlocks schlossen sich an die Steckdose an. Wie es im engmaschigen Netz der Bay Area üblich war, dauerte es nicht lange, und die Warlocks bekamen mit Ken Keseys Acid Tests zu tun. Später sollte Garcia folgendes darüber sagen: „Die Acid Tests, das waren Tausende von Leuten, die alle hoffnungslos stoned waren und sich in einem Raum mit weiteren Tausenden Leuten wiederfanden, und keiner fürchtete sich vor dem anderen."

Es existiert keine genaue Chronologie über die Entwicklung der Rockszene von San Francisco – alle wichtigen Bands taten sich etwa zur selben Zeit zusammen –, aber eine Westküstenband, die von vielen Musikern für einen Katalysator bei der Entwicklung des Acid-Rock gehalten wird, waren die Charlatans.

Wer, bitte?

Die Charlatans stammten aus Los Angeles und waren eine der ersten Bands, die elektrischen Blues und Rock 'n' Roll spielten, der direkt aus ihren Gehirnen rausdröhnte, wenn sie auf Acid und magischen Pilzen waren. 1965 hatten sie ein recht untypisches, festes Engagement in einer Schlägerkneipe namens Red Dog Saloon in Virginia City, Nevada. Die meisten Musiker der Bay Area orientierten sich an dieser Gruppe. Unglücklicherweise ist es oft so, daß die Pioniere der Rockmusik als unbedeutende Fußnoten der Geschichte enden. Mit den Charlatans lief es ebenso: Als die „Psychedelia" modern wurden, schafften sie es nicht, einen guten Plattenvertrag zu bekommen, und verschwanden aus dem Blickfeld der Öffentlichkeit.

Im Verlauf des Jahres 1965 fiel einigen Leuten auf, daß alle diese Musiker, die da wie wild Rockbands gründeten, Auftrittsorte brauchen würden. Ein Möchtegern-Rockveranstalter namens Chet Helms eröffnete ein Promotionunternehmen, das Family Dog hieß. Am 16. Oktober ließ er das erste einer Reihe erfolgreicher Konzerte in der Longshoreman's Hall bei Fisherman's Wharf über die Bühne gehen. Die Stargäste dieses ersten Abends waren eine neue Band, Jefferson Airplane, die sich nach dem Hund ihres Gitarristen so genannt hatten. Die Warlocks waren bereits bei Wohltätigkeitskonzerten für die San Francisco Mime Troupe (die regelmäßig wegen Obszönität verhaftet wurde), die vom Manager und Schatzmeister der Truppe, Bill Graham, organisiert wurden, aufgetreten.

Im Januar 1966 organisierten die Merry Pranksters einen drei Tage dauernden Acid Test, der Trips Festival genannt wurde. Auf der Bühne standen unter anderem die Warlocks, Jefferson Airplane und Chet Helms' Hausband in der Longshoreman's Hall, Big Brother and the Holding Company. 1965 hatte Helms eine Sängerin, Janis Joplin aus Texas, in die Bay Area gebracht, damit sie dort in der Folkszene auftreten konnte, aber er verfrachtete sie postwendend dorthin zurück, wo sie hergekommen war, als sie methedrinsüchtig wurde. Im Juni holte er sie wieder, weil sie bei Big Brother, deren Manager er in der Zwischenzeit geworden war, singen sollte. Das Trips Festival brachte 12.500 Dollar ein und verursachte nur geringe Allgemeinkosten. Zwei Wochen später fing Bill Graham im Fillmore Theatre, mitten im Herzen des Schwarzenviertels von San Francisco, an – und von da an gab es jedes Wochenende ein Trips Festival. Chet Helms reagierte darauf, indem er Konzerte im Avalon Ballroom, Ecke Van Ness und Sutter, veranstaltete. Rock 'n' Roll machte sich bezahlt.

Eine Erscheinung, die nicht vom Anwachsen der Musikszene San Franciscos und der Rockmusik im allgemeinen zu trennen war, war der weitverbreitete Gebrauch von Marihuana und LSD bei den Abkömmlingen der weißen Mittelklasse Amerikas. Wenn LSD die Glasur auf der Torte der Gegenkultur war, dann war Marihuana die wichtigste Zutat. Es war für die Jazzszene der Fünfziger bedeutend gewesen und wurde von den weißen Musikern der Folk- und Bluesszene ebenso enthusiastisch konsumiert. Für jene, deren Folk starke politische Inhalte hatte, stellte das Dope-Rauchen einen integrierten Bestandteil der Protestbewegung dar.

Die Free Speech Movement (Bewegung für freie Meinungsäußerung) hatte ihren Ursprung im Herbst 1964 auf dem Campus der Universität von Berkeley und wurde sehr bald zum Zentrum der Flutwelle der Studentenbewegung. Man befaßte sich eifrig mit jedem Thema zwischen Bürgerrechten und der Bombe. Indem sie eine illegale Droge wie Marihuana nahmen (LSD war bis 1966 in den USA nicht verboten), führten die jungen Aktivisten ihren ersten Schlag gegen die Autoritäten. Für viele blieb der Drogenkonsum das einzige „politische" Statement. Das Schockieren der eigenen Eltern und Lehrer war auch schon die Grenze für die meisten Sabotageakte gegen den Status quo. Die politische Linke schaffte es nicht, das radikale Versprechen, das Acid darstellte, für sich zu nützen – denn obwohl LSD in seinem sozialen Kontext das Gemeinschaftsgefühl förderte, war der Rausch dennoch viel zu individualistisch und nach innen gerichtet, um Anklang bei kompromißlosen Politicos finden zu können. Und die von ihrem eigenen Selbst besessene ICH-Generation überließ die politischen Äußerungen den wenigen Fanatikern. Als Pete Townshend Jerry Rubin mit der Gitarre auf den Kopf schlug, weil der Yippie-Führer versuchte, auf der Bühne von Woodstock eine improvisierte Rede zu halten, war die Liebelei zwischen radikaler Politik und der Acid-Generation vorbei.

Die Behauptungen, nach denen es sich bei der Rockmusik um eine revolutionäre Kraft handle, waren immer schon fragwürdig, wie das Genre „Protest-Rock", das von großen Plattenfirmen erfunden wurde, deutlich zeigt. Eine Studie, welche die Einstellung von Jugendlichen über einen Zeitraum von vier Jahren (von 1966 bis 1970) hinweg untersuchte, stellte sogar fest, daß Rock eher ein Werkzeug sozialer Kontrolle als eines der Anarchie wäre. Die Autoren zogen folgenden Schluß: „Unsere Studie weist darauf hin, daß Rockmusik soziale Unruhe in eine politisch eher passive Haltung kanalisiert haben könnte. Der Protest-Rock hat es, indem er revolutionäre Ansichten in rhetorisches Gewäsch übersetzte, den Jugendlichen nur leichter gemacht, in eine scheinbare Opposition gegenüber dem Status quo zu treten" (zit. nach Robinson, S. 135).

Seit den frühen Sechzigern hatte sich der geschäftliche Teil der Drogen-Szene verändert. An der Ostküste war Marihuana beispielsweise nur relativ selten zu bekommen, wenn man nicht gerade nach Harlem ging oder Mafia-Dope von schlechter Qualität kaufte. Als sich die Droge aber durch die weißen Vororte und auf den Collegegeländen verbreitete, entstand ein neues „Netzwerk" von Hippie-Dealern, die hochwertiges mexikanisches Marihuana wie etwa Acapulco Gold vertrieben – und das mit demselben Gefühl, recht zu handeln, wie es Mezz Mezzrow gehabt hatte. Die Syndikate des organisierten Verbrechens gaben die Straßen-Marihuanaszene auf und konzentrierten sich auf Drogen wie Heroin oder Kokain, die weniger

Platz benötigten, mehr einbrachten, bei denen man weniger Dealer brauchte und die im allgemeinen leichter unter Kontrolle zu halten waren.

Aber der wahre Mezz Mezzrow jener Zeit dealte nicht mit Marihuana, sondern mit LSD. Augustus Owsley Stanley III. wurde einmal von einem amerikanischen Regierungsagenten als der Mann bezeichnet, der für LSD ebensoviel getan hat wie John Ford für das Auto. Leary nannte ihn Gottes Geheimagenten, und für den kleinen Hippie von der Straße war er einfach der König des LSD. Owsley, der Enkel eines Senators aus Kentucky, war ein wissenschaftliches Wunderkind, dessen natürlicher Aufenthaltsort das Chemielabor war. 1963 war er an der Westküste unterwegs und besuchte einen Kurs in Berkeley. In den folgenden zwei Jahren betrieb er eine Methedrinfabrik, bis die Polizei zuschlug und seine gesamte Ausrüstung beschlagnahmte. Owsley flüchtete nach Los Angeles und zog dort ein LSD-Unternehmen auf, das er wieder in den Norden übersiedelte, als sich die Situation dort beruhigt hatte. Und von diesem Zeitpunkt an stellte er die „Owsley tabs" her, die zuerst weiß und dann blau waren, und später schließlich in allen Farben spielten, da sie so entworfen waren, daß sie von billigen Nachahmungen leicht zu unterscheiden waren. Einige wiesen Batman-Muster auf, andere hatten besondere Namen wie Purple Haze oder White Lightning (eigentlich ein Ausdruck für selbstgebrannten Schnaps in den Südstaaten, *Anm. d. Übers.*). Aber alle diese Produkte waren Spitzenklasse und von besserer Qualität als Sandoz-LSD. Owsley hatte gute Connections in der Rockszene. Purple Haze hatte er speziell für Jimi Hendrix angefertigt: eine Pille von doppelter Stärke und mit einer aufgedruckten Eule. Lemmy von Motörhead, der 1967 Roadie bei Hendrix war, behauptete, daß Hendrix Owsley 100.000 Stück der Spezialdroge abgekauft hätte. Hendrix hatte einen „Acid-Vorkoster", der sich vergewissern mußte, daß er kein schlechtes Zeug kaufte; aber wenn Owsley liefern konnte, dann brauchte er diesen Gehilfen nicht. Am engsten war Owsley jedoch mit den Grateful Dead verbunden.

Owsley lieferte einen Großteil des Acid für die Acid Tests; dabei kam er in Kontakt mit den Warlocks, wie sie 1965 noch hießen. Owsley war sehr an Elektronik interessiert und tat sich mit dem Elektronik-Genie Tim Scully zusammen, der im Ausgleich dafür mehr über LSD wissen wollte. Zusammen versorgten sie die Rockgemeinde mit Acid und die Warlocks mit einem Berg elektronischen Equipments. Die Grateful Dead verdankten Tim Scully eine Menge, da er einen Sound für sie geschaffen hatte, den Ralph Gleason als „rollender Donner" bezeichnete. Owsley wurde so etwas wie der Patenonkel der Band – er führte ihnen Drogen, Geld und Equipment zu, sorgte für Unterkunft und hatte sogar mit der Produktion ihrer Platten zu tun.

Owsley machte mit LSD ein Vermögen, aber andererseits war er, wie Leary, ein Acid-Missionar, ein psychedelischer Alchimist, der wahrscheinlich genausoviel LSD verschenkte wie verkaufte. Er betrachtete LSD als „gerechte" Sache und hielt es für eine Droge für das Volk. Als kriminelle Banden versuchten, den gesamten kalifornischen Mutterkornbestand aufzukaufen, zerstörte Owsley für kurze Zeit den Markt in San Francisco, indem er mit einem Fallschirm mitten im „Be-In"-Festival, das im Januar 1967 im Golden Gate Park stattfand, landete und 100.000 LSD-Tabletten verschenkte.

Als dieses Festival stattfand, galt jedoch auch Owsley schon als Krimineller, da das ungesetzliche Herstellen und Vertreiben von LSD nach der Bundesgesetzgebung vom 1. Februar 1966 verboten war. Nach der Contergan-Tragödie schränkte die Federal Drug Administration (FDA) Experimente mit neuen Drogen sehr stark ein. Seit 1963 mußte man sämtliche Projekte, die mit Investigational New Drugs (IND – neue Drogen im Forschungsstadium, *Anm. d. Übers.*) zu tun hatten, schriftlich von der FDA bewilligen lassen. LSD wurde natürlich als IND eingestuft. Anfangs hatte das zwar nur wenig Einfluß auf die LSD-Forschung, aber dann tauchten in der englischen und amerikanischen Presse die ersten Schauermärchen über die Droge auf. Der Freizeitgebrauch von LSD verbreitete sich mit großer Geschwindigkeit; 1962 schätzte Leary, daß ungefähr 25.000 Amerikaner es bereits ausprobiert hatten. Eine Studie, die Ende 1965 durchgeführt wurde, setzte diese Zahl bereits auf fast vier Millionen hinauf, von denen sich 70% noch in der High School oder auf dem College befanden. Es war unvermeidlich, daß manche mit der Droge schlechte Erfahrungen machten, und daher war es auch nicht überraschend, daß die winzige Minderheit der wirklich extremen Fälle fette Schlagzeilen machte; die Leute nämlich, die unter dem Einfluß von LSD aus dem Fenster sprangen oder Morde begingen. Eine in den Zeitschriften stark vertretene Panikmache über beschädigte Chromosomen und mißgestaltete Babys sollte sich später als reine Erfindung herausstellen. Eine andere Story, die in aller Welt abgedruckt wurde, handelte von einer Gruppe Studenten, die Acid genommen und dann solange direkt in die Sonne geschaut hatten, bis sie blind wurden. Der Arzt, der diese Geschichte aufgebracht hatte, gestand später, daß er gelogen hatte, um auf die Gefahren der Droge hinzuweisen. Kaum eine Zeitung berichtete jedoch über seinen Widerruf.

Mitten in dieser ganzen hysterischen Aufregung zog Sandoz seinen IND-Antrag für LSD zurück und nahm die Droge im Mai 1966 vom Markt. Die amerikanische Sandoz-Niederlassung in New Jersey überließ ihre gesamten Vorräte dem National Institute of Mental Health (NIMH). Die Regierung hatte sich nun ganz und gar auf das „psychomimetische"

LSD-Modell festgelegt; alles andere roch zu stark nach der gefährlichen Subversion Learys und seiner Jünger. Nur die Förderungsanträge jener Forscher, welche die nachteiligen Wirkungen der Droge untersuchen wollten, wurden überhaupt in Betracht gezogen.

Das Bundesgesetz vom Februar 1966 stellte nur die Herstellung, aber nicht den Besitz von LSD unter Strafe. Gegen Ende desselben Jahres galt jedoch bereits in vielen Staaten, einschließlich New York und Kalifornien, auch der Besitz als Straftat. Einige dieser Bundesgesetze waren besonders drakonisch; in Massachusetts konnte man beispielsweise schon wegen des Besitzes der Droge bis zu vier Jahre im Gefängnis landen. Wenn man jemanden überredete, es zu nehmen, dann mußte man mit einer Strafe von bis zu 25 Jahren rechnen. Trotzdem dauerte es bis 1968, bevor es ein Bundesgesetz gab, das den LSD-Besitz unter Strafe stellte. Im selben Jahr fand eine Neuorganisation der Drogenfahndungsbehörden statt; aus Anslingers bisherigem Amt wurde das Bureau of Narcotics and Dangerous Drugs (Amt für Narkotika und gefährliche Drogen), und zusätzlich gründete man das Bureau of Drug Abuse Control (Amt zur Kontrolle des Drogenmißbrauchs), das vorher ein Teil des Gesundheitsministeriums gewesen war. Die Exekutive, die für die Einhaltung der Gesetze gegen psychedelische Drogen sorgen sollte, wurde von der FDA ebenfalls dieser neuen, mächtigen Drogenfahndungsorganisation übertragen. Am 6. Oktober 1966, als die neuen Gesetze in Kalifornien gültig wurden (England brachte sein LSD-Verbot im selben Monat durch), wurde in San Francisco ein großes Protest- und Rock-Ereignis veranstaltet. Bands spielten, und Politiker und Poeten der Gegenkultur hielten Ansprachen. Ein unmittelbarer Erfolg der Acid-Gesetze war, daß der Reiz des LSD für die „aufständische Generation" noch viel größer wurde. Die Acid Tests liefen sich etwa zu der Zeit tot, als Sandoz die Droge vom Markt nahm; Kesey war bereits – als Folge einer Marihuana-Razzia – nach Mexiko geflohen. Trotzdem wurde LSD, vor und hinter der Bühne, zur ständigen Einrichtung aller größeren Rock-Festivals der Sechziger – sowohl in England als auch in Amerika.

Das erste Rockfestival, das die Aufmerksamkeit der Medien erregte, war das Golden Gate „Be-In" im Januar 1967. Damals kamen Tausende Menschen zusammen, um Musik zu hören, Liebe zu machen und (dank dem Acid-Abwurf Owsleys) stoned zu werden. Es gab keinen Ärger und keine Polizei. Trotz aller Gesetze hatte LSD den allerbesten Ruf, nämlich den einer Liebes- und Friedensdroge. Aber die Bedeutung dieses Konzerts war in der Reaktion der Öffentlichkeit unverhältnismäßig groß, vielleicht deshalb, weil die Nation sich einfach nicht vorstellen wollte, daß so viele junge Leute zusammentreffen konnten, um der Musik des Teufels zu lauschen und gefährliche Drogen zu konsumieren, ohne daß es dabei zu Körperverletzungen und Katastrophen kam. Nach diesem Ereignis projizierte man in die „Hippies" (wie Herb Caen vom *San Francisco Chronicle* sie getauft hatte) die absurdesten Hoffnungen – als Vorhut der „neuen Generation", „Retter der Welt" usw.

Und auch die Plattenfirmen feierten ein neues Zeitalter – das der steigenden Profite. Jac Holtzman, der Chef von Elektra, sagte damals vor einer Branchen-Konferenz: „Um die Musik von morgen verstehen zu können, müssen Sie ihren musikalischen Horizont erweitern und sich sensibilisieren – denn die Vibrationen des heutigen Lebens kann man nicht aus zweiter Hand erfahren" (zit. nach Chapple, S. 305). Der dunkelblaue Anzug wich dem afghanischen Umhang, das Haar wallte weit über die Ohren hinab, aus den Nasenlöchern strömte Haschischrauch, und jeder Firmenangestellte hatte ein „He, Mann!" auf den Lippen. Abgesehen davon änderte sich jedoch nicht besonders viel.

Die Zeichen der Zeit waren schon beim „Be-In" vom Januar 1967 offensichtlich. Jefferson Airplane, die Hauptgruppe des Abends, hatte im August 1965 bei RCA unterschrieben, im selben Monat, in dem „Mr. Tambourine Man" von den Byrds in den englischen und amerikanischen Hitparaden war. RCA wollte eigene Byrds haben und ließ es sich nie zuvor dagewesene 20.000 Dollar Vorschuß kosten, eine solche Band zu bekommen. Die Airplanes beglichen ihre Schulden mit acidgetränkten Hitparadennummern wie „White Rabbit" und „Somebody To Love". Dieser letztgenannte Titel wurde von Grace Slicks Schwager Darby nach einem LSD-Trip verfaßt, den er eingeworfen hatte, um darüber hinwegzukommen, daß seine Freundin mit ihm Schluß gemacht hatte. Während der Aufnahmen zum 1967er-Airplane-Album *After Bathing At Baxters*, in dem es ebenfalls um Acid-Trips geht, brachte RCA die Band in einer Luxusvilla in Beverly Hills – komplett mit japanischem Hausdiener und einem Schießstand – unter, die im Monat 5.000 Dollar Miete kostete. Nichtsdestotrotz war die Beziehung der Band zur RCA immer gespannt; die Firma war stets begierig, die Gewinne aus drogeninspirierten Songs einzustreichen, aber es gab heftiges Gezerre um LP-Covers, die für den Geschmack des Unternehmens zu „psychedelisch" waren.

Das Popfestival vom Juni 1967 in Monterey sollte sich als Sprungbrett für ein paar andere Westküsten-Bands erweisen. Ein paar von ihnen durften wegen ihrer Auftritte Plattenverträge unterzeichnen, andere profitierten von der internationalen Aufmerksamkeit, die man der Rockmusik nach Monterey zuwandte. Hinter der Bühne floß alles nur so über von Owsleys Acid und einem neuen Produkt für die Aristokratie der Hippies, nämlich STP, einem Amphetamin mit psychedelischen Eigenschaften. Hendrix, der durch Monterey zum Star wurde, schrieb eine Hommage an die beiden Drogen, die den Titel „The Stars That Played With Laughing Sam's Dice“ trug. Draußen auf der Bühne machte Janis Joplin großen Eindruck auf die Columbia-Talentsucher, die bereits die Byrds hatten und später Moby Grape engagierten. Capitol bezahlte den Quicksilver Messenger Service und der Steve Miller Band 40.000 Dollar Vorschuß, Vanguard holte sich Country Joe and the Fish, während sich Elektra die besten Acid-Bands von Los Angeles, nämlich The Doors und Love, unter den Nagel riß.

Und was wurde aus den Warlocks? 1966 beschloß die Band, daß eine Namensänderung angesagt war. Bei einem Interview, das Jerry Garcia 1968 Michael Lydon gab, sagte er:

> Eines Tages saßen wir in Phils Haus und rauchten DMT. Er besaß ein Riesenwörterbuch. Ich öffnete es und fand „Grateful Dead“, die beiden Worte nebeneinander. Es war einer dieser Augenblicke, weißt du, wie wenn alles andere auf dieser Seite plötzlich weg wäre, verschwommen, einfach verschwunden und da nur mehr GRATEFUL DEAD in großen schwarzen Lettern gestanden hätte, mit Gold eingerahmt, Mann, und das explodierte so richtig vor meinen Augen. Eine so verblüffende Kombination. Also sagte ich: „Wie wär's mit Grateful Dead?“ Und das war's dann auch (zit. nach Chapple, S. 20).

Der Namenswechsel kündigte eine Richtungsänderung vom strengen Einhalten der Folk-Blues-Formel zu sich endlos windenden Rock-Improvisationen an. Die Dead waren unter den Acid-Rock-Bands wahrscheinlich einzigartig. Es gab viele Gruppen, die einfach auf den fahrenden Zug sprangen, sich modische, psychedelisch klingende Namen zulegten und durch wohlüberlegtes Herumdrehen an den Knöpfen im Studio eine Drogenatmosphäre erzeugten – immer aber innerhalb der normalen Songlänge von dreieinhalb Minuten. Sogar auf *Baxters*, dem offenkundigsten Drogenalbum der Jefferson Airplane, dauert keine Nummer länger als fünf Minuten. Die Dead waren jedoch eher fahrende Spielleute als eine Rockband. Sie kamen stoned an, spielten stoned, und ihre treu ergebenen Fans, die „Deadheads“, waren genauso stoned wie sie. Acid dehnte die Länge der Konzerte auf legendäre Ausmaße. Sie konnten fünf Stunden lang spielen, und wenn der Veranstalter den Stecker rauszog, bauten sie ihr Equipment irgendwo anders auf und spielten noch einmal drei Stunden. Die Strukturen ihrer Songs waren im günstigsten Fall fließend. Garcia sagte über Acid: „Es war wie ein neuer Auslöser, eine neue Öffnung. Die erste war ein hipper Lehrer, als ich in der dritten Klasse war, die zweite war Marihuana, die nächste war Musik, und dann kam LSD. Das war wie eine Reihe sich öffnender Türen" (zit. nach Jackson, S. 45).

Von den Bands, die schon vor Monterey Plattenverträge bekamen, hielten die Dead den verlockend winkenden Scheckbüchern am längsten stand, unterschrieben aber schließlich im Dezember 1966 bei Warner Brothers. Trotzdem lieferten sie reines Acid ab. Bis zu diesem Zeitpunkt erhielten die Bands Tantiemen, die sich nach der Anzahl der Songs pro Platte errechneten; sollten die Dead also ihre Bühnenshow auf Vinyl übertragen wollen, konnten sie dabei nur verlieren. Also wurde ein Deal ausgehandelt, nach dem die Tantiemen pro dreieinhalb Minuten Musik und nicht pro Song ausbezahlt wurden.

Die Musik der Dead richtete sich ganz spezifisch an die Leute, die psychedelische Drogen und Marihuana konsumierten. Tatsächlich ist ein Teil ihres Materials aus den Sechzigern fast nicht anhörbar, wenn man sich dabei nicht in einem veränderten Bewußtseinszustand befindet. Ein weiteres klassisches Album dieser Zeit richtete sich an ein ganz ähnliches Zielpublikum: Es war *Electric Music for the Mind and Body*, die Debüt-LP von Country Joe and the Fish, auf der sich Songs wie „Flying High", „Section 43" und „Bass Strings" fanden:

Hey Partner, won't you pass that reefer around
My world is spinning, yeah
Just got to slow it down
Oh yes I've sure got to slow it down
Got so high this time that you know
I'll never come down – never come down.

The 13th Floor Elevators waren insofern eine ungewöhnliche Band, als sie die Glanzlichter einer psychedelischen Rockszene darstellten, die nicht in San Francisco, sondern in Texas beheimatet war. Die texanische Acid-Rock-Szene stand damals größtenteils im Schatten von San Francisco, und – um die Wahrheit zu sagen – die Musikwelt hat deswegen nicht allzuviel versäumt. Aber die 1966 erschienene erste LP der Elevators, *The Psychedelic Sounds of the 13th Floor Elevators,* ist wahrscheinlich der ehrfuchtsvollste Lobgesang auf Acid, der je veröffentlicht wurde, und läßt beim Hörer keinerlei Zweifel darüber offen, wodurch diese Musik inspiriert worden sein könnte. Im Covertext stand: „... In letzter Zeit ist es dem Menschen möglich, seinen Geisteszustand und damit auch seine Weltsicht auf chemischem Weg zu verändern ... dann kann er sein Denken neu strukturieren und seine Sprache austauschen, so daß seine Gedanken in einer engeren Beziehung zu seinem Leben und seinen Problemen stehen, denen er sich dadurch auf gesündere Weise nähern kann. Dieses Streben nach purer geistiger Gesundheit stellt die Grundlage der Songs auf diesem Album dar." Die Platte ist voll mit psychedelischen Anspielungen, sowohl plumpen als auch versteckten. Was auch immer es war, das die 13th Floor Elevators hervorbrachten, es war bestimmt nicht die pure geistige Gesundheit – ganz im Gegenteil. In einem Song mit dem Titel „Fire Engine" gibt es die Textzeile: „let me take you to the empty place on my fire engine", aber statt „the empty place" war dann ein „DMT place" zu hören – jenes Dimethylatriptamin also, unter dessen Vorzeichen der Name „Grateful Dead" geboren wurde.

DMT ist ein synthetisches Halluzinogen und ähnelt dem natürlichen Stoff, der in Psilocybinpilzen zu finden ist. Die verwirrend vielen Anfangsbuchstaben, aus denen die pharmazeutische Kurzschrift der Halluzinogene besteht, waren der Anlaß für *The Alphabet Song* (1968), eine ganz offene Pro-Drogen-Hymne von David Peel and the Lower East Side:

A-B-C-D-E-F-G-LSD and DMT, P.O.T. and L-S-D
D-M-T & amphetamine
P-O-T and L-S-D, L-M-D and D-M-T S-T-P
D-M-T L-S-D got hold of me
Smoke pot, smoke pot, everybody smoke pot.
Smoke pot, smoke pot, everybody smoke pot.
Smoke pot, smoke pot, everybody smoke pot.
ABCD P-O-T, L-S-D and amphetamine
D-M-T S-T-P heroin and C-O-P, L-S-D, P-O-T C-O-P
A-B-C L-S-D
Help! I'm stoned
Help! I'm stoned
Help! I'm stoned
L-S-D P-O-T, D-M-T S-T-P C-O-P & amphetamine
Here comes the cat with heroin

Obwohl die Horror-Stories über Acid übertrieben waren und die meisten Leute keine negativen Wirkungen erlebten, gab es doch ein paar Leute, die soviel Acid schluckten, daß sie – mit den Worten der Nummer „Bass Strings" – nie mehr wirklich runterkamen. Bei ihnen handelte es sich um die „Acid-Opfer". Ihre Anzahl war unbekannt, aber es gab eine erschütternd große Zahl von Leuten aus dieser Zeit, sowohl innerhalb als auch außerhalb der Musikbranche, die wenigstens von einem Fall zu wissen schienen. Was genau in diesen Fällen passierte, weiß man nicht, obwohl die wahrscheinlichste Erklärung die ist, daß die LSD-Wirkung latente Geistesstörungen hervorbrachte.

Roky Erickson, der Sänger der Elevators, landete schließlich im Irrenhaus, wo sich all das, was er mittels LSD in seinem Kopf angerichtet hatte, mit der „Kuckucksnest"-Behandlung, der er dort unterzogen wurde, vereinte. Es brauchte drei Jahre und eine Gerichtsverhandlung, um ihn dort wieder herauszubekommen. Ein paar Jahre später behauptete Erickson bei einem Radiointerview, er sei nur an Horror und dem Teufel interessiert und leugnete, jemals bei den Elevators mitgespielt zu haben. Tom Hall, dem Schlagzeuger der Band, erging es ähnlich. Andere prominente Acid-Opfer sind beispielsweise Arthur Lee von Love, Skip Spence von Moby Grape, Syd Barrett von Pink Floyd, Mitch Ryder – und gerüchteweise auch Peter Green von Fleetwood Mac. Jimi Hendrix schaufelte die Acid-Tabletten nur so in sich hinein.

1968 interviewte der Schriftsteller Ralph Metzer David Crosby, der damals noch bei den Byrds war, für ein Buch mit dem Titel *The Ecstatic Adventure,* das so etwas wie ein Logbuch der chemischen Reisen von Leuten aus allen sozialen Schichten war. Auf die Frage, wie es denn sei, wenn man Drogen nehme, während man Musik mache, antwortete Crosby, daß er seit 1964 LSD nehme und auf Speed Gitarre spielen gelernt hätte: „Ich kenne keinen einzigen guten Gitarristen, der nicht schon einmal Speed genommen hat ... Ich spiele die meiste Zeit high und ich bin auch high, wenn ich die Songs schreibe – auf Psychedelika oder Marihuana."

Crosby sprach einmal mit Bob Dylan über Acid, und Dylan fragte: „Mann, hast du nicht schon genug von dem Zeug genommen?"(zit. nach Metzner, S. 304). Wir wissen nicht, was Crosby darauf antwortete, aber die Zeit sollte erweisen, daß es das Wort „genug" für ihn nicht gab.

Dylan andererseits sprach vom Standpunkt eines Mannes aus, der in den späten Sechzigern bereits alles hinter sich hatte. Wie Michael Gray in seinem Buch *The Art of Bob Dylan* beobachtete: „Der Versuch, aus Drogen zu lernen, Drogenerfahrungen zu erschaffen, die Ablehnung des gesunden Menschenverstandes und der Logik und das Akzeptieren des Geheimnisvollen – Dylan hat die Hinwendung zu diesen Dingen sehr beschleunigt" (Gray, S. 119).

Bob Dylan machte während der Jahre 1964 und 1965 wichtige Drogenerfahrungen und hielt sich dabei an Baudelaires Rezept für die Unsterblichkeit: „Ein Poet kann sich selbst zum Seher machen, indem er lange an einer gewaltigen und rationalen Verwirrung seiner Sinne arbeitet." Er umgab sich mit einer „Seelenwache", die etwa so arbeitete wie Elvis Presleys Memphis-Mafia, und probierte alles aus, was er kriegen konnte, um „seinen

Kopf zu öffnen", wie sein Biograph Tony Scaduto es ausdrückt. Er sprach darüber, seine Spontaneität wiedergewinnen und Songs schreiben zu wollen, die zu den Gedanken paßten, die er im Alter von zehn Jahren hatte, was ihm nicht gelingen würde, solange er der Doyen des Protest-Folk war. Also wandte er der Politik den Rücken zu, während Marihuana und Acid ihn seinem Innersten zuwandten. Binnen weniger Monate wich der schonungslose politische Realismus von „Lonesome Death of Hattie Carroll" und „Ballad of Hollis Brown" der musikalisch-textlichen Umsetzung von Drogenerfahrungen, wie etwa „Chimes of Freedom", „Lay Down your Weary Tune", „Subterranean Homesick Blues" und „Mr. Tambourine Man". Michael Gray hält „Lay Down your Weary Tune", geschrieben im Jahre 1964, für Dylans ersten Acid-Song, „für den ersten konzentrierten Versuch, die Andeutung einer ungefilterten Welt zu vermitteln" (zit. nach Gray, S. 192). 1964 lehnte Dylan das Ansinnen Ginsbergs ab, bei einer Friedensversammlung in Berkeley aufzutreten, und zog sich damit die unwiderrufliche Feindschaft von Phil Ochs zu, der ihn „LSD auf der Bühne" nannte. Dylan antwortete darauf, daß Ochs nur Dreck schreibe, weil Politik absurd und die Welt irreal sei. Dylan führte seine persönliche drogeninspirierte Suche nach Freiheit und einer Fluchtmöglichkeit über „Mr. Tambourine Man" und „Highway 61 Revisited" bis zur Ego-Auflösung von „Like a Rolling Stone" und *Blonde on Blonde* weiter. Trotzdem sollte man die Theorien, daß jede Erwähnung von „Eisenbahnen" und „Schienen" („tracks") und alle großen H auf den Textblättern darauf hindeuteten, daß Dylan heroinsüchtig gewesen sei oder daß „Blowin' in the Wind" in Wirklichkeit ein verschlüsselter Song über die Wunder des Kokain sei, wahrscheinlich besser den obskureren Bereichen der Dylanologie überlassen.

In den frühen Sechzigern tauschten kreative Geister mit missionarischem Eifer die Erfahrungen, die sie mit Marihuana und LSD gemacht hatten, untereinander aus. Der Rock-Schreiber Al Aronowitz turnte sowohl Ginsberg als auch Dylan auf Marihuana an; Dylan wiederum machte die Beatles mit dem Dope-Rauchen bekannt. Sie lernten ihn auf ihrer ersten Amerika-Tournee kennen. Dylan war damals „antichemisch" eingestellt, möglicherweise deshalb, weil er der Amphetamine überdrüssig war, und schlug den Beatles vor, doch etwas Natürlicheres auszuprobieren. Dylan baute den ersten Joint und gab ihn an Lennon weiter, der aber zu viel Angst hatte, einen Zug zu machen, und ihn Ringo überreichte. Die Episode endete damit, daß sie alle hysterisch lachend am Boden herumrollten.

Während der Dreharbeiten zu *Help* trat LSD ins Leben der Beatles. Ein befreundeter Zahnarzt veranstaltete eine Dinnerparty für die Band, bei der sich die Konversation bald auf einen rebellischen Akademiker namens Timothy Leary konzentrierte, von dem bisher nur John gehört hatte. Der Gastgeber verteilte LSD, aber die Resultate waren nicht besonders erfreulich. Die Beatles verließen die Party und unternahmen eine gefährliche Autofahrt von Nachtclub zu Nachtclub, wobei sie sich in einem sehr eigentümlichen Geisteszustand befanden. Mit zwanzig Stundenkilometern schafften sie es schließlich irgendwie, zu George Harrisons Haus zurückzukommen – aber da glaubten weder Harrisons Freundin Patti Boyd noch Lennons Frau Cynthia, daß sie jemals wieder normal werden würden. Unter dem Einfluß von Acid begann Lennon zu zeichnen und sah Harrisons Haus als großes Unterseeboot, in dem sie alle lebten. (Man hat vielfach angenommen, daß es sich bei „Yellow Submarine" um eine Anspielung auf Barbiturate oder Amphetamine gehandelt hat. Dieses Erlebnis deutet eher darauf hin, daß der Song sich indirekt auf LSD bezieht.) Diese kindliche Acid-Bilderwelt sollte bald ausgeprägter werden, da Lennon geradezu von Acid besessen war und Hunderte Trips nahm, was seine ohnehin schon labile Persönlichkeit noch mehr unterminierte. Vielleicht waren es eher Acid und eine zerstörerische Affäre mit Heroin als irgendwelche äußeren Einflüsse, die Lennon und schließlich auch die Beatles in den endgültigen Zusammenbruch trieben.

Die Drogenerlebnisse der Beatles spiegelten sich – wie bei Dylan – auch bald in ihrer Musik wider. Auf *Rubber Soul* (1965) und *Revolver* (1966) finden sich die ersten Songs, die in diesem Zusammenhang entstanden sind. Eine Auffassung von Liebe, die weit über einen Quickie hinter dem Gaswerk hinausgeht, tauchte in „The Word" auf, während „Nowhere Man" ein Licht auf die inneren Vorgänge in einem Menschen warf, wie sie durch psychedelische Drogen entschleiert werden. „She Said, She Said" wurde durch ein Gespräch, das Lennon während seines zweiten Acid-Trips mit dem Schauspieler Peter Fonda geführt hatte, inspiriert, und Learys psychedelische Version des tibetanischen Totenbuchs stellte die Grundlage für „Tomorrow Never Knows" dar.

Der Juni 1967 sah die Veröffentlichung von *Sergeant Pepper's Lonely Hearts Club Band.* Ganz abgesehen davon, daß es sich dabei um eine der wichtigsten Platten handelt, die je aufgenommen wurden, stimulierte *Sergeant Pepper* auch die Acid-Subkultur und stellte LSD auf eine internationale Plattform. Ob nun „Lucy in the Sky with Diamonds" wirklich das bedeuten sollte, wonach es aussah, ist unwichtig; die Fans schauten sich das Cover an, lasen die Texte, hörten die Studioeffekte und machten sich ihre eigenen Gedanken. Auch bei der BBC las man die Texte und gab „A Day in the Life" Sendeverbot, weil darin eine positive Anspielung auf „einen Trip" vorkam. Paul McCartney jedenfalls ließ die Katze endgültig aus dem

Sack, als er 1967 in einem Interview mit *Queen* und dem *Life Magazine* zugab, daß er nicht nur LSD genommen hätte, sondern daß „es mir die Augen geöffnet hat. Es hat mich zu einem besseren, ehrlicheren und toleranteren Mitglied der Gesellschaft gemacht." In dem darauf folgenden öffentlichen Skandal versuchte Brian Epstein, die Situation zu retten, indem er bekanntgab, daß auch er LSD genommen hätte: „Ich hatte zwar böse Vorahnungen, aber ich habe es trotzdem riskiert. Ich glaube, daß LSD mir geholfen hat, mich selbst besser kennenzulernen und meine schlechte Laune etwas loszuwerden." Die Wahrheit war, daß Epstein nicht auf einem Acid-Meer durchs Leben trieb, sondern sich einer Achterbahn-Existenz unter dem Einfluß von Barbituraten und Amphetaminen verschrieben hatte.

Die Veröffentlichung von *Sergeant Pepper* schien die Zahl der Populärkultur-Motten, die ums Licht LSD flatterten, noch zu steigern, als wollten alle einen verzweifelten Versuch unternehmen, noch etwas daran zu verdienen, so lange das möglich war. Wenn es sonst schon nichts geschafft hat, so hat LSD zumindest Farbe in die Leben vieler Jugendlicher gebracht, von denen die meisten das Zeug nie auch nur angegriffen haben. Hippie-Mode aus exotischen Stoffen wirbelte zum Klang von Glöckchen und Perlen durch die Straßen. Es gab psychedelische Filme, Rock-Light-Shows, teilweise fast unlesbare Underground-Blätter mit vielfarbigem Druck und natürlich die Musik. Pop machte Acid zum braven Konsumgut. Schon das Wort „Acid" (Säure, *Anm. d. Übers.*) allein klang hart und gefährlich, ein Element, das die Gesellschaft zersetzen konnte; andererseits klang „Flower-Power" ungefährlich und harmlos – einer der größten Hits des Jahres 1967 war Scott McKenzies „San Francisco", mit dem lieblichen Text „Be sure to wear some flowers in your hair". Andere Acid-Pop-Singles waren etwa „San Francisco Night" von Eric Burdon, „I Can Hear the Grass Grow" von The Move, „Whiter Shade of Pale" von Procol Harum und „Mellow Yellow" von Donovan. Eine der ersten Erwähnungen von LSD auf Platte gab es 1962 auf einer Single der Gamblers.

Die Beatles waren auch mit dafür verantwortlich, daß London seinen festen Platz auf der psychedelischen Landkarte erhielt. Es gab zahlreiche Versuche, so etwas wie Haight Ashbury in den Stadtteilen mit den Postleitzahlen W10 und NW6 aufzubauen. Statt *Berkeley Barb* und *Oracle* gab es *International Times* und *Oz*; das Roundhouse, UFO und Middle Earth waren der Ersatz für das Fillmore und den Avalon Ballroom; man machte keine Be-Ins, sondern Ally Pally; und die Musik kam nicht von den Dead, Airplane und Quicksilver, sondern von Pink Floyd, Soft Machine und Cream. Cream und Hendrix ruhten wie Kolosse mit jedem Bein auf einem anderen Kontinent und standen in einem Ausmaß für Acid Rock, wie keine andere Band es je schaffte, weder von ihrer Kraft noch von ihrer Virtuosität her.

Es war höchst amüsant, Londoner Rhythm-&-Blues-Musikern wie Zoot Money und Graham Bond dabei zuzuhören, wie sie mit Hawaiihemden bekleidet ihre alten Songs spielten und das psychedelisch nannten (oder „psychodalek", wie Bond das synchronisierte). Die Eröffnung des Temple war ein Zeichen der Zeit – es war ein schmieriges Rocklokal, in dem sich die Acid-Opfer der Hauptstadt trafen, und stand an genau demselben Platz, wo sich früher der berühmte Jazzclub Flamingo befunden hatte. Aber Acid hatte eine wesentlich größere Wirkung auf das Musikbusineß als nur die Eröffnung vergänglicher Rockclubs und Eintagsfliegen vom Schlage eines Scott McKenzie. Nach *Sergeant Pepper* war der Rock 'n' Roll in der Tradition von „One for the money, two for the show ..." einfach nicht mehr angesagt. In den darauffolgenden paar Jahren geschah es zum ersten Mal, daß LPs sich mehr verkauften als Singles; es gab Doppel- und Dreifachalben, ganze LP-Kassetten, Konzeptalben, Nummern, die eine ganze LP-Seite lang dauerten, LP-Faltcover, LP-Covers als „Kunst", Gruppen, die mit Orchestern zusammenarbeiteten, Rockopern und eine Flut protziger und obskurer Texte.

LSD spielte auch bei der Entwicklung der UKW-(= FM-)Sender in den USA eine bedeutende Rolle, und zwar in der Person von Tom Donahue. Donahue, der bereits lange Zeit in Philadelphia als Radio-Discjockey gearbeitet hatte, kam 1961 nach San Francisco, arbeitete dort mehrere Jahre lang beim Sender KYA und stürzte sich dann auf Konzertveranstaltungen und Plattenproduktionen. Als Chef des Labels Autumn Records brachte er 18 nationale Hits heraus, von denen zwei in die Top Ten kamen. 1966 gab er das alles wieder auf. Sein Partner bei der Plattenfirma starb an der Hodgkin-Krankheit, und es kam nicht überraschend, daß er das Interesse am Geschäft verlor. Donahue nahm „unglaubliche Mengen Acid. Und man kann sich eines vorstellen: Wer drei- oder viermal pro Woche Acid nimmt, der hat es schwer, mit 37 Vertriebsleuten zu verhandeln und sie am ersten Tag zu fragen, wo dein Geld bleibt, am zweiten Tag, was sie wegen deiner Platten unternehmen und am dritten Tag wieder, wo dein Geld bleibt" (zit. nach Chapple, S. 108).

Donahue stieg etwa eineinhalb Jahre lang völlig aus und hing in seiner Wohnung herum, wo er noch mehr Acid nahm und sich zu überlegen versuchte, was er als nächstes tun sollte. Seinen psychedelischen Überlegungen entsprang die Idee, die FM-Wellenlänge dazu zu benützen, all die „head music" zu spielen, die die Top Forty-Mittelwelle-(= AM-)Sender nicht einmal anrühren wollten. Sein Sender KMPX nahm im idyllischen Sommer von 1967 den Betrieb auf und wurde ein aufsehenerregender Erfolg. Aber obwohl das Geschäft gut lief – der Geist des Acid in San Francisco war bereits wieder am Absterben. Haight Ashbury nahm genau denselben Weg wie North Beach – es ertrank in einem Meer von Touristen, Wochenend-Hippies, Gaunern, Polizeischikanen und schlechten Trips. Es wurde modern, sich Methedrin zu spritzen, was die allgemein schon paranoide und mißtrauische Stimmung nur noch schlimmer machte. In London kühlte die Acid-Euphorie mit dem Eintreffen des Winters ab. Zwischen August und Dezember stellten Piratensender wie Radio London, 270 und Scotland ihren Betrieb ein (Radio Caroline überlebte, indem es in internationale Gewässer übersiedelte), Brian Epstein starb, und der Versuch der Beatles, ihren eigenen Merry-Prankster-Trip unter dem Titel *The Magical Mystery Tour* zu verfilmen, endete in einem cineastischen Chaos.

Im Jahr 1968 wurde Gewalt die neue radikale Pose. Jefferson Airplane verabschiedeten sich von ihrem weißen Kaninchen („White Rabbit") und begrüßten lautstark *Volunteers* und „Up against the wall, motherfuckers". Nach dem Debakel mit *Her Satanic Majesties Request* ließen die Stones dankenswerter- und klugerweise die Flower Power links liegen und sangen über den „Street Fightin' Man". Woodstock bewies, daß immer noch alles möglich war, aber im Dezember 1969 kam Altamont. Die Rolling Stones standen am Ende ihrer Amerika-Tournee, und Mick Jagger war fest entschlossen, in Kalifornien, der Heimat der Gratiskonzerte, ein Konzert mit freiem Eintritt zu geben und einen Film über Tournee und Konzert herauszubringen, *bevor* der Woodstock-Film in die Kinos kam. Das Datum stand bereits fest, aber ein Veranstaltungsort konnte erst fünf vor zwölf gefunden werden – der Sears Point Raceway in Altamont.

Jeder, der mit dieser Angelegenheit zu tun hatte, wußte, daß eine Menge Leute kommen würden – und so war es auch. Mindestens 300.000 Zuhörer kamen zum Konzert. Um mit einer Menschenmenge wie dieser fertigwerden zu können, braucht man Zeit und sorgfältige Planung, was Sicherheit, Bühne und die Infrastruktur für die Zuschauer anbelangt. Das alles fehlte. Um diese potentiell ohnehin schon sehr gefährliche Situation noch schlimmer zu machen, war dort auch noch wirklich übles LSD im Umlauf; der Erste-Hilfe-Mannschaft ging bald das Thorazin, jenes Mittel, mit dem man Leute, die auf einem schlechten Trip sind, beruhigen kann, aus. Es gab Schlägereien um Essen und Wasser und in den langen Schlangen, die sich vor den Klos bildeten. Zu dieser Atmosphäre kam noch erschwerend dazu, daß die Hell's Angels als Sicherheitsleute vor der Bühne in Erscheinung traten.

Beim 1967er-Konzert im Golden Gate Park war auch eine Menge Acid in Umlauf, die Angels waren ebenfalls im Einsatz, und es gab nur sehr wenig Ärger. Aus dieser Erfahrung heraus empfahl der Grateful-Dead-

Manager Rock Scully den Konzertveranstaltern von Altamont die Angels. Aber diesmal ging einfach alles schief. Gegen Mittag, also lange bevor die erste Band auf die Bühne kam, hatten die Angels bereits Unmengen von Alkohol und schlechtem Acid, das wahrscheinlich mit Speed verschnitten war, konsumiert. Sie waren im Bereich vor der Bühne, wo der Großteil der Schwierigkeiten passierte, schon in Schlägereien mit Leuten aus dem Publikum verwickelt. Auch die Künstler waren nicht mehr sicher: Marty Balin von den Jefferson Airplane wurde während des Auftritts der Band ins Gesicht geschlagen, weil er versuchte, einen der Angels daran zu hindern, jemanden zu verprügeln.

Es war schon dunkel, als die Stones endlich auf die Bühne kamen. Nach den ersten fünf Nummern ihres Auftritts sah Jagger, der gerade die erste Textzeile von „Under My Thumb" von sich gab, zwischen rundherum stattfindenden Schlägereien einen Mann im Publikum, der mit einer Pistole herumfuchtelte. Er rief dem Gitarristen Mick Taylor etwas zu, und sie hörten zu spielen auf. Der Mann mit der Waffe war Meredith Hunter, ein 18jähriger Schwarzer, der mit seiner weißen Freundin zum Konzert gekommen war. Diese Tatsache störte die Angels; sie stänkerten Hunter an, und es kam zu einem Kampf. Hunter wurde durch einen Messerstich verletzt, schaffte es aber noch, seine Waffe zu ziehen. Er wurde wieder gestochen und ging zu Boden, wo man noch mehrere Male auf ihn eintrat. Die Angels ließen ein paar Minuten lang niemanden zum Versorgen der Wunden in seine Nähe. Schließlich wurde er ins Rotkreuz-Zelt gebracht, wo sich jedoch keines der versprochenen Notfallgeräte befand. Es gab auch keinen Hubschrauber, der den Verletzten ins Krankenhaus bringen hätte können – und Hunter starb. Meredith Hunter war nicht das einzige Altamont-Opfer; zwei Leute wurden in ihren Schlafsäcken von einem Autolenker, der Fahrerflucht beging, überfahren, und ein anderer Mann, der sich auf einem schlechten Trip befand, ertrank in einem Kanal. Man gab den Angels an allem die Schuld, aber in Wirklichkeit hätte dieses Konzert nie unter solch chaotischen Umständen stattfinden dürfen.

Da Altamont kurz vor der Jahrzehntwende stattfand, wurde es unvermeidlich als das Ende der Sechziger hochgespielt. Trotzdem: Damals befanden sich die meisten Acid-Kreuzfahrer schon nicht mehr im Spiel – sie waren entweder auf der Flucht, im Gefängnis oder im Ruhestand, und man kann sich dem Gedanken nicht entziehen, daß der Geist der Sechziger zum selben Zeitpunkt verschwand wie das Leben Meredith Hunters. (Das oftbeschworene „Psychedelic-Revival" in England hat nie wirklich stattgefunden. Die einzigen Künstler, die sich kommerziell durchsetzen konnten, waren die Psychedelic Furs, Julian Cope und The Mission.)

Die Acid-Subkultur war dazu verurteilt, sich aufzulösen, da ihre ganze Grundstruktur von Rockmusik getragen wurde – einem Busineß also, das zum Überleben auf schnelle Massenkommunikation und internationale Märkte angewiesen ist. LSD schuf eine neue Umgebung für die Entwicklung des Rock; die Droge hatte deutlichen Einfluß auf ohnehin schon kreative und talentierte Geister, und es ist sehr wahrscheinlich, daß ohne LSD der beste Teil der Rockmusik der Sechziger nicht entstanden wäre. Es war andererseits nicht zu vermeiden, daß LSD seinen Blutzoll forderte; unter seinem Einfluß schrieb Hendrix Songs, die zum Besten gehören, was es auf dem Sektor Rockmusik gibt – aber es machte ihn auch zu Wachs in den Händen von Busineß-Haien. LSD war und ist eine Droge, die einem Respekt abringt. William Blake wußte zwar noch nichts davon, aber er fing die Macht des Acid ein, als er schrieb:

To see a World in a grain of sand
And a Heaven in a wild flower
Hold Infinity in the palm of your hand
And Eternity in an hour.
(Eine Welt in einem Sandkorn erblicken
Und einen Himmel in einer wild wachsenden Blume
Die Unendlichkeit in deiner Handfläche
Und die Ewigkeit in einer einzigen Stunde.)

10

Star Wars

Donovan
Der „Sunshine Superman" kam erstmals im Juli 1966 wegen Drogenbesitzes mit dem Gesetz in Konflikt, lieferte später aber trotzdem aufklärendes psychedelisches Liedgut wie „The Trip" ab. Rock-Kritiker Paul Williams schrieb über das Stück: „Der Traum wird zum Modell einer potentiellen Wirklichkeit ... Wie immer werden Erleuchtung und Unterhaltung im selben Paket geliefert."

Wenn ich rauche, wird man mich dann erwischen? Nur dann, wenn ich dumm, ein Pechvogel oder ein Popstar wäre.

Richard Neville, *Playpower*

Wenn ich nicht gerade high war, dann stand ich vor Gericht ... versuchen Sie mal, in der Marlborough Street fünfundzwanzigmal „Schuldig, Euer Ehren" zu sagen und dabei immer noch ernst dreinzuschauen ... Es war ein Spiel, das nichts mit Recht und Gesetz zu tun hatte.

Keith Richard, *New Musical Express*

Wegen irgendwelcher Rauschgiftgeschichten verhaftet zu werden, das gehört für Rockmusiker ebenso zum Berufsrisiko wie für die größten Jazzstars von ehedem. Die Zusammenhänge waren zwar andere, aber die Logik moralischer Entrüstung war immer noch dieselbe. Im goldenen Zeitalter des Jazz konnten die Sprecher des „ehrenwerten Bürgers", der Klerus, die Polizei, Politiker und die Presse, ihren tief eingewurzelten Rassismus praktischerweise mit ihrer Abneigung gegen eine Generation von Straffälligen verbinden, indem sie schwarze Jazzmusiker für alles verantwortlich machten. Wären diese liederlichen Dschungelrhythmen doperauchender Jazzer nicht, dann würden junge Leute ihren Eltern gehorchen und sich nicht der Lebensgefahr und dem Untergang ergeben.

Als jedoch später Rock den Platz des Jazz als populäre Musik für die Massen einnahm, da standen die Moralisten vor einem Dilemma; nicht nur, daß die neue Musikergattung weiß war, sondern die Kids nahmen noch dazu mehr Drogen als je zuvor. Und dazu kam noch etwas anderes: Diese langhaarigen Rockstars mit verrückter Kleidung waren schon schlimm genug – aber das wahre rote Tuch für das sture moralische Establishment waren Geld und Ruhm, die die neuen Stars ernteten. Einige dieser Halbstarken waren Millionäre, gottverdammt noch mal, ihre Gesichter waren in allen Zeitungen und im Fernsehen, die Medien hingen an jedem Wort, das sie verkündeten. Diesen publicitygeilen Clowns mußte man einen Dämpfer verpassen. Aber die Schwierigkeit dabei war, daß es noch kein kriminelles Vergehen darstellte, ein Teenageridol zu sein. Was anderes war es natürlich, wenn man illegale Drogen nahm. Das Einsperren von Musikern erfüllte mehrere Zwecke: Erstens sind Musiker, besonders in einer Zeit, in der das öffentliche Interesse am Drogenproblem besonders groß ist, ein leichtes Ziel, handliche Schachtelteufelchen für eine neue moralische Panik. Der *London Evening Standard* vom 10. Juli 1986 beispielsweise brachte einen Teil seiner Berichterstattung über Boy George und sein Heroinproblem gleich unterhalb eines typischen Artikels, der ohne jede Tatsachengrundlage hysterisch über eine angebliche „Crack"-Epidemie in London berichtete. Im Zuge der Enthüllungen über Boy George wetterten sowohl Baroness Trumpington vom DHSS (Department of Health and Social Security) als auch Norman Tebbit, der Vorsitzende der Conservative Party, gegen „Junkie"-Popstars, die ein schlechtes Beispiel geben. Tebbit warf die Frage auf, ob Stars, deren Drogenkonsum bekannt war, im BBC Sendeverbot erhalten sollten, und brachte seine Meinung zum Ausdruck, daß „die Leute vor zwanzig oder dreißig Jahren vielleicht etwas freizügiger waren" (*Oxford Mail*, 5. Juli 1986). Das stimmt mit Sicherheit nicht; zumindest nicht für Mrs. D. Baylis aus Noss Mayo bei Plymouth. Das Rad hat sich in England seit 1967 und den ersten „schockierenden Enthüllungen", die *News of the World* damals über Drogen im Pop machte, um genau 360 Grad weitergedreht. Mrs. Baylis schrieb damals einen Brief an die Zeitung, in dem es hieß: „Popstars sollten einem System von Tests unterzogen werden – so wie Pferde oder Windhunde –, bevor sie auf die Bühne gehen dürfen" (*News of the World*, 26. Februar 1967).

Musiker stellen zudem eine bewährte Waffe im Propagandakrieg gegen Drogen-User dar, da sie beweisen, daß Ruhm und Reichtum keinen Schutz gegen Drogenprobleme bieten. Indirekt ist so eine Verhaftung Mittel einer uneingestandenen sozialen Rache, und die Polizei sichert sich Schlagzeilen auf den Titelseiten, wenn sie den Herrn Popstar schnappt statt die großen Bosse im Hintergrund, die man nur selten zu fassen kriegt. So wird die Aufmerksamkeit vom blamablen Versagen, die Anzahl der Menschen mit Drogenproblemen zu vermindern, abgelenkt, und der Musiker im Gefängnis wird Teil des symbolischen Kampfes gegen Drogen, ungeachtet des Fehlens irgendwelcher bemerkenswerten Erfolge der Exekutive, der medizinischen Behandlung oder der Vorbeugung.

Und natürlich macht nichts die Besitzer der Zeitungen so glücklich wie eine ordentliche Star-Verhaftung. Wer auch immer die sensationelle Erstmeldung kriegt, kann im Editorial pompöse Selbstgerechtigkeiten loslassen, während er zugleich eine saftige Story abdruckt, die ihn Tausende Exemplare seines Blattes mehr verkaufen läßt. Natürlich muß man feststellen, daß Musiker in dieser Hinsicht oft selbst ihre größten Feinde sind. Besonders in den „lockeren" Sechzigern war dies der Fall. Wie Julie Burchill ganz richtig feststellte, war die Tatsache, daß Traffic eine Nummer mit dem Titel „Hole in My Shoe" mit den Textzeilen „I looked in the sky/while an elephant's eye/was looking at me/from a bubblegum tree" veröffentlichte, gleichbedeutend mit einem Brief ans Drogendezernat, in dem stand:

„Ich nehme illegale halluzinogene Drogen, bitte nehmen Sie mich fest." Und das gleiche gilt für viele Musiker, die am laufenden Band Acid-Bilder im Stile von „die Windmühlen meines Verstandes" („windmills of my mind") produzierten.

Musiker neigen eben gelegentlich dazu, von einer geradezu albernen Sorglosigkeit zu sein. Als sich die Steve Miller Band 1968 in England aufhielt, um dort ihr erstes Album, *Children of the Future,* aufzunehmen, erhielt die Gruppe mit der Post ein Paket, in dem sich eine mit Marihuana vollgestopfte Pralinenschachtel befand. Ein Zollbeamter wurde gleichzeitig mit dem Paket „zugestellt"; und die gesamte Band wurde festgenommen und nach Hause geschickt.

Zwei frühere Verurteilungen wegen Marihuana 1972 und 1973 waren der Grund dafür, daß man Paul McCartney bei mehreren Gelegenheiten ein japanisches Visum verweigerte. Schließlich gaben die japanischen Einwanderungsbeamten dem Druck der Musikveranstalter, die die Wings buchen wollten, aber doch nach, und McCartney und seine Band landeten am 16. Januar 1980 am Flughafen von Tokio. Japanische Zöllner haben einen legendären Ruf, was ihre besondere Gründlichkeit gegenüber Musikern betrifft, und die dortige Polizei ist dafür bekannt, den Künstlern auf Schritt und Tritt zu folgen. McCartney mußte also wissen, daß er ein logisches Ziel sein würde, aber trotzdem lagen mehr als 200 Gramm Marihuana nett und freundlich ganz oben in seinem Gepäck. Neun Tage später wurde er unter einem Hagel internationaler Publicity des Landes verwiesen und verlor dadurch die gesamte Tournee, 200.000 Dollar an Kompensationszahlungen für die Veranstalter und weitere 100.000 Dollar für Anwälte und diverse Ausgaben. (Das FBI behauptete später, McCartney eine Falle gestellt zu haben. Sein Gepäck war durchleuchtet worden, als er in Amerika sein Flugzeug bestieg, und man hatte das Marihuana entdeckt. Aber statt ihn festzunehmen, informierte das FBI den japanischen Zoll (zit. nach: Greenshaw, Wayne: *Flying High: Inside Big-time Drug Smuggling* [New York: Dodd Mead, 1984], S. 91).

Musiker sind wegen ihrer starken Medienpräsenz besonders anfällig für die Rachegelüste von Exangestellten, ehemaligen Bandmitgliedern, verärgerten Freundinnen und jedem anderen, der auch gerne seine Gaben aus dem Füllhorn des Scheckbuch-Journalismus bekommen und zugleich seinen Fuß in der Tür der Medienberichterstattung behalten möchte. Natürlich liest auch die Polizei Zeitung, und oft kam es nach den Exklusivberichten diverser Boulevardblätter zu Verhaftungen. Noch unheimlicher wirken einige Fälle, wo alle Anzeichen darauf hindeuten, daß ein Musiker von seinem eigenen Management der Exekutive ausgeliefert wurde, um so interne Reibereien zu einem „befriedigenden" Ende zu bringen.

Am 3. Mai 1969 landete Jimi Hendrix, aus Detroit kommend, auf dem Flughafen von Toronto. Unter normalen Umständen wird das Gepäck auf Flughäfen von Zollbeamten durchsucht, und der Besitzer wird, wenn irgend etwas Anstoßerregendes entdeckt wird, in ein bestimmtes Büro eskortiert. Aber bei dieser Gelegenheit standen schon die Männer von der Royal Canadian Mountain Police bereit. Sie durchsuchten Hendrix' Gepäck, als wüßten sie, wonach sie Ausschau halten müßten, fanden dann auch Hasch und Heroin und begannen vor den Augen aller Anwesenden – um die Wirkung zu steigern – ihr Verhör. Eine Anklage wegen Heroin war etwas Ernstes; zu einer Zeit, als die meisten Musikerverhaftungen wegen Marihuana oder LSD stattfanden, war Hendrix einer der ersten Rockstars, der wegen Heroinbesitzes festgenommen wurde. Dennoch – er hätte es gar nicht nötig gehabt, ein solches Risiko einzugehen. Erstens war es üblich, daß andere Mitglieder des Rock-Zirkus, etwa Roadies oder Roadmanager, etwaige Drogen bei sich hatten, da die Wahrscheinlichkeit, daß sie durchsucht wurden, geringer war. Und zweitens wurde Hendrix von seinen Fans, wo auch immer er hinging, richtiggehend mit Drogen überschüttet.

Bei den Leuten, die Hendrix nahestanden, herrschte der starke Verdacht, daß sein Manager Mike Jeffrey Hendrix diese Falle gestellt hatte, weil er damals fürchtete, seinen äußerst erfolgreichen Star an seinen früheren Kompagnon, Chas Chandler, zu verlieren. Hendrix zeigte sich zunehmend unglücklich über die Art, wie Jeffrey die Geschäfte für ihn führte, aber wenn er in eine Drogenaffäre verwickelt werden würde, dann würde er Jeffreys Hilfe brauchen, und von einer Trennung wäre keine Rede mehr. Würde Hendrix davonkommen, dann wäre er dankbar. Wenn nicht, dann konnte man mit einem aus dem Verkehr gezogenen Rockstar immer noch eine Unmenge Geld machen. Man stelle sich nur die Einkünfte aus einer Comeback-Tournee vor!

Es dauerte neun Monate, bis der Fall vor Gericht kam. Hendrix, dem eine Gefängnisstrafe von mindestens sieben Jahren drohte, bestand unnachgiebig darauf, daß er von den Drogen nichts gewußt hätte. Seine Verteidigung plädierte auf einen Mens-rea-Fall („schuldiger Verstand") – das heißt, mit anderen Worten: Wenn Hendrix nicht gewußt hat, daß er Drogen mit sich führte, wie konnte man ihn dann schuldig sprechen, sie vorsätzlich in seinem Besitz gehabt oder sie persönlich noch unter Kontrolle zu haben? Nach acht Stunden dauernden Beratungen einigten sich die Geschworenen auf „nicht schuldig".

Es gibt ein Sprichwort in der Unterhaltungsindustrie, das besagt, daß es so etwas wie schlechte Publicity nicht gibt. Was Drogenverhaftungen angeht, könnte man sich tatsächlich einer zynischen Betrachtungsweise befleißigen, was etwa die intensive Berichterstattung über die Drogenprobleme eines Boy George in den Jahren 1986 und 1987 und seine anschließende Genesung betrifft. Da war also ein weltberühmter Popstar, der in den Medien „überpräsent" gewesen war, nach einer Reihe von Hits einen Plattenflop herausgebracht hatte und plötzlich nicht mehr im Mittelpunkt des öffentlichen Interesses stand. George behauptete (in *Sunday People* vom 19. April 1987), daß Konzertveranstalter ihn wegen seiner Drogengeschichte in England nicht mehr auftreten lassen hätten. Aber seine erste „Post-Drogen"-Single, „Everything I Own", kam sofort auf Platz eins. Boy George war zwar nicht aus Gründen der Publicity heroinsüchtig geworden, aber stilvolle Schlagzeilen wie: „Junkie George hat noch acht Wochen zu leben" (*Sun*, 3. Juli 1986) schadeten seinem Erfolg sicherlich auch nicht. Betrachten wir auch einmal die 1984 gemachten Enthüllungen darüber, daß Duran Duran total verrückt nach Kokain seien: Das schien sich zufällig sehr gut mit ihrem Versuch zu verbinden, in den Erwachsenen-Plattenmarkt einzudringen und als echte Musiker akzeptiert zu werden. Aber nichtsdestotrotz sind Verhaftungen wegen Drogen für die Musiker meistens äußerst übel; und sie unternehmen alles mögliche, um solche unheimlichen Begegnungen der unliebsamen Art zu vermeiden.

Zahlreiche Konzertreiserouten durch Europa wurden im Hinblick auf besonders lasche Grenzkontrollen geplant. Eine Band beschäftigte sogar einen Privatdetektiv, der für sie die europäischen Flughäfen ausforschen und feststellen sollte, welche Flughafenmannschaft den Passagieren einer Privatmaschine, die auf irgendeiner entlegenen Nebenlandebahn runterkam, die geringsten Probleme bereiten würde. Andere Musiker versuchten, sich durchzubluffen. In einem seiner etwas weniger hellen Momente marschierte der britische R&B-Star Graham Bond mit seinen 114 Kilo durch die Zollkontrollen und brüllte, so laut er konnte: „Ihr werdet keine Drogen in meinem Arschloch finden! Ihr könnt ja nachschauen, aber ihr werdet nichts finden!" Bei den berühmteren Musikern war es aber genauso oft der Fall, daß Roadies, persönliche Manager und ähnliche Begleiter den Transport übernahmen – manche freiwillig, andere nicht. Ein Roadmanager sagte in einem Interview mit dem Autor dieses Buches: „Ich habe mich immer geweigert, Stoff durch den Zoll zu bringen, obwohl es einige Idioten gibt, die das machen, weil man ihnen damit droht, sie sonst rauszuschmeißen."

Sind sie erst einmal verurteilt, dann sehen sich internationale Rockmusiker häufig dem Verbot gegenüber, in Länder wie Amerika oder Japan einzureisen, und verlieren dadurch einträgliche Tourneen. Paul McCartney, John Lennon, Brian Jones, Johnny Rotten und Joe Cocker sind nur einige der Stars, die dadurch Unannehmlichkeiten hatten. Beim ersten Mal hatte Joe Cocker Glück; er wurde im Dezember 1968, auf dem Höhepunkt seines Ruhms, verhaftet, aber seine Freundin nahm die Schuld auf sich, und man mußte die Anklage gegen ihn fallenlassen. Als es später mit seiner Karriere bergab ging, ging es mit den Problemen mit dem Gesetz stetig bergauf. 1972 wurde er in Australien erwischt und des Landes verwiesen; 1973 nahm man ihn wegen Marihuanabesitzes in Sheffield fest; 1977 wurde er wegen illegaler Einreise aus Amerika ausgewiesen – und 1984 wollte man ihm schon wieder an den Kragen.

Die Verteidiger der Musiker benutzen diese Tournee-Beschränkungen vor Gericht als Grund dazu, für Milde zu plädieren. Der frühere Led-Zeppelin-Gitarrist Jimmy Page wurde 1980 in London wegen des Besitzes von 198 mg Kokain festgenommen. Als der Fall im Oktober 1982 vor Gericht kam, wurde seine neue Band The Firm, bei der Paul Rogers sang, gerade mit geplanten Tourneen in Amerika und Japan lanciert. Der Queen's Counsel (königlicher Rechtsbeistand, *Anm. d. Übers.*) brachte vor, daß Page im Falle eines Schuldspruchs Millionen verlieren würde. Der Richter, der von diesem Appell bezüglich der unsichtbaren Exporte Englands sichtlich bewegt war, entließ Jimmy Page mit zwölf Monaten auf Bewährung in die Freiheit.

Die Erfahrungen, die John Lennon machen mußte, beweisen, wie eine Verurteilung wegen Drogen über Jahre hinweg wirken kann. John und Yoko wurden im Oktober 1968 in Ringo Starrs Kellerwohnung verhaftet, nachdem bei einer Polizeirazzia Cannabisharz entdeckt worden war. Nach dem berühmten Schlag gegen die Rolling Stones im Februar 1967 (über den hier später einiges zu lesen sein wird) wurde es innerhalb der Popgemeinde als gegebene Tatsache akzeptiert, daß das Drogendezernat jene Leute, die als großmäulige Popstars betrachtet wurden, aus dem Verkehr ziehen wollte. Der eifrigste der Blauuniformierten war damals Detective Sergeant Norman „Nobby" Pilcher, der zum Schreckgespenst der Londoner Drogen/Musik-Szene wurde. Auf seiner schwarzen Liste standen einige Musiker, unter ihnen auch Eric Clapton. 1967 leitete Pilcher eine Razzia in Claptons Studio-Wohnung, die sich im labyrinthischen, von Künstlern bevölkerten Wohnviertel der King's Road befand, das unter dem Namen Pheasantry bekannt war. Pilcher & Co. riefen „Post, Eilzustellung!" in die Gegensprechanlage und rasten dann durch die Tür und den schmalen Gang, wobei sie dauernd riefen: „Wo ist Eric Clapton? Wo ist Eric Clapton?" Eric hatte das Glück, nicht zu Hause zu sein. Tatsächlich wurde Clapton, trotz seiner in der Öffentlichkeit sehr bekannten Drogenprobleme, nur einmal gefaßt. Am 20. März 1968 verhaftete man ihn wegen Marihuanabesitzes in North Hollywood, als er gerade mit drei Mitgliedern der Band Buffalo Springfield, unter ihnen Neil Young, zusammen war. Clapton kam davon, aber nicht ohne eine Nacht im Gefängnis verbringen zu müssen, im Gefängnisdrillich und mit seinen rosa Stiefeln, wobei er versuchte, seine Zellengenossen, Mitglieder der Black Panthers, davon zu überzeugen, daß sein Interesse am amerikanischen Blues echt war.

Lennon war gewarnt worden, daß Pilcher nur auf eine Gelegenheit wartete, sich auf ihn zu stürzen, und sagte, daß er daher besonders darauf geachtet hätte, keine Drogen in der Wohnung zu haben, besonders, da diese zuvor von Jimi Hendrix bewohnt worden war. (Lennon behauptete, einige Mühen auf sich genommen zu haben, um sicherzugehen, daß die Räumlichkeiten clean waren.) Es kam also kaum überraschend, daß Lennon behauptete, das Harz, das man „gefunden" hatte, wäre ihm untergeschoben worden. Obwohl das nie nachzuweisen war, hätte eine solche Handlungsweise wohl zu den eher suspekten Methoden, die das Drogendezernat damals anwendete, gepaßt. John Lennon sagte vor Gericht aus: „Er [Pilcher] sagte: ‚Wenn Sie sich schuldig bekennen, dann werde ich Sie nicht wegen Behinderung der Justiz anzeigen, und außerdem lasse ich Ihre Frau gehen.' Ich dachte: ‚Na gut, das sind hundert Dollar [das damalige Strafausmaß bei einem Schuldbekenntnis], die werden mich schon nicht umbringen'" (zit. nach Wiener, S. 81). Pilcher war mit einer Mannschaft von 40 Beamten angerückt. Das führte zu parlamentarischen Anfragen, warum denn 40 Polizisten nötig wären, um zwei unbewaffnete Verdächtige festzunehmen, und wie es sein konnte, daß die Kameras der Medien schon vorher dort waren.

Im August 1971 übersiedelten John und Yoko nach New York, wo sich Lennon immer stärker der radikalen Politik zuzuwenden begann. Im Dezember trat er bei einem Benefizkonzert für John Sinclair in Ann Arbor, Michigan, auf. Sinclair war ein radikaler Schriftsteller und der sogenannte Informationsminister der White Panthers (die 1968 gegründet worden waren) sowie der Manager einer politisch orientierten Rock-'n'-Roll-Band namens MC5. Er war ein wilder Enthusiast und glaubte ernsthaft daran, daß Rock eine politische Kraft war. Er verfaßte ein Manifest, das zugleich mit der Veröffentlichung der ersten LP der Band, *Kick Out the Jams* (1969), erschien und in dem er erklärte: „Wir haben keine Gewehre, weil wir mächtigere Waffen besitzen – der direkte Zugang zu Millionen Teenagern ist eine unserer wichtigsten, und deren Glaube an uns ist eine weitere." Sinclair war seit Mitte der Sechziger in seiner Heimatstadt Detroit ebenso sorgfältiger polizeilicher Überwachung ausgesetzt wie Lennon in London.

Mehr als einmal hatte man ihm ins Gesicht gesagt, daß es nur eine Frage der Zeit wäre, bis „man ihn schnappen und er nicht mehr rauskommen würde“, wie der Unterwelt-Slang das so freundlich nennt. Im Juli 1969 wurde er zu unglaublichen zehn Jahren Gefängnis verurteilt, weil er einem Undercoveragenten zwei Marihuanajoints verkauft hatte. Er setzte seine politischen Aktivitäten im Gefängnis fort, aber die MC5 trennten sich von ihm, weil sie beschlossen hatten, daß er zu politisch für sie war, wo sie doch nichts als Spaß haben wollten. Später unterschrieben sie bei Jon Landau, der dann Bruce Springsteens Manager werden sollte, und Wayne Kramer, der Gitarrist der Band, mußte eine zweijährige Gefängnisstrafe wegen Kokainhandels verbüßen. Sinclair saß zweieinhalb Jahre von seiner Strafe ab und wurde nur drei Tage nach dem Benefizkonzert zu seinen Gunsten entlassen. Das FBI verzeichnete Lennons Verwicklung in diese Angelegenheit und fügte diese Aufzeichnungen den Akten über den Ex-Beatle hinzu, die im Laufe der Zeit einen 13 Kilo schweren Papierberg ergeben sollten.

1972 war ein Wahljahr in den USA, und die Behörden waren der höchst paranoiden Überzeugung, daß Lennon eine Gefahr für Nixons Wiederwahl-Chancen darstellte. Anfang Februar schickte der republikanische Senator Strom Thurmond ein geheimes Memorandum an Justizminister John Mitchell, in dem er behauptete, daß es ratsam wäre, auf der Grundlage der in den Medien veröffentlichten Pläne Lennons, sich an Anti-Nixon-Kundgebungen zu beteiligen, „Lennons Visum aufzuheben, weil das eine strategische Gegenmaßnahme darstellen würde“. Am Ende dieses Monats lief Lennons Arbeitserlaubnis ab, und sein Antrag auf Erteilung einer unbegrenzten Aufenthaltsgenehmigung wurde vom Immigration and Naturalization Service (INS) mit der Begründung abgelehnt, daß Lennons Drogenverurteilung aus dem Jahre 1968 ihn für den Verbleib in den Staaten unerwünscht mache. Wie bereits erwähnt – Verurteilungen wegen Drogen können die Einreise nach Amerika äußerst schwierig gestalten. Dennoch bleibt es dem Gutdünken des INS überlassen, hier Verzichterklärungen auszustellen, und viele Musiker, einschließlich John Lennons, haben es auf dieser Grundlage geschafft, ihre HI-Visa (Arbeitserlaubnis) zu bekommen. Natürlich kann der INS aber auch anders handeln: Unter politischem Druck fing er an, Lennon aus dem Land zu zwingen. Die Anhörungen wegen seiner Ausweisung fanden im März, April und Mai 1972 statt. In der Zwischenzeit trat Lennon bei Anti-Kriegs-Demonstrationen in New York und, zusammen mit Stevie Wonder, Roberta Flack und Sha Na Na, bei einem Benefizkonzert für eine Stiftung zum Wohle geistig Behinderter auf. Dabei handelte es sich um das einzige ordentlich geprobte Konzert, das

Lennon zwischen der letzten Beatles-US-Tournee 1965 und seiner Ermordung 1980 gab – und es war ein absoluter Triumph.

Nixon wurde im November 1972 wiedergewählt, und noch im selben Monat wurden in England Norman Pilcher und andere Beamte der „Verschwörung zum Mißbrauch des Laufs der Justiz" angeklagt. Lennons Verteidigerteam, Leon Wildes und Nathan Lewin, klammerten sich an die ziemlich gewagte Idee, daß Lennons Urteil im Fall eines Schuldspruchs gegen Pilcher aufgehoben werden könnte – obwohl der Hintergrund von Pilchers Prozeß nichts mit der Verhaftung Lennons zu tun hatte – und daß der INS-Fall somit zusammenbrechen würde. Pilcher wurde tatsächlich für schuldig erklärt, aber in Amerika arbeitete die Justizmaschinerie weiter, und im März 1973 ließ man Lennon 60 Tage Zeit, das Land zu verlassen, während Yoko Ono unbegrenzte Aufenthaltserlaubnis bekam. Lennon erhob Einspruch gegen diesen Entscheid und behauptete (zu Recht, wie sich noch herausstellen sollte), daß die US-Regierung seine Verurteilung dazu benutzte, sich einer Person zu entledigen, die politisch unerwünscht war. Nach einer langen juristischen Schlacht, die John und Yokos Beziehung schwer belastete und ihn zu weiteren Drogengelagen trieb, hob das amerikanische Revisionsgericht am 7. Oktober 1975 die Ausweisung auf, und im Juli 1976 erhielt Lennon die überaus wichtige Greencard, die seine unbegrenzte Aufenthaltserlaubnis bestätigte.

Der Vorsitzende, Richter Kaufman, entschied aufgrund eines sehr schwachen juristischen Standpunktes gegen den INS – ähnlich dem, der im Fall Jimi Hendrix angewendet wurde. Kenntnis und Vorsatz sind wichtige Punkte der amerikanischen Drogengesetzgebung. Bei Lennons Verhandlung im Jahre 1968 konnte die Anklage nicht schlüssig nachweisen, daß Lennon vorsätzlich eine verbotene Droge in seinem Besitz gehabt hatte, sondern nur, daß die Droge und der Angeklagte zusammen aufgefunden wurden. Das hätte zwar damals in England für eine Verurteilung ausgereicht, aber Richter Kaufman genügte es nicht. Da die Anklage in Amerika nicht durchgekommen wäre, besaß der INS keine rechtliche Grundlage, Lennon die Aufenthaltsgenehmigung zu verweigern.

Wenn ein Drogenfall, in den ein Musiker verwickelt ist, einmal vor Gericht landet, dann findet oft ein juristischer Pas de deux statt. Dabei führt die Verteidigung, die behauptet, daß der Angeklagte sich der Gefährlichkeit von Drogen voll bewußt sei und daß der zerknirschte Musiker sie in der Zeit zwischen Festnahme und Prozeß (normalerweise sind das einige Monate) daher völlig aufgegeben hätte. Das kann zwar von höchster Bedeutung sein, um den Betreffenden vor dem Gefängnis zu bewahren, aber in den meisten Fällen handelt es sich nur um eine recht praktische

Interpretation der Wahrheit. Es war auch ein Teil von Hendrix' Verteidigung, der sich auf dem Weg vom Gericht nach Hause wieder total „zumachte". Richter und Geschworene sehen es gern, wenn Leute, die soviel Geld besitzen, daß sie sie alle zusammen kaufen könnten, vor ihnen Bescheidenheit und Hochachtung zeigen – das ist vielleicht so etwas wie ein Macht-Trip für den einfachen Mann. Oft enden Drogenprozesse gegen Musiker mit der Standard-Moralpredigt von der Richterbank, darüber, welch große Verantwortung ein Popstar der Gesellschaft gegenüber hätte.

Eine der ersten Pop-Festnahmen war die von Donovan im Juli 1966. Man verurteilte ihn zu einer Geldstrafe von 250 Pfund wegen Marihuanabesitzes und sagte ihm: „Ich würde an Ihrer Stelle immer bedenken, daß Sie großen Einfluß auf junge Leute haben, und es ist Ihre Pflicht, sich anständig zu verhalten." Popstars *glauben* zwar gern, daß sie einflußreich sind, aber wo ist der Beweis dafür, daß junge Leute wirklich das Benehmen ihrer Idole nachahmen? Die Kids müßten, wenn sie wirklich bestimmte Drogen nehmen wollten, nur weil ein Popmusiker das tut, erst einmal Dinge über einen Teil des Privatlebens dieses Musikers wissen, die der Musiker normalerweise sorgfältig geheimhält.

Musiker schnupfen weder auf der Bühne Kokain, noch gehen sie auf der Straße spazieren und rauchen Marihuana. Die Illegalität dieses Handelns erfordert Geheimhaltung. Dazu kommt, daß Musiker mit Drogenproblemen in den Ruf der Unverläßlichkeit geraten und Schwierigkeiten dabei haben, regelmäßige Arbeit zu finden, weil niemand das Risiko eingehen will, sie zu engagieren oder in seine Band aufzunehmen; Konzertveranstalter und Plattenfirmen zeigen sich wahrscheinlich ähnlich zurückhaltend.

Gelegentlich kann der Wunsch, seine Drogenprobleme verborgen zu halten, sogar tragische Folgen haben. Der Deep-Purple-Gitarrist Tommy Bolin wurde bewußtlos in einem Hotelzimmer in Miami aufgefunden und wieder ins Bett gelegt. Man hoffte, daß alles von selbst wieder in Ordnung kommen würde. Das kam es nicht.

Mitte der Siebziger befand sich David Bowie auf dem Höhepunkt seiner Popularität. Seine Konzerte waren ausverkauft, und zahlreiche Bowie-Klons befanden sich im Publikum. Er verkaufte lastwagenweise Platten, und an zahllosen Schlafzimmerwänden hingen Bowie-Posters. Aber wer, der nicht direkt mit dem Busineß zu tun hatte, wußte schon, daß die Figur des Thin White Duke von *Station to Station* (1976) ein Spiegelbild von Bowies kokaingeprägter Zeit in Los Angeles war? Diese Tatsache wurde erst viel später in der Flut von Bowie-Biographien und von Bowie selbst (im *Daily Mirror* vom 18. März 1983) enthüllt.

Um die Behauptung zu unterstützen, daß Rockmusik den Drogenkonsum fördert, werden häufig Drogen-Texte zitiert. Dieses Thema soll im folgenden Kapitel ausführlicher abgehandelt werden, aber es sei schon hier erwähnt, daß auch dafür die Beweise alles andere als schlüssig sind. Paul McCartney mußte sich eine ähnliche Predigt wie Donovan über seine soziale Verantwortung für die Gesellschaft anhören, als er 1984 das vierte Mal wegen Marihuana vor Gericht stand. Damals war er ein Mann von 42 Jahren, mit Frau und Kindern. Der Drogenkonsum junger Menschen hat viel mehr mit der leichten Verfügbarkeit des Stoffs und dem sozialen Gruppendruck, es doch einmal zu versuchen, zu tun als mit den Lastern einer Handvoll Berühmtheiten. Es ist die Presse, die die Nachricht vom Drogenmißbrauch der Musiker an die Öffentlichkeit trägt und dabei oft sehr weit geht, und es sind die auf diese Berichte folgenden Verhaftungen, die diese Aktivitäten noch bekannter machen.

Um dieses Argument noch einmal an einem aktuelleren Beispiel zu wiederholen: Trotz der Gerüchte, die innerhalb des Musikbusineß und bei den Presseleuten von der Fleet Street im Umlauf waren – wer hätte das von Boy George schon erfahren, wären die *Sun* und der Reporter Nick Ferrari nicht gewesen? Als die Story erschienen war, suchte plötzlich jeder, einschließlich der Polizei, nach George. Nachdem sie mit Richard Bransons Hilfe seine Spur zu Meg Patterson verfolgt hatten, gaben sie ihm Zeit, seine Entziehungskur dort zu Ende zu bringen, bevor sie ihn verhörten. Peter Bruinvels, Parlamentsmitglied der Konservativen für Leicester East, wurde in der Presse mit der Behauptung zitiert, daß die Spezialbehandlung, die man seiner Ansicht nach Boy George gewährte, ein „Skandal“ sei (*Daily Telegraph*, 11. Juli 1986). Er und einige andere Parlamentsabgeordnete hätten sich lieber über die erschreckende Tatsache ereifern sollen, daß man einen noch nie dagewesenen Präzendenzfall schuf, indem man jemanden dafür anklagte, *früher einmal* im Besitz einer illegalen Droge gewesen zu sein. Aber wie er selbst in einem Interview mit dem BBC-Sender Radio One feststellte, ersparte sich Boy George eine Gerichtsverhandlung, die sich mit Sicherheit über lange Zeit hingezogen und die er in seinem angegriffenen physischen und psychischen Zustand nur schwer ertragen hätte, indem er den „früheren Besitz“ gestand. Es ist anzunehmen, daß die Polizei auf seine Mitarbeit angewiesen war, um die Anklage gegen jene Leute aufrechterhalten zu können, die man beschuldigte, ihn mit Drogen versorgt zu haben – zu ihnen gehörte auch sein Bruder Kevin, der später behauptete, daß man ihn zum Sündenbock für andere machen wolle. Im selben Radiointerview erzählte Boy George, daß ihn alle seine Freunde mieden, besonders jene, die selbst mit Drogen zu tun hatten. Aber: Wer konnte ihnen das vorwerfen? Sobald die Polizei einmal auf einen prominenten Drogenring stößt, wirft sie ihr Netz aus; Anfang Oktober 1986 wurde der frühere Culture-Club-Schlagzeuger Jon Moss wegen einer Kokainsache verhaftet.

Die Saga von Boy George ist das leuchtendste Beispiel für die Tatsache, daß die Fleet Street den Neuigkeitswert der Popstars wiederentdeckt hat – was sehr an die späten Sechziger und die Tage des berühmtesten und fesselndsten Drogenfalls von allen erinnert.

Als Reaktion auf die Donovan-Verurteilung vom Juli 1966 brachte der *Melody Maker* ein Editorial unter dem Titel: „Drogen: Ist es wahr, was man über Popstars behauptet?" Ganz im Gegensatz zur Attacke gegen drogenkonsumierende Jazzmusiker dreißig Jahre früher, eilte der *Melody Maker* diesmal zur Verteidigung der vom Gesetz und den Moralhütern umzingelten Popstars herbei: „In gewissen Kreisen wird angedeutet, daß der Drogenkonsum unter Sängern und Musikern weit verbreitet sei. Das Ergebnis davon ist, daß die Öffentlichkeit fälschlicherweise Popstars und Mitglieder von Beat-Gruppen für Süchtige oder ‚Junkies' hält. Dabei handelt es sich um gefährlichen und verantwortungslosen Unsinn." Die Zeitschrift gab zu, daß Marihuana stark im Umlauf war, leugnete aber das Überhandnehmen von Speed, Heroin oder Kokain. In der Ausgabe vom 26. November 1966 veröffentlichte das Blatt seine eigene recherchierte Story mit dem Titel „Pot in Pop", in der unter anderem Eric Burdon, Eric Clapton , Zoot Money, Brian Auger und Spencer Davis interviewt wurden. Alle waren sich einig, daß es solche Fälle gab, aber keiner wollte selbst zugeben, Marihuana zu rauchen. Chris Britton von den Troggs leugnete sogar, jemals jemanden kennengelernt zu haben, der kiffte!

Wie auch immer – das Skandalblättchen *News of the World* ließ es sich nicht nehmen, seine erste „Enthüllungs-Story" über von Drogen verwirrte Popstars abzudrucken. Die Serie (bei der jede Angabe über den Verfasser fehlte) begann am 29. Januar 1967 mit einem Artikel, der sich auf Donovan und LSD-Konsum konzentrierte. Das allein waren allerdings noch keine Neuigkeiten, da der Donovan-Fall damals ja schon einige Monate zurücklag. Ashley Kozak, Donovans Manager, gab zu, daß „Sunshine Superman", der Nummer-eins-Hit des Sängers, von LSD handelte. „Aber natürlich", so der Artikel, „ist es für Nichteingeweihte schwer, das zu durchschauen." Ironischerweise – da es nur mehr einige Wochen dauerte, bis Paul McCartney zugeben sollte, selbst Acid zu nehmen – schrieb *News of the World*: „Die guten Gruppen, wie etwa die Beatles, haben Erfolg, weil sie geborene Genies sind. Aber es gibt in der Welt des Pop eine Menge andere, die künstliche Mittel brauchten oder entdecken wollen, um bekannt zu werden." Ginger Baker gestand, schon alles ausprobiert zu haben, und auch Pink

Floyd und The Move wurden im Zusammenhang mit Acid genannt (die Floyd richteten zwei Wochen danach einen Brief an *News of the World*, in dem sie das vehement leugneten). Weiterhin wurde ein Haus in Roehampton, einem Vorort im Südwesten Londons, erwähnt, das von den Moody Blues angemietet worden war und angeblich häufig von Musikern besucht wurde, die dort Acid und andere Drogen konsumierten. Zu den Leuten, die in diesem Zusammenhang genannt wurden, gehörten auch Pete Townshend und Mick Jagger. Die Zeitungsleute behaupteten dann noch, daß sie Jagger bis zu Blaises, einem Club in Kensington, gefolgt wären, wo er ganz freimütig zugegeben hätte, Haschisch zu nehmen. Dummerweise hatten die unerschrockenen *News-of-the-World*-Reporter aber mit Brian Jones und nicht mit Mick Jagger gesprochen. Im Vergleich zu diesem monumentalen Schnitzer ist die Tatsache, daß die Burschen von *News of the World* Haschisch mit LSD verwechselten, kaum mehr der Erwähnung wert!

Am 5. Februar 1967 trat ein aufgebrachter Mick Jagger in der Eamonn-Andrews-Show auf, wo er alles leugnete und ankündigte, *News of the World* klagen zu wollen. Nur zwei Wochen danach, am 19. Februar, brachte die Zeitung eine Titelstory unter der Überschrift „Rauschgiftdezernat macht Razzia auf Popstar-Party". Weder Namen noch Örtlichkeiten wurden erwähnt. Aus diesem „Exklusiv-Artikel" ergaben sich zwei interessante Fragen: Erstens berichtete *News of the World*, daß „die Polizei, die einen Hinweis darauf erhalten hat, daß ein bei der Party anwesender Ausländer sich heimlich ins Ausland absetzen könnte, Häfen und Flughäfen unter Beobachtung hält"; und zweitens hätten kurz vor der Razzia „ein Popstar und seine Frau die Party verlassen und es so unabsichtlich geschafft, der Polizei nicht ins Netz zu gehen".

Die Schlüsselfiguren bei der ganzen Sache waren Mick Jagger und Keith Richards, und stattgefunden hatte sie in Redlands, Keith Richards' Haus in West Sussex. Richards entschloß sich, eine Party für besondere Gäste zu veranstalten; später behauptete er, daß er mit dem Verschicken der Einladungen nichts zu tun gehabt hatte. Zu den Gästen gehörten jedenfalls Mick, seine Freundin Marianne Faithfull, der Kunsthändler Robert Fraser, der Fotograf Michael Cooper, Christopher Gibbs und George und Patti Harrison. Frasers Diener Ali war ebenfalls anwesend sowie zwei Männer, die eigentlich nicht zu diesem Kreis gehörten: ein typischer Pop-Schmarotzer namens Nicky Cramer und der Kanadier David Schneidermann. Schneidermann, der in der Zeitung erwähnte Ausländer, hatte sofort Zugang zu der Szene gefunden, da er dafür bekannt war, alle Arten psychedelischer Drogen bei sich zu haben, inklusive Orange Sunshine, das damals beste LSD, das von Owsleys Protegé Tim Sculley und einem weiteren Chemiker, Nick

Sand, produziert worden war. Die Gäste kamen gegen sechs Uhr abends am Sonntag, den 12. Februar 1967, in Redlands an, aber die Harrisons fuhren bald wieder ab. Etwa eineinhalb Stunden später tauchten 19 Polizeibeamte, angeführt von Chief Inspector George Dineley, mit einem Durchsuchungsbefehl auf, der von einem Richter aus Chichester ausgestellt worden war. Zu der Mannschaft gehörten auch drei Polizistinnen, welche die drei weiblichen Gäste durchsuchen sollten, die – dem Hinweis zufolge, den die Polizei erhalten hatte – dort anwesend sein würden: Marianne, Patti und Anita Pallenberg. Schneidermanns mit Drogen angefüllter Attachékoffer lag mitten im Wohnzimmer – verschlossen, aber deutlich sichtbar – auf dem Boden. Dennoch war der einzige Gast, dem das Eindringen der Polizei wirklich Sorgen machte, Robert Fraser, der Heroin bei sich hatte, das er von Tony Sanchez, Richards' Haupt-Dealer, zusammen mit etwas Hasch und ein paar Speedpillen, bekommen hatte.

Das Haus und die Gäste wurden gründlich durchsucht. Die Polizei nahm das „weiße Pulver", das sie bei Fraser gefunden hatte, Marihuana aus Schneidermanns Besitz und vier Amphetamintabletten, die bei Jagger entdeckt worden waren (anscheinend hatte Marianne diese Pillen von einem französischen Discjockey erhalten) zur Analyse mit. Keith Richards wurde gewarnt: Sollte sich irgendeine dieser Substanzen als Marihuana herausstellen, würde man ihn angeklagen, auf seinem Besitz den Konsum dieser Droge gestattet zu haben. (Nach dem Drogenmißbrauchsgesetz von 1971 trifft dieses Delikt, bei dem es sich um eine seit 1920 existierende Eigenart der britischen Drogengesetzgebung handelt, nur auf Opium und Marihuana zu.) Dann verschwanden die Polizisten wieder.

Robert Fraser, der der ernstesten Anklage gegenüberstand, war krampfhaft bestrebt, die polizeiliche Laboranalyse zu seinen Gunsten zu „regeln". Sanchez behauptete, daß er die Angelegenheit mit 7.000 Pfund regeln könne; die Summe wurde übergeben, aber auch das konnte nicht verhindern, daß am 22. März Vorladungen ausgestellt wurden, in denen die Anhörung für den 10. Mai vor dem Magistrates Court in Chichester angesetzt wurde.

Die Anklagen lauteten genauso, wie die Beteiligten es erwartet hatten, und alle drei plädierten auf nicht schuldig. Sie entschieden sich dafür, die Verhandlung vor einem Geschworenengericht abzuwarten und sich ihre Verteidigung dafür aufzuheben. In der Zwischenzeit wurden sie gegen eine Kaution von je 250 Pfund auf freien Fuß gesetzt. Wie im Fall Boy George trat auch hier ein Schneeballeffekt ein: Am selben Tag, als die drei Angeklagten entlassen wurden, wurde Brian Jones unter der Anklage des Besitzes von Haschisch, Kokain und Methedrin festgenommen. Auch er wurde gegen 250 Pfund Kaution freigelassen.

Der Redlands-Razzia-Prozeß dauerte drei Tage, von 27. bis 29. Juni 1967. Der Verteidiger für Jagger und Richards war Michael Haver (der spätere Generalstaatsanwalt Sir Michael). Da seine Klienten auf „nicht schuldig" plädierten, mußte Havers die Geschworenen davon zu überzeugen versuchen, daß Jagger seine Drogen von einem Arzt erhalten hatte – obwohl kein schriftliches Rezept beizubringen war. Im Falle Richards mußte Havers nachweisen, daß auf dem Grundstück kein Marihuana geraucht worden war, obwohl bestimmte Personen, die er als Gäste eingeladen hatte, die Droge bei sich gehabt hatten. Robert Fraser hatte seinen eigenen Anwalt, der ihm empfahl, doch auf schuldig zu plädieren.

Die Verhandlungen gegen Jagger und Fraser wurden zuerst geführt. Beide wurden schuldig gesprochen. Der Richter hatte die Jury belehrt, daß der Telefonanruf, den Jagger – wie seine Verteidigung behauptete – mit seinem Arzt geführt hatte, keine medizinische Verschreibung darstellte. Die Urteile wurden so lange ausgesetzt, bis die Verhandlung gegen Keith Richards abgeschlossen war.

Erst zu diesem Zeitpunkt gelangte die ganze Geschichte hinter der Rauschgiftrazzia an die Öffentlichkeit. Das schlagendste Argument der Anklagevertretung war, daß eine gewisse Miß X (das schlechtest gehütete Geheimnis in der Geschichte der Rechtsprechung) in Redlands Marihuana geraucht hätte. Die Presse zeigte zwar mehr Interesse daran, daß „Miß X" angeblich nur mit einem Wollteppich bekleidet war, als die Polizei eintraf, den sie noch dazu vorsätzlich fallen ließ, um die Beamten in eine peinliche Lage zu bringen. Außerdem zirkulierte das Gerücht – auch wenn es der Geschichte mit dem Teppich widersprach –, daß man Mick Jagger dabei überrascht hätte, wie er gerade einen Riegel Mars, der zwischen den Beinen von Miß X steckte, verzehrte.

Aber es ging erst richtig los, als Keith Richards in den Zeugenstand trat und *News of the World* beschuldigte, Schneidermann Drogen angehängt zu haben, um so zu erreichen, daß Jagger verurteilt würde, was ihn wiederum gezwungen hätte, seine Klage gegen die Zeitung fallenzulassen. Bis zu diesem Zeitpunkt hatte Malcolm Morris, der Vertreter der Anklage, es geschafft, Schneidermanns Namen aus dem Fall draußen zu halten. Es ist anzunehmen, daß er vermeiden wollte, daß die Geschworenen durch die Erwähnung eines Dealers beeinflußt und so von dem viel geringeren Vergehen, dessen Richards beschuldigt wurde, abgelenkt würden. Die Sache mit der Falle wurde nicht weiter verfolgt, da es dafür keine Beweise gab. In seiner Zusammenfassung wies der Richter die Geschworenen an, der Aussage von Miß X, kein Marihuana geraucht zu haben, keinerlei Beachtung zu schenken. Das einstimmige Urteil lautete: „schuldig". Richards wurde zu einem Jahr Gefängnis und der Begleichung der Gerichtskosten von 500 Pfund, Jagger zu drei Monaten und 200 Pfund und Fraser zu sechs Monaten und 200 Pfund verurteilt.

Die Schuldsprüche gegen Jagger und Richards waren der Anlaß für das berühmte *Times*-Editorial vom 1. Juli 1967 mit dem Titel „Wer spannt einen Schmetterling aufs Rad?", in dem behauptet wurde, daß es bei der Verurteilung Jaggers eher um seine Person als um das, was er getan hatte, gegangen war. Interessanterweise wurde Keith Richards bei dieser Attacke auf die Rachegelüste der Gesellschaft gar nicht erwähnt, wahrscheinlich weil er der Argumentation nur geschadet hätte – Jagger steckte schließlich nur mit ein paar Amphetamintabletten in der Sache, während Richards mit Cannabisrauchen in Zusammenhang gebracht worden und daher von einem moralischen Standpunkt aus nicht so leicht zu verteidigen war. In diesem Licht wirkte es also ziemlich ironisch, daß das Urteil gegen Richards bei der Berufungsverhandlung aufgehoben wurde, während der Spruch gegen Jagger bestehen blieb, obwohl die Gefängnisstrafe auf Bewährung ausgesetzt wurde.

War an Richards' Behauptung, daß *News of the World* ihnen diese Falle gestellt hatte, irgend etwas Wahres? Nachdem der Musiker vor Gericht diesen Verdacht geäußert hatte, erschien am 2. Juli ein Editorial mit der Überschrift „Eine monströse Beschuldigung". Die Zeitung legte besonderen Wert auf die Feststellung, nichts mit Schneidermann zu tun zu haben, gab aber zu, der Polizei tatsächlich einen Tip gegeben zu haben, nachdem jemand am Samstag, den 11. Februar, und noch einmal am Sonntag um drei Uhr früh in der Redaktion angerufen und Einzelheiten über die Party bekanntgegeben hätte. Die Polizei schlug am selben Abend um 19.30 zu. Es war offensichtlich, daß es sich um eine abgekartete Sache gehandelt haben mußte; entweder die Polizei oder der geheimnisvolle Anrufer erstatteten *News of the World* Bericht über die saftigen Details der Razzia, was es dem Blatt ermöglichte, die Exklusiv-Story vor allen anderen in der Fleet Street abdrucken zu können.

Keith Richards zog einige Zeit nach diesen Ereignissen den Schluß, daß einer seiner Angestellten *News of the World* den Tip über die Party gegeben haben mußte. Bis zum Beginn des Festes könnte die Sache auch stimmen, aber die Zeitung hatte doch berichtet, daß „ein berühmter Popstar" und seine Frau (Mr. und Mrs. Harrison) vor dem Eintreffen der Polizei gegangen waren. In Redlands waren um diese Zeit jedoch keine Bediensteten mehr anwesend, die diese Information hätten weitergeben können. Die Polizei scheint auch mit Sicherheit *erwartet* zu haben, daß es sich bei einer der drei anwesenden Frauen um Patti Harrison handeln würde, da drei weibliche Polizisten bei der Razzia dabei waren. Diese Tatsache erweckt auch Zweifel an einer anderen Theorie, die vom Ex-Busineßmanager der Beatles, Peter Brown, in seinem Buch *The Love You Make* (S. 282) aufgestellt wurde: „Es gab einige Zeitungsberichte, die andeuteten, daß ein berühmter Rockstar und seine Frau den ganzen Tag im Haus anwesend gewesen wären, daß aber das Rauschgiftdezernat abgewartet hätte, bis sie weg waren, bevor es mit seiner Razzia anfing. Angeblich war dies mit Rücksicht sowohl auf Brian Epsteins guten Ruf als auch auf David Jacobs' Erfahrung als Anwalt geschehen." Abgesehen von der Tatsache, daß hier der Zeitablauf nicht stimmt, wie konnte die Polizei oder jemand anderes wissen, daß die Harrisons sich verabschieden würden, und was wäre passiert, wenn sie geblieben wären? Würde sich die Polizei eine solche Schlagzeilenrazzia entgehen lassen, nur um das Image der Beatles zu wahren? Das ist unwahrscheinlich. Was die Erfahrung des Beatles-Anwalts betrifft – nun, auch die Stones würden sich kaum auf irgendeinen Winkeladvokaten aus der High Street verlassen, wenn sie je vor Gericht erscheinen müßten, bei einer solchen Drogenanklage schon gar nicht, und die Polizei wußte das sicherlich auch.

Wer auch immer *News of the World* den Tip und die nachfolgende Story lieferte, mußte nicht nur bereits im Vorfeld von der Party gewußt haben, sondern auch die ganze Zeit anwesend gewesen sein. Der Schnorrertyp, Nicky Cramer, konnte seine Unschuld beweisen, als jemand aus dem Umfeld der Stones ihn fast zu Brei schlug, ihm aber auch damit kein Geständnis herauslocken konnte. Und das bringt uns wieder zum geheimnisvollen Herrn Schneidermann zurück.

Schneidermann war ein Kanadier, der ein paar Wochen vor der Party, von der amerikanischen Westküste kommend, in England eingetroffen war, nachdem er einige Monate zuvor Richards in New York kennengelernt hatte. Anscheinend besaß er eine Anzahl von Pässen, die auf verschiedene Namen ausgestellt waren (einer davon war „English" oder „Britton"), beherrschte einige Sprachen und wußte eine Menge über Waffen. Es mag sein, daß er *News of the World* für seine Zwecke *benutzt* hat, aber seine Beschreibung klingt kaum nach dem durchschnittlichen schmierigen Informanten, der auf eine schnelle Belohnung aus ist, besonders in Anbetracht der Tatsache, daß er schnellen Zugang zu illegalen Drogen hatte, die ein Vermögen wert waren.

Zwei auf der Hand liegende verdächtige Aspekte der Razzia waren die, daß Schneidermanns Aktenkoffer von der Polizei nicht angerührt wurde, und die Tatsache, daß sie ihn gehen ließ. Es gab ein paar Spekulationen darüber, daß er CIA-Agent oder etwas in dieser Preisklasse war. Das ist zwar unwahrscheinlich – aber für die Leute, die Verschwörungstheorien lieben, sei hier folgendes gesagt: Es *ist* möglich, daß Schneidermann für das Bureau of Narcotics and Dangerous Drugs in Washington tätig war. Für diese Theorie gibt es jedoch keinen Beweis, sie ist nur – in der Abwesenheit jeder anderen wirklich befriedigenden Erklärung – eine Hypothese, wie es zu dieser Razzia kommen konnte. (Eine Schlüsselfigur, die viel Licht in diesen Fall hätte bringen können, weigerte sich, dem Verfasser dieses Buches ein Interview zu geben.)

Von 1967 an wurden Verbindungen zwischen den Polizeidienststellen bei Scotland Yard, die mit Rauschgiftdelikten zu tun hatten, und ihren amerikanischen Gegenstücken, die im europäischen Büro des Bureau of Narcotics and Dangerous Drugs in Paris saßen, geknüpft. Die britische Polizei hatte kaum Erfahrung damit, wie sie mit dem weitverbreiteten Mißbrauch illegaler Drogen, dem sie erst seit kurzem gegenüberstand, umgehen sollte. Im Gegensatz dazu waren ihre amerikanischen Kollegen in Drogenfahndungsmethoden wie dem Errichten von Fallen, der Bezahlung von Informanten mit Drogen (indem man die beschlagnahmten Mengen im Bericht einfach reduzierte) und der Verwendung eines Systems „erlaubter" oder „bevorzugter" Dealer, denen gestattet wurde, straflos mit Drogen handeln zu können, wenn sie dafür Informationen preisgaben, äußerst bewandert.

1973 fanden sich – als direktes Ergebnis solcher Methoden – Beamte des britischen Drug Squad, einschließlich ihres Chefs Vic Kelaher und Norman Pilchers, wegen einer Korruptionsanklage vor Gericht wieder. Es ist gut möglich, daß Schneidermann damals im Jahre 1968 dazu benutzt wurde, die Erfolgsträchtigkeit dieser Taktiken zu demonstrieren – oder einfach als ein Akt des guten Willens zwischen zwei Gruppen von Polizeibeamten, die sich in einem Klima steigenden gegenseitigen Interesses mit Spezialproblemen befaßten.

Die Redlands-Razzia war der erste in einer langen Saga von „Polizei-gegen-die-Rolling-Stones"-Fällen, die (wenn man die Publicity, die es angesichts von Bill Wymans Affäre mit Mandy Smith gab, hier einschließt) anscheinend nie aufgehört hat. Brian Jones wurde bei zwei verschiedenen Anlässen, 1967 und 1968, von Pilcher verhaftet, was seinen gestörten Zustand kein bißchen verbessern konnte. Ronnie Wood schob man angeblich Kokain unter, um ihn auf den Niederländischen Antillen verhaften zu können, aber er wurde kurz darauf freigelassen und ausgewiesen – und Keith Richards hatte natürlich jede Menge Zusammenstöße mit den Hütern des Gesetzes, deren ernstester seine Verhaftung in Toronto im Jahre 1977 war – fast auf den Tag genau zehn Jahre nach der Redland-Geschichte.

Anita Pallenberg wurde einige Tage vor Richards' Festnahme in seinem Hotelzimmer am Flughafen von Toronto verhaftet. Zuerst mußte er mit einer Anklage wegen Besitzes mit der Absicht des Verkaufs rechnen, wegen der Riesenmenge Koks, die er bei sich hatte, um seine enorme Sucht zu stillen. Aber schließlich wurde diese Anklage auf eine weniger schlimme wegen Besitzes geändert, nach der Richards auf Bewährung auf freien Fuß gesetzt wurde und man ihm die gerichtliche Auflage gab, ein Wohltätigkeitskonzert für Blinde zu geben.

Aber die Stones waren 1967 nicht die einzigen Opfer eines abgekarteten Spiels zwischen Medien und Polizei. Die Exekutive in San Francisco war ebensosehr hinter den Grateful Dead her, wie das Londoner Drogendezernat unbedingt die Stones festnageln wollte. Am 2. Oktober 1967 drangen acht Rauschgiftfahnder, die einen Tip bekommen und die Presse schon im voraus verständigt hatten, ohne Durchsuchungsbefehl ins Haus 710 Ashbury ein und verhafteten dort Pigpen, Bob Weir,y den für die technische Ausrüstung verantwortlichen Bob Matthews und die Manager Rock Scully und Danny Rifkin – unter der Anklage des Marihuanabesitzes. Fast hätten sie auch Jerry Garcia erwischt, aber jemand, der sich im Haus befand, hatte gesehen, wie er die Straße entlangkam, und sich aus dem Fenster gelehnt, um ihn von dort wegzuwinken. Am nächsten Tag veranstaltete die Band eine Pressekonferenz und gab das folgende Statement ab:

Wie Sie mittlerweile wissen, sind das San Francisco Police Department und Rauschgiftbeamte des Staates am Dienstag – zu dem unfriedlichen Zweck der Verhaftung von zehn Personen unter der Anklage des Marihuanabesitzes – in dieses Haus eingedrungen. Wir haben Sie hierher in unsere „Gifthütte", wie der *Chronicle* sie nennt, eingeladen, um mit Ihnen über die Bedeutung dieser Aktion zu sprechen. Die Verhaftungen erfolgten nach einem Gesetz, demzufolge das Marihuanarauchen, so wie Mord, Vergewaltigung und bewaffneter Überfall als „Schwerverbrechen" einzustufen ist. Und doch kann fast jeder, der sich einmal ernsthaft und objektiv mit Marihuana befaßt hat, feststellen, daß Marihuana die sowohl physisch als auch psychisch am wenigsten schädliche Droge ist, die zum Vergnügen und zur Verbesserung des Lebensgefühls genommen wird. Sie ist vor allem weniger schädlich als Alkohol. Dennoch fährt das Gesetz damit fort, Leute, die Marihuana rauchen, wie Schwerverbrecher zu behandeln. Der Präsident eines Unternehmens, das ein defektes Auto herstellt, durch dessen Schuld Tausende von Menschen getötet oder verletzt werden, muß nur mit einer Höchststrafe wegen eines leichten Vergehens rechnen. Ein Mensch hingegen, der des Marihuanabesitzes schuldig gesprochen wird, kann zu lebenslanger Haft verurteilt werden. Die wirkliche Gefahr für die Gesellschaft und für Tausende von Personen entspringt diesem Gesetz, das so unglaublich wirklichkeitsfremd ist.

Dieses Gesetz beschwört eine mythische Gefahr herauf, die dann noch als Schwerverbrechen bezeichnet wird. Die Leute, die für die Einhaltung dieses Gesetzes sorgen sollen, wenden es fast ausschließlich gegen Individuen an, die ihre Vorstellungen darüber bedrohen, wie Menschen auszusehen und sich zu verhalten haben. Das Ergebnis ist eine Reihe von Lügen und Mythen, die einander mehr und mehr auszustechen versuchen. Aber alles, was wir wollen, ist, freie Amerikaner zu sein – ausgestattet mit bestimmten unveräußerlichen Rechten, zu denen, wie einst jemand so schön sagte, das Recht auf Leben, Freiheit und die Erlangung des persönlichen Glücks gehören. Ist das so bedrohlich? The Grateful Dead, das sind Menschen, die sich mit konstruktiver und kreativer Arbeit auf musikalischem Gebiet beschäftigen, und dieses Haus ist sowohl unser Arbeitsplatz als auch unsere Wohnung. Weil die Polizei uns fürchtet und falsch versteht, wird unsere Arbeit jetzt unterbrochen, da wir uns mit den Folgen dieser schikanösen Festnahmen befassen müssen.

1967 konnten Phil Lesh und Jerry Garcia der Polizei noch entkommen – aber die Gesetzeshüter erwischten Lesh im Januar 1973 und Garcia im März desselben Jahres und 1984 noch einmal. Zu diesem Zeitpunkt hatte Garcia schwere Drogenprobleme, und er wurde unter Heroin- und Kokain-Anklagen gestellt. Man ordnete an, daß er an einem Drogen-Rehabilitationsprogramm teilnehmen und ein paar Wohltätigkeitskonzerte geben müsse – letzteres tat er sowieso schon seit Jahren. In einem Interview, das er im August 1985 der Zeitschrift *Musician* gab, sagte Garcia: „Sie haben mich mit diesem neuen Gesetz erwischt, nach dem sie keinen ‚hinreichenden Verdacht' mehr brauchen, sondern nur – wie sie es nennen – ‚in gutem Glauben' handeln müssen. Das bedeutet, sie können sich von dem her, was sie herausfinden, in die Vergangenheit zurückarbeiten."

Hat die Polizei erst einmal ein Bandmitglied geschnappt, dann kriegt sie die anderen auch bald – die Stones 1967/68, die Grateful Dead 1973 und Boy George und seine Freunde 1986. In den Jahren 1969 und 1970 kamen Jefferson Airplane an die Reihe. Ihr Bassist Jack Casady wurde 1969 im Royal Orleans Hotel wegen des Besitzes von Marihuana als erster festgenommen. Einige Monate später erwischte es andere Bandmitglieder – im Zuge einer Welle von Anti-Rock-Hysterie, die von Vorläufern der Gruppierungen moralischer Sittenwächter wie zum Beispiel MOTOREDE (Movement To Restore Decency – Bewegung zur Wiederherstellung von

Sitte und Anstand) erzeugt worden war. Diese Vereinigungen gingen von der grundlegenden Annahme aus, daß Rockmusik eine kommunistische Verschwörung sei, die „Drogen, Zerstörungswut, Revolution und sexuelle Promiskuität" glorifiziere.

Im Mai 1970 wurde Marty Balin im Minneapolis Auditorium hinter der Bühne, zusammen mit zwei Mitgliedern der Tourneemannschaft, unter einer Marihuanaanklage festgenommen. Er bekam eine Geldstrafe über 1.000 Dollar und eine auf ein Jahr ausgesetzte Gefängnisstrafe im Minnesota Workhouse. Die Polizei hatte zwar keinen Durchsuchungsbefehl besessen, aber der Richter lehnte den Antrag von Balins Verteidiger ab, die Beschlagnahme rechtlich in Zweifel zu stellen. Vier Wochen danach wurde Paul Kantner in Honolulu verhaftet und später des Marihuanabesitzes schuldig gesprochen. Kantner wandte sich mit folgenden Worten an das Gericht: „Ich möchte nur sagen, daß dieses Urteil und dieses Gericht einer der Hauptgründe dafür sind, daß die Menschen kein Vertrauen mehr zur Regierung haben." Dann begann er mit seiner Argumentation, daß der einzige Beweis gegen ihn eine Marihuanazigarette gewesen sei, von der Beamte des Sittendezernats *behauptet* hätten, er hätte sie bei einer privaten Party letzten Oktober geraucht. An diesem Punkt schnitt ihm sein Verteidiger das Wort ab.

Die Dinge, die in die Schlagzeilen gelangen, sind die Festnahmen von Rockstars; wenn Roadies und Roadmanager geschnappt werden, dann besitzt diese Tatsache einen wesentlich geringeren Neuigkeitswert. Aber diese Leute sind dennoch oft die Hauptkanäle, durch die Drogen von den Lieferanten zu den Musikern gelangen. Sie können bei Deals verhandeln, den Stoff abholen und bezahlen (und eine Scheibe vom Gewinn für sich selbst abschneiden) und ihn durch Zoll- und Grenzkontrollen schmuggeln. Auf das Musikbusineß spezialisierte Anwälte haben daher permanent mit Fällen zu tun, in denen es um Roadies, Waffen und exzessive Gewalt geht. Nur wenige dieser Fälle gelangen an die Medienöffentlichkeit. Eine Ausnahme ist der von Michael Houchin, einem ehemaligen Roadmanager der Stones, der im November 1983 in Hollywood wegen des in seinem Haus stattfindenden Handels mit Kokain und Waffen festgenommen wurde.

Jene Leute, die Musiker mit Drogen versorgen, um sich in deren Ruhmesglanz zu sonnen, sich bei ihnen lieb Kind zu machen, oder einfach, um auf ihrer Gehaltsliste zu bleiben, können damit oft scheitern. Liam Kelly, Exroadie von Thin Lizzy, wurde im Oktober zu zwei Jahren Gefängnis verurteilt, weil er Phil Lynott, der im Januar 1986 des betreffenden Jahres verstorben war, mit Kokain versorgt hatte. Kelly brachte zu seiner Verteidigung vor, er hätte Lynott nur auf Koks umgestellt, um ihn vom Heroin wegzubringen. Der einzige Grund aber, warum er überhaupt vor Gericht stand, war der, daß Mitglieder von Lynotts Familie ihn angezeigt hatten. Der *London Evening Standard* zitierte die Worte eines „engen Freundes": „Es ekelt uns an, was mit Phil passiert ist, und wir haben etwas unternommen, um zu verhindern, daß das noch jemand anderem passieren kann."

Die Verteidigung im wahrscheinlich bekanntesten Roadie-Drogenfall, der 1976 John „Scooter" Herring und die Allman Brothers betraf, war ähnlich aufgebaut. Sogar ohne diesen Prozeß, der schließlich für die endgültige Zerstörung der Band verantwortlich war, gehörten die Allman Brothers sicherlich zu den am schlimmsten vom Pech verfolgten Bands überhaupt. 1970 wurde ihr Roadmanager Twiggs Lydon des Mordes angeklagt. Ihr Manager Robert Payne wurde im März 1971 von der Polizei erschossen, und noch im selben Monat wurde die gesamte Band in Alabama wegen einer Drogensache geschnappt. Sieben Monate später, im Oktober, starb der Gitarrist Duane Allman bei einem Motorradunfall in Macon, Georgia. (Darauf folgte eine bizarre Schadenersatzklage, in der zwei Frauen von sich behaupteten, Allmans Witwe zu sein.) Ein Jahr darauf fiel Bassist Berry Oakley auf demselben Straßenstück ebenfalls einem Motorradzusammenstoß zum Opfer. Erstaunlicherweise brach sich der Schlagzeuger fast genau am selben Ort, an dem es Duane Allman erwischt hatte, bei einem Autounfall das Bein. 1975 scheiterte innerhalb weniger Wochen Gregg Allmans Ehe mit Cher, und der Gitarrist Dickie Betts wurde wegen eines Drogendelikts festgenommen.

Im Februar 1976 kam Scooter Herring dran, als ein Apotheker namens Joe Fuchs sich der Verschwörung des Kokainbesitzes mit dem Vorsatz, es zu verkaufen, schuldig bekannte und eine Gefängnisstrafe von zehn Jahren erhielt. Er gab an, daß der Roadmanager der Allman Brothers, Scooter Herring, sein Mitverschwörer gewesen wäre, und machte ein Geschäft mit dem Staatsanwalt, demzufolge sämtliche anderen Anklagen gegen ihn fallengelassen würden, wenn er gegen Herring mit der Anklage zusammenarbeiten würde.

So kam es, daß Scooter Herring am 23. Juni 1976 vor dem US District Court in Macon, Georgia, erscheinen mußte, wo er angeklagt wurde, Gregg Allman in fünf Fällen mit Drogen versorgt zu haben. Scooter war gelernter Automechaniker, hatte seinen Spitznamen aber wegen seiner akrobatischen Fähigkeiten als Kind erhalten. Anfang 1973 traf er in der Werkstätte, wo er arbeitete, Gregg Allman, der sein Motorrad zur Reparatur brachte. „Wir lernten einander besser kennen und wurden gute Freunde", sagte Herring im *Macon Telegraph* vom 20. August 1979. „Unsere Freundschaft entwickelte sich weiter, und wenn man jemandem so nahesteht, erfährt man auch eine Menge Dinge über ihn."

Zu diesem Zeitpunkt befanden sich die Allmans mit „Ramblin' Man" auf Platz 2 der Singlecharts und hatten eine Nummer-eins-LP, *Brothers and Sisters*. Herring sollte bald herausfinden, daß sämtliche auf der Straße kursierenden Gerüchte über Gregg Allmans Drogensucht stimmten: Der Gitarrist konsumierte große Mengen Heroin. Obwohl er 1973 offiziell keine Verbindung mit der Band hatte, hing Herring mit Allman herum und genoß das bißchen Kontakt, das er dadurch zur romantischen Welt der Rockmusik hatte. Er bekam auch bald mit Allmans Drogenkonsum zu tun und gelangte irgendwie zu der Idee, daß er Allman sicher einen großen Gefallen tun würde, wenn er ihn auf andere Drogen als Heroin brachte – hauptsächlich Kokain, aber auch andere Opiate. Rückblickend mußte er jedoch eingestehen, daß er hauptsächlich in seinem eigenen Interesse gehandelt hatte. „Als Automechaniker kannte einen niemand, und man war nicht berühmt", berichtete er dem *Macon Telegraph*. „Ich weiß, daß ich vielleicht nicht das richtige Gefühl für Gregg in meinem Herzen trug, aber es war einfach eine Gelegenheit, etwas aus mir zu machen" (Ausgabe vom 20. August 1979).

Wenn Herring Allman mit Drogen versorgen wollte, dann brauchte er selbst einen Lieferanten. Joe Fuchs, ein ortsansässiger Apotheker, wurde „the Man", der Dealer. Auch Herring und Fuchs lernten sich in der Werkstätte kennen, als Fuchs seine Corvette Baujahr '68 dorthin brachte. Herring schaffte es, ihm einzureden, daß er jetzt die einmalige Gelegenheit seines Lebens hatte, einem weltberühmten Rockstar zu helfen. Obwohl er der Sache anfangs ablehnend gegenüberstand, war auch Fuchs bald von der Vorstellung berauscht, mit dem Rockbusineß zu tun zu haben. Sie machten einen Deal, demzufolge Herring Fuchs darüber informierte, welche Drogen gerade benötigt wurden, Fuchs diese Drogen an Herring weitergab, der die Transaktion leitete und ein Drittel des Geldes für sich behielt – den Rest übergab er dem Apotheker.

Ganz oben auf der Einkaufsliste stand pharmazeutisches Kokain, das in Flaschen von der Firma Merck Sharp und Dohme zu einem Preis von 22,50 Dollar pro Unze (28,35 g) geliefert wurde und sich durch sein funkelndes, flockiges Aussehen vom Schwarzmarktkokain unterschied. Die beiden anderen Drogen, die in der Anklageschrift aufgeführt waren, waren stark narkotische, schmerzstillende Mittel: Meperidin (das unter dem Namen Demerol auf dem Markt war) und eine chemisch ähnliche Substanz, Anileridin (auf dem Markt als Leritine). Gregg Allman bekam beide in Form von Ampullen zum Injizieren.

Sämtliche Apotheken haben die Pflicht, über kontrollierte Drogen, die sie bestellen und verkaufen, genau Buch zu führen. Also mußte sich Fuchs eine Methode ausdenken, das Verschwinden gewisser Mengen zu tarnen, sollte das Drogeninspektorat plötzlich dastehen und seine Vorräte überprüfen wollen. Im Juni 1973 fingierten Herring und Fuchs einen Einbruch in Fuchs' Geschäft. Herring brach den Laden zu einem Zeitpunkt auf, als Fuchs sich gerade auf einer Flugreise befand. Weiterhin wollte man das Fehlen der Substanzen erklären, indem man Arztrezepte veränderte oder komplett fälschte. Eine Woche später gingen Fuchs und Herring zum Haus eines anderen Zwischenhändlers namens Paul Crawford und verkauften ihm eine Unze reines Kokain für 1.200 Dollar. Dabei handelte sich um die erste von 35 verschiedenen Transaktionen, die zwischen diesem Zeitpunkt und Januar 1975 stattfanden und in denen es um die Versorgung Gregg Allmans mit Drogen ging, für die er insgesamt mehr als 10.000 Dollar ausgab.

Sobald Allman Fuchs einmal kennengelernt hatte, begann er, Herring zu umgehen und direkt mit dem Apotheker zu verhandeln. Allman rief Fuchs in seinem Geschäftslokal, Harrison's Pharmacy auf der Ingleside Avenue in Macon, an und benutzte einen vorher ausgemachten Code, um ihn entweder zu fragen, was gerade auf Lager war, oder um bestimmte Dinge zu bestellen. Dann fuhr Allman zu einer bestimmten Straße, wohin ihm Fuchs in seinem Lastwagen folgte und ihm durchs Autofenster die Drogen übergab. Geld wechselte bei diesen Anlässen nicht seinen Besitzer – das wurde immer noch über Scooter Herring erledigt. Später bestand Herring darauf, daß die Geschäfte wie früher durchgeführt wurden, angeblich deshalb, weil Allman zu viele Drogen konsumierte, wenn er sie selbst beschaffte.

Aber erst im Frühling 1974 wurde Herring engagiert, Gregg Allman auf seiner ersten Solo-Tournee zu begleiten – zu einer Zeit, als die Beziehungen innerhalb der Band, besonders zwischen Allman und dem Gitarristen Dickie Betts, schon äußerst gespannt waren. Im September war Herring bereits Roadmanager in der Allman-Organisation und besaß ein Siebentel der Firma Great Southern, für die er arbeitete. Die restlichen Anteile gehörten unter anderem Willie Perkins, dem Büromanager der Band, Phil Walden, Gregg Allmans persönlichem Manager und Chef des Allman-Labels Capricorn Records, und Bunky Odom, dem Vizepräsidenten der Managementfirma der Band, Phil Walden Associates.

Bis zum Januar 1975 ging alles gut. Dann tauchte jedoch das Drugs Inspectorate in Harrison's Pharmacy auf und entdeckte mehrere Unregelmäßigkeiten in der Buchführung. In seiner Aussage vor Gericht sagte Ronald Byrd, der Beamte, der diese Untersuchung führte, daß ein anonymer Hinweis, der Fuchs des Drogenhandels bezichtigte, dazu geführt hätte, daß sie die Kontrolle überhaupt erst machten. Wer hatte also gesungen? Vom Gericht konnte das nie festgestellt werden, aber es gab mindestens einen Zeugen der Anklage, der ein Motiv gehabt hätte.

Janice Allman hatte Gregg im Februar 1973 geheiratet. Sie selbst gestand, eine Kokain-Userin zu sein, und sagte gegen Herring unter der Bedingung aus, daß sie selbst straffrei ausgehen würde. Sie gestand, für sich und ihren Mann Drogen von Fuchs erhalten zu haben. Aus ihrer Aussage ging ganz deutlich hervor, daß sie dagegen war, daß Herring Rauschgift und Nadeln zum Injizieren in ihr Haus brachte, und daß sie Herring zum Großteil für das Scheitern ihrer Ehe im Dezember 1974 – kurz vor dem Auffliegen der Rauschgiftaktivitäten, in die Fuchs verwickelt war – verantwortlich machte. Sie wußte, daß Fuchs und Herring zusammenarbeiteten. Ihr war klar, daß Fuchs, wenn es ihn erwischte, versuchen würde, Herring mit sich in den Untergang zu zerren, wenn er damit sein eigenes Strafmaß vermindern konnte. Außerdem ließ sie anklingen, entdeckt zu haben, daß Herring an ihrem Auto manipuliert hätte, so daß Kohlenmonoxiddämpfe durch den Fahrersitz ins Wageninnere strömen konnten. Diese Angelegenheit wurde vom Gericht zwar nicht verfolgt, war aber sicher Grund genug für Janice Allman, Herring hinter Gittern sehen zu wollen.

Aber es waren noch mehr Joker im Spiel, wie beispielsweise Bobby Wood. Zu der Zeit, als der Prozeß stattfand, erwartete er gerade sein Urteil wegen Marihuanahandels und sagte – ebenso wie Fuchs, Janice und Gregg Allman – unter der Bedingung gegen Herring aus, daß es als Folge dieses Prozesses keine weitere Anklage gegen ihn geben würde. In seiner Aussage berichtete Fuchs, er habe seit dem Januar 1975, als das Drogeninspektorat sich bei ihm gemeldet hatte, Herring keine Drogen mehr verkauft. Wood behauptete jedoch, daß Herring ihm noch im August 1975 im Büro von Great Southern zwei Gramm Kokain verkauft und das Geld dafür Willie Perkins, dem Büromanager, überreicht hätte. Zum Zeitpunkt dieser Transaktion war Wood bei Great Southern angestellt gewesen, sagte aber aus, im Dezember jenes Jahres gefeuert worden zu sein, weil er mit Kokain gedealt habe. Trotz der verdrehten Logik, auf die eine solche Entscheidung hinwies, mußte man nicht befürchten, daß Wood vor ein Arbeitsgericht gehen würde, also rächte er sich vor Gericht an seinen Exarbeitgebern.

Diese Aussage bewies auf alle Fälle, daß Herring außer Fuchs noch andere Drogen-Quellen angezapft haben muß und diese schon vor Januar 1975 zusätzlich zu Fuchs benutzt haben könnte. Es könnte eine dieser Connections gewesen sein, die den schicksalhaften Anruf tätigte, der Fuchs aus dem Spiel nahm. Bei der Verhandlung wurden auch die Namen weiterer Exangestellter von Great Southern erwähnt, die gedealt haben sollen. Es wurde der deutliche Eindruck erweckt, daß – obwohl es bei diesem Fall nur um zwei Gramm Kokain und ein paar schmerzstillende Mittel ging, die Herring an Allman verkauft hatte – sich im Hintergrund bestürzend viel mehr abgespielt hätte. Die Anhörungen vor der Federal Grand Jury, die dem Prozeß vorausgingen, befaßten sich nicht nur mit den Aktivitäten eines launischen Apothekers und eines Automechanikers, der berühmt werden wollte, sondern „untersuchten mögliche lokale Verbindungen zu einem mußtmaßlichen Drogenring, der Millionen Dollar umsetzte", wie der *Macon Telegraph* am 29. Mai 1976 schrieb. Es gab Zeugen, die von einer Verschwörung gesprochen hatten, mit deren Hilfe Musiker in den gesamten Südstaaten mit Drogen versorgt werden sollten. Am Ende des Herring-Prozesses sagte Richter Wilbur Owens zu Herring: „Das Gericht ist über Ihren Fall und alle seine Verästelungen wirklich zutiefst bestürzt. Ohne hier deutlicher werden zu wollen – Ihr Fall ist mit anderen Fällen verwickelt. Sie wissen das, Ihr Anwalt weiß das, und das Gericht weiß es auch."

Die aus neun Frauen und drei Männern bestehende Jury brauchte zwei Stunden, um Scooter Herring in allen fünf Anklagepunkten schuldig zu sprechen. Vier Wochen danach verurteilte ihn Richter Owens zur Höchststrafe von 75 Jahren, kündigte aber an, diesen Urteilsspruch in weiteren drei Monaten noch einmal überprüfen zu wollen. Während dieses Zeitraums würden die Polizei und andere Drogenfahndungsorganisationen sich um Herrings Mitwirkung bei der Identifikation anderer Dealer bemühen. Diese Überprüfung des Urteils ließ es zu, daß ein juristisches Geschäft gemacht werden konnte.

Normalerweise werden Dealer als „böse Pusher" dargestellt, während die Drogenkonsumenten als „Opfer" dastehen. In diesem Fall jedoch stellte sich die in der Presse ausgedrückte öffentliche Meinung der Gegend auf Herrings Seite. Er wurde als Sündenbock angesehen, der von Gregg Allman, dem mächtigen und einflußreichen Rockstar, dazu gezwungen worden war, ihn mit Drogen zu versorgen. Es besteht kein Zweifel daran, daß jene, die Scooter Herring gut gesinnt waren, über den Ausgang dieser Geschichte hocherfreut waren. Herring wurde gegen Kaution freigelassen, während er Einspruch gegen sein Urteil erhob. Schließlich ordnete das fünfte Einspruchsgericht dieses Gerichtsbezirks im März 1978 ein Wiederaufnahmeverfahren an, da Richter Owens während des ersten Prozesses einen Verfahrensfehler begangen hatte. Während der ersten Verhandlung erschien nämlich eine Titelseiten-Story im *Macon Telegraph*, in der behauptet wurde, daß Gregg Allman rund um die Uhr von vier US Marshals beschützt wurde, weil man gedroht hatte, ihn zu ermorden, falls er in den Zeugenstand gehen sollte. Der Entscheidung des Berufungsgerichts zufolge hätte Richter Owens damals jeden Geschworenen in Anwesenheit des Verteidigers befragen müssen, um festzustellen, ob der/die Betreffende den Artikel gelesen hatte und ob er/sie dadurch gegen Herring beeinflußt worden war.

Nach der Verhandlung lösten sich die Allman Brothers auf; Allmans Aussage gegen Herring war der Tropfen gewesen, der das Faß zum Überlaufen gebracht hatte. Dickie Betts gründete eine Band namens Great Southern, Allman spielte solo weiter, und der Rest der Gruppe gründete eine Fusion-Band namens Sea Level, bei der Herring zum Zeitpunkt seiner erfolgreichen Berufungsverhandlung Roadmanager war.

Aber ganz vom Haken war Herring noch immer nicht; jetzt erwartete ihn ein Wiederaufnahmeverfahren. Aber vielleicht, weil er etwas anzubieten hatte, verzichtete Herring auf dieses neue Verfahren und bekannte sich statt dessen zweier nicht so ernster Anklagepunkte für schuldig – des Kokainbesitzes und des Benützens einer öffentlichen Einrichtung (nämlich des Telefons), um die Droge an Gregg Allman weiterzugeben –, wieder vor Richter Wilbur Owens, der inzwischen seine Ansichten über die Schuldanteile Herrings und Allmans ziemlich geändert hatte. Ursprünglich hatte er jeden Hinweis darauf, daß Herring nur ein Sündenbock und Allman hörig gewesen sein könnte, als unbedeutend zurückgewiesen. Jetzt betrachtete er Herring jedoch als gefügigen Chargen und bezeichnete Allmans Einfluß auf ihn als „unwiderstehlich, mächtig und schrecklich". Dieser Meinungs-Salto erwies sich beim endgültigen Urteil gegen Herring als sein großes Glück. Ursprünglich hatte er damit gerechnet, bis zu seinem Lebensende sitzen zu müssen, aber nun war die Strafe auf 30 Monate Gefängnis und fünf Jahre Bewährungsfrist gesunken.

Als er vor einem Reporter aus seiner Heimatstadt Macon über die Ereignisse der Vergangenheit nachdachte, sagte Herring mit großer Überzeugung, daß er Gregg Allman nichts Böses wünsche. Er selbst und seine eigene Zukunft interessierten ihn mehr: „Manchmal habe ich das Gefühl, daß ich in meine früheren Gewohnheiten zurückfallen könnte, aber ich kämpfe dagegen an ... Ich möchte mich dem Leben stellen und endlich der sein, der ich lange Zeit sein wollte" (*Macon Telegraph*, 20. August 1979).

Trotz der Aufmerksamkeit der Medien bei Prozessen gegen Musiker und des Ausmaßes an öffentlicher Geringschätzung, das dem bösen Star von Politikern und anderen Leuten entgegengebracht wurde, zögerten einzelne Richter, Rockstars über einen rein nominellen Zeitraum hinaus ins Gefängnis zu schicken. Für diese Haltung kann es eine Anzahl von Gründen geben: Sicherlich wollen die meisten Richter, nachdem sie einen Rockstar ermahnt haben, daß er seine Pflicht der Jugend gegenüber vernachlässigt habe, diesen Musiker dann in den Augen der Jugend nicht zu einem Märtyrer machen, indem sie ihn einsperren lassen. Andere haben löblichere Motive und betonen besonders, daß sie sich nicht von der nach Blut schreienden öffentlichen Meinung beeinflussen lassen und auch der Versuchung nicht nachgeben wollen, durch das Aussprechen einer besonders strengen Strafe der Öffentlichkeit einen moralischen Denkzettel zu erteilen. Einige scheinen aber auch von Stars total geblendet zu werden, wenn sie jemand so Berühmtem gegenüberstehen – und es gibt Verteidiger, die das nach Kräften ausnützen.

Dennis Muirhead ist Anwalt (und jetzt Rock-Manager), der große Erfahrung darin besitzt, Leute aus dem Musikbusineß zu verteidigen. Er führt den Fall des Schlagzeugers Brian Davison aus dem Jahr 1974 an. Davison war einer der besten Schlagzeuger Englands, als er mit Keith Emerson und The Nice zusammen spielte, wurde aber dann von seinen Drogenproblemen überwältigt und hatte 1974 ernste Schwierigkeiten. Damals spielte er zusammen mit Patrick Moraz (der später zu Yes stoßen sollte) und Lee Jackson, seinem Baß spielenden Kollegen aus Nice-Tagen, in einem anderen Rock-Trio namens Refugee. Davison wurde mit einem halben Kilo Kokain geschnappt – das war mehr als ausreichend für eine Anklage wegen Besitzes und der Absicht des Weiterverkaufs – und für eine fast sichere Gefängnisstrafe. Zu den Persönlichkeiten, die seinen guten Leumund bezeugen sollten, gehörten der bekannte Rock-Journalist Chris Welch, der Dirigent Joseph Eger und der mittlerweile verstorbene Tony Stratton-Smith, Chef der Refugee-Plattenfirma Charisma. LP-Covers, auf denen der Name und das Gesicht des Schlagzeugers zu sehen waren, wurden herumgezeigt, und zur großen Überraschung aller Beteiligten blieb Davison in Freiheit. (Obwohl man ihn mit einem halben Kilo Kokain gefaßt hatte, bezog sich die Anklageschrift nur auf die Hälfte dieser Menge. Der Rest war „verschwunden". Heute, bei dem stark publik gemachten harten Durchgreifen gegen Drogenhändler würde jemand, der im Besitz eines Viertelkilos Kokain ist und dem man die Absicht des Verkaufs nachweisen kann, wahrscheinlich zu einer Gefängnisstrafe von mindestens fünf Jahren Dauer verurteilt werden.)

Auch John Phillips von The Mamas and the Papas entkam der Justiz nur knapp. Phillips nahm mehrere Jahre lang die verschiedensten Drogen und war in seiner näheren Umgebung auch als Dealer tätig, um sich all diese Substanzen leisten zu können – vor allem Kokain, aber auch enorme Mengen Barbiturate, Tranquilizer, narkotische Schmerzmittel und Methaqualon. Sobald die Drug Enforcement Agency (DEA) ihm auf die Schliche kam, verwandelte sich Phillips so schnell in einen Anti-Drogen-Prediger, als hätte er sich einfach per Schalterdruck umpolen lassen. Zusammen mit seiner Tochter Mackenzie, die auch stark süchtig gewesen war, tauchte er in jeder Fernseh-Talkshow auf und machte Drogen für alles verantwortlich. Das brachte ihm natürlich Zinsen. Statt einer Strafe von acht Jahren wurde er zu nur 30 Tagen Gefängnis plus fünf Jahren Bewährungsfrist verurteilt – und dem Versprechen, im darauffolgenden Jahr 250 Stunden lang Anti-Drogen-Kampagnen zu machen. Hugh Cornwell von den Stranglers hatte etwas mehr Pech – er war lange nicht so berühmt, nahm an keiner Talkshow teil, in der er sich reuevoll auf die Brust klopfte, und hatte auch keine prominenten Freunde, die vor Gericht für ihn eintraten, um den Mann auf der Richterbank zu beeindrucken.

Als er sich im November 1979 gerade auf dem Heimweg von einem Auftritt der Stranglers in Cardiff befand, wurde Cornwell bei einer routinemäßigen Verkehrskontrolle der Polizei auf dem Hammersmith Broadway in West London um etwa drei Uhr früh angehalten. Nach Ansicht der Beamten sahen die Mädchen, die mit Hugh und Paul Loasby unterwegs waren, minderjährig aus. Alle Insassen des Wagens wurden durchsucht. Bei Hugh fanden die Polizisten eineinhalb Gramm Kokain, 90 Milligramm Heroin (das reicht ca. für eine Spritze), etwa 14 Gramm Hasch und ein bißchen Marihuana. Das Kokain befand sich in zwei verschiedenen Päckchen und ergab zusammen mit den anderen Drogen eine Anklage wegen fünffachen Besitzes. Paul Loasby wurde des Besitzes von 15 mg Kokain, also einer winzigen Menge, angeklagt.

Der Fall kam im Januar 1980 vor das West London Magistrates' Court. Beide Männer bekannten sich schuldig, und ihre jeweiligen Anwälte ergingen sich lang und breit darüber, daß ihre Mandanten kein Vorstrafenregister besaßen und bisher einen untadeligen Lebenswandel geführt hätten. Auch die Tatsache, daß Hugh Cornwell den Doktortitel in Biochemie gemacht hatte, blieb nicht unerwähnt. Unglücklicherweise handelte es sich bei dieser Strategie um ein Eigentor, da der Richter bemerkte: „Dieses ganze Zeug über Ihren guten Charakter macht Ihr Verhalten nur noch verachtungswürdiger. Sie hätten es besser wissen müssen, wenn Sie schon so intelligent sind." Anscheinend war dieser Richter ansonsten ziemlich fair, aber wenn ein Drogenfall vor seine Richterbank kam, dann schaltete sich irgendein seltsamer Mechanismus bei ihm ein. Loasby bekam eine Gefängnisstrafe von zwei Wochen Dauer – für eine Menge Kokain, die unter einem Fingernagel Platz hat – und Cornwell erhielt zwei Monate in Pentonville, von denen er sechs Wochen absaß, also 14 Tage mehr als John Phillips.

Cornwell berichtete in *Inside Information*, das 1980 vom Stranglers Information Service veröffentlicht wurde, über seine Erfahrungen im Gefängnis. Sein Verzeichnis der Dummheiten und Ungerechtigkeiten, die im Gefängnis-System herrschen, ist äußerst scharfsinnig. Der Richter hatte deutlich zu verstehen gegeben, daß er an Cornwell ein Exempel statuieren wollte – der genaue Wortlaut seiner Argumentation war: „Junge Menschen blicken heutzutage zu Ihnen auf, weil sie geführt werden wollen."

Und was schloß Hugh Cornwell daraus? „Wenn man mir eine Lektion erteilen wollte, indem man mich einsperrte, dann hat das nicht geklappt. Es endete damit, daß sie 140 Pfund pro Woche ausgaben, um mich dort drinnen zu halten, obwohl sie mich ebenso dazu verurteilen hätten können, ihnen ein hohes Strafgeld zu zahlen, was für mich wesentlich härter gewesen wäre. Eigentlich könnte man sagen, daß ich im Hinblick auf die damit verbundene Publicity sogar noch davon profitiert habe" (Cornwell, S. 27).

Wenn wir den momentanen Stand der Dinge und das andere Ende des Spektrums betrachten, was den Besitz von Drogen betrifft, dann haben zuerst die amerikanische und dann die englische Regierung in den Achtzigern neue Initiativen der Drogenexekutive gestartet. Dazu gehört die Beschlagnahme von Geldbeträgen und Eigentumswerten verurteilter Händler, außer wenn jene beweisen können, daß sie nicht durch das Dealen in ihren Besitz gelangt sind. Nach den britischen Gesetzen, die im September 1986 in Kraft traten, kann sämtliches Eigentum, das bis zu sechs Jahren vor der Verurteilung erworben wurde, konfisziert werden. In den Vereinigten Staaten wurden 1985 nach den Bestimmungen des Comprehensive Crime Control Act (Umfassendes Gesetz zur Verbrechenskontrolle) ähnliche Gesetze erlassen, und es war das Musikbusineß, das als erstes mit den Folgen dieses Meilensteins der Rechtsprechung in Berührung kam.

Im September 1985 wurde das Plant Studio in Kalifornien von Bundesagenten beschlagnahmt, nachdem der Eigentümer Stanley F. Jacox unter der Anklage der Drogenproduktion verhaftet worden war. Das Studio war zwei Monate lang geschlossen und wurde dann, unter einem Vertrag mit dem Büro des US Marshals in San Francisco, wiedereröffnet. Letztere Maßnahme wurde ergriffen, um den Wert des Besitzes zu erhalten und um die Instandhaltungskosten bis zum Prozeß auszugleichen. Die Geschäfte wurden wie bisher weitergeführt, und die Rechnungen bezahlte Onkel Sam. Der erste, der das Studio nach seiner Wiedereröffnung betrat, war Carlos Santana. Ein stellvertretender US Marshal wurde später mit den folgenden Worten zitiert: „Das Studio ist interessant, aber wir sind halt keine Experten im Rock-'n'-Roll-Busineß. Das fällt nicht in unseren Tätigkeitsbereich."

Was aber ganz sicher in ihren Tätigkeitsbereich fällt, ist die Verfolgung von Dealern, und diese Tatsache kann für jene Musiker, die die Gewohnheit haben, Drogen in großen Mengen für den persönlichen Gebrauch mit sich herumzutragen, noch zu einem großen Problem werden. Sollte die Anklagevertretung mit der Beschuldigung des Besitzes mit dem Vorhaben des Verkaufs durchkommen, dann läuft jeder Musiker, der sich in einer solchen unglücklichen Lage befindet, Gefahr, weit mehr als nur eine Japan-Tournee dabei zu verlieren.

11

Oden an die Drogen

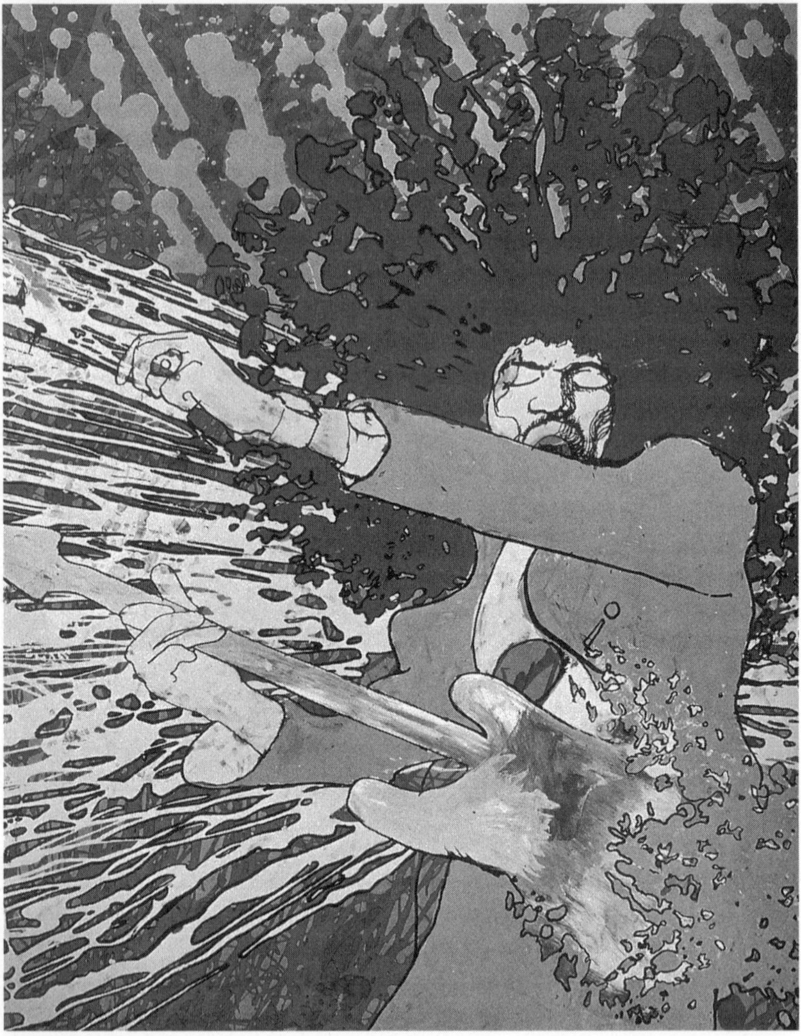

Jimi Hendrix

„Excuse me while I kiss the sky." Jimi fragte: „Are you experienced?" Und nicht nur jeder, der Purple Haze, eine LSD-Sorte, genommen hatte, wußte um die tiefere Bedeutung dieser Frage. Hendrix war ein Paradebeispiel für jene Problemfalle, bei der die Schere zwischen der Bewältigung des Alltags und dem kosmisch-kreativen Output zu weit auseinanderklappte.

Nennen Sie mir nur eine Rockgruppe, die keine Hymnen auf LSD und Marihuana in ihrem Repertoire hat.

Timothy Leary

Ich fordere den Kongreß auf, jenem Gesetzesvorschlag besondere Beachtung zu schenken, der völlig zu Recht den Namen „Gesetz von 1967 zur Aufdeckungs- und Meldepflicht über Bananen und andere seltsame Früchte“ trägt. Das Ziel dieses Gesetzes sind diese bananenrauchenden Beatniks, die nach einem Traumland suchen … wie im geheimen psychedelischen Marschlied der Bananenschalen-Paffer, dem Titel „Puff, the Magic Dragon“, genau beschrieben wird.

Kongreßabgeordneter Thompson aus New Jersey
Aus den Aufzeichnungen des Kongresses, 19. 4. 1967

ZWISCHEN JULI 1969 und Juli 1971 hatte die Rockmusik ihre ersten und – wie man mit Recht behaupten könnte – bedeutendsten Verluste wegen Drogen zu verzeichnen. Barbiturate sind wahrscheinlich die tödlichsten stimmungsverändernden Drogen, was die Gefahren der Überdosierung (besonders, wenn sie zusammen mit Alkohol eingenommen werden) und des Entzugs (bei dem User an Krämpfen sterben können) betrifft. Diese Drogen waren in erster Linie für den Tod von Brian Jones (am 3. Juli 1969), Al Wilson von Canned Heat (am 3. September 1970) und Jimi Hendrix (am 18. September 1970) verantwortlich.

Ein paar Wochen nach Hendrix' Tod starb Janis Joplin an einer Überdosis Heroin, gemischt mit Tequila und Valium. Heroin und Alkohol waren wahrscheinlich auch für den geheimnisvollsten aller Todesfälle der Rock-Geschichte, den von Jim Morrison am 3. Juli 1971, verantwortlich. Nur seine Frau Pamela und ein unbekannt gebliebener Arzt sahen seine Leiche, bevor er auf einem Pariser Friedhof beerdigt wurde. Die offizielle Version lautet, daß Morrison in der Badewanne an einem Herzanfall starb; aber die Tatsache, daß der Leichnam in der Badewanne aufgefunden wurde, könnte auch darauf hindeuten, daß man versucht hatte, ihn nach einer Überdosis wiederzubeleben. Morrisons Alkohol- und zu einem geringeren Teil auch sein Drogenkonsum waren legendär. Auf alle Fälle nahm Pamela Morrison dieses Geheimnis mit ins Grab. Sie starb am 24. April 1975 an einer Überdosis Heroin.

Zusammen mit der von Musikern angeregten „Speed-Kills“-Kampagne, der Anti-Rock-Stimmung, die in der Zeit nach dem Festival von Altamont herrschte, und dem steigenden Drogenmißbrauch unter Jugendlichen paßte diese Flut der Todesfälle berühmter Rockstars äußerst gut in den systematischen Versuch der US-Regierung, in der Öffentlichkeit eine Heroin-Hysterie zu erzeugen. Anslinger war ohne Zweifel auch in diesen Jahren, in denen kaum mehr jemand mehr von seiner Existenz wußte, stolz auf das Erbe, das er hinterlassen hatte. Der Anstoß für die Kampagne kam aber von Nelson Rockefeller, dem Gouverneur des Staates New York.

Beim 1964er-Parteitag der Republikaner wurde Rockefeller zugunsten von Barry Goldwater übergangen. Danach klinkte sich Rockefeller an das Thema „Drogen" an, weil er damit sein Recht-und-Ordnung-Image bei der konservativen Fraktion der Republikaner steigern wollte, während er sich zugleich an die eher gemäßigte Seite wandte, indem er eine Senkung der Verbrechenszahl versprach. Seine Kampagne startete 1966, und von diesem Zeitpunkt an lief alles wie gehabt in der Tradition der amerikanischen Rauschgiftexekutive: „Die Größe der süchtigen Bevölkerung erwies sich angenehmerweise als äußerst flexibel" (zit. nach Epstein, S. 41). In New York schwankte diese Zahl zwischen 25.000 und 200.000, was davon abhing, ob Rockefeller gerade die Ernennung weiterer Richter rechtfertigen oder ob er beweisen wollte, daß er die „Krankheit Heroin" unter Kontrolle habe. Rockefellers „größte Stunde" kam 1973, als die drakonischsten Drogengesetze, die es in Amerika jemals gab, in Kraft traten. Diese Gesetze „schrieben vor, daß jeder, der wegen des Verkaufs oder Besitzes von etwas mehr als einem Bruchteil einer Unze Heroin (oder sogar Amphetamin oder LSD), mit lebenslanger Gefängnishaft bestraft werden mußte" (zit. nach Epstein, S. 43). Lebenslänglich war auch die vorgeschriebene Strafe für jeden, der bis zu 24 Stunden bevor er eines aus einer ganzen Liste von (meistens leichten) Verbrechen beging, eine sogenannte „harte Droge" konsumiert hatte. Es erwies sich, daß diese Gesetze nicht durchsetzbar waren, und eine spätere Studie erwies, daß sie auch praktisch ohne Wirkung blieben, soweit es die Reduktion der Drogenmißbrauchs- und Verbrechenszahlen in New York betraf (diese Studie wurde gemeinsam von der Association of the Bar of the City of New York – der Anwaltsvereinigung – und dem Drug Abuse Council – Rat gegen Drogenmißbrauch – durchgeführt). Als politische Übung, die demonstrieren sollte, daß Rockefeller ein „hartes Vorgehen" gegen Drogen betrieb, erfüllten die Gesetze jedoch ihren Zweck: Unter Nixon wurde er Vizepräsident der USA. Während Rockefeller noch am Fundament für seine Terrorherrschaft über die Drogenkonsumenten von New York baute, wurde das Bureau of Narcotics neu organisiert. Indem man andere Drogenbehörden, einschließlich Anslingers Büro, miteinander verschmolz, schuf man 1968 das Bureau of Narcotics and Dangerous Drugs (BNDD). Daß aus dem

Thema Drogen eine Sache von Recht und Ordnung geworden war und es nicht mehr um Steuereinkünfte ging, das wurde auch noch betont, als die Verantwortung vom Finanzministerium auf das Justizministerium überging. Außerdem erhielt das BNDD – zum großen Verdruß des Zolldienstes – die Erlaubnis, auch im Ausland tätig zu werden: Es waren Agenten des Bureaus, die die sogenannte „French Connection" – die Heroin-Schmuggelroute Ferner Osten–Marseille–New York – zerschlugen.

Das Bureau verzeichnete unter seinem neuen Leiter, James Ingersoll, einen dramatischen Zuwachs an Stärke. Vor 1968 standen nie mehr als 330 Agenten auf der Gehaltsliste, und es gab kein Budget, das drei Millionen Dollar pro Jahr überstieg. 1971 waren es bereits 1.500 Agenten, die aus einem Budget, das mehr als 43 Millionen Dollar betrug, bezahlt wurden. Ingersoll zeigte ebenso wie Rockefeller gesteigertes Interesse daran, Drogen in den Augen der Öffentlichkeit zum „Staatsfeind Nummer eins" zu stempeln, und das bedeutete natürlich, daß die Heroinsüchtigenzahlen etwas nach oben hin manipuliert werden mußten. Der erstaun-liche Anstieg in der nationalen Statistik – von 69.000 Süchtigen im Jahre 1969 auf 560.000 im Jahre 1971 – war einem ganz simplen, aber betrügerischen Hilfsmittel zu verdanken: Man rechnete mit der imaginären Zahl jener User, die zu *keiner* Behandlung kamen – und präsentierte das der Öffentlichkeit dann als die genaue Anzahl der Süchtigen. Der Kongreß schluckte den Köder sofort und stimmte der Bereitstellung des Geldes zu.

Der dritte und bedeutendste Faktor in dieser Gleichung hieß Präsident Richard Nixon. Die antikommunistische Plattform, auf die er in den Fünfzigern seinen Ruf gegründet hatte, begann zu schwanken, und eine Menge gar nicht willkommener Aufmerksamkeit richtete sich plötzlich auf Themen wie Bürgerrechte und den Vietnamkrieg. Sobald Nixon 1968 von den Republikanern zum Präsidentschaftskandidaten nominiert worden war, richtete er sich komplett nach Rockefeller aus und ernannte den „Krieg gegen die Drogen" zum Hauptthema seines Wahlkampfs. Was jedoch als Recht-und-Ordnung-Wahlstrategie begonnen hatte, sah plötzlich ganz anders aus, als Nixon 1969 sein Amt antrat. Nach und nach errichtete das Weiße Haus unter der nicht angreifbaren Tarnung einer Schlacht gegen ein gesellschaftliches Übel das Fundament dafür, daß das Volk eine allmächtige inländische Exekutivbehörde akzeptierte, die fast ausschließlich außerhalb der Grundregeln der Verfassung arbeitete. Daraus wurde dann das Office of Drug Abuse Law Enforcement (ODALE), das 1972 von Nixon ohne Beratung oder Bestätigung durch den Kongreß eingesetzt wurde. Man hoffte, daß niemand es wagen würde, Nixon gegen-überzutreten – aus Angst, als „Drogensympathisant" gebrandmarkt zu werden, was für jeden Politiker auf der ganzen

Welt den politischen Selbstmord bedeutet. (ODALE und BNDD wurden im Juli 1973 in einer neuen Gesamtbehörde, der Drug Enforcement Agency [DEA] zusammengefaßt, die auch heute noch die wichtigste amerikanische Rauschgift-Exekutivbehörde im In- und Ausland ist. Vielleicht verhinderte nur Watergate, daß die DEA Nixons persönlicher Stoßtrupp wurde.) Sobald er im Weißen Haus saß, suchte Nixon umgehend die Hilfe der Medien, um seine Botschaft an die Öffentlichkeit, vor allem an die Jugend, zu bringen. Ein besonderes Treffen der bekanntesten Discjockeys des Landes wurde einberufen; zu denen, die hingingen, gehörten Murray the K und Cousin Brucie Morrow. Einige der DJs standen der Idee mit ausgesprochen lauwarmen Gefühlen gegenüber, da sie ernsthaft daran zweifelten, ob sie über die Musikhörgewohnheiten hinaus irgendeinen Einfluß auf junge Leute ausüben konnten. Andere wieder, wie zum Beispiel Bruce Morrow, wurden zu glühenden Enthusiasten. Er begann mit dem National Institute of Mental Health zusammenzuarbeiten und reiste durch die Schulen des Landes, um dort Vorträge gegen Drogen zu halten. Der schwarze New Yorker Soul-Sender WWRL überschwemmte Harlem mit „Hilf einem Junkie – Zeig einen Pusher an"-Ansteckern; der Sender WKYC in Cleveland verlas den Abschiedsbrief eines 19jährigen Süchtigen, der Selbstmord begangen hatte, über den Äther, und WFMJ in Youngstown verteilte den Brief in Schulen. Von Küste zu Küste veranstaltete man Radio-Kampagnen wie diese. Die Regierung steckte jedoch den Großteil des Budgets ihrer Anti-Drogen-Kampagne in die Fernsehwerbung, Talkshowbeiträge usw. Das erregte den Zorn der National Association of FM Broadcasters (Nationale Vereinigung der UKW-Sender), die sich brieflich beim Präsidenten beschwerte und darauf hinwies, daß die FM-Sender, die ja schließlich Rockmusik ausstrahlten, bei der Verbreitung der Anti-Drogen-Botschaft eine besondere Rolle spielen könnten.

Daraufhin gingen drei Jahre lang eine Reihe von Behauptungen und Gegenbehauptungen im System der amerikanischen Justiz hin und her. Die Federal Communications Commission (FCC) ist die für Rundfunkfreigaben zuständige Körperschaft der Regierung. Am 10. September 1970 schickte der FCC-Beauftragte Robert Lee einen Brief an Senator Frank Moss, in dem eine Liste von Songs aufgezählt war, die „anscheinend den Narkotikamißbrauch in den Himmel lobten". Diese Liste war ganz offensichtlich von einer Werbeagentur geschrieben worden und „von der Regierung in keiner Weise sanktioniert". Die Songliste sieht so aus:

„Happiness is a Warm Gun"	Beatles
„Everybody's Got Something to Hide Except Me and My Monkey"	Beatles

„With a Little Help from My Friends“	Beatles
„Cold Turkey“	Plastic Ono Band
„19th Nervous Breakdown“	Rolling Stones
„Let's Spend the Night Together“	Rolling Stones
„Don't Bogart That Joint“	Fraternity of Man
„White Rabbit“	Jefferson Airplane
„The Acid Queen“	Who
„Mr. Tambourine Man“	Byrds
„Rainy Day Women“	Bob Dylan
„Cocaine Blues“	Johnny Cash
„The Trip“	Donovan
„Cloud Nine“	Temptations
„I Like Marijuana“	David Peel and the Lower East Side
„The Alphabet Song“	David Peel and the Lower East Side
„Walking in Space“	die Musicalbesetzung von *Hair*
„Heroin“	Velvet Underground

Bei jedem Songtitel fanden sich noch Textauszüge und eine Anmerkung darüber, wie erfolgreich die Nummer gewesen war. Das mindeste, was man dazu sagen kann, ist, daß es sich um eine sehr seltsame Liste handelt, deren Bandbreite von ganz offensichtlichen Pro-Drogen-Songs wie den David-Peel-Nummern und Donovans „The Trip“ bis zu den ebenso offensichtlichen Anti-Drogen-Songs wie „Cocaine Blues“ und „Cold Turkey“ reicht. Man beachte dazu auch die paragraphenreiterische und herabsetzende Verwendung des Ausdrucks „Narkotika“ in Lees Brief an Senator Moss, obwohl er sich teilweise auf Drogen bezieht, deren Wirkung nicht im geringsten narkotisch ist.

Vier Tage danach kritisierte Vizepräsident Spiro Agnew, der bei einem Dinner der Republikaner in Las Vegas eine Ansprache hielt, Rocktexte wegen ihrer Verherrlichung und Förderung des Drogenmißbrauchs und zitierte sämtliche Songs von der Liste, die „von der Regierung in keiner Weise sanktioniert war“. Agnew schien die Beschwerde der FM-Sender beantworten zu wollen, indem er die Idee äußerte, daß das Fernsehen bei Drogenreformen eine weitaus größere Rolle spiele, als das Radio es je könne. Vielleicht steckte da auch die mächtige Lobby der Arzneimittelindustrie dahinter, da diese Ansprache zufällig mit dem Bekanntwerden neuer Richtlinien der National Association of Broadcasting zusammentraf, die darauf abzielten, die übertriebenen Behauptungen in Werbungen für rezeptfreie Medikamente etwas mehr an die Zügel zu nehmen.

Überraschenderweise erfolgte der Erstschlag gegen Agnews Ansprache nicht von Seiten der Radio-Bosse, sondern von einem Andersdenkenden innerhalb der FCC. Commissioner Nick Johnson führte bei einer Rede vor ausländischen Beamten des US Information Service diverse andere Songs wie „Amphetamine Annie“ von Canned Heat oder „The Pusher“ von Steppenwolf als Beispiele für Anti-Drogen-Botschaften im Rock an. Er fuhr fort, indem er das Fernsehen attackierte, das den Mißbrauch von Alkohol und rezeptpflichtigen Medikamenten bewarb und bemerkte weiterhin, daß Agnew sich natürlich zurückgehalten und jene Leute nicht angegriffen habe, auf deren Unterstützung er vor der Wahl nicht verzichten konnte, wie etwa die Alkoholindustrie und andere große Unternehmen wie Ford oder TWA, die damals in ihren Anzeigenkampagnen die Bilderwelt illegaler Drogen einsetzten. (CBS Records hatte in den Spätsechzigern folgenden Werbeslogan: „The Man Can't Bust Our Music“ [„Die Bullen können unsere Musik nicht beschlagnahmen“, *Anm. d. Übers.*]. Und in jüngerer Zeit präsentierte Yves St. Laurent verführerische Werbebilder für ein Parfüm namens Opium.) Und zum Schluß führte Johnson noch einen Schlag gegen die Tabakindustrie: „Eine Menge Kids sind durch vorsätzliches Handeln geldgieriger und unmoralischer Fernseh- und Tabakfirmenmanager drogengefährdet, weil diese Leute sie von Nikotin abhängig machen wollen – und das sind Manager, die als Grundpfeiler unserer Gesellschaft angesehen und deren Aktivitäten von der Bundesregierung sanktioniert werden. Und dann gibt es noch jene Leute, die ‚mit ein bißchen Hilfe von ihren Freunden‘ Pot kriegen“ (zit. nach *Variety* vom 23. September 1970).

Die Kampagne des Präsidenten schaltete in den nächsten Gang, als siebzig Eigentümer und Manager von Radiosendern am 14. Oktober 1970 ins Weiße Haus gerufen wurden, um dort eine sorgfältig inszenierte Konferenz zu besuchen, in der man „von ihnen verlangte, mehr Drogenaufklärungsprogramme zu produzieren und Musik sowie Discjockey-Jargon, die für Drogen eintraten, einzuschränken“ (zit. nach Epstein, S. 170). Um der Konferenz mehr Gewicht zu verleihen, erklärte sich Dean Burch, der FCC-Vorsitzende, bereit, eine Rede zu halten. Burch eröffnete seine Ansprache mit der Ankündigung, daß die FCC jene Konzessionsinhaber, die der Anti-Drogen-Werbung mehr Sendezeit zur Verfügung stellten, bevorzugt behandeln würde. Über die Einstellung der FCC jenen Sendern gegenüber, von denen man annahm, daß sie den Drogenmißbrauch förderten, indem sie gewisse Platten spielten, ließ er kein Wort verlauten. Der Rest des Tages verging damit, daß man den Sendermanagern dieselbe Show vorführte, die man sechs Monate vorher schon den TV-Produzenten gezeigt hatte – schockierende Filme, Demonstrationen der Fähigkeiten von Rauschgifthunden und eine Vorführung von Techniken der Gesetzeshüter. So wie damals kündigte John Ehrlichman, der Präsidentenberater für innere Angelegenheiten, beim Mittagessen in dramatischem Tonfall an, daß die Hunde bei der Demonstration wirklich Marihuana entdeckt hätten. Und ebenfalls wie damals sprach Nixon vor der Versammlung – nicht als Teil des offiziellen Programms, sondern so, als handle es sich um eine Fünf-vor-zwölf-Entscheidung des Präsidenten, den Sender-Bossen eine spezielle Audienz zu gewähren, um die Wichtigkeit seiner Mission zu unterstreichen. Nixon sagte (und stand dabei in deutlichem Widerspruch zu den Worten seines Vizepräsidenten): „Niemand befindet sich in einer besseren Position als Sie, unsere Jugend immer wieder vor den Gefahren der Drogen zu warnen" (zit. nach Epstein, S. 171).

Nixons Berater für Bundesexekutive und Innere Sicherheit, Egil Krogh, hatte Nixon zugesichert, daß die Presse über die Bemerkungen des Präsidenten vor dieser Konferenz nichts berichten würde. Die Zeitschrift *Billboard* schrieb am 24. Oktober 1970 dennoch, daß Nixon die Sender-Bosse aufgefordert habe, sich die Texte aller Rockplatten genau anzuschauen, um sicherzugehen, daß keine Songs, die dem Drogenmißbrauch positiv gegenüberstanden, über den Äther gingen. Im Licht der folgenden Ereignisse sollte es sich als sehr bedeutend herausstellen, daß Nixon dem noch hinzufügte, daß die Regierung, obwohl sie (über die FCC) die Konzessionen für Radiosender erteile, sich nie in die Programmpolitik einer Station einmischen werde.

Der nächste Schritt im „Krieg" gegen Drogen und Rock wurde im Musikbusineß selbst getätigt. Anfang November kündigte Mike Curb, der Präsident der Firma MGM Records, an, daß das Label die Verträge mit 18 angeblich drogenorientierten Bands aufkündigen werde. „Ich will damit keine Hexenjagd starten", sagte Curb, „und wir werden von keinem Künstler verlangen, die Ärmel hochzukrempeln, um eventuelle Einstiche herzuzeigen, [aber] niemand wird MGM dazu benutzen können, den Drogenmißbrauch zu fördern." Curb wollte sich auch der Unterstützung von Radiosendern versichern, die Songs mit Texten, die einen Bezug zu Drogen hatten, aus ihren Programmen verbannen sollten. Nixon lobte – so wie einige andere Plattenbosse auch – Curbs Handlungsweise. Andere betrachteten Curbs Motive etwas skeptischer: Sowohl Gil Friesen, Vizepräsident bei A&M, als auch Clive Davis, Chef von Columbia Records, beschuldigten Curb, die Todesfälle von Rockstars, die sich in letzter Zeit ereignet hatten, ausnutzen und sich damit „in Szene setzen zu wollen", wie Davis es ausdrückte, um auf diese Art einige MGM-Künstler, die dem Unternehmen zu wenig Gewinn brachten, loszuwerden. Und in dieser Beschuldigung steckt sicherlich ein Körnchen Wahrheit.

Gegen Ende der Sechziger hatte MGM noch versucht, mit dem San-Francisco-Sound Geld zu machen, indem Boston als neue Rock-Hauptstadt Amerikas in den Himmel gelobt wurde. Das Unternehmen gab um die vier Millionen Dollar dafür aus, den „Bosstown Sound" zu lancieren, und kaufte eine ganze Menge hoffnungsloser Bands aus dieser Stadt, wie Beacon St.Union, Chameleon Church, Orpheus, Puff, Kangaroo und die wenigstens eine Spur besseren Ultimate Spinach ein. Das Projekt endete mit einem Desaster; MGM entließ seine gesamte Ideenabteilung und schickte Mike Curb ins Rennen, der versuchen sollte, nach Möglichkeit das Beste aus diesem Chaos zu machen. Curb war ein Typ, der bei der neuen Art Plattenfirma für die Siebziger sehr beliebt war. Rock hatte nach den „Alles-ist-möglich"-Sechzigern keinen besonders guten Namen mehr, und viele der echten Plattenfirmen-Hedonisten dieser Zeit fanden sich auf der Straße wieder. Es gab zu viele Leute, die andauernd stoned und mit sich selbst beschäftigt waren und Firmengelder ausgaben, als gehörten sie ihnen privat. Curbs Maßnahme gegen die Drogen stand daher auch symbolisch für eine neue Stimmung der Nüchternheit innerhalb des Busineß, das sich neuerdings gegen Exzesse und zu große Nachsicht wandte. Berichten zufolge hatte MGM in den Jahren 1968/69 18 Millionen Dollar Verlust gemacht, und es war Curbs Job, etwas dagegen zu unternehmen. Eric Burdon war ein bei MGM unter Vertrag stehender Künstler, den die Firma nicht fallenließ, obwohl er Songs mit Drogenbezügen, wie etwa „Girl from Sandoz" und „San Francisco Nights", aufgenommen hatte. Aber in Wirklichkeit brachte Burdon MGM viel Geld, und daß man ihn behielt, ist vielleicht der stärkste Hinweis darauf, daß Curbs Motive eher finanzieller als moralischer Natur waren. Andererseits nahm man an, daß Eric irgendwie beleidigt sein würde, daß man ihn nicht für so einen starken Drogenkonsumenten hielt, um ihn rauszuschmeißen. Schließlich verließ aber auch Burdon MGM, das daraufhin ein Label für gute und saubere Künstler für die ganze Familie vom Schlage der Cowsills und der Osmonds werden sollte. Und obwohl die Firma ihren künstlerischen Stamm so reduzierte, schaffte sie es in den Jahren 1970 und 1971 kaum, ohne Verlust abzuschließen. Curb war der letzte MGM-Präsident, bevor das Label an Polygram verkauft wurde. Es war aber auch gut möglich, daß er schon ein bißchen an seine politische Karriere dachte, als er Nixons Drogenkampagne unterstützte: Als er 1973 schließlich MGM verließ, wurde er Reagans rechte Hand in Kalifornien, als Vizegouverneur dieses Bundesstaates.

Clive Davis kritisierte aber nicht nur Mike Curb, sondern er führte auch die energische Verteidigung der Musikindustrie an, indem er schlicht und einfach leugnete, daß Rockmusik den Drogenkonsum fördere: „Musik ist die Spiegelung einer Kultur – eine Fußnote zu den Ereignissen, die sich in einer Gesellschaft abspielen" (zit. nach *Billboard* vom 21. November 1970). Dr. David Smith, der medizinische Direktor der Haight-Ashbury-Klinik, unterstützte diese Behauptung, indem er in einem *Billboard*-Artikel in der Ausgabe vom 14. November 1970 verkündete, wieviel diverse Rockbands dafür getan hätten, Geldmittel für seine Klinik zu beschaffen, und weiter ausführte: „Ich halte die derzeitige Attacke gegen Jugendkultur und Rocktexte nicht für den Ausdruck echter Betroffenheit über das schreckliche Problem des Drogenmißbrauchs, [sondern] für eine politische Taktik, welche die Hysterie, die innerhalb der dominierenden Kultur zu diesem Thema herrscht, für ihre Zwecke ausnutzt."

Aber das Weiße Haus ließ sich durch kleine Unannehmlichkeiten nicht von seinem Kurs abbringen – auch wenn es nicht den geringsten empirischen Beweis für einen Kausalzusammenhang zwischen Rockmusik und Drogenkonsum gab. Nixons spezielle Bitte an die Besitzer von Radiosendern und die Anwesenheit des Vorsitzenden der FCC bei diesem Treffen stellten eine Warnung davor dar, daß es früher oder später in der Frage, ob einzelne Sender „Drogen-Songs" spielten, auch um Konzessionen gehen würde.

Und es kam natürlich, wie es kommen mußte – am 5. April 1971 gab die FCC eine öffentliche Bekanntmachung heraus, die ihrer Version nach eine Folge der bei ihnen eingelangten „zahlreichen Beschwerden" über die Texte einiger Platten, die im Radio gespielt wurden, war. Die FCC forderte von allen Sendern, alle Platten genau zu durchleuchten, bevor sie damit auf Sendung gingen, festzustellen, was die Texte bedeuteten und zu beschließen, ob es im „öffentlichen Interesse" läge oder nicht, diese Platte zu spielen. Phrasen wie „eine Sprache, die den Drogenmißbrauch fördert oder verherrlicht" wurden nicht näher erklärt, und es wurde auch nicht ausgeführt, wie weit die Sender gehen sollten, wenn sie „angemessene Anstrengungen" unternahmen, die Bedeutungen von Liedtexten zu ermitteln. Der Haken bei der ganzen Sache war trotz allem nicht zu übersehen. Sollte es immer noch jemanden geben, der sich nicht an diese nebulosen und schlecht definierten Richtlinien hielt, dann würde das „ernste Fragen darüber aufwerfen, ob ein Weiterbetreiben des Senders im öffentlichen Interesse liegt". So viel also zu den Garantien des Präsidenten über Nichteinmischung. Man mußte sich nur an die Songliste erinnern, die der FCC-Beauftragte an Senator Moss geschickt hatte, um zu bemerken, daß die FCC eine sehr deutliche Vorstellung darüber hatte, welche Songs sie als nicht akzeptabel betrachtete (d. h. jeden Song, der Drogen irgendwie erwähnte). Und auf alle Fälle hielt man es für angemessen, diese Verantwortung nicht jenen Stellen übertragen zu wollen, die für ihren Lebensunterhalt auf die Konzessionen der FCC angewiesen waren.

Es gab eine Menge Appelle an die FCC, sich ihre Haltung doch noch einmal zu überlegen. Am 16. April gab die Kommission ein Memorandum heraus, das sie „Meinung und Ordnung" nannte. Die FCC wiederholte, daß sie nicht versuche, Radio-Playlists zu zensieren, sondern daß jeder Besitzer eines Senders einfach wissen sollte, ob irgendein Song den Drogenmißbrauch verherrliche – und wenn das so war, sich gegen seine Ausstrahlung entscheiden sollte. Und wieder blieben die Forderungen, daß Konzessionsinhaber „vernünftig" und „nach Treu und Glauben" handeln sollten, ohne nähere Erklärung.

Zusammen mit der ursprünglichen öffentlichen Bekanntmachung vom März kam eine Minderheits-Stellungnahme heraus, die in den Medien große Verbreitung fand. Sie stammte von Commissioner Nick Johnson, der damals Vizepräsident Agnew angegriffen hatte. Johnson nannte die Bekanntmachung einen „unverschämten Zensurversuch", der gegen Artikel eins der Verfassung über Redefreiheit verstieß und den Lebensunterhalt der Angestellten von Radiosendern gefährde. Er wies auf all jene Songs hin, die den Alkoholkonsum verherrlichten und betonte wieder besonders stark die Fernsehwerbung für rezeptfreie Medikamente. In der Maßnahme der FCC sah Johnson einen kaum verhüllten Versuch der Regierung Nixon, die Anti-Establishment-Haltung der amerikanischen Jugendkultur, die sich durch deren Musik ausdrückte, anzugreifen und von den wahren gesellschaftlichen Übeln der Gegenwart – rassistischen Vorurteilen, Arbeitslosigkeit, Armut, dem Verfall der Großstädte, dem Vietnamkrieg usw. – abzulenken. Er stellte das zwingende Argument auf, daß es lächerlich wäre, von den Konzessionsinhabern erwarten zu wollen, daß sie genau entziffern konnten, welche Songs für und welche gegen Drogen (oder neutral) waren, besonders deshalb, da die FCC sich weigerte, die für sie geltenden Begriffe ausreichend zu definieren. Daraus zog er den offensichtlichen Schluß, daß kein Konzessionsinhaber das Risiko eingehen würde, einen Fehler zu machen, was weiter hieß, daß sämtliche Drogen-Songs aus dem Äther verschwinden würden; und das bedeutete definitionsgemäß Zensur. Die FCC ließ sich davon aber nicht beeindrucken und veröffentlichte am 18. August 1971 ein zweites Memorandum, in dem sie sich weigerte, ihre zuvor gemachten Darstellungen näher zu erklären – sie begründete das damit, daß eine deutlichere Erklärung „nicht von Nutzen zu sein schien".

Wie reagierte aber die Musikindustrie auf diese Rätselspielchen der

FCC? Wie die Zeitschrift *Rolling Stone* es in ihrer Ausgabe vom 15. April 1971 lakonisch ausdrückte: „Die Rock-Sender, sowohl AM als auch FM, machen sich vor Angst in die Hosen." Einer der ersten Songs, der ein Opfer der neuen „Bestimmungen" wurde, war „One Toke over the Line" von Brewer and Shipley. Jeff Kaye, der Programmdirektor des Senders WKBW in Buffalo, erzählte *Rolling Stone*: „Ich wußte wirklich nicht, was ‚toke' [ein Zug an einer Zigarette, Zigarre, aber vor allem an einem Joint, *Anm. d. Übers.*) bedeutete. Also machten wir eine Straßenumfrage, und 90 Prozent der Kids antworteten, daß es mit Marihuana zu tun hätte." Und daher wurde dieser Song, der gerade im Begriff war, die Hitparade hinaufzuklettern, von WKBW und einigen anderen Top-40-Sendern aus dem Programm verbannt, zusammen mit „White Rabbit", „DOA" (Bloodrock), „Monkey Man" (Stones) und „Eight Miles High" (Byrds). Auch WDAS-FM in Philadelphia reagierte äußerst flink und strich die Songs „I am the Walrus", „Let It Bleed", „One Toke over the Line", „Small Circle of Friends" und „Needle and Spoon"(Savoy Brown) aus dem Programm. Deswegen gab es bei WDAS-FM einen größeren internen Krieg. Steve Leon, einer der DJs, widersetzte sich der Anordnung und spielte in einer besonderen Sendung mehrere Drogen-Songs. Sein Schwager Robert Klein, der Manager des Senders, unterbrach die Sendung. Leon stürmte daraufhin in Kleins Büro, ließ dort seine Geschlechtsteile vor dem Gesicht des Managers baumeln und wurde gefeuert.

Dadurch, daß ihre Richtlinien unklar waren, spielte die FCC in Wirklichkeit ein sehr kluges Spiel, das die gesamte Rockmusik und nicht nur Drogen-Songs angriff, da Songtexte immer sehr subjektiv sind. Wie Commissioner Johnson es vorausgesagt hatte: Kein Sender-Boß wagte es, mit seiner Konzession herumzuspielen. Und aus diesem Grund befand sich jeder Song, ob er nun vorsätzliche Bezüge zu Drogen aufwies oder nicht, in Gefahr, abgewürgt zu werden. Lieder, in denen die Worte „high" oder „trip" vorkamen, waren die offensichtlichsten Ziele; die Manager der Sender verließen sich bei ihrer Arbeit hauptsächlich auf Wissen aus zweiter Hand über den Drogen-Slang und trafen danach Entscheidungen über Platten, die sie selbst nicht im geringsten verstanden. Ein Besitzer verbot *sämtliche* Bob-Dylan-Songs, weil er keinen der Texte begriff, und es tauchten Forderungen auf, daß jede LP künftig ein Textblatt enthalten sollte.

Die FCC verließ sich auch auf die Tatsache, daß jeder Sender, der vor Gericht gegen die Kommission antreten würde, auch im Falle eines juristischen Sieges durch die Gerichts- und Anwaltskosten schwer geschädigt würde – und noch dazu durch die Abwesenheit von Mitarbeitern, die bei Prozessen aussagen mußten usw. Dennoch entschlossen sich einige Sender und einzelne Discjockeys dazu, die Gerichte diese Angelegenheit verfolgen zu lassen. Sie wurden kostenlos von Tracy Western, einer Exmitarbeiterin von Commissioner Johnson, vertreten. Johnson sagte im *Rolling Stone* (vom 15. April 1971): „Hier handelt es sich um eine heimtückische und hinterhältige Form der Zensur, weil die FCC zu feige war, selbst hervorzukommen und ihre Meinung zu sagen. Sie versucht statt dessen, privaten Sendern so viel Angst einzujagen, daß diese selbst zu zensieren anfangen, um so allen Sanktionen zu entgehen."

Die Antragsteller gingen im März 1972 vom US District Court (Bezirksgericht) zum Court of Appeal (Einspruchsgericht). Sie warfen der FCC vor, eine Politik zu betreiben, die vorsätzlich vage und verfassungswidrig war. Und weiterhin wollten sie – auf der Basis schriftlicher beeidigter Erklärungen vieler Sender – nachweisen, daß diese Politik undurchführbar war. Im besonderen führten sie folgende Punkte an:

1. Die meisten Sender besäßen Archive, in denen bis zu 7.000 LPs stehen, und bekommen pro Woche rund 200 neue Alben. Daher sei es unmöglich, von den DJs zu erwarten, daß sie sich jeden Text auf jeder Platte anhören, bevor sie sie spielen.
2. Die Texte vieler moderner Songs seien nicht zu entziffern.
3. Wenn man die Texte verstehen kann oder sie abgedruckt sind, dann stünde man immer noch vor dem Problem, ihren Sinn mit Sicherheit festzustellen.
4. Und nach dieser Feststellung müßten die Konzessionsinhaber erst entscheiden, ob der Text nun wirklich den Drogenmißbrauch verherrliche oder nicht.

Die Antragsteller forderten das Einspruchsgericht zudem auf, ein Urteil über die Weigerung der FCC zu fällen, eine Erklärung darüber abzugeben, ob das unzensierte Programm des Senders der Universität Yale, WYBC, vor der Kommission durchgehen würde oder nicht. Der Sender hatte die FCC sogar gebeten, seine Playlist zu überprüfen, um sie damit zu zwingen, genaue Anleitungen statt unklar gehaltener Bekanntmachungen herauszugeben.

Im Januar 1973 billigte eine aus drei Richtern bestehende Kommission die Politik der FCC, von ihren Konzessionsinhabern zu verlangen, Texte vor der Ausstrahlung zu überprüfen, und wies sämtliche Behauptungen zurück, daß diese Anforderung unklar formuliert wäre und einen Verstoß gegen die Redefreiheit darstelle. Das Gericht sagte zwar, daß die öffentliche Bekanntmachung verwirrend sei, entschied aber, daß das darauffolgende Memorandum den Fall hinreichend geklärt habe. Das Gericht war der Ansicht, daß die FCC nichts anderes tat, als die Konzessionsinhaber aufzufordern, sich der aktuellen Drogensituation bewußt zu werden und genau zu prüfen, was sie sendeten. Es konnte keine direkte oder indirekte Drohung bezüglich der Erneuerungen von Konzessionen feststellen. Weiterhin trafen die Juristen die Feststellung, daß es im Falle eines Texts, der überhaupt nicht zu entziffern sei, großteils unwichtig sei, wovon er handelte, und daß ein solcher Text daher auch nicht mehr in den Bereich der FCC fiele. Alles, was also von einem Konzessionsinhaber gefordert würde, sei, daß er wissen sollte, welchen Dingen er Sendeerlaubnis erteilte.

Aber die Geschichte war an diesem Punkt noch nicht zu Ende; während Tracy Western gerade einen Einspruch vor dem Supreme Court (Oberstes Bundesgericht) vorbereitete, veröffentlichte der oberste Richter des Appeal Court, David L. Bazelon, in einer nie zuvor dagewesenen Aktion eine Warnung, in der er die Legitimität der FCC-Politik gegenüber Drogentexten in Frage stellte. Der Richter wollte, daß der Fall noch einmal verhandelt wurde, und zwar vor dem vollständigen Einspruchsgericht mit seinen neun Mitgliedern, weil der Fall, wie er sagte, eine Menge Fragen über Zensur und möglichen politischen Druck auf Radiosender aufwarf. Er war anderer Meinung als seine Juristenkollegen und sah sehr wohl eine indirekte Drohung in den Äußerungen der FCC. Ganz besonders war er der Ansicht, daß das Gericht die Ängste der Sender aus dem einfachen Grund nicht anerkannt habe, weil in dieser Angelegenheit noch niemand seine Konzession verloren hatte. Richter Bazelon ging mit seinen Ansichten an die Öffentlichkeit, nachdem sein Versuch, eine zweite Anhörung zu erreichen, gescheitert war.

Die Vertreter der Radiosender benützten die veröffentlichten Ansichten von Richter Bazelon in ihrem eigenen Antrag an den Supreme Court, den sie im Mai 1973 stellten und in dem sie behaupteten, daß die Politik der FCC gegen Artikel eins der amerikanischen Verfassung verstoße. In einer Abstimmung im darauffolgenden Oktober lehnte es das Oberste Bundesgericht mit sieben gegen zwei Stimmen ab, die FCC-Politik bezüglich Drogentexten zu untersuchen. Von den zwei Leuten, die anders gestimmt hatten, stand besonders Richter Douglas dieser Mehrheitsentscheidung äußerst kritisch gegenüber: „Die Regierung kann nach Artikel eins von einem Radiosender nicht verlangen, seine Musik zu zensieren, ebensowenig wie sie von einer Zeitung verlangen kann, die Artikel ihrer Journalisten zu zensieren. In unserem System ist es nicht Sache der Regierung, zu entscheiden, welche Botschaften, seien sie nun in gesprochener oder musikalischer Form, von ausreichendem ‚gesellschaftlichem Wert' sind, um ans Volk weitergegeben werden zu dürfen" (zit. nach *Billboard* vom 27. Oktober 1973).

Die Politik der FCC in bezug auf Rock und Drogen-Songs baute auf der allgemein anerkannten Annahme auf, daß solche Songs einen direkten Einfluß auf den Entschluß Jugendlicher hätten, illegale Drogen zu nehmen. Man brauchte ja nur an Lieder wie „Lucy in the Sky with Diamonds" oder „Purple Haze" zu denken! Und das genügte meistens schon als unumstößlicher Beweis für die Rolle der vergötterten Popstars, die den Drogenmißbrauch der Teenager verherrlichten und die Jugend noch dazu ermutigten. Nun wirkt dieses Argument sicherlich sehr überzeugend. Schließlich hatte man hier die berühmtesten Rockmusiker der Welt, die in anscheinend positiver Art und Weise über psychedelische Erfahrungen sangen, und das zu einer Zeit, als der Drogenmißbrauch bei jenen Leuten, die sich der Rockmusik am meisten verschrieben hatten, immer mehr anstieg.

Aber dieser zufällige Zusammenhang bedarf nach wie vor sicherer Beweise, um die sich weder die FCC noch das Weiße Haus je bemüht haben, wahrscheinlich deshalb, weil die Öffentlichkeit schnell bereit war, einen solchen Zusammenhang als gegeben hinzunehmen und das für die politischen Absichten der Regierung ausreichte. Tatsächlich wurden aber mehrere unabhängige Studien durchgeführt (z. B. Schwartz [1972], Douse [1973] und Robinson [1976]), die alle zum selben Schluß gelangten: Es existieren keinerlei empirische Beweise dafür, daß ein Song-Inhalt, der Drogen positiv gegenübersteht, den Drogenmißbrauch unter den Zuhörern fördert. Sollte wirklich irgendein Zusammenhang existieren, dann ist dieser wahrscheinlich eher symbiotisch als zufällig, und sogar dann ist er wahrscheinlich auf Situationen beschränkt, in denen die soziale Umgebung eine große Rolle bei der Drogenerfahrung spielt, wie etwa auf das Marihuanarauchen.

1977/78 wurde eine Untersuchung gemacht, die Tatsachen über den Drogenkonsum der „Woodstock-Generation" zehn Jahre zuvor herausfinden sollte. 43 Prozent der Befragten glaubten daran, daß ein großer Teil der Musik der sechziger Jahre nur von denen verstanden werden konnte, die selbst die Drogenerfahrung durchgemacht hatten. Die Mehrheit behauptete, daß sie ihre erste Marihuanazigarette mit Freunden im Schlafsaal ihres Colleges konsumiert hätten, während im Hintergrund Musik von Dylan oder Led Zeppelin lief (zit. nach Stillman, Deane und Weiner, Rex: *The Woodstock Generation*; New York, Viking Press, 1979).

Der Soziologe John Auld hat den Versuch gemacht, das Zusammenwirken von Drogen und Musik in dieser recht weit verbreiteten sozialen Umgebung zu erklären. Er beschrieb, wie die vorübergehende Aufhebung der normalen Kommunikation in Gruppen, die Marihuana rauchen, zusammen mit der Umlenkung der Aufmerksamkeit auf die erwarteten

Stimmungsveränderungen, einen „Freiraum" für die introspektive Konzentration auf die Musik schaffen – was sonst als ein Ausdruck schlechten Benehmens betrachtet werden würde. Die Musik stellte wiederum Brennpunkt und Rechtfertigung eines solchen introspektiven Verhaltens dar. Dem Raucher bleibt auf diese Art die peinliche Situation erspart, in angespanntem Schweigen mit einer Gruppe anderer Raucher herumsitzen zu müssen und darauf zu warten, daß irgend etwas passiert.

Wie schon gesagt: Beim Marihuanarauchen scheint es sich um erlerntes Verhalten zu handeln; unter jungen Rauchern in einer beliebigen sozialen Gruppe werden sich die meisten nicht darüber im klaren sein, welche Reaktionen man von ihnen erwartet oder wie sie in den angeblich „drogengeschärften" Sinneswahrnehmungen ihrer Freunde dastehen. In diesem Szenario ist die Beziehung zwischen Drogen und Musik symbiotisch – ineinandergreifende Elemente geben dem Zuhörer/User die „Erlaubnis", außerhalb des normalen zielgerichteten Verhaltens und damit außerhalb des normalen gesellschaftlichen Drucks zu existieren. Und die Musik kann dabei natürlich auch instrumental sein, ein Minimum an textlichen Inhalten aufweisen oder einen Text haben, der mit Drogen überhaupt nichts zu tun hat. Und wie es halt bei einer echten symbiotischen Beziehung so ist – man könnte hier genauso weiter ausführen, daß Drogenkonsum die Menschen dazu ermutigt, Rockmusik zu hören!

Ein weiterer Fehler in der Argumentation gegen die Rockmusik war die Annahme, daß alle Rocksongs, die von Drogen handeln, ein positives Bild erzeugen. Dieser Gesichtspunkt wurde unter anderem von Commissioner Johnson vorgebracht, welcher der Musikindustrie damit hilfreich zur Seite trat.

Eine 1972 durchgeführte Studie (Schwartz) untersuchte die Texte diverser Songs und ordenete sie als „pro", „anti", „beschreibend" oder „mutmaßlich" ein. Letzterer Begriff bedeutete, daß der Text sich nicht explizit auf Drogen bezog, daß aber der jeweilige Song so interpretiert worden war (z. B. „Lucy in the Sky with Diamonds"). (Es gab außerdem Kategorien für „Alkohol" und „Drogen", auf die wir hier aber nicht näher eingehen wollen.) Die Ergebnisse der Studie sahen folgendermaßen aus:

	Pro	Anti	Beschreibend	Mutmaßlich
Marihuana	43	7	29	21
Heroin	0	67	23	10
Kokain	11	50	35	4
LSD	16	16	34	33
Amphetamine	1	4	3	1

Die Texte vieler dieser Songs zeigten, daß hier über persönliche Erfahrungen der Sänger reflektiert wurde, deren Ansichten über Drogen nicht immer gleichblieben. Country Joe McDonald konnte beispielsweise Songs wie „Bass Strings" schreiben, die offensichtlich eine positive Haltung gegenüber LSD ausdrückten, aber auch „Here We Go Again" mit den Textzeilen: „Crystal got my woman/dope's driving her insane/she used to be so pretty/Now she can't remember her name."

Dion, der in den Sechzigern mit Titeln wie „Runaround Sue" und „The Wanderer" eine Reihe von Hits gehabt hate, entwickelte eine schlimme Drogensucht, als es mit seiner Karriere bergab zu gehen begann. Als er das überstanden hatte, entdeckte er die Religion und nahm den Song „Your Own Backyard" auf – wahrscheinlich das persönlichste und ehrlichste Lied über Drogenprobleme, das je auf Platte erschienen ist:

Since I've been straight
I haven't been in my cups
I'm not shooting downs
I'm not using ups
You know I'm still crazy as a loon
Even though I don't run out and cop a spoon
Thank the Lord I've had enough.

(*Übersetzung*: Seit ich nichts mehr nehme,
habe ich nicht mehr zu tief ins Glas geschaut,
ich schieße keinen Stoff
und nehme kein Speed.
Weißt du, ich bin immer noch ein verrückter Hund,
auch wenn ich nicht mehr rausgehe und ein Löffelchen
voll Zeug kaufe. Got tsei Dank habe ich genug davon.)

Songs wie dieser, Neil Youngs „Needle and the Damage Done" oder James Browns „Heroin" sind sehr oft als Warnungen vor Drogen und als persönliche Statements gedacht. Mit Sicherheit kann man über sie behaupten, daß sie einen Beweis für die Existenz von Anti-Drogen-Songs in der Populärmusik darstellen. Es gibt jedoch keinen wie immer gearteten Beweis dafür, daß sie mehr Wirkung darin haben, junge Menschen vor Drogen zu warnen als Pro-Drogen-Songs es schaffen, sie zu Experimenten zu ermutigen. (Wenn man eher zur Ansicht neigt, daß ein Großteil der drogenorientierten Songs sich eher gegen Drogen wendet, dann gibt es zum Thema „Drogen-Texte und jugendliche Drogenexperimente" eine Studie von Arlene Marks mit dem Titel „Jugendliche lernen durch Drogenkonsum über sich selbst und Drogen zu sprechen" – abgedruckt im *Journal of Substance Abuse Treatment*; Nr. 3, 1986, S. 243–259. Marks verwendete im Rahmen dieser Studie Texte, die einen Bezug zu Drogen haben, als Ausgangspunkte für Diskussionen über Alkohol und Rauschgift, die sie mit einer Gruppe jugendlicher Straftäter führte. Ziel des Ganzen war, junge Leute mit Hilfe eines Mediums, das ihnen etwas bedeutete, zu einem besseren Verständnis dessen zu bringen, was Drogenabhängigkeit eigentlich bedeutete.) Die Wahrheit sieht so aus: Keine Art der Drogen-Erziehung, sei es nun durch Popsongs, Fernsehwerbung, Plakatkampagnen, schockierende Filme oder das ganz trockene Vermitteln von Information, hat sich bei der Verhinderung des Drogenmißbrauchs als effektiver erwiesen als die anderen. Nehmen wir als Beispiel die Schockfilme, die besonders gerne von Beamten der Drogenfahndung eingesetzt werden, wenn sie zu Vorträgen in Schulen gehen: Bei den Zuschauern, die wirklich schockiert sind, handelt es sich wahrscheinlich um dieselben, die sowieso nie Drogen ausprobieren würden, während für manche Kids die Gefahren in Zusammenhang mit dem Drogenkonsum genau das sind, was diese Tätigkeit für sie anziehend macht. Und die paar Leute, welche die Versuchung verspüren, Drogen zu nehmen und sich von so einem Film davon abhalten lassen – wie sieht die Wirkung des Streifens drei Wochen danach aus? Wie viele Leute hören für immer mit dem Rauchen auf, nachdem sie hin und wieder eine Dokumentation über Lungenkrebs sehen?

Heutzutage sollte die Frage, ob Rockmusik den Drogenkonsum fördert, eigentlich tot und begraben sein. Aber nein – das aktuelle Wiederaufleben von Elterngruppen im Stil der „moralischen Mehrheit", die gegen Drogen auftreten, hat die ganze Diskussion wieder aufs Tapet gebracht. Die National Federation of Parents for Drug Free Life (Nationaler Elternbund für ein Leben ohne Drogen) möchte Plattenfirmen dazu zwingen, sämtliche Texte auf den Plattenhüllen abzudrucken, „damit die Eltern über die Verherrlichung der Drogenkultur, die ein Teil der Musik betreibt, Bescheid wissen". Und es gibt bereits einige Firmen, die sich so unter Druck gesetzt fühlen, daß sie Aufkleber auf den Platten anbringen, mit denen sie vor textlichen Inhalten warnen, ähnlich wie bei den Altersfreigaben für Filme. (Das Aufsehen, das in Amerika wegen des angeblich schlechten Einflusses von Rockmusik auf Jugendliche herrschte, regte im Juni 1986 auch in Kanada eine Diskussion an, zu der die Addiction Research Foundation of Ontario [ARF – Stiftung zur Erforschung der Sucht] einlud. Diese öffentliche Diskussion lief unter dem Motto: „Die Rolle der Rockmusik beim Drogenkonsum: Mythos oder Realität?" Zu den geladenen Diskussionsteilnehmern gehörten der weibliche Heavy-Metal-Star Lee Aaron und andere Mitglieder des kanadischen Musikbusineß. Es kam also nicht überraschend, daß sich die Diskussionsteilnehmer auf „Mythos" einigen konnten. Das regte wiederum auf der Leserbriefseite des *ARF Journal* eine lebhafte Diskussion an.) Das American Parents Music Resource Centre (eine Art „Zufluchtsstelle" für konservative amerikanische Eltern) plant, gegen subversiven Pop „scharf vorzugehen". Zur Unterstützung ihres Kreuzzugs berufen sich die Eltern auf einen Aufsatz von David Elkind, Professor für Pädagogik an der Tufts University in Massachusetts, mit dem Titel „The Hurried Child" (etwa: „Das übereilte Kind", *Anm. d. Übers.*). Darin verkündet Professor Elkind ernsthaft die folgenden Interpretationen:

> „Hey Jude":
> Jude ist der Judas, der unter dem Tarnmäntelchen der Freundschaft Jesus Christus verraten hat. Heroin scheint anfänglich auch ein Freund zu sein, bis es den User verrät. Wenn McCartney singt: „Let her into your heart", dann meint er damit diese Droge.
> „Bridge Over Troubled Water":
> [Elkind behauptet, daß bei einer Umfrage unter Teenagern 15 Prozent der Befragten glaubten, daß es sich beim Erzähler dieses Liedes um einen Pusher handle.] „Silver girl" ist ein Slangausdruck für die Spritzennadel, und die Zeile „your time has come to shine" weist ganz deutlich auf einen Drogen-Trip hin. „If you need a friend/I am sailing just behind" deutet darauf hin, daß der Pusher immer da ist, wenn man den nächsten Schuß braucht.

Dabei handelt es sich nur um Extrembeispiele dessen, was nach wie vor ein allgemein anerkannter Standpunkt ist. (Wenn irgendwelche Kommentatoren in den Medien auf ein aktuelles Beispiel hinweisen wollen, wie Rockmusik angeblich den Drogenkonsum verherrlicht, dann zitieren sie oft den Song „Cocaine" von J. J. Cale, der in der Version von Eric Clapton bekannt wurde. Angeblich singt Clapton darin: „She's all right/she's all right/she's all right/cocaine." Nachdem ich mir J. J. Cales Originalversion auf der LP *Troubador* [1976] mehrere Male genau angehört habe, gelangte ich zu dem Schluß, daß er in Wirklichkeit singt: „She don't lie/she don't lie/she don't lie/cocaine." Und das heißt schon etwas völlig anderes. Es drückt die Ansicht aus, daß Kokain die Wirkung hat, die der Konsument erwartet, legt sich aber nicht fest, ob die Droge nun gut oder schlecht ist. Aber auch ich kann hören, wie Clapton auf seiner LP *Slowhand* [1977] den anstößigen Text singt. Aus irgendeinem Grund scheint er den Text geändert zu haben. In einem Interview, das im November 1986 in der Zeitschrift *Musician* abgedruckt wurde, stellte man Clapton die deutliche Frage, welche Zusammenhänge Jugendliche zwischen einem Gitarrenhelden und einem so ansteckend klingenden, populären Lied über Kokain herstellen könnten. „Gott sei Dank", antwortete Eric, „hat J. J. da einen sehr ambivalenten Song geschrieben ... Ich meine, er hat einen Song geschrieben, der so zwiespältig ist ... Ich kann diesen Song jetzt singen und gegen Kokain sein. Und eigentlich glaube ich, daß er mehr ‚anti' als ‚pro' ist, aber die meisten Leuten scheinen das nicht zu bemerken.") Letztendlich bleibt die Entscheidung darüber dem Ohr des Zuhörers überlassen. Das beste Beispiel dafür stammt wahrscheinlich aus den Seiten der Zeitschrift *High Times*, der Bibel der amerikanischen Drogen-Subkultur: Der Verfasser eines Artikels, der in der Ausgabe vom August 1982 erschien, war bei einer Party, auf der Marihuana bester Qualität geraucht wurde und irgendwann das Thema „Große Songs der Dope-Kultur" auftauchte. Folgende Frage wurde gestellt: „Welches Lied ist der endgültige Dope-Song, der den Geist und die Seele des Kiffers am besten einfängt?" Die Liste der Songs, aus denen man hier auswählen konnte, wäre sicherlich eine sehr lange, aber der Autor entschied sich schließlich für einen, in dem kein wie auch immer gearteter Bezug zu Drogen vorkommt. Er ließ seine Erinnerungen zu einer „konspirativen Marihuana-Wohnung" im Greenwich Village zurückwandern, deren Besucher dort das beste Colombian Gold (besonders starke und gute Marihuanasorte, *Anm. d. Übers.*) rauchen konnten. Der Eigentümer dieses „Schuppens" spielte immer wieder denselben Song, bis die Platte völlig abgespielt war und er einen seiner Assistenten hinausschickte, um ein neues Exemplar zu erstehen. Das Lied war ein alter Titel von Elmore James, der ebenfalls durch Eric Clapton berühmt wurde: „Key to the Highway". Der Verfasser des Artikels, der unter dem Pseudonym „K" schrieb, war auf diesen Song ganz versessen – aber nicht, weil er etwa irgendwelche tief unterbewußten Botschaften über die Drogenerfahrung beinhaltet hätte, sondern weil „dieser Song einen unbestreitbaren Reiz auf die Art Menschen ausübt, die sich zu außerhalb des Gesetzes stehenden und abenteuerlichen Machenschaften hingezogen fühlen ... der beste sich in deine Seele schmuggelnde Song aller Zeiten. In Wirklichkeit geht es darin um Bewegung. Es ist der klassische Road-Song. Ein Fahr-Song. Ein Achtundvierzig-Stunden-lang-mit-einem-Lastwagen-voller-Ärger-wenn-dich-jemand-anhalten-sollte-über-große-Entfernungen-Fahr-Song. Majestätisch."

12

Röter als rot

Bob Marley

Keine Droge ist mit einem spezifischen Musikstil so untrennbar verbunden wie Ganja mit Reggae. Brachte Tim Leary der Welt die Psychedelik näher, so propagierte Bob Marley seinen hanfigen Lebensstil vor allem in der dritten Welt nachhaltig und mit Erfolg – I & I, Kiff & Kiff. Noch heute steht übrigens der Song „Legalize It" von Marleys Kumpel Peter Tosh in Deutschland als „potentiell sozialethisch verwirrend" auf dem Index.

Wo Jazz und Rock oft die Hektik des Amphetamins widerspiegeln, da stimmt sich Reggae auf die Gemächlichkeit des Ganja (Marihuana, *Anm. d. Übers.*) ein.

New Statesman, 8. Juli 1977

... you can dance with ganja rock/grab your chance with ganja rock/jump and prance with ganja rock ...

„Ganja Rock", Benjamin Zephaniah

Die Bedeutung, die Ganja auf Jamaika hat, ist nicht nur eine Frage des hohen finanziellen Werts der Ernteerträge. Es ist ebensosehr das Problem, wer die Kontrolle über dieses Geld innehat und welche kulturelle Bedeutung die Pflanze auf dieser Insel besitzt.

Tim Maylon: *Big Deal: The Politics of the Illicit Drugs Business*

Es handelt sich immer um ein gefährliches Spiel, wenn man irgendeiner Art populärer Protestmusik die Fähigkeit zuschreibt, ernsthafte politische Alternativen zu der Situation, gegen die sie protestiert, anzubieten, geschweige denn greifbare Veränderungen hervorzurufen. Reggae wurde mehr als die meisten anderen Protestmusikstile von überschwenglichen weißen Journalisten in hochromantischer Weise betrachtet – vor allem, als sich Bob Marley am Höhepunkt seines Ruhmes befand (aber auch bei den darauffolgenden Vergötterungen diverser anderer Musiker). Es wurde versäumt, eine deutliche Unterscheidung zwischen jenen Künstlern, die mit ihrem Protest von der soliden Grundlage einer organisierten philosophischen oder politischen Struktur (wie der Rastafari-Bewegung) ausgingen, und denen, die einfach „auf den Zug aufsprangen", wie der Rasta-Saxophonist Cedric Brooks es nannte, zu treffen. Trevor Fearon schrieb am 27. März 1977 in der *Kingston Daily Times*, daß man einen Unterschied zwischen „politischem Protest" und „Sozialreportage" machen müßte, und wies auf jene Sänger hin, denen es an Prinzipien mangelte und die zu protestieren aufhörten, sobald sich ihre eigene Position innerhalb des Systems durch eine erfolgreiche Musikerkarriere gebessert hatte.

Wenn man all diese Warnungen beachtet, kann man trotzdem behaupten, daß Reggae zur schneidend lauten Stimme der verarmten Mehrheit Jamaikas geworden ist, die mit „Dread Songs" (wörtl. übertragen etwa: Schreckens-Lieder, *Anm. d. Übers.*) ihrem Zorn über den kulturellen Mißstand eines Landes Luft machte, das zwischen Armut und dem Mangel an nationaler Identität, der aus den vielen Jahren imperialistischer Herrschaft entstanden war, gefangen war. Reggae versucht mit Hymnen an den Rastafari-Glauben, dem Wunschbild eines schwarzen Erlösers und der Back-to-Africa-Bewegung einen Ausweg aus dieser mißlichen Lage aufzuzeigen – und dazu mit öffentlichem Protest gegen politische Gewalt, Armut und Hunger, die Falschheit der Politiker, die praktisch in den Taschen der herrschenden Familien Jamaikas stecken, gegen Polizeischikanen und die Gesetze betreffend Marihuana oder Ganja.

Die Beziehung zwischen Ganja und Reggae ist wahrscheinlich die komplexeste Verknüpfung zwischen Rauschgift und Musik, die in diesem Buch behandelt wird, und geht weit über die auf den ersten Blick sichtbare gegenseitige Beeinflussung zwischen einem Musiker und Drogen hinaus, da sie viele der wichtigen Ereignisse der kulturellen, politischen und religiösen Geschichte Jamaikas umfaßt. Zuerst sollte man darauf hinweisen, daß Ganja kein ausschließliches Charakteristikum für Reggae und auch nicht für Rastas ist; die Droge gelangte um 1845 mit vertraglich verpflichteten indischen Arbeitern nach Jamaika, die ins Land gebracht wurden, um dort auf den Zuckerrohrplantagen zu arbeiten, welche seit der Abschaffung der Sklaverei im Jahre 1830 zum Großteil brachlagen. Die Herkunft des Ausdrucks ist etwas unklar, aber bei „Ganja" handelt es sich um ein Wort aus dem Hindi, das möglicherweise von „bhang" oder „bhanga", dem in Indien gebräuchlichen Ausdruck für Marihuana, abgeleitet wurde. Andere Hindi-Wörter, die zu einem Teil der Ganja-Enzyklopädie wurden, sind: „Chillum" (die Pfeife, in der Ganja geraucht wird) und „Kali" (eine Ganja-Abart, die heute jedoch eher als „Colley" oder „Colly" bezeichnet wird). Das Wort „Ganja" steht gegenwärtig in einem so engen Zusammenhang mit Jamaika, daß es sogar Eingang in die Drogengesetzestexte der Insel gefunden hat.

Die indischen Arbeiter brachten nicht nur ihre Arbeit und ihre Sprache mit, sondern trugen in ihrem kulturellen Gepäck auch Jahrhunderte des Ganja-Konsums in bäuerlichen Gemeinschaften Indiens. Ganja verbreitete sich mit rapider Geschwindigkeit innerhalb der schwarzen Arbeiterklasse Jamaikas, aus der es seither nicht mehr wegzudenken ist. Studien, die in den siebziger Jahren durchgeführt wurden, ergaben, daß zwischen 60 und 70 Prozent der Bevölkerung in der einen oder anderen Form Ganja konsumierten.

Ganja wurde – wie Opium im England des neunzehnten Jahrhunderts – für die Kultur der Arbeiterklasse so etwas wie ein Allheilmittel. Es wird geraucht, als Tee getrunken, unter Speisen gemischt oder als Breiumschlag aufgelegt und dient zu verschiedensten Zwecken – als gesellschaftliches

Entspannungsmittel, als Arbeitsdroge, Schlafmittel, Beruhigungsmittel für reizbare Kleinkinder und (nach der Aussage eines Siebzehnjährigen, der im Rahmen einer Studie befragt wurde) zur Leistungssteigerung sowohl beim Sex als auch beim Kricketspielen.

Um diese „Ganja-Vision" zu vervollständigen: Die Droge stellt auch ein wichtiges Element beim Erwachsenwerden der männlichen Jugendlichen dar – und sie ist natürlich das heilige Kraut der Rastafari. Arbeitende Menschen streben normalerweise nicht nach der halluzinatorischen Wirkung des Ganja, sondern meiden dessen hedonistische Funktionen zugunsten der gesellschaftlichen und praktischen. Innerhalb der jamaikanischen Mittelklasse betrachtet man Ganja eher mit einem Stirnrunzeln, da man es mit einem gesetzlosen Mob „gewalttätiger Rastas" in Verbindung bringt. Es ist schon etwas akzeptabler, hinter verschlossenen Türen an einem Täßchen Ganja-Tee zu nippen, aber bei den Söhnen und Töchtern der Wohlhabenden hat Ganja-Rauchen den (wenn auch nur nachempfundenen) Reiz des Verbotenen. Diese welterfahrenen jungen Menschen, die mit den traditionsreichen kulturellen Zusammenhängen von Ganja in Jamaika nichts mehr zu tun haben, legen ihr Augenmerk eher auf die – rein hedonistische – amerikanische Erfahrung mit dieser Droge; für sie ist das „etwas Rauslassen" der Schlüssel zu diesem Abenteuer.

Die Geschichte strotzt vor Beispielen dafür, wie die Behörden auf den Konsum einer bestimmten Droge durch die Arbeiterklasse strafend reagieren, da sie entweder für eine schwächende Substanz gehalten wird, welche die effiziente Arbeitskraft der Bevölkerung unterminieren könnte – oder für eine Bedrohung von Recht und Ordnung. In dieser Hinsicht stellte auch die Kolonialmacht Jamaikas keine Ausnahme dar; schon 1913 hatte Jamaika Anti-Ganja-Gesetze in seine Legislatur aufgenommen und wurde dadurch zu einem der ersten Länder, die in dieser Weise handelten. Damit begann ein innerer Prozeß, in dem nach jedem Ausbruch sozialer oder politischer Abweichlerei sofort die Strafen für den Besitz, Verkauf oder Anbau von Ganja erhöht wurden. Mit den Worten eines Akademikers (Dr. Lambos Comitas, in einem Interview mit der *High Times*, Nr. 32, 1978, S. 33): „Wenn man eine Volkssitte verbietet, dann stellt das ein sehr bequemes Kontrollinstrument dar. Die Ganja-Gesetzgebung auf Jamaika ähnelt deutlich der gegen uneheliche Kinder oder gegen Obeah, eine bestimmte Form der Religionsausübung der Unterklasse. Sie kann von der Elite dazu benützt werden, die unteren Klassen unter Kontrolle zu halten, ohne daß die Welt deshalb eine schlechte Meinung von der Regierung hat."

1937 wurde die jamaikanische Regierung von Washington gedrängt, sich doch für das amerikanische Marihuana-Steuergesetz einzusetzen. Zu dieser Zeit befand sich Jamaika tief in einer wirtschaftlichen Depression, und es fanden jede Menge blutige Zusammenstöße zwischen Arbeitern und Polizei statt, deren ernstester der Streik der Zuckerrohr-Erntearbeiter war. Unter der ideologischen Voraussetzung, daß die Unruhen von einer psychopathischen Minderheit angestiftet worden waren, welche durch Ganja verrückt gemacht wurde, revidierte die Regierung im Jahre 1941 ihre Gesetze gegen gefährliche Drogen von 1924 und führte ein Gesetz ein, das schon für die erste Verurteilung wegen Ganja eine Gefängnisstrafe vorschrieb. Da die Rastafari-Bewegung seit damals mengenmäßig zunahm, wurden die sogenannten „paar Verrückten“ und die Rastas in den Augen der Behörden zu ein und demselben Feind, und daher wurde der Krieg gegen Ganja ein und derselbe wie der gegen die Rastafari.

Aus den Protesten von 1937/38 entstand die jemaikanische Gewerkschaftsbewegung, und aus den beiden größten Gewerkschaften wurden die beiden politischen Parteien, die das Land seither dominieren: die Jamaica Labour Party (JLP), die von Alexander Bustamante gegründet wurde und die geschäftlichen Interessen der Mittelklasse vertritt, und die People's National Party (PNP) Norman Manleys, die die meiste Unterstützung bei den armen Leuten in den jamaikanischen Großstädten und auf dem Land sammelte. Im Jahre 1960, nach einem fehlgeschlagenen, von Rastas veranlaßten Aufstand, der von Reverend Claudius Henry und seinem Sohn Ronald angeführt wurde, beschloß die Regierung ein Haftermächtigungsgesetz, das die Festsetzung Verdächtiger ohne Prozeß erlaubte. Später wurden die Gesetze gegen Ganja noch verschärft, um auf diese Art schärfer gegen die Rastas vorgehen zu können, die von der Mittelklasse mehr und mehr als die Vorhut einer revolutionären Verschwörung betrachtet wurden. Damals war die PNP an der Macht, und sie wurde ironischerweise von der JLP angegriffen, weil sie nie irgendeinen Beweis zur Unterstützung ihrer Anschuldigungen über den Zusammenhang zwischen Ganja und Verbrechen beibringen konnte. Ironischerweise deshalb, weil die JLP 1963 ins Regierungsamt eingesetzt wurde und die Bestrafungen als Reaktion auf die Welle von Unruhen, die auf die 1962 erklärte Unabhängigkeit folgten, weiter erhöhte. Die Verhaftungen wegen Ganja-Besitzes schnellten während der 60er Jahre, als die Anzahl politischer Gewalttaten zunahm, um 300 Prozent in die Höhe. Es sollte bis in die frühen Siebziger dauern – als die PNP an die Macht kam –, bis die Gefängnisstrafen für ein erstes Vergehen durch Geldstrafen ersetzt wurden.

1974 lud Michael, Norman Manleys Sohn, der jetzt Führer der PNP und zu diesem Zeitpunkt auch gerade Premierminister war, die Drug Enforcement Administration ins Land ein, um den Ganja-Handel mit

Amerika zu beenden. Die Gewalt auf der Insel hatte als Folge des Ganja-für-Waffen-Geschäfts, das zwischen den beiden Ländern blühte, unannehmbare Ausmaße angenommen. Das Ziel der sogenannten „Operation Buccaneer" (etwa: „Unternehmen Seeräuber") war ein Schlag gegen die gesamte Drogen-Hierarchie – von den Farmern in den Hügeln über die Dealer in der Stadt bis zu den Schmugglern in der Luft oder zu Wasser. Dealerbanden sollten infiltriert werden, Luft- und Meerespatrouillen sollten dafür sorgen, daß kein Ganja mehr nach Amerika kam, und die Anbauflächen sollten dort zerstört werden, wo Herb (das heilige „Kraut") wuchs. Die Übung wurde ein Erfolg. Es dauerte bis zu drei Jahren, bevor der Drogenhandel wieder ins Geschäft einsteigen konnte – aber immerhin, er stieg wieder ein. Eine Untersuchungskommission des Kongresses, die nach Zentralamerika und in die Karibik gefahren war, erstattete 1985 Bericht:

> Die jamaikanische Regierung hat einige positive Schritte in Richtung Narkotikakontrolle unternommen. Zu diesen gehören die Einsetzung eines neuen Zivilluftfahrtgesetzes, das auf Narkotikahändler abzielt, ein Übereinkommen, das ein bescheidenes Hilfsprogramm der USA vorsieht, die Unterzeichnung eines Auslieferungsvertrags, etliche bedeutende Beschlagnahmen, die Luftüberwachung von Marihuanafeldern und die Auslöschung von mehr als zehn Prozent der geschätzten Marihuanaproduktion des Landes. Nichtsdestotrotz hatten diese Bemühungen nur minimalen Einfluß auf die illegale Produktion im Land und den Handel aus Jamaika.

Jamaika steckt in der Klemme. Es hat sich vertraglich verpflichtet, den Handel mit Marihuana zu bekämpfen und büßt wertvolle amerikanische Hilfsgelder ein, solange es Anbau und Verkauf der Droge unkontrolliert läßt. Andererseits aber bringt Jamaikas Ganja, ähnlich wie es in vielen anderen Staaten der dritten Welt der Fall ist, dem Land viele Millionen Dollar ein und hilft dabei, das zerbrechliche politische und wirtschaftliche Gleichgewicht des Landes aufrechtzuerhalten. 1980 zog die Regierung ernsthaft eine Legalisierung der Droge in Betracht, um so mit Jamaikas Devisenproblemen fertigwerden zu können. Ungefähre Schätzungen setzen den jährlichen Exportwert des Ganja bei etwa 200 Millionen Dollar an, was ungefähr dem damaligen Nettodefizit an Auslandsreserven entspricht. Premierminister Edward Seaga machte es noch im selben Jahr klar: „Es [Ganja] brachte Schwarzmarkt-Dollars, die dann von Industriellen und anderen Personen aus der Wirtschaft verwendet wurden, welche Rohstoffe einführen wollten, für die sie von der Bank of Jamaica keine Dollars bekamen. Auf dieser Grundlage konnten sie eine Menge Betriebsstillegungen und große Kündigungswellen verhindern" (zit. nach Henman, S. 45).

Tatsächlich befindet sich Seaga nach wie vor in der Position, die „Ganja-Karte" auszuspielen, sollte er das tun wollen. Die Amerikaner wollen seine Unterstützung, weil er ein fanatischer Antikommunist ist und die US-Invasion auf Grenada befürwortete. Im Nicaragua Somozas und in Burma hat der CIA Drogenhandelsaktivitäten unterstützt, um auf diese Weise antikommunistische Gruppierungen an der Macht bleiben zu lassen. Seaga kann den Amerikanern tatsächlich sagen: „Bezahlt, oder wir legalisieren Ganja" – denn würde Washington zu vehement auf der Beseitigung der Droge bestehen und Seaga damit stürzen, dann verlöre Amerika ein antikommunistisches Bollwerk in der Karibik (zit. nach Henman, S. 85).

Der Ganja-Anbau ist ein Gewerbe der armen Leute, das sich gut in die auf der Insel herrschende Landwirtschaftsmethode des gemischten Anbaus einfügt. In einer typischen landwirtschaftlichen Gemeinde baut zumindest ein Viertel aller Haushalte Ganja an – und das in Mengen, die von kleinen Ernten („roots") für den Konsum in der Familie bis zum Anbau im großen Stil für den gewinnbringenden Verkauf in Kingston gehen. Insgesamt beläuft sich das auf eine halbe Million kleine Farmer, die den Großteil ihres Einkommens aus dem Ganja-Anbau beziehen. Und einige von ihnen leben damit sehr gut.

Jeder Versuch, den Ganja-Handel oder -Konsum komplett auszulöschen, scheint unmöglich, da die Droge so tief in die wirtschaftlichen und gesellschaftlichen Grundlagen Jamaikas eingebettet ist. Trotzdem ließ man keine Gelegenheit vorübergehen, die Drogengesetze dazu zu benützen, einen besonderen Teil der Inselbevölkerung, nämlich die Rastafaris, zu schikanieren.

Die Rastafari-Bewegung, die oft als das soziale Gewissen des Landes betrachtet wird, gründete sich in den 30er Jahren durch den Zusammenfluß verschiedener Entwicklungen in Jamaikas religiöser und politischer Geschichte, die hier nur kurz angerissen werden können. 1655 ließen die Spanier eine Gruppe Sklaven frei, die in die Berge flüchteten. Sie wurden „Cimarrons" oder „Maroons" („die Wütenden") genannt und zettelten einen Guerillakrieg gegen die Engländer an, der von 1729 bis 1739 dauerte, als die Besatzungsarmee letztendlich dazu gezwungen war, um Frieden zu bitten. Die Schwarzen auf Jamaika akzeptierten ihr Sklavenschicksal nie. Die Maroons waren die spirituellen Vorfahren der Rastafaris und begründeten eine Tradition von Sklaven- und Plantagenarbeiteraufständen, die bis zum letzten Krieg immer wieder aufflammten und sich dann in die volkstümliche Protestbewegung der Nachkriegszeit verwandelten.

In den afrochristlichen religiösen Sekten, die im Jamaika des neunzehnten Jahrhunderts blühten, herrschte ein besonders starkes Gedenken an Afrika. Marcus Garvey berief sich darauf und auf seine angebliche Herkunft von den Maroons, um das Feuer des Panafrikanismus und des schwarzen Bewußtseins zu schüren, das seinen mächtigsten Ausdruck in den Rastafaris fand. Garvey wurde 1887 bei St. Anne's Bay im Norden der Insel geboren, wo auch Bob Marley, der Garvey der jüngsten Geschichte, fast 60 Jahre später zur Welt kam. Er ging 1912 nach London und kehrte zwei Jahre später, mit einem tiefgehenden Interesse an afrikanischer Geschichte ausgestattet, wieder heim. Dort gründete er die Universal Negro Improvement Organisation (Universale Organisation zur Verbesserung der Negersituation, UNIA), deren Ziel es war, „alle Negervölker der ganzen Welt in einer einzigen großen Gemeinschaft zu vereinen, die einen Staat und eine Regierung gründen soll, die nur für sie da sind". Garvey verbrachte die Jahre zwischen 1916 und 1927 in Amerika, um seine Ziele zu fördern. Dort gründete er die Black Star Line, eine Schiffahrtsgesellschaft, die für die Vision einer Rückkehr nach Afrika stets ein wichtiges Symbol darstellte, und die Negroes' Factories Corporation. Als unbeugsamer und enthusiastischer Vertreter seiner Ideale ging er sogar zum Ku-Klux-Klan, um dort Geld für die Heimreise schwarzer Menschen zu fordern. Das brachte prominente schwarze Führer und weiße Liberale in Amerika gegen ihn auf, und die Feindseligkeit, der er sich gegenübersah, wuchs. Garvey war ein mitreißender Führer, aber kein Geschäftsmann – alle seine Unternehmen brachen wieder zusammen. 1927 wurde er wieder nach Jamaika deportiert, da man ihn schuldig gesprochen hatte, auch dann noch Anteile an seiner Schiffahrtsgesellschaft verkauft zu haben, als er schon bankrott war. Auch als er wieder in seiner Heimat und später in London lebte, scheiterten alle seine Unternehmen, das schwarze Selbstwertgefühl zu steigern, und er starb im Juni 1940 völlig verarmt in West Kensington.

Garvey lebt deswegen in der Erinnerung der Menschen fort, weil er erkannt hatte, daß schwarze Menschen ihr Schicksal nicht erfüllen können, solange sie Heimatlose bleiben. Sie mußten unter der Führung eines schwarzen Erlösers, der dann zum König von Afrika gekrönt werden würde, nach Afrika zurückkehren. Obwohl diese Prophezeiung eigentlich von James Morris, einem Mitarbeiter Garveys, bei einer UNIA-Versammlung 1924 geäußert worden war, war das im November 1930 völlig vergessen, als Ras Tafari Makonnen zum Kaiser Haile Selassie von Äthiopien gekrönt wurde. Diese Krönung machte in Jamaika Schlagzeilen; viele Menschen glaubten, daß sich Garveys Prophezeiung erfüllt hätte – ein Gefühl, das noch stärker wurde, als Äthiopien 1935 Mussolinis Streitkräfte zurückschlug.

Einen weiteren Anstoß für die Entwicklung der Rastafari-Bewegung bildete die Inspiration zweier Prediger, Charles Goodridge und Grace Jenkins Garrison. 1925 gründeten sie die Hamatische Kirche in Jamaika und stellten eine Bibel vor, die sie die Holy Piby nannten und die sie zwischen 1913 und 1917 in Amharisch, der Sprache Äthiopiens, zusammengestellt hatten. Angeblich war die Holy Piby der ersten Version des Alten Testaments am ähnlichsten.

Goodridge und Garrison flüchteten in den Vierzigern vor religiöser Verfolgung in den Busch, wo sich ihnen andere Schlüsselfiguren der allerfrühesten Rasta-Gruppen, vor allem Leonard Howell, anschlossen. Howell wurde 1933 eingesperrt, weil er einen Shilling teure Postkarten mit dem Bild Haile Selassies an die Slumbewohner von Kingston verkauft und diesen erzählt hatte, daß sie nun stolze Besitzer eines Passes für die Rückreise nach Afrika wären. 1935, als Howell wieder aus dem Gefängnis kam, war die eben flügge gewordene Rasta-Bewegung gerade das Opfer übler Publicity, da man sie mit einer angeblichen Geheimgesellschaft namens Niyabinghi Order, die von Haile Selassie geleitet wurde und sich laut *Jamaica Times* dem Tod aller schwarzen und weißen Unterdrücker verschrieben hatte, in Verbindung brachte.

Die Folge davon war, daß Howell die Ethiopian Salvation Society gründete und einige hundert seiner Jünger in den Busch, zu einem verlassenen Besitz namens Pinnacle, mitnahm. Im Zuge der Niyabinghi-Panik und der allgemeinen schikanösen Kampagne durch die Ganja-Gesetze wurde die Kommune unter dauernde Polizeiüberwachung gestellt. Howell mußte wegen Ganja-Anbaus weitere zwei Jahre ins Gefängnis und gründete nach seiner Entlassung die Ethiopian Warriors, Wachposten mit Dreadlocks (den geflochtenen Langhaarfrisuren der Rastafaris, *Anm. d. Übers.*), die mit Hunden auf dem Pinnacle-Besitz patrouillierten. Die Kommune überlebte den Hurrikan von 1951, der Trench Town dem Erdboden gleichmachte und fast die gesamte Ganja-Ernte vernichtete, ergab sich aber dann 1954 heftigen Polizeiaktionen.

Die Rasta-Prediger bezogen ihre grundlegenden Interpretationen aus der Holy Piby und konstruierten daraus ein Weltbild, in der Afrika das Land Zion oder das Land der Verheißung und die Welt der Unterdrücker Babylon war. Sie formulierten strikte Diätregeln („Ital") und Verordnungen gegen das Abschneiden der Haare – beides weist erstaunliche Ähnlichkeiten mit den Lehren der orthodoxen Juden auf. Alkohol und Glücksspiel waren verboten, aber aufgrund einiger Stellen aus der Schöpfungsgeschichte, der Offenbarung und den Psalmen, in denen von einem wohltätigen „Kraut" („Herb") die Rede war, wurde Ganja als Sakrament verehrt. Dabei handelte es sich um einen wichtigen Aspekt des Rasta-Glaubensbekenntnisses, weil die Bewegung dadurch eng an die Menschen gebunden wurde, die am Boden der jamaikanischen Gesellschaft lebten, wo die Rastafaris die meisten Bekehrungen machen konnten.

Als Pinnacle auseinanderbrach, kehrten die Rastas in die Elendsviertel des großstädtischen Kingston zurück – berüchtigte Ghettogebiete wie Trench Town und Back O'Wall, „ein desolates Kriegsgebiet aus Zink, Zement und Spucke", wie Stephen Davis in seinem Buch *Reggae Bloodlines* schrieb. Sie kehrten mit nichts als ihrem Glauben zurück, fanden nichts als Verzweiflung und endlose Unterdrückung vor und hatten folglich nichts zu verlieren. Die herrschenden Klassen hatten vor diesem Zustrom große Angst und schickten die Polizei in diese Gegenden, um dort in regelmäßigen Abständen ein paar Schädel einzuschlagen. Die Vermutung, daß es sich bei den Rastas wirklich um einen Haufen gewalttätiger Krimineller handelte, schien sich für Geschäftsinhaber zu bestätigen, als eine kleine Gruppe Amok lief, eine Werkstätte niederbrannte und deren Besitzer sowie einen Gast eines nahegelegenen Motels tötete. Dieser Zwischenfall von Coral Gardens, der 1963 stattfand, fand Eingang in die Legende von der „Rasta-Gewalttätigkeit", aber in Wahrheit handelte es sich dabei um ein sehr isoliertes Ereignis. Die meisten Rastas haben kein Interesse an gewalttätigen Aktionen – und wie könnte das auch anders sein bei ihrer Begeisterung dafür, ungeheure Mengen des besten Sinsemilla-Ganja in Chalices, Chillums oder eistütengroßen Spliffs zu rauchen?

Tatsächlich bildeten die Rastas eine spirituelle Alternative zu den Leuten, die im Ghetto die Gesetze machten, nämlich den „rude boys", den „harten Jungs", und es war die Revolution in ihrer Musik, die den Rastafaris schließlich durch Reggae eine öffentliche Stimme verlieh. Die „Rudies" waren das jamaikanische Gegenstück zu Englands Teddy-Boys, Mods und Skinheads, vermischt mit einer Spur Chicagoer Billig-Gangstertum. Ihr Leben beschränkte sich auf Gewalt und Trinken, sie hingen in Schnapsbuden und Clubs herum, trugen Sonnenbrillen und Hüte mit steifer Krempe und verdienten sich ihren Lebensunterhalt mit Ganja-Dealen, Zuhälterei, Glücksspiel, als Pistolenhelden für Politverbrecher und Ganja-Großdealer und mit sonstigen Gaunereien.

Die Musik war ein sehr wichtiger Teil des Lebens im Ghetto – und zwar nicht die passiven Calypsoweisen, „die das Gewicht der urbanen Volksrebellion, die in Jamaika stattfand, nicht tragen konnten" (zit. nach Pryce, S. 152), sondern amerikanischer Rhythm & Blues, der Sound einer enteigneten schwarzen Bevölkerung, die sich einer anderen mitteilte. Diese Musik dröhnte aus den Dance Halls der Insel, und sie kam aus den riesigen Lautsprechern der Sound Systems, die von Helden der Jugendkultur wie Sir Coxsone, V Rocker und Duke Reid betrieben wurden, welche buchstäblich vor nichts haltmachten, damit *ihre eigenen* Systems die besten Sounds hatten. Auf Jamaika gab es kein Plattenpreßwerk, und es existierten einfach nicht genug gute Platten aus Amerika, die man kursieren lassen konnte. Also eröffneten Ende der Fünfziger zwei Studios ihre Pforten, in denen die neue jamaikanische Musik aufgenommen werden konnte – Federal Recording Studios und Coxsone's Studio One.

Die neue Musik hieß Ska, die Abart eines Wortes, das wie „Reggae" vielen Quellen zufolge von dem Ausdruck für jene Leute herstammt, die sich ihre Meinung zu sagen trauen. Im Prinzip war Ska nichts anderes als ein lockerer R&B-Calypso, der den Off-Beat betonte. Im Laufe der 60er Jahre, und ganz besonders nach der Unabhängigkeitserklärung, bildete sich ein deutlich afrikanischer Sound heraus, dessen Pulsieren wie ein Echo der Burra-Trommel klang, die freigelassene Sklaven und entlassene Gefangene in ihren Häusern im Chaos der Großstadt wiederbegrüßte. Als Ska und Bluebeat dem Rock Steady wichen, wurde der Beat langsamer, und die Texte begannen sich mit anderen Themen als Sex und Romantik zu befassen. Hinter dieser Entwicklung steckte natürlich die Rastafari-Bewegung, da eine stets steigende Anzahl von Musikern sich deren Theologie ergab und die für die Rastas interessanten Themen und Visionen in ihren Songs ausdrücken wollte. Rock Steady kann man mit dem unregelmäßigen Tuckern eines Motors vergleichen, der gerade abrupt in Betrieb genommen wurde – die Protestäußerungen klangen gerade noch durch, bevor sie dem rhythmischen Schnurren und anhaltenden Pochen sauber gestimmten Reggaes weichen mußten, der den bedeutendsten Beitrag der Rastafaris zur jamaikanischen Kultur darstellt.

Die jamaikanischen Musiker waren sehr wohl mit Ganja vertraut. Bis weit in unser Jahrhundert waren die Hauptunterhalter für die Landbevölkerung die Quadrille-Bands gewesen, die eine Art jamaikanischen Bluegrass spielten. Diese Bands spielten bei lokalen Tanzveranstaltungen und Jahrmärkten mit zwei Gitarren, Querpfeife, Banjo und manchmal einer Fiedel oder einer Rumba-Box Walzer und Polkas, also die Musik ihrer Plantagenbosse. Einer von Bob Marleys Verwandten war ein „Katreel"-Spieler in der Gegend von St. Anne, wo eine besonders starke Sorte Sinsemilla-Ganja wuchs. Diese Musiker hatten, wie das in ländlichen Gebieten auf der ganzen Welt üblich war, in der Gemeinde, in der sie lebten, einen besonderen Status inne, und ihr Appetit auf Ganja und Rum war legendär. Aber es waren die Rasta-Musiker, die als erste ausdrückten, was sie als die Wunder des Herb und die Ungerechtigkeiten der Ganja-Gesetze empfanden, welche die armen Leute mehr als ein halbes Jahrhundert gequält hatten.

Ein früher Ganja-Hit war U Roys „Chalice in the Palace". U Roy

(Ewart Beckford) war einer der ersten DJs, die einen Rap über die instrumentale Dub-Version des Songs eines anderen Künstlers sangen; er verwendete die Nummer „Queen Majesty“ von den Techniques, um zu berichten, wie er im Buckingham-Palast gemeinsam mit Königin Elisabeth einen Joint geraucht hätte. Der erste Hit Sugar Minotts war „Oh Mr. D.C.“, in dem er einen Polizisten anbettelt, ihn nicht festzunehmen, da er mit Ganja handeln muß, um seine Familie zu ernähren. Sowohl Black Uhuru als auch der Albino DJ Yellowman haben Songs über Sinsemilla aufgenommen. Die Version von Yellowman beginnt mit einer „Nachrichtensendung“, die über sein Erscheinen vor Gericht wegen einer Ganja-Sache berichtet, gefolgt von einem Schrei: „Cocaine will blow your brain, but sinsemilla is IR-IE!“ Der Grundrhythmus des Songs stammt aus einer Herb-Hymne der Mighty Diamonds, die „Pass the Koutchie“ (Ganja-Pfeife) hieß. Das inspirierte wiederum den England-Hit der Kinderband Musical Youth, „Pass the Dutchie!“ (Wahrscheinlich wurde der Name geändert, damit die BBC-Zensoren keinen Drogenbezug feststellen konnten, obwohl es im Lichte ihrer Vergangenheit betrachtet unwahrscheinlich wäre, daß einer der beiden Songs je ihre Aufmerksamkeit erregt hat.) Sowohl The Itals mit dem Bandleader Keith Porter als auch ein anderer Reggae-Sänger namens John Holt haben Songs aufgenommen („Herb Pirate“ und „Police in Helicopter“), die gleichzeitig darüber berichten, warum jemand in den Handel mit Ganja einsteigt und welche Gefahren das mit sich bringt.

In Bob Marley fanden der Reggae und die Rastafaris eine internationale Stimme; und „internationaler Reggae“ war auch genau der Ausdruck, den der Poet Linton Kwezi Johnson verwendete, um das erste auf Island Records erschienene Album der Wailers, *Catch a Fire* (1973), zu beschreiben. Sobald er anfing, als Superstar durch die ganze Welt zu fahren, stand Marley unter dem branchenüblichen Druck, eine Vielzahl von Drogen wie LSD oder Kokain auszuprobieren. Er weigerte sich immer, aber wenn es um Ganja ging, dann war Marley der erste Botschafter dieser Droge. Im Lauf seiner professionellen Karriere nahm Marley diverse Songs auf, die Herb priesen – unter anderem „Kaya“, „African Herbsman“ und „Redder Than Red“. Wenn man die Antworten hochrechnet, die er verschiedenen Journalisten über seinen Ganja-Konsum vom ernsthaften Beginn seiner Raucherei 1966 bis zu seinem Tod im Jahre 1980 gab, dann sieht es so aus, als hätte er mehr als 300 Kilo des besten Ganja konsumiert, das Jamaika anzubieten hatte. Als herausfordernde Geste jenen Leuten gegen-über, die behaupteten, daß Ganja Marleys frühzeitiges Ableben beschleunigt hätte, legte seine Witwe Rita einen Sinsemilla-Stick in seinen Sarg und hatte mit der Nummer „One Draw“, die dasselbe aussagen sollte, einen Single-Hit.

Personen, die in Jamaikas stürmischer politischer Arena im Blickpunkt der Öffentlichkeit stehen, laufen sehr schnell Gefahr, irgend jemandes Zorn auf sich zu ziehen, und dieser Jemand könnte leicht auf die Idee kommen, den Fall mit vorgehaltener Waffe zu regeln. Sollte Bob Marley jemals daran gezweifelt haben, daß er ein potentielles Ziel darstellte, dann wurden diese Zweifel auf die dramatischste Art und Weise zerstreut, als er im Dezember 1976 nur knapp einem Attentat entging. Er beschränkte seine Äußerungen über Ganja wahrscheinlich aus Gründen der persönlichen Sicherheit auf die Grenzen der Rasta-Theologie, obwohl er sich auf jeden Fall eher zu den mystischen statt zu den politischen Aspekten des Ganja-Konsums hingezogen fühlte. Dem Reporter Richard Cromelin sagte er: „Wenn du Herb rauchst, dann offenbart sich dir Herb. Alles Böse, das du tust, zeigt dir Herb, zeigt dir dein Gewissen, zeigt dich ganz deutlich, weil Herb dich meditieren läßt. Es ist etwas ganz Natürliches, und es wächst wie ein Baum" (zit. nach Davis' Buch über Bob Marley, S. 135). Gelegentlich antwortete Marley aber auch auf Fragen nach der Legalisierung des Stoffs, besonders in der Zeit in den Siebzigern, als die PLP Michael Manleys an der Macht war und es einflußreiche Strömungen gab, die eine Legalisierung des Handels befürworteten:

> Herb ist das Heilmittel der Nation. Manley kann sagen, was er will, aber die Polizei kriegt immer noch von irgendwem ihre Befehle. Ich meine, es gibt Leute, die ein böses Leben führen und glauben, daß sie das Richtige tun. Da sitzt jetzt zum Beispiel ein Rastaman da, raucht Herb, meditiert gut, und ein Polizist kommt und sieht ihn, hält ihn auf, durchsucht ihn, verprügelt ihn und steckt ihn ins Gefängnis. Also, warum macht der Typ so was? Herb wächst einfach, so wie süße Kartoffeln und Kohlköpfe. Polizisten tun so was, weil sie böse sind. Sie wollen nicht Gott sehen und leben, sie wollen lieber alles tot sehen, weißt du!" (zit. nach Davis, S. 145–146).

Obwohl Bob Marley unzählige Male mit einem Spliff in der Hand fotografiert wurde, scheint er nur ein einziges Mal, in den Sechzigern, Probleme mit dem Gesetz gehabt zu haben, die er später als Verkehrsvergehen abtat. Peter Tosh nahm da im allgemeinen eine militantere Haltung ein. Wahrscheinlich wurde er viel leichter angreifbar, sobald er einmal den Schutz verloren hatte, ein Teil von „Bob Marley and the Wailers" zu sein und seine Solokarriere begann. 1975 wurde er von der Polizei verprügelt, und der Song, den er über dieses Ereignis verfaßte, „Mark of the Beast", war in Jamaika ebenso verboten wie sein persönliches Herb-Statement „Legalize

It“ (und das trotz der Tatsache, daß es genau um das ging, was die Regierung eigentlich vorhatte). Nachdem er 1978 die LP „Equal Rights“ veröffentlicht hatte, war er noch schlimmeren Schikanen ausgesetzt, was darin gipfelte, daß er von der Polizei so schlimm zusammengeschlagen wurde, daß er fast daran gestorben wäre. In einem Interview in der *High Times* vom September 1978 (S. 89) berichtete er, was passiert war:

TOSH: Also, ich stand da bei einem Büro, das eine Europa-Tournee für mich arrangierte. Ich wartete auf meine Musiker. Ich hatte einen Joint in der Hand. Zwei Typen tauchten hinter mir auf. Ein Typ trat hinter mich und nahm mir das Ding einfach aus der Hand. Er stand da und schaute mich an. Ich nahm ihm den Joint wieder weg. Er sagte mir nicht, wer er war. Ich sehe nur, wie er grinsend vor mir steht. Ich hab' ihm das Ding einfach wieder weggenommen und gefragt: „Was ist los?“ Und er versuchte, ihn wieder von mir zurückzukriegen. Als ich merke, daß er versucht, meinen Stick zu kriegen, sagte mir mein Verstand, daß er eine Bestie war, also habe ich den Joint in Stücke zerrissen und *[bläst]* weggeworfen. *Das* hat ihm nicht gefallen. Also fing er an, mir aggressiv zu kommen und das zu machen, was er wollte, nämlich mich ins Gefängnis zu bringen. Aber ich merkte, daß er eine Bestie war. Er fand heraus, daß er physisch nicht mit mir fertigwurde, also holte er seinen Freund. Sein Freund kam mit seiner Kanone her, versuchte es und hatte auch Pech. Das ging nicht, also ging er los, um noch ein paar seiner Freunde zu finden. Und auch das hat nicht funktioniert. Also, dann hat einer seine Kanone in die Faust genommen und wollte mich damit ins Gesicht schlagen. Ich bin ausgewichen und der Typ, der hinter mir stand, hat den Schlag abgekriegt. Er fing an zu bluten.

Also, dann kam ein Polizist in Uniform. Ich wußte, daß er Polizist war. Er sagte: „Was ist los?“ Ich erzählte ihm, was los war. Gut, dann sagte er mir, ich soll mit ihm aufs Revier gehen, und ich bin mit ihnen gegangen, um die Situation zu erklären. Als ich mitging, um zu erklären, was los war, gingen alle zusammen auf mich los. Steckten mich in eine Zelle. Fast zehn von ihnen schlugen mich auf den Kopf. Und da habe ich gemerkt, daß ich wie Daniel war, der in die Löwengrube gesteckt wurde. Aber diesmal war es Peter in der Drachengrube. Und weil ich vor den Elementen des Todes geschützt war, weißt du, deshalb habe ich mich wieder erholt. Als sie prügelten und prügelten und prügelten und prügelten, mehr als eine Stunde lang, und gemerkt haben, daß ich nicht abkratzte, da haben sie mich *angebettelt*, ich sollte abkratzen. Als ich merkte, daß sie *vorhatten*, mich umzubringen, habe ich einfach einen Schlag, den nächsten Schlag, all diese Schläge eingesteckt. Ich blieb einfach liegen.

Sie waren sicher, daß ich tot war, weil ich nicht einmal mehr gezwinkert habe. Ich habe keinen Finger mehr gerührt; also waren sie sicher, daß ich tot war, als ich so dalag. Und dann, als sie sicher waren, daß ich tot war, und wieder weggingen, da stand ich auf wie ein Löwe. Und sie wunderten sich. Und sie sagten: „Steckt ihn in die stumme Zelle."

Also, die stumme Zelle ist eine Zelle, in die nicht einmal mehr ein Luftzug hineinkann, wenn du drin bist. Nur Beton und eine Tür. Das einzige Loch ist ein Schlüsselloch. Und dort haben sie mich hingebracht. Als der Typ zur stummen Zelle kam und mit seinen Schlüsseln herumtat – der hatte so ungefähr 12 Schlüssel auf einmal – da paßte keiner hinein, *obwohl* der richtige Schlüssel dabei war. Aber es war nicht mein Schicksal, daß ich in diese Zelle gehen sollte. Weil sie wollten, daß ich da drin verblutete, weil ich nämlich stark blutete. Also kamen die Ärzte dorthin, als sie hörten, was geschehen war. Sie sagten nein, kein Arzt darf zu mir. Anwälte kamen, sie sagten nein, kein Anwalt darf zu mir. Aber als sie bemerkten, daß schon jeder auf Jamaika es wußte, brauchten sie zwei Lastautos voller Soldaten, um mich ins Krankenhaus zu bringen. Ich ging ins Krankenhaus. Meine Hand war gebrochen. Diese Hand war an der Stelle gebrochen. Und mein Kopf war ordentlich eingedellt.

Ich ging also ins Krankenhaus, und der Arzt flickte mich zusammen und tat meine Hand in Gips. Dann brachten sie mich ins Gefängnis zurück. Dann fand ich heraus, daß ich in keine Zelle kommen durfte. Sie wollten mich nicht unter den Gefangenen haben. [Der Wärter] fragte mich, ob ich unter den Gefangenen sein wollte. Ich sagte ja. Es sind keine Kriminellen. Ihr seid die Kriminellen. Also ging ich zu ihnen, und sie nahmen ihren heißen Koka-Tee und wuschen meine Hand und wuschen meinen Kopf damit. Einer der Gefangenen schaute in sich und sagte, er sähe jetzt *in* meinen Kopf *hinein* und sähe, wie mein Lebensnerv so aufsteige *[wackelt mit dem Finger vor und zurück]*.

In einem Interview mit der Legalize Cannabis Campaign kam Tosh zum folgenden Schluß: „Also wird das System weiterbestehen, meine Brüder, und bevor wir es nicht zerstören können, physisch, geistig und seelisch, und es so aussehen lassen können, als wäre es nicht mehr da – Junge, es wird immer noch da sein, aber solange der Mensch in Furcht lebt ... wird das Scheißtem [System] immer noch da sein. Ihr werdet sehen" (zit. nach *Home Grown*, 1979, *1* [5], S. 13).

Gegen acht Uhr abends am Freitag, den 11. September 1987, fuhren drei Männer auf Motorrädern vor Toshs Haus vor. Einer der Männer war ein regelmäßiger Besucher des Hauses, also wurde das Trio ohne viel Fragerei eingelassen. Sobald sie drinnen waren, schossen die Männer auf die anwesenden sechs Menschen, unter denen sich auch Peter Tosh be-fand, der zwei Tage darauf starb. Von den anderen fünf starb einer sofort, und die restlichen vier überlebten. Obwohl Schmuck und Bargeld gestohlen wurden, kursierten bald Gerüchte, die steif und fest behaupteten, daß diese Morde mit Drogen in Zusammenhang standen. In einem Interview, das er der Zeitschrift *Musician* gab und das sein letztes sein sollte, hatte Tosh gesagt: „Wenn morgen Revolvermänner kommen und etwas von mir wollen, dann habe ich keine Angst. Jah wird mich beschützen ... Die Kugeln können nicht durch mich durch, weil ich eine Mauer bin."

Obwohl die Verbindung Reggae-Rasta-Ganja zwar die Jugendkulturen der ganzen Welt beeinflußte, erwies sich England als besonders aufnahmebereit für die Botschaft. In den frühen 80er Jahren war es in London oft leichter als in Kingston, an Reggae-Platten heranzukommen – sogar an jamaikanische Vorabpressungen. Und diverse Reggae-Spitzenkünstler und -Bands erlangten natürlich durch englische Plattenfirmen wie Island und Virgin internationale Berühmtheit. In den schwarzen Gemeinden des ganzes Landes „setzte sich Reggae fest und war dabei behilflich, dem Lebensstil und dem Denken unzufriedener und antisozialer junger Leute wieder einen Sinn für ideologische und kulturelle Solidarität einzuimpfen, der schon lange gefehlt hatte – nicht nur, weil es sich bei diesem Sound um leichte Tanzmusik handelte, sondern auch, weil seine Botschaften und selbstbewußten, kritischen und politischen Kommentare zur Gesellschaft ... für bestimmte Bedürfnisse und Wünsche relevant waren" (zit. nach Pryce, S. 156). Und daß sich das Ganja-Rauchen etablieren konnte, das war nicht der geringste Teil dieser Wünsche. Man wollte nicht high oder tiefgründiger werden, sondern eine herausfordernde politische Geste setzen, die sich als einer der Hauptpunkte für viele der Rassenunruhen des Landes in den letzten Jahren erwiesen hat.

Weniger dramatisch und enger mit modischen Strömungen verbunden war die Tatsache, daß Reggae die Herzen eines Teils der weißen englischen Jugend für schwarze Musik zurückgewann. In den Sechzigern zeigten sich Mods und Skinheads dem Ska und Bluebeat eng verbunden. Aber die „Afrikanisierung" dieses Musikstils, als er sich in Reggae verwandelte, schreckte diese Gruppen ab, und sie wandten sich dem Mainstream-Rock, im besonderen Heavy Metal und Glam-Rock, zu. Aber genau die ethnische Qualität dieser Musik war es, die in den Spätsiebzigern die Punks anzog. Obwohl er den Sound des Punk niemals beeinflußte, „hatte Reggae die nötige Überzeugungskraft, den politischen Biß, der dem Großteil der weißen Musik so offensichtlich fehlte" (zit. nach Hebdige, S. 63). Und mit der Musik kehrte auch Marihuana zurück, das bei einer neuen Generation modebewußter Jugendlicher, die normalerweise allen Überbleibseln der Sechziger feindlich gegenüberstand, wieder zu Ehren gelangte.

Trotz der neuen Helden, die aus den Reihen von Punk, New Wave und New Romantics hervorgingen, konnte Reggae im England der Achtziger einen Großteil seiner Popularität beibehalten, sowohl in seiner eher reinen Ausprägung (Bob Marley, Sly and Robbie, Misty in Roots, Sugar Minott, Burning Spear etc.) als auch als ein Rhythmus, der den Sound des weißen Pop beeinflußte, von The Police über Madness bis zu Culture Club. Dennoch hat Reggae unzweifelhaft seine politische Schärfe verloren, und obwohl der Geist des Ganja nach wie vor den Sound und die Religion durchdringt, trauen sich Reggae-Musiker seit der neuen Inquisition gegen Drogen nicht mehr, das zuzugeben. Das Beispiel Jamaika stellt immer noch die beste Antwort für alle dar, die behaupteten, daß Marihuanarauchen zur Heroinsucht führe; trotz des weitverbreiteten Marihuanakonsums auf dieser Insel existierte auf Jamaika nie ein Heroinproblem. Dennoch wurde Jamaika in den letzten Jahren wie so viele Karibikinseln eine Zwischenstation für den Kokaintransport von Südamerika nach Florida. Tatsächlich ist die Insel so etwas wie ein Paradies für Kokainschmuggler, da sich auf ihr wegen des Ganja-Handels so viele versteckte Start- und Landebahnen finden. Da es auf der Insel nun Kokain gibt und Reggae-Musiker durch die ganze Welt reisen, war es nicht zu vermeiden, daß diese Droge auch das jamaikanische Musikbusineß durchdrungen hat; Wayne Smith und Dillinger haben Songs darüber aufgenommen, und Gregory Isaacs ist deswegen verhaftet worden. Die Rastafari-Religion steht, wie das auch die Reggae-Musik ausdrückt, für alles, was harmonisch, ausgeglichen und natürlich ist. Einige Musiker werden sich weiterhin an diese Grundlagen halten wollen, andere nicht. Wie die Musik selbst auf den hektischen Kokainrausch reagieren wird, das muß man abwarten.

13

Austeilen und draufkommen ...

John Phillips

Nicht nur in Rock und Beat nahm man Dope. Auch familienkompatible Bands wie The Mamas And The Papas fanden ihre engelsgleichen Harmonien erst unter dem Einfluß von Psychedelika und später auch härterer Stoffe. Während dies Mama Cass nicht überlebte, kämpfte Papa John Phillips, ein Freund der Junkies Gram Parsons und Keith Richards, einen jahrelangen Kampf gegen seine Abhängigkeit. Endlich clean, ging Papa John mit der eigenen Tochter als neuer Mama wieder auf Tour. California Dreaming ...

Dealer nehmen die Bands von vorne und hinten aus. Jetzt vielleicht noch mehr als früher, weil das Zeug heutzutage noch mehr gestreckt wird – besonders in England.

Ein Tourmanager

Grob gesprochen kann man sagen, daß das Musikbusineß und der Markt für illegale Drogen von ihren ersten Tagen an, als sie beide noch etwas für Minderheiten in den Jazz-Kneipen von New Orleans waren, gemeinsam erwachsen wurden. Heute befindet sich die Populärmusik im Besitz multinationaler Großunternehmen mit zahlreichen Tochtergesellschaften, Tausenden von Angestellten und Gewinnen in Millionenhöhe. Leider ist es unmöglich, die Bedeutung des illegalen Drogenhandels in eine Tabelle über wirtschaftliche Erfolge einzutragen, weil Dealer eher nicht dazu neigen, irgend jemandem ihre genaue Buchführung vorzulegen. Durch die Verwicklung des organisierten Verbrechens (das seine Finger auch in der Musikindustrie hat) in den Drogenhandel hat dieses Gewerbe mittlerweile jedenfalls eine weltweite Ausdehnung erreicht und kann die wirtschaftliche und politische Stabilität ganzer Staaten beeinflussen, schließt Korruption von den höchsten Ebenen bis ganz unten ein und macht finanzielle Transaktionen atemberaubenden Ausmaßes.

Musik und Drogenszene berühren sich an einigen Punkten des Vertriebsnetzwerks, wodurch die Angehörigen der Unterhaltungsindustrie mit unbeschränkten Lieferungen jeder Art von Droge versorgt werden. Dieser ausgesprochen leichte Zugang ist der Schlüssel zu den Problemen, die für Musiker, Techniker, Discjockeys und Angestellte von Plattenfirmen daraus entstehen können, daß in diesem Busineß der Erfolgsdruck sehr groß ist, Langlebigkeit in der Branche nichts bedeutet und man dort immer nur so gut ist wie sein letztes Produkt.

Auf der untersten Ebene passiert das Dealen mit kleinen Mengen zwischen Freunden, wie es in allen Drogen-User-Kreisen üblich ist. Einige Musiker kommen dann in den Ruf, besonders gute Kontakte zu besitzen, die sich aus der Notwendigkeit, ihre immer kostenaufwendiger werdende Drogensucht zu finanzieren, ergeben haben – Papa John Phillips war dafür ein gutes Beispiel. Auch der Jazz hat ein paar berüchtigte „Jesuiten-Junkies" hervorgebracht, die innerhalb der Musikergemeinde wohlbekannt waren. Außerdem ist es natürlich möglich, daß Musiker die Kanäle zwischen Dealern, die auf Geschäfte mit freigebigen Stars aus sind, und den Leuten in privilegierten Positionen, die mit ihren Versorgungsquellen so wenig wie möglich zu tun haben wollen, darstellen.

Kleine Cliquen von Drogenkonsumenten gibt es in allen Bereichen des Busineß, auch in den Plattenfirmen. Ein früherer EMI-Angestellter erinnerte sich in einem Gespräch mit dem Verfasser: „Das spielte sich in unserer Abteilung ab, bei ein paar von uns, und ich war der Mann, der wußte, wie man an den Stoff kam. Außenseiter wußten eigentlich nichts davon, aber eines Tages kam dieser Typ mitten bei einer Büroparty zu mir und sagte, daß er Dope haben wolle. Ich meine, wie dumm kann ein Mensch eigentlich noch sein – mitten im Büro?!" Besonders Musiker können sich stets auf „wohlwollende Freunde" verlassen, die im Glanz ihres Ruhmes baden wollen und sie mit speziellen, kleinen Leckerbissen versorgen – eine Situation, die leicht außer Kontrolle geraten kann. Jimi Hendrix verbrachte einen viel zu großen Teil seiner Zeit im Acid-Nebel, weil er es nicht schaffte, nein zur Legion seiner treuen Fans zu sagen, von denen jeder von sich behaupten wollte, daß er es gewesen war, der ihn angeturnt hatte. John Glover, der Manager der Free, war so fest entschlossen, diese Parasiten vom Bandgitarristen Paul Kossoff fernzuhalten, daß er sogar Polizisten vor den Garderobentüren Position beziehen ließ.

Aber manchmal sind es auch die Manager selbst, welche die Drogenabhängigkeit eines Musikers ausnützen, um ihn bei der Stange zu halten. Der Gitarrist Steve Miller sah, wie das Barry Goldberg, dem Keyboarder von Electric Flag, passierte: „Barry war wirklich in Schwierigkeiten geraten. Sein Manager versuchte ihn mit Drogen unter Kontrolle zu behalten, und er wurde eine Zeitlang zum Junkie und war total weg vom Fenster. Und sein Manager sagte immer nur: ‚Alles wunderbar, Barry, solange du nur machst, was ich dir sage, hier hast du ein bißchen Smack [Heroin], soviel du nur willst'"(zit. nach *Dark Star*, 1978, *3*, [6], S. 15). Miller hatte auch über Albert Grossman, den Manager von Janis Joplin, etwas zu sagen: „Ich war erstaunt über das, was ich gesehen habe. Als ich sah, wie Albert Grossman Janis Joplin auftreten ließ, weil sie ja gerade vom Heroin weg war und nur eine Flasche Schnaps pro Tag trank, da dachte ich, daß man den Typen einsperren sollte" (zit. nach *High Times*, März 1982, S. 99). Roadies, Road- und Tourmanager sind oft wichtige Verbindungsglieder zwischen Dealern und Kunden. Und tatsächlich können ihre guten Drogen-Connections überhaupt erst der Hauptgrund dafür sein, daß sie engagiert werden, wie es bei Scooter Herring der Fall war. Ein Tourmanager, der 30 Jahre lang mit verschiedenen Bands unterwegs war, erzählte in einem Gespräch mit dem Verfasser: „Ich erinnere mich an einen Auftritt in Deutschland, als ich gerade in einem Büro hinter der Bühne saß. Vor mir auf dem Tisch lag ein Riesenberg Koks, der 15 Zentimeter hoch war. Den sollte ich für die Band und die Mannschaft aufteilen. Ich schrieb auf, wer wieviel kriegte, und das wurde der Band dann von der Gage abgezogen. Die Mannschaft mußte nichts bezahlen, nur die Band. Es gab Tourneen, da schien ich nichts anderes zu tun zu haben, als Drogen aufzuteilen – na ja, und für die anderen war das Zeug dann eben einfach da." Die Bezahlung von Tourmannschaften in Naturalien ist nichts Ungewöhnliches. Besonders Kokain ist nicht einfach ein Nebenverdienst, sondern eine Ware, die sehr viel Geld wert ist. Man kann es, so wie es ist, weiterverkaufen, oder es „strecken", um seinen Gewinn zu steigern. Die gesamte Mannschaft eines amerikanischen Künstlers wurde bei einer Englandtour auf diese Art und Weise ausbezahlt.

Auch Plattenfirmen spielen bei der Versorgung von Musikern eine bedeutende Rolle. Normalerweise kümmert sich das Artist Relations Department (Abteilung für Kontakte zu den Künstlern, nicht zu verwechseln mit A&R, dem Artist and Repertoire Department) um die „Gastfreundlichkeit". Die speziellen Bedürfnisse einer Band werden dem AR mitgeteilt, und was dann passiert, bleibt der Firma überlassen. Auch die Abteilungen für Werbung und Öffentlichkeitsarbeit können damit zu tun haben. Als es in den Siebzigern beispielsweise ein beliebtes Mittel politischer Gruppierungen war, Flugzeuge zu entführen, um die Aufmerksamkeit auf sich zu lenken, wurden die Sicherheitskontrollen auch bei Flügen innerhalb der Vereinigten Staaten verstärkt, und einer großen Plattenfirma war es außerordentlich peinlich, daß ein Großteil ihrer Promotionabteilung wegen Kokainbesitzes festgenommen wurde. Ein früherer Artist-Relations-Mann berichtete dem Verfasser, daß er ziemlich unglücklich darüber war, für irgendwelche Leute Drogen besorgen zu müssen:

> Es hatte keinen Sinn, Substandardzeug für die Amerikaner zu kaufen, weil die das sofort bemerkten. Man muß also sehr aufpassen, welcher Kontakte man sich bedient. Da passieren die lächerlichsten Dinge, und die werden als ganz normal angesehen. Als ich noch für die Firma arbeitete, da flogen sie diesen berühmten Typen ein, der bei uns Promotion für sein letztes Solo-Album machen sollte. Wir mußten in seine riesige Suite im Hotel gehen, um zu sehen, ob er okay war und irgend etwas brauchte. Wir kommen also hin, und der Typ ist total weggetreten. Sein kleines Kind, etwa vier Jahre alt, schaut mir ganz offen in die Augen und sagt: „Mama und Papa sagen, ich darf sie nicht Joints nennen. Ich muß Zigaretten dazu sagen."

Drogen gehörten (ebenso wie Frauen und Geld) schon immer zu dem, was diese Industrie am Laufen hält. Journalisten gewöhnen sich daran, daß ihnen Drogen angeboten werden, weil man damit hofft, daß sie ihr Interview mit dem Star in einer positiven Version veröffentlichen werden. Ein englischer Journalist, der in den 70er Jahren sehr viel für Musikblätter arbeitete, gehörte zu dieser umschwärmten Menschengruppe, wie er mir erzählte:

> Das Motto lautete eben: „laßt uns alle zu dieser hippen Drogenclique gehören." Anfang der Siebziger wurden die ganze Zeit Joints gebaut; Koks kam erst gegen 1974/75 ins Spiel. Das lief aber meist inoffizieller ab, nicht bei Interviews in einem Büro oder dergleichen. Es gab ja diese Presseveranstaltungen oder Release-Parties. Irgendein Typ von der Plattenfirma holte plötzlich Koks aus der Tasche, oder aber alle gingen in der Nacht ins Büro zurück oder ins Haus des Künstlers. Es war überhaupt nichts dabei.

Die Motivation der Plattenfirmenvertreter war natürlich offensichtlich:

> Vor allem versuchen sie krampfhaft, in dieser Industrie, in der es darum geht, immer chic und auf der Höhe der Zeit zu sein, auch selbst richtig auszusehen, das Richtige zu tun und zu fühlen. Die Drogen waren immer andere, so wie auch der Schnaps. Eine Zeitlang war es Southern Comfort und dann, als es dem Busineß im Laufe der Siebziger finanziell immer schlechter ging, Gin Tonic. Mit den Drogen war es das gleiche. 1976 war es einfach modern, daß jeder Thai rauchte [Thai-Sticks, eine Art Marihuana], und niemand wäre so taktlos gewesen, Heroin aus der Tasche zu ziehen, obwohl das damals ziemlich viel gesnieft wurde.

Einige der Journalisten begannen dann auch, das Leben, über das sie berichteten, selbst zu leben:

> Es war eine Zeit, in der sich alles darum drehte, sich auf möglichst elegante Art und Weise zugrunde zu richten – mit allem, was dazu gehörte: Heroinsniefen und in der Gosse landen, die Zähne verlieren und hirnlos sein. Bei den Blättern, für die ich arbeitete, entstanden Cliquen, die sich in einer eigenen Geheimsprache miteinander unterhielten, und es wurde recht schwierig herauszufinden, in welchem Bewußtseinszustand sich einzelne Leute befanden. Dieser Code tauchte dann auch in den Artikeln auf – da schrieb also jemand über „Spuren von Schnee auf dem Fenster" und so weiter. Die ersten Leute starben damals, Freunde von mir, die Stimmung änderte sich, und die Leute, die vorher elegant zugrunde gerichtet aussahen, wirkten jetzt nur noch bemitleidenswert.

Auch die Angestellten einer Plattenfirma waren natürlich nicht vor den Gefahren gefeit, die regelmäßiger Drogenkonsum und die Vorstellung, daß man jemand sein kann, der man gar nicht ist, mit sich bringt. Der Manager einer Band erzählte mir:

> Dieser Typ, der in den Siebzigern bei Atlantic arbeitete, ist heute ein total kaputter Junkie. Er war schon in allen Entzugskliniken, aber keine kann etwas für ihn tun. Angefangen hat er als junger, dynamischer, schicker Plattenmensch. Dann fing er an, immer mit dieser bestimmten Band herumzuhängen, wenn die auf Tournee war – er wollte einer von ihnen sein. Und heute hat er schon seit einer Ewigkeit keinen Job mehr. Er ist total weg vom Fenster und immer noch auf Heroin.

Auch Discjockeys waren, besonders in Amerika, lange Zeit das Ziel für Aufmerksamkeiten der Plattenfirmen. In den Anfangszeiten des Rock 'n' Roll bot man ihnen dafür, daß sie bestimmte Platten im Radio spielten, Geld, Prostituierte und Geschenke an. Der Skandal, der in den frühen Sechzigern entstand, als diese Machenschaften unter der Bezeichnung „Payola" bekannt wurden, wurde später von Rock-Historikern als ein genau geplanter Versuch, Rock 'n' Roll aus dem Äther zu verbannen, interpretiert. Mit Sicherheit zerstörte er die Karriere des DJs, der im Rock 'n' Roll eine Pionierrolle innehatte – Alan Freed. Er wurde zweimal angeklagt, 1960 und 1964, und starb kurz darauf als gebrochener und gedemütigter Mann – während andere DJs, die keine Rockmusik auflegten, immer noch straflos kassieren konnten. Als dann Kokain in der Unterhaltungsbranche immer beliebter wurde, hieß es auf einmal „Drugola" statt „Payola".

Der Journalist Jack Anderson aus Washington war der erste, der im März 1972 den ursprünglichen „Drugola"-Skandal auffliegen ließ. Die Angestellten von Plattenfirmen erzählten Geschichten darüber, wie die Promotionabteilung Drogen-„Saloons" aufzog, bei denen DJs, Manager von Radiosendern und Musiker Kokain, Marihuana und verschiedene Pillen bekamen. Unbekannte Künstler nahmen die Mühe auf sich, selbst die DJs mit Drogen zu versorgen, damit ihre Platten, die sonst spurlos in der Versenkung verschwunden wären, oft gespielt wurden. Der Promotionmann einer bekannten Plattenfirma bezahlte für jede Ausstrahlung einer Platte mit einer 20-Dollar-Dosis Marihuana und beschwerte sich dann anscheinend darüber, daß er Schwierigkeiten hätte, diese Ausgaben in seiner Buchführung „verschwinden zu lassen".

Stanley Gortikov, Präsident der Recording Industry Association of America (RIAA), gab eine eindringliche Erklärung heraus, in der er die

Firmen dazu aufrief, zum Wohle der gesamten Industrie einmal in ihren eigenen Reihen aufzuräumen. Jede Geschäftspolitik, die für eine Ausstrahlung im Radio bezahlte, war „skrupellos, unmoralisch und kommerzielle Selbstzerstörung". Er führte weiter aus, daß die Firmen aufgefordert seien, durch interne Untersuchungen und Überwachungen jene ihrer Angestellten, aber auch freie Mitarbeiter, die als unabhängige Promotion- und Vertriebsleute für die Firma tätig waren, aus dem Verkehr zu ziehen, die in Payola und Drugola verwickelt waren.

Als Anderson und einige andere Journalisten den Plattenfirmen die Frage stellten, wie denn nun eigentlich Platten beworben würden, erhielten sie nur außergewöhnlich zurückhaltende Informationen. Dennoch schien es, als würden im Zuge dieser schlechten Publicity die fest angestellten Promotionmitarbeiter immer weniger werden, während mehr und mehr unabhängige Promotionexperten engagiert wurden, die dafür sorgen sollten, daß Platten auch im Radio gespielt würden. In einem Busineß, das so halsabschneiderisch ist wie dieses, konnte natürlich keine Plattenfirma riskieren, den anderen gegenüber auch nur einen Millimeter an Boden zu verlieren, indem sie ernsthaft versuchte, mit Payola aufzuhören. Statt dessen fingen sie also mit einer Geschäftspolitik an, die diese Dinge von sich fernhielt, was im Endeffekt hieß: „Da ist die Platte, sieh' zu, daß sie gespielt wird, aber wir wollen gar nicht wissen, wie du das schaffst." Eine Folge davon war, daß die unabhängigen Promotionfirmen in den Siebzigern zu einer einflußreichen und gefürchteten Macht im amerikanischen Musikbusineß wurden. Man bezahlte ihnen für ihre Dienste bis zu 15.000 Dollar in der Woche, und die „Indies" (Unabhängigen, *Anm. d. Übers.*) setzten alle ihnen zur Verfügung stehenden Mittel ein, damit ihre Platten in den Top-Forty-Sendern liefen – Bargeld, Frauen, Reisen, Gewaltandrohungen und in der Hauptsache Kokain.

Es war also nicht zu vermeiden, daß die Situation dieselben Stadien durchlief, bis es 1986 wieder zu einem „Drugola"-Skandal kam. Der *Nightly-News*-Reporter Brian Ross von NBC machte eine Fernsehdokumentation zum Thema. Nur ein Discjockey, Don Cox aus Miami, war bereit, sich vor laufender Kamera interviewen zu lassen. Er sagte, daß es recht verbreitet wäre, daß man Kokain angeboten bekam, wenn man dafür eine bestimmte Platte pushte. Die Preisgabe solcher Informationen stellte er dann jedoch bald ein und behauptete, er wäre zusammengeschlagen worden und man hätte auch seine Familie bedroht, wenn er nicht aufhören würde zu reden.

Die großen Firmen hatten offiziell keine Ahnung von Payola. Sobald die Geschichte bekannt wurde, bemerkten viele der wichtigsten Promotionmänner auf einmal, daß ihre Kontaktpersonen in den Plattenfirmen immer dann, wenn sie sie anriefen, gerade „in einer Besprechung" waren. Viele Firmen bestehen in den Verträgen, die sie mit den unabhängigen Promotern abschlossen, auf „Kein-Payola"-Klauseln. Warner Brothers hörte 1981 damit auf, mit „Indies" zusammenzuarbeiten; die Verkaufszahlen wurden immer schlechter, also wurde dieser Teil des Geschäfts wieder ins eigene Unternehmen verlegt. Anfang 1986 wollte die RIAA eine Untersuchung über korrupte Praktiken bei den unabhängigen Promotern starten, aber bei einem Sondertreffen legten CBS und ein anderes Label anscheinend ihr Veto gegen diese Idee ein, und sie wurde wieder fallengelassen. Nachdem aber die NBC-Enthüllungen gelaufen waren, ließ eine Bundesanklagekammer die Aufzeichnungen über dieses Treffen beschlagnahmen, um zu untersuchen, ob es sich dabei um einen Fall der Anstiftung zu kriminellen Vorgängen gehandelt habe.

Die Beträge, die für Drogen aufgewendet werden, können auf die verschiedensten Arten „reingewaschen" werden. Wenn ein Schmiergelderfonds existiert, dann gibt es dabei sowieso keine Rechnungen; Dienstleistungen wie Prostitution oder Waren wie Kokain werden einfach gekauft und weitergeleitet. Die Drogenversorgung von Musikern im Aufnahmestudio wird in der Ausgabenaufstellung unter Euphemismen wie „Extra-Keyboards" oder „zusätzliche Backgroundsänger" getarnt. Auf Tournee ist es der Job des Buchhalters, ein bißchen kreative Buchhaltung zu betreiben. Ein Roadmanager erzählte dem Verfasser: „Ich habe eingekauft, was benötigt wurde, und der Buchhaltung gesagt, worum es sich handelte und daß sie es tarnen sollte. Bis zu zehn Prozent der Gesamtausgaben für eine Tournee konnten für Drogen draufgehen, und bei einigen der Bands, mit denen ich unterwegs war, beliefen sich diese Beträge auf Tausende von Dollars." Ein anderer Euphemismus für den Einkauf der nötigen Drogen ist, sie als Zusatzklauseln in den Verträgen mit Veranstaltern aufscheinen zu lassen. Wo der Veranstalter dann seine Lieferung herkriegt, ist seine Sache, aber es gab angeblich sogar eine Klausel, die schlicht und einfach feststellte: „No snow, no show." Andere Leute versuchen wiederum überhaupt nicht, das Ganze zu tarnen. Ich selbst habe eine feinsäuberlich getippte Kostenaufstellung an eine englische Plattenfirma über die Studioaufnahmen eines ihrer Künstler in Los Angeles gesehen, die anführte: 936 Dollar – Essen, Geschenke, Unterhaltung, Alkohol; 1.275 Dollar – Kokain.

Der NBC-Bericht konzentrierte sich auf eine Gruppe von etwa dreißig Spitzenpromotern, die als „das Netzwerk" bezeichnet wurde, und zu deren prominentesten Mitgliedern Joe Isgro und Fred Disipio gehörten, die angeblich Verbindungen zur New Yorker Mafiafamilie des Paten Carlo Gambino hatten. Spekulationen über die Verwicklung der Mafia und anderer Elemente der organisierten Verbrecherszene ins Musikbusineß kursierten damals schon seit Jahren. 1973 gab es Anhörungen vor dem Senat, die eine Verbindung zwischen der Mafia und der Firma Roulette Records nachwiesen und außerdem aus der Behandlung, die damals einigen Künstlern zuteil wurde, den Schluß zog, daß das gleiche in den späten 60er Jahren auch für die Tochterfirma eines der größten amerikanischen Unternehmen gegolten haben könnte. 1973 fand außerdem eine interne Revision bei CBS statt, die dazu führte, daß David Wynshaw, der Leiter der Artist-Relations-Abteilung, fristlos entlassen wurde. CBS behauptete, daß Wynshaw und der Label-Chef Clive Davis sich verschworen hätten, Firmengelder für ihre persönlichen Zwecke abzuschöpfen. Angehörigen der Industrie kam es seltsam vor, daß Davis, der bei CBS ausgesprochen gut verdiente, aus seiner Firma fliegen konnte, weil er angeblich Gelder unterschlagen hatte, um Dinge wie die Bar-Mizwa seines Sohnes und ähnliches zu finanzieren, die er mit Leichtigkeit aus seiner eigenen, wohlgefüllten Tasche bezahlen hätte können.

Wenn man weiter nachforscht, dann scheint es, daß Davis (heute Chef bei Arista Records) gehen mußte, weil Wynshaw Kontakte zu einem Gangster namens Pat Falcone gehabt hatte, der im Februar 1973 des Heroinhandels angeklagt wurde. Falcone wiederum hatte mit einigen der CBS-Künstler wie Sly Stone und O. C. Smith zu tun gehabt – er bot Smith zum Beispiel an, ihn vor einer Morddrohung wegen nicht bezahlter Spielschulden zu schützen. Falcone hatte seine New Yorker Geschäftsstelle im Büro von Frank Camparia, einem früheren Promotionmann für Epic Records, einem Unterlabel der CBS, eingerichtet. Von dort aus organisierte er für Jeff Beck, einen der Epic-Künstler, einen Sicherheitsdienst. Und das alles passierte zu der Zeit, als die Regierung Nixon sich durch die Watergate-Affäre gerade schwer bedroht sah. Die *Washington Post*, bei der die Watergate-Aufdecker Woodward und Bernstein schrieben, befand sich im Besitz einer Fernsehstation in Florida, deren Konzession plötzlich von der FCC angefochten wurde. Die Industrie machte sich Sorgen wegen der FCC-Richtlinien über Songtexte und der Payola-Anhörungen vor dem Senat, und CBS investierte zu dieser Zeit eine Menge Geld in Sendeeinrichtungen – folglich bemühte sich das Unternehmen, nach außen hin ein makellos sauberes Image zu präsentieren. Unter diesen Umständen mußte Davis geopfert werden. Wynshaw sollte nämlich vor dem Senat aussagen, daß die CBS-Promotionabteilung in den Jahren 1971 bis 1973 insgesamt 500.000 Dollar an Payola-Geldern bezahlt habe.

Das organisierte Verbrechen hat zudem noch nebensächlicher scheinende, aber ebenso bedeutende Einflüsse auf die Industrie. Dazu gehören etwa die Kontrolle über Dinge wie Konzessionen für Essens- und Souvenirverkauf in den Sportstadien, wo Rockkonzerte abgehalten werden; Bühnen- und Lichtarbeiter bei Konzerten; Anträge um Arbeitserlaubnis bei der Musikergewerkschaft; den Transport von Ausrüstung zum Zielort (durch die Lastwagenfahrer- und Hafenarbeitergewerkschaften) und die Fahrt mit den Lastwagen. Es wird behauptet, daß niemand eine größere Tournee durch die USA machen kann, ohne dafür diverse Schmiergelder ablegen zu müssen. Wer nicht kooperieren will, muß zumindest damit rechnen, daß sein Equipment aus geheimnisvollen Gründen irgendwo in der Wüste von Nevada landet, während er selbst in New York ist, oder daß die Bühnenarbeiter einfach nicht auftauchen. Und das organisierte Verbrechen ist natürlich auch einer der wichtigsten Drogenlieferanten. Etwa 70 Prozent der Heroinmenge, die nach Amerika gelangt, wird von der Mafia kontrolliert, und andere kriminelle „Familien" nichtitalienischer Herkunft regieren über den Kokainhandel von Südamerika nach Florida, den wichtigsten Eintrittspunkt für diese Droge in die USA.

Einige der bekanntesten Bands der Welt führten in der Vergangenheit so große Drogenmengen bei sich, daß Agenten der Drogendezernate zur Überzeugung gelangten, daß die Musiker mit dem Transport von zum Verkauf bestimmten Drogen nach Amerika zu tun hatten. FBI-Agenten meinten dazu folgendes:

> Insider haben uns berichtet, daß Presleys Musiker dieselben Connections hätte wie die Rolling Stones ... Bei mehreren Anlässen wurde uns erzählt, daß Mitglieder der Stones die Szene in einigen der größten und modischsten New Yorker Discoclubs mit Drogen versorgten. Nachdem wir sie aber monatelang unter Beobachtung gestellt hatten, gelangten wir zur Ansicht, daß das Gegenteil davon stimmte – wenn die Stones Drogen nahmen, was nach Aussage eines unserer Informanten feststand und was sie auch kaum zu tarnen versuchten, dann waren es ihre Verbindungspersonen in diesen Clubs, die sie mit Narkotika versorgten, anstatt umgekehrt (zit. nach Greenshaw, S. 91–92).

Dessen ungeachtet existieren Beweise, die darauf hindeuten, daß die mächtigen und finanzkräftigen Welten der Rockmusik und des Drogenschmuggels einander gelegentlich unterstützen. 1981 sagte Harold Oldham, ein verurteilter Schmuggler, vor einem Subkomitte des amerikanischen Senats über den internationalen Handel mit Narkotika aus. Eine seiner wichtigsten Aktivitäten war der Import von nordafrikanischem Haschisch gewesen:

Als ich in Marokko war, traf ich einen Rockstar von einer berühmten Band. Durch meinen Kontakt mit ihm kam ich auch in ständigen Kontakt mit vielen der großen Rock- und Popgruppen aus Amerika und England. Meine Verbindung zu diesen Gruppen führte dazu, daß ich Startrans gründete, eine Firma, die dazu existierte, diesen Gruppen luxuriöse Autobusse für ihre Tourneen zu vermieten. Startrans war ein legales amerikanisches Unternehmen und machte auch keine illegalen Geschäfte, obwohl es sich zu einem bedeutenden Teil aus Drogengeldern finanzierte, die auf den Caymaninseln gewaschen worden waren (*siehe* Bibliographie im Anhang, Offizielle Quellen, Nummer drei).

Durch die Bezahlung von DJs und Tourmannschaften in Naturalien wurden Drogen nicht nur zu dem, was das Busineß am Laufen hält, sondern auch zu seiner geheimen Währung. In den letzten Jahren aber, in denen viele Bands in völlig neuen Gegenden auf Tournee gingen, hat dieses Treiben völlig andere Dimensionen angenommen, die der bewährten und legalen Geschäftspraxis des internationalen Handels gleichen, Waren mit Dienstleistungen statt mit Geld zu bezahlen. Die wichtige Voraussetzung für diese sogenannten Tauschgeschäfte ist, daß das kaufende Land keine Währung besitzt, die in den Wechselkursen der internationalen Finanz gültig ist – das wären also etwa Ostblockländer oder südamerikanische Staaten. Angenommen, ein Unternehmen errichtet ein Kraftwerk in Rumänien oder liefert Paraguay eine Lastwagenflotte. Die Lieferfirma wünscht weder Bezahlung in rumänischen Lei noch in paraguayischen Guarani. Nun könnten diese und ähnliche Länder vielleicht auch in amerikanischen Dollars zahlen, aber es ist eher wahrscheinlich, daß sie im Tausch eine ihrer eigenen Handelswaren anbieten werden – im Fall Rumänien also etwa Öl. Aber ein Tanker voller Öl nützt dem Lieferanten überhaupt nichts – er braucht das Geld. Also wendet er sich an einen Händler, der darauf spezialisiert ist, solche „Tauschgegenstände" loszuschlagen und die Einkünfte aus dem Verkauf kassiert. Natürlich werden dieser Händler und alle anderen Zwischenhändler eine Provision verrechnen, also muß der Wert der Tauschware immer den Preis der ursprünglichen Lieferung übersteigen, so daß diese „Abschöpfungen" bezahlt werden können.

Popkünstler, die Tourneen durch Osteuropa machen, einigen sich auf ähnliche Arrangements und erhalten zum Beispiel Schnittholz oder ganze Waldgrundstücke als Ersatz für Konzerthonorare und Tantiemen. Für eine Band, die durch Südamerika tourt, gibt es aber ein lokales Produkt, das in Wirklichkeit mehr wert ist als Geld, wenn es sich einmal auf seine Reise durch die Welt gemacht hat – Kokain. Der Kokainhandel ist Südamerikas größte Dollarquelle im Ausland; und wie wacklig auch immer die politischen und ökonomischen Grundlagen der Hauptproduktionsländer wie Bolivien und Kolumbien sein mögen – ohne Kokain würden beide Länder wirklich ernsthaft aus dem Gleichgewicht geraten.

In den Fällen, wo Bands Kokain als Bezahlung für Tourneen und Tantiemen in Südamerika akzeptiert haben, ging das nach denselben Prinzipien vor sich wie in der legalen Geschäftswelt, aber der praktische Ablauf unterschied sich davon dennoch sehr deutlich. Es ist klar, daß jeder Rockmanager, der vorhat, Geschäfte mit südamerikanischen Kokain-Dealern zu machen, besser genau wissen sollte, worauf er sich da einläßt; diese Dealer verhandeln mit der Waffe in der Hand und nicht bei einem Brandy in einem gepflegten Restaurant. Die Band kann sich dafür entscheiden, Kokain im Gegenwert des Betrags, den sie zu erhalten hat, über einen längeren Zeitraum für den eigenen Bedarf geliefert zu bekommen, oder sie beschließt, das Ganze auf einmal mitzunehmen – und das könnten mehrere Kilo sein, was die Organisation eines Schmuggelunternehmens erforderlich macht.

Die Drogen könnten dann zugunsten der Band verkauft und die Einkünfte mit Hilfe ausländischer Bankkonten gewaschen werden, um ein paar Monate später in der Buchhaltung als Einnahme aufzuscheinen – wie diese verrechnet wird, bleibt der Entscheidung des Managements überlassen. In jedem Fall müssen für jeden dieser Schritte ausgeklügelte und kostspielige Vorkehrungen getroffen werden, um sicherzugehen, daß die Band nicht von den Dealern betrogen wird oder von der Exekutive geschnappt wird. Ein solches Bezahlungssystem könnte es natürlich nur für die Spitzenbands der Welt geben.

Am anderen Ende des Spektrums der Drogenversorgung steht der Beruf des Mediziners. Vor allem jüngere Ärzte sind nicht gegen die Anziehungskraft immun, die der Kontakt mit der reichen und mächtigen Welt der Rockmusik innewohnt. Eddie Fletcher, Little Richards Bassist, sagte über die „Mitläufer" des Busineß einmal, daß nicht nur weibliche Groupies gerne um den legendären Rock-'n'-Roll-Star sein wollten: „Ich habe Ärzte sagen hören: ‚Ich glaube, ich werde diese Woche nicht arbeiten gehen. Ich fahre lieber mit euch allen in den Osten zurück.' Und das Management schaffte es einfach nicht, diese Typen loszuwerden" (zit. nach Charles White, S. 168).

Aber der Hauptgrund dafür, daß Ärzte überglücklich waren, den Drogenbedarf von Musikern, ungeachtet aller Schäden für deren Gesundheit, decken zu dürfen, war natürlich Profitgier. Ohne hier in irgendeiner Weise den möglichen Schaden, den jene Leute anrichten können, die mit illegalen Drogen handeln, beschönigen zu wollen – aber sie geben wenigstens nicht vor, im Interesse ihrer Klienten zu handeln und sind auch an kein Berufsethos gebunden. Auf Ärzte trifft beides zu – und diese Tatsache macht die Handlungsweise der Mediziner, die völlig skrupellos Drogen verschreiben, um daran zu verdienen, nur noch tadelnswerter.

Nach den amerikanischen Gesetzen war die Verschreibung von Opiaten wie Morphium und Heroin, um so die Sucht eines Patienten zu versorgen, zu keiner Zeit eine erlaubte medizinische Praxis. Die englischen Gesetze sehen das völlig anders: Bis 1968 war es für einen Arzt völlig legal, Süchtigen diese Opiate sowie Kokain zu verschreiben. Die meisten dieser Süchtigen waren sowieso erst durch das Verschreiben von Mitteln gegen chronischen Schmerz abhängig geworden. Im Verlauf der 60er Jahre jedoch begannen immer mehr junge Leute, unter ihnen auch diverse Jazzmusiker, Ärzte als stes verfügbare Quelle für reines Heroin zu benützen, um so ihre Sucht zu stillen, die in den meisten Fällen eher aus dem Freizeit- als aus dem therapeutischen Drogenkonsum entstanden war. Nur wenige Ärzte waren überhaupt bereit, solche Leute zu empfangen, da sie den Sprechstundenhilfen meistens nur Schwierigkeiten bereiteten. Diejenigen aber, die in die Behandlung Süchtiger einwilligten, verschrieben Heroin in ungeheuren Mengen. Im Verlauf eines einzigen Jahres stellte ein bestimmter Arzt Heroinrezepte aus, die sich auf eine Gesamtmenge von sechs Kilo beliefen. Einige dieser Ärzte glaubten ernsthaft daran, daß sie ihre Patienten, wenn sie deren Wunsch nach Rezepten entsprachen, vom Schwarzmarkt weghalten und ihnen einen relativ stabilen Lebensstil verschaffen konnten, bei dem sie keine Angst vor Polizeischikanen, den Würdelosigkeiten des Lebens auf der Straße usw. haben mußten. Unglück-licherweise schafften es diese Ärzte jedoch nicht, ihren Patienten eine Behandlung zu gewähren, durch die sie irgendwann den Willen aufbringen konnten, nach einer Periode der Stabilität die Drogen ganz aufzugeben. Und es war eine Tatsache, daß der schwarze Markt in London erst durch dieses sorglose Ausstellen von Rezepten entstehen konnte. Jeder User bat um Rezepte (und bekam sie auch), die weit über seinen persönlichen Bedarf hinausgingen, und verkaufte dann die überschüssige Menge. Englische Jazzmusiker, die in der Clubszene von Soho mit Heroin dealten, schlugen dabei üblicherweise ihren eigenen überschüssigen Drogenvorrat los, um so ihr nächstes Arztrezept finanzieren zu können. Und dann gab es auch Ärzte, denen man nicht einmal ehrliche, wenn auch fehlgeleitete, Absichten nachsagen kann; sie sahen nicht weiter als bis zu ihren Bankkonten.

Nach 1968 stellte es für jeden Arzt einen Verstoß gegen die Gesetze dar, jemandem, von dem er wußte, daß er mit diesen Drogen seine Sucht stillte, Heroin oder Kokain zu verschreiben. Nur solche Ärzte, die eine besondere Lizenz hatten, durften wie früher Rezepte ausstellen – und diese Lizenzen wurden nur Ärzten erteilt, die in den Drogenkliniken, welche um die selbe Zeit entstanden, tätig waren. Aber das System hatte noch ein Hintertürchen: Ärzte durften nach wie vor die besagten Drogen verschreiben, wenn es darum ging, damit die Symptome organischer Krankheiten, also etwa Schmerz, zu bekämpfen. Dadurch konnte ein Arzt Drogen liefern und vorgeben, sie wären gegen Schmerz oder man hätte ihn in betrügerischer Weise dazu gebracht, das anzunehmen. Irgendwann wurde meist jedoch das Drogeninspektorat des Innenministeriums, das die Bücher von Apothekern überprüft, mißtrauisch, wenn ein Arzt regelmäßig Rezepte dieser Art ausstellte. Wesentlich bedeutender ist die Bandbreite starker Opiate, die ein Arzt immer noch jedermann verschreiben kann – wie z. B. Dihydrocodein (DF-118) oder Dextromoramid (Palfium). Bis vor kurzem war auch Dipipanon (Diconal) relativ einfach zu bekommen, diese Substanz befindet sich heute aber bereits neben Heroin und Kokain auf der Verbotsliste. Aber wie auch immer die Gesetze und Vorschriften bezüglich Opiaten gerade lauten – Leute, die Brieftaschen haben, die zu ihrem Ruf passen, und einer diskreten Behandlung bedürfen, haben immer noch Ärzte mit vorgeblich gutem Ruf gefunden, die sie bereitwilligst unterstützt haben. Es ist bei diversen Bands und Solokünstlern ebenso üblich, geheime Besuche bei der ärztlichen Fachwelt zu machen, wie einen Arzt zu haben, der sie auf ihren Tourneen begleitet. In seiner Aussage vor dem Senat sagte der Schmuggler Harold Oldham, daß diese Ärzte „äußerst freigebig Tabletten – rezeptpflichtige Mittel – an jedes Mitglied der Truppe, das sie haben wollte, ausgaben. Bei den Charterflügen, die diese Gruppen unternahmen, und auch anderswo wurde es zum ganz normalen Anblick, daß der Herr Doktor sein Geschäft aufmachte. Sobald das Flugzeug abhob, standen die Mitglieder der Truppe buchstäblich Schlange vor diesem Laden, um an ihre Pillenration zu kommen."

John Lennon machte diese sogenannten „Dr. Feelgoods" in seinem Song „Dr. Robert" (auf der LP *Revolver*) unsterblich. Bei Dr. Robert handelt es sich um jenen Typen, der Warhol und seine Freunde aus der Factory mit dem versorgte, was sie brauchten. Ein berüchtigtes Beispiel für „Geldgier statt medizinische Fürsorge" war jener Arzt, der Paul Kossoff kübelweise Tranquilizer, Barbiturate und Methaqualon (Mandrax und Quaalude) gab. Diese Drogen waren es, laut Free-Manager John Glover, die für die meisten Probleme Kossoffs verantwortlich waren. Aber trotz verzweifelter Appelle, die Kossoffs Vater direkt an diesen Arzt und an das „Wachhund-Komitee" des Berufsstandes, das General Medical Council, richtete, fuhr der Arzt damit fort, den kränkelnden Musiker mit Drogen zu versorgen. Kossoff verstarb im März 1976; der Arzt praktiziert noch heute.

Der wahrscheinlich berühmteste Rock-Arzt war Dr. George „Nick" Nichopoulos, Elvis Presleys Leibarzt, der auch Mitglieder des Gefolges dieses

Stars behandelte. Die Meinungen über Dr. Nick gingen auseinander. Manche Leute behaupten, daß er versucht hätte, Elvis von noch schädlicheren Drogen als denen, die er sowieso schon nahm, fernzuhalten, und daß er ihm Placebos verabreichte, sooft er damit durchkam. Andere wieder halten ihn für eine Schande für seinen ganzen Berufsstand, da er mit Presleys legendärer Großzügigkeit ansehnliche Gewinne machte, und behaupten, daß er hauptverantwortlich für den Tod des Stars gewesen wäre.

Presley war möglichsterweise der größte „Drogen-Verschlinger" der Rockgeschichte. Für ihn war das große Merck-Medikamentenverzeichnis für Ärzte so etwas wie ein Versandhauskatalog, und die Liste der Drogen, die er in Pillencocktails unbekannter Größe zu sich nahm, enthält Placidyl, Valmid, Dalmane, Valium, Mandrax und verschiedene Barbiturate (hier handelt es sich um Sedative, Hypnotika oder Tranquilizer); Hycomine, Codeine, Darvon, Dilaudid, Demerol und Meperidine (Schmerzmittel); Dexadrine, Dexamill, Eskotrol, Ritalin und Amphetamine (Aufputscher). Ironischerweise war er ein entschlossener Heroingegner und plante sogar einmal, einen ortsansässigen Dealer im Stil des Filmes *Ein Mann sieht rot* zu „eliminieren". Da er aber alle seine Drogen auf Rezept erhielt, konnte er nie eine Verbindung zwischen Heroin und den Drogen, die er so gierig verschlang, herstellen.

Dr. Nick war der klassische Rock-'n'-Roll-Arzt, der Tag und Nacht zur Erfüllung sämtlicher Bedürfnisse seines so wertvollen Patienten bereitstand. Am Tag vor seinem Tod empfing Presley eine Lieferung, die aus 150 Percodan- und Dilaudid-Schmerzmitteln, 262 Amytal- und Methaqualon-Tabletten und 278 Dexadrin- und Biphetamin-Aufputschern bestand. Wieviel davon er auch konsumierte, das steht ebensowenig fest wie seine genaue Todesursache. Dr. Nicks Verschreibungsgewohnheiten wurden genauen Prüfungen unterzogen, als Computeraufzeichnungen enthüllten, daß Nichopoulos während der letzten sieben Monate von Presleys Leben seinem Patienten insgesamt nicht weniger als 5.000 Tabletten verschrieben hatte. In Presleys Organismus schwamm jahrelang eine chemische Suppe herum. Außer einer gelegentlichen Radikaldiät, die nur aus Joghurt bestand, aß Presley nichts als Junk-Food und litt an einer alarmierenden Reihe von Krankheiten, hauptsächlich der Atemwege und des Kreislaufs. Gegen diese erhielt er verschiedene Medikamente, aber wahrscheinlich waren es andere Mittel (zusammen mit den Bergen von Eis und Hot Dogs, die er in sich hineinstopfte), die diese Leiden erst verursacht hatten. Vielleicht war es in diesem Fall keine Überraschung, daß die medizinische Profession sich um ihr Mitglied kümmerte: Nichopoulos erhielt einen Verweis, wurde für drei Monate suspendiert und durfte danach unter einer auf drei Jahre befristeten Bewährung weiterarbeiten.

14

... einstecken und runterkommen

Eric Clapton

Clapton is God. Wenn Musiker der eigenen Presse glauben, ist es meistens schon zu spät. Clapton versuchte alles, seinem überirdischen Ruf gerecht zu werden. Nicht nur seine Nasenscheidewand mußte darunter leiden – auch viele Fans, die seine erfolgreiche Version des Liedes „Cocaine" von J. J. Cale als lockere Aufforderung verstanden.

Rock 'n' Roll is here to stay/Better to burn out/Than to fade away.

Neil Young

Ich habe einen Freund namens Greenspan, der sagt: „Ich brauche ein bißchen Kokain, das mir Energie gibt. Ich brauche ein bißchen Schnaps, der mir Mut gibt. Und ich brauche ein bißchen Gras, das mich inspiriert." Ich glaube, so geht es vielen Musikern ... Auch ich tendiere dazu, die ganze Zeit leicht „zu" zu sein.

Michael Bloomfield, 1944–1981

Es ist klar, daß Drogen aller Art, legal oder illegal, jenen Leuten aus dem Musikbusineß, die sie wollen und die sowohl genug Geld als auch die richtigen Kontakte haben, in jeder gewünschten Menge zugänglich sind. Aber aus welchem Grund wollen sie sie eigentlich?

Die meisten Musiker haben nie in ihrem Leben Probleme mit Drogen; sie können ihren Konsum in derselben Weise unter Kontrolle halten wie sie (und die meisten anderen Menschen) ihren Alkoholkonsum kontrollieren. Und es ist offensichtlich, daß es einige gibt (deren Anzahl möglicherweise immer mehr steigt), die völlig enthaltsam leben. Trotzdem ist es eine Tatsache, daß es innerhalb der Industrie sehr viele Drogenkonsumenten und einen entsprechend hohen Prozentsatz an Betriebsunfällen gibt. Was also ist an Musikern und dem Musikbusineß so besonders?

Dieses Buch hat (besonders in Kapitel sechs) bereits versucht, einige der Begleitumstände zu beleuchten, etwa die pubertären Apekte der Musikerpsychologie. Aber ein Thema, das so kompliziert ist, braucht viel Platz und ist in einem eigenen Kapitel angemessener abzuhandeln, sowohl als Abschluß dieser Arbeit als auch im Licht der Pop- und Rock-Ära der jüngeren Vergangenheit, die sehr viel offenherziger dokumentiert wurde. Wenn man nach Verhaltensmustern sucht, dann läuft man immer Gefahr, zu vergessen, daß wir alle Individuen sind, daß es keine zwei Motivationen und persönliche Lebensumstände gibt, die genau gleich aussehen. Was genau eine „suchtgefährdete Persönlichkeit" ausmacht, das steht noch immer nicht fest. Wenn wir aber die Tatsache der Individualität beiseite lassen, dann versuchen wir hier, den Sinn einer ineinander verschlungenen Kette aus Sachverhalten und Psychologie, die vor dem Hintergrund des leichten Zugangs zu Drogen steht, herauszufinden. Und es dürfte sich um die beste Art handeln, ein allgemeines Gefühl für das, was hier geschieht, zu bekommen, wenn man sich auf die wichtigsten Motivations-Zusammenhänge konzentriert, die für den Drogenkonsum von Musikern verantwortlich sind. Ich habe aus dieser Analyse absichtlich andere Angehörige des Musikbusineß, wie Firmenmanager, Roadies etc., ausgeschlossen. Der Druck, dem sie ausgesetzt sind, ist ein anderer, und viele von ihnen greifen deshalb zu Drogen, aber sie befinden sich zumindest nicht unter dem Druck, immer im Blickpunkt der Öffentlichkeit stehen zu müssen. Die recht willkürlich gewählten Bezeichnungen, die ich den einzelnen Motivationen zugeordnet habe, sind „praktische", „der Entspannung dienende", „symbolische" und „emotionelle". Dennoch sollte betont werden, daß es ein Ding der Unmöglichkeit ist, festzustellen, welche dieser Faktoren im einzelnen wichtiger sind als die anderen, da das von Mensch zu Mensch anders ist.

Wie auch immer man es sieht – das Dasein eines professionellen Musikers ist oft eine verrückte Art, seinen Lebensunterhalt zu verdienen. Ob man sich nun in einem nur noch von Bindfäden und göttlicher Großmut zusammengehaltenen, ramponierten Transit-Lieferwagen durch England quält oder im Lear-Jet auf eineinhalb Jahre dauernden Tourneen kreuz und quer über den Globus rast – das Prinzip ist dasselbe. Es ist nur mehr eine Frage der Größenordnung.

In der Musikwelt arbeitet man, während (und damit) sich alle anderen vergnügen, und wenn das Publikum arbeitet, dann schläft man. Aber man muß auch schlafen gehen, wenn man gar nicht müde ist, weil Tourneeplan, Auftrittszeiten, Promotion- und Interviewtermine, Soundchecks, Fluglotsenstreiks usw. es so vorsehen. Dasselbe gilt fürs Aufstehen. Wenn man Glück hat, dann hat man Zeit, etwas zu essen. Und ganz egal, wie fürchterlich man sich fühlt, wenn die Lichter auf der Bühne angehen, dann muß man zwei Stunden lang das dämonische Superwesen spielen *oder* solange den absolut coolen Typen markieren, bis man das äußerst wichtige Interview für die neue LP hinter sich hat. Musiker können sich nicht krank melden oder ein paar Tage freinehmen (außer wenn es im Stundenplan vorgesehen ist), und sie können auch nicht mit dem Entschuldigungsschreiben eines Arztes eine Woche später auftauchen. Man pumpt alle Arten von Pferde-Dopingmitteln in die Leute hinein, damit die Show weitergehen kann. Und zwischen diesen hyperaktiven Perioden gibt es dann meist noch Zeiten verheerender Langeweile: endlose Stunden, die man auf Flugsteigen, in Hotelzimmern, Umkleideräumen, Aufnahmestudios, Zügen, Flugzeugen, Bussen und Autos verbringen muß und die alle genau gleich aussehen.

In einem solchen Arbeitsklima, das niemand, der es nicht genossen hat, wirklich verstehen kann, kann es leicht passieren, daß man auf ein chemisches Drogen-Karussell aufspringt (zu dem natürlich auch Alkohol gehört), um auf Befehl schlafen gehen und aufwachen, den Tag überstehen, die

Nerven beruhigen, sein Selbstvertrauen anheizen und der Langeweile entkommen zu können. Man muß sich sehr anstrengen, nicht in diese möglicherweise gefährliche Achterbahn einzusteigen. Ein Musiker erzählte mir einmal: „Mein Motto war es, immer darauf zu achten, daß ich aß und schlief – denn die Drogen und die hektische Lebensart fangen einen so ein, daß man diese Dinge wirklich vergißt und auf Tourneen äußerst ungesund lebt und sehr krank werden kann. Also schlief und aß ich immer ordentlich, nahm aber nebenbei eine Menge Drogen. Das war halt normal." Auch der Gitarrist Johnny Winter strich die besondere Langeweile des Tourneelebens heraus, die der Ausgangspunkt für seine Reise in die Drogenabhängigkeit gewesen war: „Als es immer härter wurde, unterwegs zu sein, und ich schon genug davon hatte, immer und immer wieder dieselben Songs zu spielen, nahmen wir eben ein bißchen mehr. Und dann war es wieder ein bißchen mehr, bis jeder in der Band außer Rick Derringer sich in einer ziemlich schlechten Verfassung befand" (zit. nach Cable, S. 180).

Al Kooper fing in seinem Buch *Backstage Passes* einige der essentiellen Wahrheiten des Rock-Lebens auf Tournee ein:

> Es ist das Jahr 1966, und wir spielen im Turnsaal irgendeiner College-Stadt … Du bist am Nachmittag im üblichen Holiday oder Ramada Inn angekommen, und die Angestellten haben dir wie üblich deutlich zu verstehen gegeben, daß du *nicht* willkommen bist. Du beeilst dich zum Soundcheck, bei dem irgendeine Stammbesatzung nicht im geringsten auf dich vorbereitet ist und wo die einfachsten Dinge sich stundenlang hinziehen. Vielleicht hast du noch genug Zeit, ins Hotel zurückzufahren und zu duschen (Mittagessen oder Abendessen – vergiß es – sie würden dich im Restaurant des Hotels sowieso nicht bedienen, selbst wenn du Zeit zum Essen *hättest*), und dann wieder ganz schnell zurück zum Turnsaal. Und dann heißt es warten, weil die Vorgruppe sowieso wieder zu spät angefangen hat und doppelt so lange spielt, wie sie soll, und das Publikum gerade dann, wenn du anfangen sollst, schon ziemlich gereizt ist.
>
> Deine große Stunde. Eine wirklich *glückliche* Stunde. Das war mit Sicherheit das einzige in diesem ganzen Stundenplan, das du genießen konntest. Gott behüte, wenn du eine schlechte Show gespielt hast; dann ist die einzige Alternative, die dir zur Langeweile, Frustration und Sinnlosigkeit bleibt, der Selbstmord. Nach einer schnellen Überprüfung der Räumlichkeiten, ob lächelnde Frauen da sind (nichts los!), heißt es zurück ins Hotel. Und dort ist die Küche natürlich (Sie haben richtig geraten) schon geschlossen …

> Aus diesem Grund waren wir praktisch alle dauernd high. Ich staune wirklich, daß wir keine Junkies waren … Meistens rauchten wir Hasch, Gras oder Opium und gelegentlich nahmen wir Meskalin. Man stelle sich vor, wie sie einen während dieser glücklichen Stunde auf der Bühne anhimmeln, und dann muß man in seine Zelle ins Hotel zurück. Da fühltest du dich wie ein talentiertes Tier im Zoo, das kurz einmal Ausgang hat (Kooper, S. 103).

Und am nächsten Tag macht man das Ganze wieder und wieder und wieder und wieder. In einem solchen Fall wurden Drogen also dazu benützt, die Schinderei des Tourneelebens auszulöschen, aber Al Kooper erzählte auch von der „glücklichen Stunde" auf der Bühne, und nach dem Auftritt herrscht große Versuchung, den ungeheuren Adrenalinstoß, der bei einem guten Auftritt entsteht, aufrechtzuerhalten. Musiker bezeichnen den Zustand nach dem Ende einer Show als unterdrückten Orgasmus, und ein paar Linien Kokain in der Garderobe halten diesen Zustand aufrecht – denn egal, welche Drogen man nimmt, es gibt nichts, was einen Auftritt vor einem aufnahmebereiten Publikum, wenn die Stimmung am Kochen ist, aufwiegen kann. Und natürlich greift man genauso schnell nach einem Ausgleichsmittel, wenn das Konzert katastrophal abgelaufen ist. Das, was Musiker besonders verblüffend finden, ist die Unberechenbarkeit eines Publikums. Wieder Al Kooper:

> Dabei handelte es sich um eine der größten Seltsamkeiten, wenn man auf Tour war. Manchmal konntest du so gut spielen, wie du es nie zuvor geschafft hast, und die Typen saßen einfach auf ihren Händen, keine Zugabe, nichts. Und dann … schüttest du sie eine Stunde lang mit Dinosaurierscheiße zu, und sie springen auf und klatschen und wollen zwanzig Zugaben. Das reichte normalerweise aus, jeden Respekt für die Leute, für die du spieltest, etwas einzudämmen (zit. nach Kooper, S. 99).

Eric Clapton soll angeblich mit ein bißchen Bitterkeit gesagt haben, daß er live auf dem Kamm blasen hätte können und trotzdem Applaus dafür geerntet hätte. Musiker unter sich sind gar nicht glücklich darüber, wenn sie mit einem schlechten Auftritt „davonkommen", und neigen oft dazu, ein nicht urteilsfähiges und blind bewunderndes Publikum zu verachten. Aber andererseits – wer will schon von der Bühne gebuht werden? Auf Tournee haben Musiker – im Vergleich zu anderen arbeitenden Menschen – *auffallend mehr Freizeit*. Ihr Arbeitstag beschränkt sich auf etwa drei Stunden statt der normalen sieben oder acht, und diese wenigen Stunden stehen am Ende des

Tages statt am Beginn, nach oder während der Zeit, die für die meisten Leute als Freizeit gilt. Das heißt also, daß die Zeit eines arbeitenden Musikers, in der er sich entspannen kann, sowohl durch die Stundenzahl *ziemlich beschränkt* ist als auch durch das Vorwissen, daß am nächsten Tag wieder ein Auftritt ist – vielleicht 800 Kilometer weit weg. Der Zeitraum, welcher der Erholung dienen soll, wird bis zu einem gewissen Grad jeder Realität beraubt, und es entsteht ein unheimliches, verwirrtes Gefühl. Es gibt Musiker, die das akzeptieren und versuchen, die Exzesse so gering wie möglich zu halten. Andere jagen dem Phantom nach und nehmen Drogen, um schneller in Partystimmung zu geraten, weil sie wissen, daß die Nacht viel zu bald dem Tag und dem Klopfen des Tourmanagers weichen wird. Die körperliche Verfassung von Musikern ist legendär, ebenso wie die Geschichten über ihre Exzesse nach „Dienstschluß" – Sex, Drugs & Rock 'n' Roll in ihrer ganzen grausamen Faszination. Außenstehende können mit diesem Tempo kaum mithalten – weder mit der Lebensart selbst noch mit den Chemikalien, die man dazu braucht, sie durchzustehen –, obwohl es einige gibt, die es versuchen. Es gab Bands mit einem ausgesprochen schreckenerregenden Tournee-Image – wegen Drogen, Randalieren und „Perversion". Led Zeppelin und die Stones fallen in diese Gruppe. Robert Greenfield erzählte in seiner Berichterstattung über die zwei Monate dauernde USA-Tournee der Stones im Jahre 1972 die Geschichte von Bob Gibson, Teilhaber an einer Rock-Public-Relations-Firma, zu deren Klienten die Stones gehörten. Gibson hatte beschlossen, sich der Band auf der gesamten Tour anzuschließen. Er hielt es genau eine Woche lang aus.

Paradoxerweise gibt es viele Musiker, die trotz all der erschwerenden Umstände, die das Tourneeleben mit sich bringt, kurze Zeit nach Beendigung einer Tour anfangen, vor Langeweile die Wände hochzugehen. Barbara Charone beschrieb das in ihrer Keith-Richards-Biographie (London: Futura, 1979) besonders deutlich (auf S. 10). Wenn er nicht spielte, dann tat er nichts anderes, als sich „zuzumachen" und fernzusehen. „Ich kann einfach nicht existieren, wenn ich nicht auf Tour bin … jede Minute, die ich nicht auf Tour verbringe, macht mich entweder zum Alkoholiker oder zum Junkie, weil ich sonst nichts zu tun habe." Für Keith Richards stellte Heroin ein Mittel dar, die Entzugserscheinungen des Nicht-auf-Tour-Seins zu bekämpfen.

Man hat viele Vergleiche benützt, um das Musikbusineß zu beschreiben – einer der treffendsten ist vielleicht das Feudalsystem. In diesem Sinne wären also Veranstalter, Produzenten und Firmenmanager als Gutsherren zu betrachten, die Musiker als Ritter und ihre Manager und PR-Leute als Gefolgsleute. Das um sie herumscharwenzelnde Gefolge, also Roadies und

Laufburschen, sind die Knappen und Bauern. Die Bühne ist der Turnierplatz, auf dem die Band die Massen erfreut oder die Zuneigung des Publikums mit ihren Fähigkeiten auf der Streitaxt (bzw. Gitarre) erobert. Man kann diesen Vergleich aber auch über rein formale Aspekte hinaus ausdehnen, wenn man die Prinzipien des höfischen Protokolls als Metapher für die symbolische Funktion, die Drogen im Leben eines Musikers spielen können, nimmt. Wegen ihres Talents und den Anforderungen, die ihre unkonventionelle Lebensart an sie stellt, betrachten sich Musiker der verschiedensten Richtungen oft als Außenseiter, die von den Zwängen des normalen Alltagslebens abspringen können. Dieser Außenseiterstatus wirkt auch auf die Fans äußerst reizvoll und erzeugt Bewunderung und Heldenverehrung. Der Musiker wird zum unbeschriebenen Blatt, auf das die Fans ihre eigenen Wünsche, Hoffnungen, Frustrationen und unerfüllten Träume projizieren. Die alten Ritter, die zum Wohle des Volkes auszogen, um gegen Ungeheuer anzutreten, erhielten dafür, wenn sie überlebten, stattliche Belohnungen, und ihre Heldentaten wurden zu Ruhmeslegenden. Im Musikbusineß herrschen sehr ähnliche Vorstellungen. Das Ungeheuer kann in vielerlei Gestalten auftreten: in den 60er Jahren war es sehr oft das Musikbusineß selbst, und die Musiker stürmten im Namen der künstlerischen Freiheit gegen die Windmühlen der Unterhaltungs-Multis an. Aber diese vielköpfige Hydra schnappte nach ihnen, und nur wenige der Ritter überstanden diesen Kampf unbeschädigt; einige von ihnen, wie Hendrix, erlangten Rock-Unsterblichkeit. Die anderen lernten ihre Lektion, die Lämmer lagen neben den Löwen, und heute sind die Künstler genauso versessen auf ihr „Produkt“ und darauf, bei den Konferenzen der Finanzabteilungen dabeizusein, wie die Bosse, die hinter dieser großen Schau stecken. Aber Musiker machen natürlich immer noch Sachen, von denen viele sich nur wünschen können, *sie* hätten das Geld und die Nerven, so etwas auch zu tun. Oft haben Musiker schon gesagt, daß sie es sind, die für die normalen Menschen die Risiken auf sich nehmen und für Stellvertretererlebnisse sorgen – also buchstäblich ausziehen und sich auf die „Jagd nach dem Drachen“ begeben.

Diese Schlachten und Kämpfe können sowohl privater als auch öffentlicher Natur sein: Ein Teil des Musikermythos ist es, daß jeder „Lehrgeld bezahlen“ und sich seine Sporen verdienen muß. Manche Musiker haben ihre Erfahrungen mit Drogen unter diesem Blickwinkel betrachtet, als so etwas wie eine Prüfung, ein Initiationsritual – so wie jeder Ritter der Tafelrunde aufbrechen mußte, um seinen persönlichen Ritterzug zu bestehen. Eric Clapton drückte es einmal so aus: „Sicherlich hatte die Sache einen heroischen Aspekt. Ich habe versucht, allen zu beweisen, daß ich es tun und auch lebend überstehen konnte.“

Soldaten auf einem Feldzug entwickeln ebenso wie Musiker auf Tournee enge Kameradschaftsverhältnisse, und Drogen können innerhalb einer Band ein sehr wichtiges Bindemittel sein, das mehrere oder alle der Gruppenmitglieder zusammenhält. Ein Soziologe beschrieb den Drogenkonsum und die damit zusammenhängenden Vorbereitungsrituale einmal als eine der Erfahrungen, die jede Band gemeinsam macht. „Die regelmäßige Beziehung, die man unter Drogeneinfluß vor dem Auftritt hat, stellt so etwas wie ein Sakrament dar, das den Übergang von ‚nicht auf der Bühne' zu ‚auf der Bühne' symbolisiert" (zit. nach Bennett, S. 77). Das wäre soweit ganz in Ordnung, vorausgesetzt, daß alle Mitglieder der Band die gleichen Drogen im gleichen Maße konsumieren, was nur selten der Fall ist. Wenn einer oder zwei Heroin nehmen, dann finden die anderen es praktisch unmöglich, mit ihnen zu kommunizieren. Bei The Police erzeugte Kokain jede Menge Schwierigkeiten, weil es soviel Aggression hervorrief; und ein Mitglied der dahingegangenen Lynyrd Skynyrd nahm soviel LSD, daß ihn das von anderen zunehmend isolierte. Schließlich kann das soziale Bindemittel zu bröckeln anfangen. Ein Musiker beschrieb den Abgang des Bassisten seiner Band in einer Gruppe regelmäßiger Marihuanaraucher: „... plötzlich hast du immer mehr Fehler vom Baß gehört, es klang so abgehackt ... als würde alles auseinanderfallen. Das Problem war, daß Mike mehr und mehr Speed nahm. Erst warf er es nur ein, und am Schluß schoß er sich das Zeug schon täglich nach dem Aufstehen. Und er sah nur noch aus wie aufgewärmte Scheiße. Schließlich und endlich mußten wir ihn einfach loswerden, weil er der ganzen Band schadete" (zit. nach Bennett, S. 33). Die Kehrseite der Medaille ist der Gruppendruck, wie ein Roadie mir gegenüber feststellte: „Als ein neues Mitglied zu der Band stieß, mit der ich unterwegs war, stand dieser unter einem Druck, der immer größer wurde, und das Ganze endete damit, daß er Unmengen Kokain aufkochte und rauchte." Tony Sanchez, Keith Richards' Drogenlieferant, schrieb in seinen Memoiren über sein Leben an der Seite der Stones: „Wenn man in der Rock-Welt arbeitet und sich weigert, zu koksen, dann ist das so, wie wenn man sich einem Rugby-Club anschließt und dort totale Enthaltsamkeit predigt. Du mußt gelegentlich das sniefen, was man dir anbietet und dann den anderen wieder was hinlegen, sonst bist du dort sofort ein Ausgestoßener" (Sanchez, S. 212).

Hand in Hand mit der Tourneekameradschaft geht die vorsätzliche Politik, nicht nur Außenseiter auszuschließen, sondern auch dafür zu sorgen, daß jene Leute, die versuchen, einem nahezukommen, sich bald sehr unbehaglich fühlen. Drogen sind dabei eines der wichtigsten Werkzeuge, wie mir ein Tourmanager beschrieb:

Eine Menge Musiker sind zu Leuten, die gelegentlich zu ihnen auf Besuch kommen, vor allem zu Frauen, ausgesprochen ekelhaft. Mal angenommen, man wollte jemanden loswerden, ein Mädchen aus dem Publikum oder so. Wenn sie die Band oder einen aus der Mannschaft besuchte und die dort üblichen Drogen nicht nehmen wollte, dann setzte man sie unter Druck, nannte sie einen Feigling etc. Wenn man auf Tournee ist, dann ist man wie eine Familie, man ist sich untereinander sehr nahe. Jeder, der zu Besuch kommt, ist ein Außenseiter ... jeder weiß, was los ist, weil er mittendrin steckt, und dann heißt es: ‚Schockieren wir sie doch ordentlich, nehmen wir eine Menge Drogen vor ihnen', besonders bei Journalisten ist das so. Man sorgt auch dafür, daß sie mitmachen. Und es war immer sehr nett für sie, dazuzugehören.

Eine Band wie die Stones, die Menschen anzog wie ein Magnet, verwendete Drogen oft dazu, den Mitläufern immer einen Schritt voraus zu sein und damit die Vorzüge ihres Elitedaseins als etwas sehr Schickes zu demonstrieren. Robert Greenfield, der sich 1972 mit der Gruppe auf Tour befand, bezeichnete dieses Jahr als das der „ludes" (Mandrax) – „besonders geeignet dafür, einfach umzukippen, Leute zu ficken, mit denen man ansonsten nicht einmal geredet hätte, und seinen eigenen Namen zu vergessen". Das war jedoch nur fürs Publikum gedacht; hinter der Bühne versuchten die Rock-Parasiten die Stones mit der besonderen Qualität des Heroins zu beeindrucken, das sie als Geschenk mitgebracht hatten, als wären sie die Heiligen Drei Könige, die die Krippe in Betlehem besuchen wollten. Aber die Stones waren halt nicht leicht zu beeindrucken; die chemischen Substanzen, die bei dieser Tournee „in" waren, waren Kokain, Kahlua mit Schlagsahne und Tequila mit Granatapfelsaft, zu dem die Stones noch Amylnitrat hinzufügten. Diese Droge, die chemisch dem Stickstoffoxydul (Lachgas) verwandt ist, wird normalerweise zur Behandlung von Schlaganfällen verwendet, da sie die Gefäße freimacht, die Blut zum Herzen transportieren. Auf dem Schwarzmarkt wird sie in kleinen gläsernen Ampullen angeboten, die zerplatzen und „Popp!" machen, wenn man sie zerdrückt (daher auch die Slangbezeichnung „Poppers") – anschließend wird das Nitrit inhaliert. Die Wirkung ähnelt ein bißchen der, wenn man mit einem Ziegelstein mitten ins Gesicht geschlagen wird, besonders wenn man vorher nicht weiß, was man zu erwarten hat. Leute, die Heroin mit sich herumschleppten, wurden zu Freiwild erklärt, und die beliebteste sportliche Übung bestand darin, sich an jemanden anzuschleichen und unter seinen Nasenlöchern einen Popper zu zerdrücken.

Drogen stellen aber auch an sich eine „Belohnung" dar: Der Zugang zu unbegrenzten Mengen illegaler Drogen ist einer der Vorteile des Rockheldendaseins – sie repräsentieren Erfolg. Wer es sich leisten kann, völlig ungeniert mit so kostspieligen Waren umzugehen, seien es nun Drogen oder Autos, dem muß es auch sonst ganz gut gehen. Dasselbe Prinzip läßt sich auch auf das Zertrümmern von Hotelzimmern anwenden; man kann sich völlig seinen pubertären Phantasien hingeben und seinen Buchhalter danach einen Scheck ausstellen lassen. Das Geld verleiht einem die Freiheit, sich Dingen gegenüber, die von den meisten anderen Menschen hochgeschätzt werden – wie etwa ein wertvolles Auto – verächtlich zu zeigen. Das verstärkt nur noch das „Rebellen"-Image und die allgemein verbreitete Ansicht, daß sich ein großer Star alles erlauben kann, sei es nun, eine Linie Kokain nach der anderen zu sniefen, mit einem Rolls-Royce in den Swimmingpool zu fahren oder mit allem zu kopulieren, was sich bewegt. Dabei handelt es sich um die sofortige Belohnung, wie Kinder sie brauchen – „Gib mir alles – ich will es jetzt." Ein persönlicher Manager, also ein Mann, der mit all diesen Forderungen fertigwerden mußte, sagte einmal, daß die meisten Musiker wie „große Kinder sind – man muß auf jede ihrer Launen eingehen". Die Musikindustrie ist so etwas wie das Schlaraffenland, kein Mensch will dort je erwachsen werden, nicht einmal relativ vernünftige Stars wie Mick Jagger. 1965, als er erst kurze Zeit seinen Ruhm als Popstar genoß, erzählte er Ian Whitcomb: „Sie glauben doch nicht, daß ich noch ‚Satisfaction' singen werde, wenn ich einmal vierzig bin, oder? Um Himmels willen, ich würde lieber tot umfallen!" (zit. nach Whitcomb, S. 195). Mittlerweile ist Mick Jagger über fünfzig. Auf Musiker, die im Blickpunkt der Öffentlichkeit stehen, wird von vielen Seiten Druck ausgeübt, und es scheint eine schmerzliche Wahrheit zu sein, daß der unbedingte Wunsch, es im Musikgeschäft zu etwas zu bringen, bei denen am stärksten ist, deren Schwächen durch dieses Geschäft am deutlichsten zutage treten.

Anders als ein Schriftsteller, Maler oder Bildhauer kann ein Musiker (so wie andere darstellende Künstler) den Höhepunkt künstlerischer Erfüllung nicht erreichen, wenn er bei seiner Arbeit für sich bleibt. Er kann es nur im Aufnahmestudio, umgeben von anderen Musikern und Technikern, oder auf der Konzertbühne vor Tausenden von Menschen schaffen. Und damit er es einmal so weit bringen kann, muß der Musiker die haiverseuchten Gewässer des Musikgeschäfts durchschwimmen. Mit Hilfe von Langzeitverträgen, Anzahlungen statt Tantiemen und der allgemeingültigen Wahrheit des Satzes „Ohne Geld keine Musik" schaffen es die Plattenfirmen im großen und ganzen, sich den Musiker hörig zu machen: „Nein, leider, die Tournee ist abgesagt ... Es wird noch sechs Wochen dauern, bis du ins Studio gehen kannst ... Nein, wir glauben nicht, daß du nach New

York gehen und mit diesem und jenem spielen solltest, wir würden sowieso mehr verlangen, als der bezahlen kann … Nein, das können wir dich wirklich nicht aufnehmen lassen – Wo ist die Hit-Single?“ Und es sind nicht nur die Plattenfirmen; an jeder Ecke wartet jemand, der ihn ausnehmen will – Manager, Agenten, Veranstalter und Musikverleger. Von diesem Krieg bekommt die Öffentlichkeit nichts mit, er kommt nur indirekt an die Oberfläche, wenn jemand zu einem anderen Label wechselt oder vor Gericht geht. Musiker (vor allem schwarze Musiker) wurden systematisch um Tantiemenzahlungen in Millionenhöhe betrogen, während sowohl Bands auch als Solisten durch Gerichtsverhandlungen ruiniert wurden, wegen denen sie solange nicht touren konnten, bis das Publikum ihren Namen vergaß. Es ist nicht überraschend, daß es dadurch auch privat zu Verstimmungen und Qualen kommen kann, wenn ein Musiker seinen persönlichen Ansichten Luft macht, daß diese Spielchen einen Prozeß zynischer Manipulation darstellen. Wie wir gesehen haben, können Drogen in diesem Prozeß eine Rolle spielen, indem sie zur chemischen Krücke werden, wenn einen das Leben niederwirft. Als darstellendem Künstler kann es dem Musiker passieren, daß er sich zwischen einem Publikum, dem er in vielen Fällen jedes Verständnis und Urteilsvermögen abspricht, und der Industrie, mit der er, obwohl sie völlig andere Ziele hat als er, zusammenarbeiten muß, hilflos gefangen sieht. Die Fans wollen nicht, daß sich ein Künstler „ausverkauft“, aber die Firma verlangt kommerziellere Produkte von ihm. Auf der anderen Seite wollen weder die Fans noch die Firma, daß er sich weiterentwickelt. Das Publikum wollte Hendrix seine Gitarre zertrümmern sehen, und sowohl die Plattenfirma als auch sein Ma-nagement betrachteten das als den besten Weg, Platten loszuschlagen und bei Konzerten alle Plätze mit gaffenden Zahlern zu füllen. Hendrix zog sich in ein Zimmer voller Spiegel zurück, aus dem er nicht mehr herauskonnte.

Für den internationalen Rockstar gibt es eine Menge, vor dem er davonlaufen kann – die Presse, die Fans, die Gangster, die Gauner und den ganzen Rock-Zirkus. Jeder möchte ein Stückchen von einem Star, jeder glaubt, daß er ein Recht darauf hat, weil er doch schließlich die Platte oder Konzertkarte gekauft hat oder einfach, weil diese Person berühmt und damit öffentliches Eigentum ist. Und dann gibt es noch eine Art „Pseudopublikum“, das am Rand der Show lauert und mit allen Mitteln dazugehören möchte – Leute, die versuchen, ein bißchen Anerkennung zu gewinnen, indem sie Drogen mitbringen und dann glauben, daß das, was ein Musiker tut, der sich mit ihren Drogen zugeknallt hat, auch danach noch irgend etwas mit ihnen zu tun hat. Barbara Charone beobachtete „Typen, die alles mögliche auf sich nahmen und sich auch demütigen ließen, nur um den Stones zu gefallen" (Charone, S. 12). Die boshaftesten Elemente jedoch sind wahrscheinlich jene Leute, die einem Star wirklich nahestehen, das persönliche Gefolge, was zum Beispiel John Lennon als einer von wenigen erkannte (in einem *Newsweek*-Interview, erschienen im Oktober 1980):

> Ich hatte mich an eine Situation gewöhnt, wo immer eine Zeitung da war, wenn ich sie lesen wollte, und erst nachdem ich sie gelesen hatte, konnte jemand anderer sie haben ... Ich glaube, das ist es, was Leute vom Schlage eines Elvis Presley umbringt ... Der König wird immer von seinen Höflingen umgebracht, nicht von seinen Feinden. Der König soll überfressen, mit Drogen vollgestopft, besoffen sein, damit er an seinen Thron gefesselt bleibt. Die meisten Leute, die sich in einer solchen Lage befinden, wachen nie mehr auf. Sie sterben entweder geistig oder körperlich oder beides ... und das war auch der Grund für das Ende der Beatles. Nicht weil Yoko die Beatles auseinandergebracht hat, sondern weil sie mir gezeigt hat, was es bedeutete, Elvis Beatle zu sein, umgeben von Arschkriechern und Sklaven, deren einziges Interesse darin bestand, daß sich die Situation nie änderte. Und das ist schon eine Art Tod.

Ein Star, der sich zwischen so viel von ihm abhängigen Eigennutz befindet, kann zur Ansicht gelangen, daß es niemanden gibt, dem er wirklich vertrauen kann, und deshalb seine Zuflucht in Drogen suchen, mit denen er sich wieder sicher und geborgen fühlt. Mike Bloomfield, der 1981 an einer Überdosis starb, hatte eine bemerkenswerte Karriere als Blues-Rock-Gitarrist mit Bob Dylan, Paul Butterfield, Electric Flag, Muddy Waters, John Hammond und Sleepy John Estes hinter sich und veröffentlichte zu Lebzeiten auch eine Reihe von Solo-LPs. Er meinte: „Die Leute können von mir denken, was sie wollen. Die Leute können alles mögliche von mir wollen. Ich kann alles mögliche von mir wollen. Aber ich weiß, wenn ich eine bestimmte Chemikalie zu mir nehme, dann erreiche ich einen Zustand, auf den ich mich verlassen kann. Ich glaube, daß Drogen auf diese Art das Leben eines Musikers ein bißchen erträglicher machen" (*High Times*, Juni 1983, S. 42).

Eric Clapton hat die Heroinabhängigkeit damit verglichen, in einen riesigen Wattebausch eingehüllt zu sein, völlig von der Außenwelt abgeschnitten. Clapton schien mit Heroin angefangen zu haben, weil er so sein künstlerisches „Lehrgeld" bezahlen und sich die „Erlaubnis" erkaufen wollte, nach schmerzlichen privaten Verlusten und Mißerfolgen bei der Kritik wieder aus dem Rampenlicht abzutreten.

Aus der „Sicherheit“ heraus, die einem Drogen bieten, kann man natürlich auch die Illusion der Unabhängigkeit, des *Nicht*-an-den-Thron-gefesselt-Seins, sondern sein Leben selbst unter Kontrolle zu haben, erzeugen – auch wenn das, was hier als ein rebellischer Akt erscheint, in Wirklichkeit sehr konservativ und rituell ist. Und diese Zuflucht erzeugt auch noch eine andere Illusion – daß man Drogen wirklich dazu benötigt, um besser spielen zu können. Diese Idee ist ein Teil des Charlie-Parker-Mythos, der bis in die 60er und 70er Jahre hinein eine Menge Musiker infiziert hat, besonders solche, die sich am Crossover von Jazz und Rock versuchten. Es gibt natürlich auch einiges, was für diese Annahme spricht, aber nur im frühesten Stadium, wenn eine Lockerung der Hemmungen dazu führen kann, daß man sich zu experimentieren traut und Fortschritte erzielt. Der Saxophonist Dick Heckstall-Smith , der zusammen mit Alexis Korner, Graham Bond, John Mayall und Jon Hiseman diesen musikalischen Übergang machte, drückte es in einem Interview mit dem Verfasser so aus: „In der Zeit, als ich es mit Alkohol und Speed versuchte, besonders am Anfang, konnte ich mein Spiel wirklich verbessern. Mir fielen Sachen ein, die mir sonst nie eingefallen wären.“ Wie kann so etwas zustande kommen?

„Nun, in gewissem Sinn wird Musik nicht von einem komplett rational denkenden und bewußten menschlichen Wesen erzeugt; es gehört zur Ausbildung eines Musikers, ‚aus sich herausgehen‘ zu lernen und die Musik einfach durch sich durchfließen zu lassen. Der vollkommene Künstler ist jemand, dessen individuelle Eigenschaften so gut wie ganz weggewischt sind – je mehr sie sich dem Nicht-Sein nähern, desto eher kann die Musik das Kommando übernehmen. Alkohol und Drogen sind eine Abkürzung, mit der man das Bewußtsein teilweise von seinem angestammten Platz verdrängen kann. Der Alkohol ermöglichte es mir, mich zu konzentrieren, aber ich vertrug bald mehr und mehr, und die Menge, die ich dann brauchte, um in den richtigen Zustand zu gelangen, machte mich andererseits wieder physisch langsamer. Und dann kam mehr Arbeit, ein größerer Druck, und ich beschloß, daß ich etwas brauchte, das mich schneller machte. Die ersten Warnungen meines Körpers kamen in Momenten, als mein Kopf wußte, was ich tun wollte, aber meine Finger es nicht mehr tun konnten. Und nach fünf Jahren kamen dann die Zinsen des Ganzen und ich wurde immer schlechter“ (aus einem Interview mit dem Autor).

Erfolgreichen Musikern oder solchen, die auf dem Sprung zum Erfolg sind, kann es passieren, daß sie plötzlich von Panik befallen werden, wenn sie nur daran denken, daß sie sich nach dem Dasein eines Stars sehnen und sich zugleich davor fürchten, oder manchmal die paranoide Angst haben, jetzt bald als talentloser Schwindler entlarvt zu werden. Der Gitarrist Richard Lloyd schien sich, nachdem er bei Television ausgestiegen war, auf dem sicheren Weg zu einer erfolgreichen Solokarriere zu befinden, als 1979 seine LP *Alchemy* erschien: „Der Aspekt des Big Business, diese ‚Wir-kauen-dich-durch-und-spucken-dich-dann-aus'-Einstellung, die in großen Firmen üblich ist, und die Maschinerie, die dir verspricht, dich zum Star zu machen – all das machte es immer schwerer für mich und jagte mir Angst ein. Ehrlich, ich bin dann bei ein paar wichtigen geschäftlichen Besprechungen aufgetaucht und war so besoffen, daß ich kaum noch aus den Augen schauen konnte. Die Firmentypen spülten mich prompt durchs Klo" (aus einem Interview mit *Musician*, Dezember 1986, S. 25–26). Es sollte fünf Jahre dauern, bis Lloyd mit seinen Alkohol- und Drogenproblemen fertig wurde; schließlich schaffte er mit *Field of Fire*, einem 1986 veröffentlichten Solo-Album, wieder den Sprung zurück ins Geschäft.

Die Angst vor sinkender Beliebtheit beim Publikum kann jedoch mit der Furcht vor dem Erfolg mühelos mithalten. Wie anstrengend es auch gewesen sein mag, dir deinen Weg an die Spitze mit Zähnen und Klauen zu erkämpfen, es scheint noch viel anstrengender zu sein, dort oben zu bleiben. Brian Jones wollte um jeden Preis ein Star sein, aber je mehr er es versuchte, desto härter wurde sein Leben. Wie so viele vor und nach ihm tappte er in eine verhängnisvolle Falle und glaubte, er müßte überlebensgroß werden, sowohl auf der Bühne als auch privat. Er konnte die Tatsache, zu den Rolling Stones zu gehören, nie im richtigen Verhältnis oder aus einer Distanz betrachten – diese Tatsache verschlang ihn mit Haut und Haaren und quälte ihn mit Unsicherheiten und Ängsten. Für Brian war es so, als stünde er die ganze Zeit auf der Bühne; er gewann Kämpfe als Drogenverschlinger und Trendsetter, die ihm persönlich nicht das geringste brachten. Schließlich ertrank er in einem Swimmingpool, von Alkohol und Sedativen in die Bewußtlosigkeit getrieben, aber sein wahrer Untergang war sein Liebesverhältnis zum LSD. Er glitt in eine zwielichtige, irreale Welt ab und war nicht mehr fähig, das zu tun, was sein Leben retten hätte können – Musik machen.

Janis Joplin war das klassische Beispiel einer gehetzten Seele, die so viel Lebenserfahrung wie nur möglich packen und sich alles auf einmal in den Mund stopfen wollte. Ihre physische Konstitution war geradezu beängstigend; sie ließ sich bewußt auf die härtesten Auftrittspläne ein, erging sich in endlosem Feiern und konsumierte nebenbei riesige Mengen Drogen und Alkohol in den exotischsten Kombinationen. Kurz vor ihrem Tod gestand Janis Joplin einem Journalisten: „Ich wollte Dope rauchen, Dope schlucken,

Dope schlecken, Dope lutschen und Dope ficken.“ Ihre seelische Zerbrechlichkeit konnte jedoch nicht mir ihren körperlichen Gelüsten mithalten. Sie war sehr von anderen Menschen abhängig, da sie schreckliche Angst vor der Einsamkeit hatte, und trotzdem verhielt sie sich manchmal unglaublich fordernd und unterdrückend. Sie bat und bettelte nach Liebe und Anerkennunung und stürzte in die tiefsten Tiefen der Verzweiflung, wenn sie sich abgelehnt oder ausgenützt fühlte. Jedes Zeichen der schwindenden Beliebtheit – wenn zum Beispiel bei einer Rock-Umfrage weniger Leute für sie stimmten als ein Jahr zuvor – ging ihr besonders nahe. Für sie war die Band, deren Sängerin sie war, nie genug – wie Art Pepper fühlte sie sich bei ihren drogenkonsumierenden Freunden, die an den Randbereichen des Busineß herumhingen, am heimischsten. Sie verlangten am wenigsten von ihr, behandelten sie wie eine Königin und verstanden ihre Beziehung zu Drogen – eine Beziehung, die niemand anderer richtig einschätzen konnte.

Drogen haben vielen Rock-, Pop- und Jazzmusikern das Leben gekostet, sowohl schwarzen als auch weißen, und das über all die Jahrzehnte der modernen Musik nach dem Krieg hinweg. Aber obwohl die genauen Umstände dieser Todesfälle jedesmal anders waren, kann man doch feststellen, daß viele dieser Stars in Zeiten des Übergangs starben, als sie sich einer neuen Situation oder dem Karriereabsturz anpassen wollten – Dinge also, die viel mit Besorgnis und Verzweiflung zu tun haben.

Frankie Lymon war eines der extremsten Beispiele für zu viel und zu schnell. Als Sänger der Vokalgruppe The Teenagers hatte er 1956 schon im Alter von dreizehn einen Nummer-eins-Hit mit „Why Do Fools Fall in Love?“ Die Nummer blieb fünf Monate lang in den Hot Hundred und wurde weltweit zweimillionenmal verkauft. Lymon verdiente 5.000 Dollar in der Woche, rauchte 20 Zentimeter lange Zigarren, machte Hotelzimmer dem Erdboden gleich und schlief mit einer ganzen Reihe älterer Frauen. Nach drei Jahren war alles wieder vorbei; seine darauffolgenden Platten waren nicht annähernd so erfolgreich gewesen, er verließ die Teenagers, und schließlich ließ ihn auch noch sein Label fallen.

Lymon kam aus einem rauhen puertoricanischen Viertel in Washington Heights und torkelte noch im Teenageralter als chronischer Heroin-User wieder dorthin zurück. 1961 retteten ihn zwei Manager, die ihn zur Drogentherapie im Manhattan General Hospital brachten und alles mögliche versuchten, um seine Karriere wieder aufleben zu lassen. Er brachte zwei Singles heraus, die beide unbeachtet blieben, und bemerkte, daß er fünf Jahre lang an das Kleingedruckte in einem Columbia-Plattenvertrag gefesselt sein würde. Drei Jahre später, 1964, stand sein Name wieder in den Schlagzeilen, aber nur deshalb, weil er wegen einer Heroingeschichte verurteilt wurde. Im Januar 1967 brachte die schwarze Zeitung *Ebony* ein optimistisch klingendes Interview, in dem Lymon noch einmal versuchte, wieder auf die Beine zu kommen: „Ich bin wie neu geboren", behauptete Frankie, „... ich schäme mich nicht, dem Publikum zu gestehen, daß ich mich einer Behandlung unterzogen habe. Vielleicht wird meine Geschichte irgendeinem anderen Kid helfen, nichts Falsches zu machen ... Ich habe Glück gehabt, Gott muß mich beschützt haben ... niemand hat mir je schlechten Stoff verkauft." Ein Jahr später war es mit seinem Glück vorbei. Am 28. Februar 1968, im Alter von 26 Jahren, fand man ihn tot, auf dem Badezimmerboden liegend, in der Wohnung seiner Großmutter. Tragischerweise hatte er sich, wie sein Bruder, eine Überdosis Heroin gesetzt.

Der Free-Gitarrist Paul Kossoff war zwar in seinen Jugendjahren so etwas wie ein Pillenschlucker, aber er hatte nie echte Probleme mit Drogen, bis sich die Band auflöste. Free gründeten sich 1969 und hatten 1970 bereits drei Alben in der Tasche. Ihre Single „All Right Now" von der dritten LP machte sie zu echten Stars. Und das war der Anfang der Katastrophe: Sie waren jung (der Bassist Andy Fraser war erst fünfzehn, als sie anfingen) und gelangten sehr schnell zu Geld und Ruhm. Laut Aussage ihres Managers John Glover hatte jedoch niemand in der Band zerstörerische Tendenzen, und angeblich bildeten sie eine sehr eng zusammenhaltende, abgeschlossene Einheit, die es erfolgreich schaffte, den Druck des Busineß zu absorbieren. Als aber das Nachfolgealbum und die Single es nicht in die Charts schafften, fing diese Festung an, abzubröckeln, und Sänger Paul Rodgers begann heftig mit Andy Fraser, mit dem er sämtliche Songs verfaßt hatte, zu streiten. Trotzdem waren Free so in sich abgeschlossen, daß es ein großer Schock für alle, einschließlich ihr Management, war, als Andy ankündigte, daß es mit der Band vorbei wäre.

Der Schlagzeuger Simon Kirke regte sich zwar sehr darüber auf, wurde aber schließlich damit fertig; Paul Kossoff hingegen war am Boden zerstört. Er war ein außerordentlich begabter Gitarrist mit einem einzigartigen Sound und Musikgefühl und ein sehr sensibler Mensch. Free hatten ihm alles bedeutet, und ohne sie war er verloren. Fraser und Rodgers versuchten es mit ihren eigenen Bands und scheiterten. Simon Kirke engagierte Paul für eine Studioband, die eine einzige LP veröffentlichte: *Kossoff, Kirke, Tetsu and Rabbit.* Außerdem spielte Kossoff bei einigen Studio-Sessions für Island Records mit Robert Palmer und Jim Capaldi. Aber die Auflösung von Free hatte ihn auf Drogen gebracht: „Sein Problem waren die Tabletten", sagte John Glover. „Valium, Librium, Mandrax, Tuinal – egal was, er hat's geschluckt. Und er war unverwüstlich – er hat sie wirklich kiloweise genommen." Kossoff verbrachte einen Großteil seiner Zeit in

Gesellschaft anderer Drogenkonsumenten, wie etwa seines Freundes Gary Thain, dem Bassisten von Uriah Heep. (1974 entging Thain auf einer Bühne in Dallas nur knapp dem Tod durch elektrischen Strom und verließ Uriah Heep kurz danach, weil er das Gefühl hatte, daß sie seine Verletzungen nicht ernst nahmen. Er war Heroin-User und starb im Februar 1976 an einer Überdosis. Paul Kossoff überlebte ihn nur um ein Monat.)

John Glover überredete Free nach dem Mißerfolg sämtlicher Splittergruppen, sich für eine Comeback-Tour wieder zusammenzutun und abzuwarten, was geschehen würde. Free II schleppten sich von Januar bis Juli 1972 dahin, dann stieg Andy Fraser wieder aus; ihre USA-Tournee hatte sehr darunter gelitten, daß Kossoff es bei einigen Auftritten nicht schaffte, auf die Bühne zu kommen. Im Oktober war auch er nicht mehr bei der Band und wurde durch Wendell Richardson von der Gruppe Osibisa ersetzt, der dabeiblieb, bis Free sich im Juli 1973 zum letzten Mal auflösten. John Glover erzählte mir die Geschichte von diesem Zeitpunkt an weiter:

Trotz aller Probleme erklärte ich mich bereit, ihn [Kossoff] als Solisten zu managen, und 1975 gründete er die Gruppe Back Street Crawler. Wir mußten drei Amerikaner engagieren, weil es irrsinnig schwer war, englische Musiker zu finden, die mit Paul arbeiten wollten.

Zu dieser Zeit unternahmen wir die energischsten Anstrengungen, den betreffenden Arzt dazu zu überreden, Paul nicht mehr die Drogen wie Süßigkeiten zu verabreichen. Aber wir schafften es nicht, ihn zum Aufhören zu bewegen. Er wohnte eine Zeitlang bei mir und meiner Frau, also wußte ich, wie er wirklich war und daß er ernsthaft mit diesem Drogenzeug Schluß machen wollte. Aber ich bin davon überzeugt, daß alle diese Drogen seinen Verstand schwer beeinträchtigt haben – ein Teil von ihm wollte nüchtern sein und ein anderer die ganze Zeit berauscht.

Ich sagte Paul, daß ich jemanden engagieren wollte, der andauernd bei ihm sein würde; und wo sie auch gerade auftraten, sagte ich den Veranstaltern, daß sie hinter der Bühne Polizei postieren sollten, um die Leute davon abzuhalten, ihm Drogen zuzustecken. Ich hab's einfach nicht verstanden – ich sagte den Leuten, seinen Freunden: „Bitte gebt ihm nichts, es bringt ihn um, ihr habt ihn doch auf der Bühne gesehen, er kann nicht mehr spielen." Aber das war denen völlig egal.

Was immer ich auch unternahm, er fand einen Ausweg. Einmal nahmen wir in den Olympic Studios auf. Er ging auf die Toilette, kletterte dort aus dem Fenster, stieg in sein Auto, fuhr davon – und weg war er. Er raste zu einem Dealer, holte sich eine Ladung Pillen, nahm sie alle und fuhr dann in der Portobello Road nicht nur sein eigenes Auto, sondern auch noch vier andere zu Schrott. Dann stieg er aus dem Auto und ging in seine Wohnung zurück, wo wir ihn acht Stunden später entdeckten. Einen Tag darauf hatte er schwere Gewissensbisse. Alles und jedes machte ihn halb verrückt, zum Beispiel, wenn irgend jemand etwas über eines seiner Soli sagte. Aber an diesem Tag war es zufällig gar nicht so eine Nebensache: Er war gerade von einem Arzt gekommen, der ihm gesagt hatte, daß er bald taub sein würde.

Paul konnte überhaupt nichts dagegen tun, weil das einzige, was er tun wollte, Musik machen war. Wenn man ihn also aus der Umgebung herausriß, in der die Musik passierte, dann war er sehr unglücklich. Das Problem war nur, daß sich in dieser Umgebung auch die Drogen befanden. Als Back Street Crawler gegründet wurde, war er relativ straight, aber sobald wir anfingen, auf Tour zu gehen, drehte er total durch, und wir mußten ihn in ein Krankenhaus einweisen. [Das war im August 1975. Die England-Tournee, mit der man das Debütalbum promoten wollte, mußte abgesagt werden. Angeblich war Paul Kossoff mehrere Minuten lang, als sein Herz stehenblieb, klinisch tot.] Im Januar 1976 flogen wir nach Amerika, um dort die zweite Platte aufzunehmen und auf Tournee zu gehen. Paul fing wieder mit den Pillen an, und die Band wurde sehr wütend auf ihn. Ich ging in sein Hotelzimmer und begann einen heftigen Streit mit ihm. Er ging mit einer Flasche Scotch auf mich los, ich stieß ihn weg, und als er zu Boden fiel, brach er sich den kleinen Finger – den der Hand, mit der er spielte, das muß man sich einmal vorstellen. Also konnte er sowieso nicht mehr auftreten. Nachdem der Finger wieder zusammengeheilt war, gingen wir auf Tournee und beendeten sie mit vier Auftritten in Los Angeles. Während der ganzen Tour gab es ein paar Mädchen, die anscheinend ganz verrückt nach Paul waren. Eine von ihnen war wirklich nichts als ein schlechter Einfluß, und ich mußte sie immer wieder rauswerfen. Dann wollten wir die Nachtmaschine nach New York besteigen, die um zehn Uhr abends abflog. Ich wollte in New York bleiben, um die Tournee abzurechnen, während die Band nach London zurückfliegen sollte. Bevor wir abfuhren, war Paul mit diesem Mädchen zusammen und sie verabreichte ihm eine Unmenge Stoff – Gott weiß was für Zeug. Wir erwischten das Flugzeug, das um neun Uhr früh ankommen sollte. Als sie uns dann vor der Landung aufforderten, die Sicherheitsgurte anzulegen, war Paul nicht dort, wo er sein sollte, nämlich im Sitz neben mir. Man fand ihn tot auf der Toilette. Sein Herz hatte aufgehört zu schlagen, aber er muß vorher irgendwas genommen haben.

Das spielte sich am 19. März 1976 ab. Sechs Tage zuvor brachte der *Melody Maker* einen Artikel von Chris Welch unter dem Titel „Save Our Stars" („Rettet unsere Stars", *Anm. d. Übers.*), der – worauf schon die Schlagzeile hinwies – im Kielwasser der Tode Gary Thains und des früheren Supremes-Stars Florence Ballard (die von der Sozialhilfe lebte und deren Ableben indirekt auch mit Drogen zu tun gehabt haben könnte) erschien. Welch forderte die Rock-Industrie auf, etwas zu unternehmen, um diese Verschwendung von Leben und Talent im Busineß zu verhindern.

Sänger, Komponisten und Musiker kennen zwar die Risiken ... aber dennoch ist es nicht jedem gegeben, immer kühl, berechnend und vernünftig zu sein ... [aber] das soll nicht heißen, daß alle Rock-Musiker nur arme Unschuldslämmer sind. Sprechen Sie doch einmal mit Jimmy McCulloch, dem jungen Leadgitarristen der Wings, der seit seinem fünfzehnten Lebensjahr professionell Musik macht, und er wird Ihnen mit fester Stimme zum Thema Todesfallen und Ausbeutung das eine antworten: „Ich bin doch kein Trottel."

Am 28. September 1979 wurde Jimmy McCulloch, offenbar nach dem Konsum von Drogen, tot aufgefunden.

Der Bassist und Leadsänger Phil Lynott war vierzehn Jahre lang Inspiration und treibende Kraft bei Thin Lizzy, einer der besten Bands, die je aus Irland kamen. In der Zeit ihres Bestehens waren sie eine aufregende, dynamische Band, deren Image durch Lynotts coole, harte Macho-Haltung bestimmt war. Die Bandgeschichte von Thin Lizzy war stürmisch und ruhelos, aber die Gruppe schaffte mit den LPs *Jailbreak*, *Johnny the Fox* und *Live and Dangerous* große Erfolge und kam mit den Singles „The Boys are Back in Town" und „Don't Believe a Word" in die Hitparaden. Aber obwohl sie es schafften, überall wo sie spielten, ein großes und be-geistertes Publikum anzuziehen, erschien ihnen die ganze Sache 1983 so schal und abgegriffen, daß sie sich auflösten. Lynott gestand dem *Melody Maker*, daß er sich am meisten gegen die Trennung der Band gewehrt hatte; das war auch nicht verwunderlich, denn er hatte die Band während des Großteils seiner professionellen Existenz angeführt. Man kannte ihn nie als besonders enthaltsamen Menschen, und er stand mehr als einmal wegen Drogen vor Gericht. Aber nach dem Zusammenbruch der Lizzys wurde sein Drogenkonsum schlimmer, gespeist von der Armee zwielichtiger Typen, die ihm stets auf den Fersen blieb. Aus seiner Solokarriere wurde nichts, und seine Ehe zerbrach. Eine seiner Exfreundinnen erzählte einem Journalisten: „Es war traurig – aber er konnte sich nie mit der Tatsache abfinden, daß seine Tage mit Thin Lizzy vor-über waren. Er hatte eine Musikbox in seinem Haus, und jeder Song darin war von Thin Lizzy." Schließlich zerstörten die Drogen seine Gesundheit, und er wurde am 30. Dezember 1985 mit einer schweren Nieren- und

Leberinfektion ins Salisbury Infirmary eingewiesen. Kurz danach starb er.

Es überrascht nicht weiter, daß Probleme dieser Art immer noch gang und gäbe sind. Steve Tyler und Joe Perry von Aerosmith waren zeitweise als „The Toxic Twins“ bekannt. Tyler sagte, daß sie „viele Alben total drauf eingespielt haben“. Perry begann, 1976 Heroin zu nehmen, während das Album „Rocks“ entstand. Seine deutlichste Erinnerung an die Aufnahme von „Draw The Line“ bestand „an diese Riesenpackung Tuinal, die ich unter dem Waschbecken versteckte“. An manchen Abenden spielten Aerosmith den gleichen Song zweimal, weil sie nicht mehr wußten, daß sie ihn bereits einmal gebracht hatten. Tyler und Perry kämpften sogar auf der Bühne um Drogen. Es kam soweit, daß „wir nie richtig aus den Staaten ausreisten, weil wir Angst hatten, durch den Zoll zu müssen.“ Insgesamt nahm die Band solche Mengen von Drogen, daß „man das Zeug nicht mehr unter Verbänden oder in Backstagepässen verstecken konnte. Unsere Manager wußten, in was für einer Verfassung wir waren, und die sagten sich, was bringt uns das, wenn wir nach Europa gehen, wenn wir die ständig gegen Kaution irgendwo auslösen müssen.“ (*Q Magazine*, November 1989). In Wirklichkeit aber reichte Amerika der Band als Absatzmarkt aus, und unabhängig davon, wie fertig sie tatsächlich waren, kamen die Zuschauer trotzdem, und auch die Platten verkauften sich weiterhin.

Dennoch brach schließlich das ganze Konstrukt zusammen, und über einen längeren Zeitraum unterzog sich die Band einer gründlichen Entziehungskur. Die Pause dauerte vier Jahre, nach denen sie sich erneut zusammenschlossen, um Ende 1986 zusammen mit Run DMC und dem Titel „Walk This Way“ einen Top-Ten-Hit abzuliefern.

Axl Rose hielt zwar nichts von Journalisten, die Guns'N Roses mit den Rockbands früherer Jahre wie Led Zeppelin verglichen, aber seine Band war den Drogenexzessen ebenso wenig abgeneigt wie ihre geistigen Väter. Es war vielmehr etwas, worauf die Band stolz war: „Wir haben diese Gefährlichkeit zurückgeholt ... die stark gefehlt hat.“ Das bezog sich auf die Zeiten Anfang der Achtziger, bevor Grunge seinen Einfluß geltend machte, als der neue amerikanische Underground aus Bands wie Black Flag und den Meat Puppets bestand, die sehr gegen die Rock-'n'-Roll-Klischees eingestellt waren. Außer, wenn es um Drogen ging. Perry Farrell von Jane's Addiction erklärte, er wolle „das Chaos untersuchen“, und rutschte im Eiltempo in die Heroinabhängigkeit ab. David Gahan von Depeche Mode war während der Neunziger die meiste Zeit heroinabhängig, mit zwei gescheiterten Entzugsversuchen, Überdosen, Verhaftungen und einem Selbstmordversuch.

Aber die traurigste Geschichte war wohl die von Kurt Cobain. Er hatte bereits große Erfahrungen mit Drogen- und Alkoholmißbrauch, schien sich aber ganz bewußt in die Heroinabhängigkeit begeben zu haben, möglicherweise, um mit den chronischen Magenschmerzen fertigzuwerden, die ihm kein Arzt erklären konnte und unter denen er sein Leben lang litt. Es ist jedoch wahrscheinlicher, daß sich der Mangel an Selbstwertgefühl wesentlich zerstörerischer auf ihn auswirkte als seine Magenschmerzen. Er hatte begonnen, sich selbst zu hassen, nachdem seine Eltern sich getrennt hatten, und als dann Nirvana erfolgreich wurden, als er als Messias einer neuen Generation gefeiert wurde und man ihm sagte, er könne nichts mehr falsch machen, er sei ein Genie, verstärkte das seine Probleme nur noch. Er konnte mit dem Berühmtsein nicht umgehen und fand auch in seiner eigenen Musik keine Befriedigung oder Erfüllung.

In seinem Nachruf schrieb Nick Kent: „Sogar die nur wenigen vagen Details, die momentan über seine letzten Tage bekannt sind, sprechen Bände für all jene, die wissen, wie die Heroinabhängigkeit zunächst den Geist des Opfers zerstört, ihn von allen entfremdet, die ihm lieb und teuer sind, ihn verrückt macht und ihn dann irgendwann einfach auslöscht, nach einer weiteren Nacht seelenzerfressender moralischer Zweifel und der schwarzen Panik der Hoffnungslosigkeit, die selbst das betäubendste High nicht mehr vergessen machen kann ... Daß Cobain seine Drogensucht vor sich selbst verleugnete, hatte zu seiner Flucht aus der Rehaklinik geführt, offenbar sowohl seine Band als auch seine Ehe zerstört und ihn schließlich dazu gebracht, sein eigenes Leben zu verleugnen" (*Q Magazine*, Juni 1994).

Daran ist deutlich zu erkennen, daß nur jemand, der selbst dazu bereit ist, geheilt werden kann, ganz gleich, welche Möglichkeiten dazu bereitstehen. Welche aber sind das überhaupt für einen Musiker, der von den Drogen loskommen möchte?

Im Amerika der 50er Jahre, in einer Zeit, in der Jazzmusiker immer wieder wegen Drogendelikten eingesperrt wurden, fanden einige von ihnen den Weg in die Gefängnis-Behandlungszentren in Lexington und Fort Worth. Für kurze Zeit existierte auch in New York eine Jazzmusikerklinik. In den Sechzigern stellten Therapiegemeinschaften wie Phoenix Housem und Synanon eine drogenfreie Umgebung zur Verfügung, während die Behörden für die meisten Süchtigen von der Straße ambulante Methadon-Programme bevorzugten (und das auch heute noch tun). Auch in England gibt es Methadon-Programme, aber seit Mitte der Siebziger wurde die Länge dieser Programme sehr reduziert, weil man mittlerweile stark am Sinn einer Methode zweifelt, die ein Opiat durch ein anderes ersetzt, auch wenn das in einer kontrollierten Umgebung stattfindet. Das Aufkommen von Aids hat jedoch für eine Wiederaufnahme dieser Diskussion gesorgt, da es heute von äußerster Wichtigkeit ist, Drogenkonsumenten davon abzuhalten, sich ihren Stoff zu injizieren, und man nun vermehrt bemüht ist, Einrichtungen für Programme mit oral eingenommenem Methadon zu schaffen. In England gibt es Therapiegemeinschaften, die dem amerikanischen Beispiel folgen, unter anderem gehören dazu private Kliniken, die eine Art der Psychotherapie betreiben, die unter dem Namen „Minnesota-Modell" bekannt ist und ebenfalls aus Amerika importiert wurde.

Es erstaunt nicht, daß wohlhabende Musiker, die sich einer Behandlung unterziehen wollen, sich normalerweise in private Kliniken begeben, in denen Entgiftungs- und Beratungsprogramme angeboten werden. Derzeit scheint die in den Medien äußerst bekanntgewordene Betty Ford Addiction Clinic in den USA der Platz zu sein, an dem man einfach gesehen werden muß – so wie in einem exklusiven Nachtclub. Andere haben sich aber weniger konventionellen Therapien zugewandt.

Es gab eine Zeit, da zierten die Keyboard-Fähigkeiten von Nicky Hopkins die Platten vieler berühmter Bands, darunter auch die der Rolling Stones. Dann aber forderten die Drogen ihren Tribut, und er verschwand aus dem Blickfeld der Öffentlichkeit. Man traf ihn nur noch an den seltsamsten Orten – zum Beispiel zusammengesunken über einem Klavier in einer Vergnügungsfarm, die einem Gangsterboß gehörte. Die Sekte Scientology, eine Ausgeburt des Gehirns des Science-fiction-Schreibers L. Ron Hubbard, hat Bekehrte aus dem Musikbusineß wie Stanley Clarke und Chick Corea angezogen. Die Scientologen betreiben auch ein Drogenrehabilitationsprogramm namens Narconon. Hopkins unterzog sich diesem Narconon-Programm und wird heute in der Scientology-Werbung in einer Art und Weise, die einen leicht frösteln läßt, zitiert:

> L. Ron Hubbard ist im wahrsten Sinne des Wortes ein Pionier. Er verbrachte sein ganzes Leben mit der Untersuchung und Entwicklung der einzig durchführbaren Technik, die es dem Menschen ermöglicht, frei zu werden.
>
> Diese Technik war es, die mir vor ein paar Jahren buchstäblich das Leben rettete, als ich mich total in den Fängen der Drogen befand und nur mehr kurze Zeit zu leben hatte. Nicht nur, daß dieses Problem endgültig beseitigt wurde, sondern auch mein Bewußtsein als spirituelles Wesen und meine künstlerische Kreativität wurden über jedes normale Ausmaß hinaus gesteigert.
>
> Ich kann die Liebe und Bewunderung, den Respekt und die Dankbarkeit, die ich diesem wunderbaren Menschen gegenüber empfinde, der mit Sicherheit der großartigste Freund ist, den die Menschheit je

besaß, nur unzulänglich ausdrücken.

Danke Ron, für so unglaublich viel.

Nicky Hopkins
Musiker, Komponist

Die Behandlung, die damals wahrscheinlich am meisten mit Rockstars in Verbindung gebracht wurde, war die neuroelektrische Therapie, auch als „Black Box" bekannt, die von Dr. Meg Patterson entwickelt wurde. Die Behandlung wurde 1972 durch Zufall „entdeckt", als Dr. Patterson mit einem gewissen Dr. Wen im Tung Wah Hospital in Hongkong zusammenarbeitete. Dr. Wen experimentierte mit Elektroakupunktur, bei der elektrischer Strom durch Akupunkturnadeln geschickt wird, um damit bei Operationen eine Narkosewirkung zu erzielen. Auf der Insel Hongkong gibt es sehr viele Drogenabhängige, und daher waren auch viele seiner Patienten süchtig – es war klar, daß sie im Krankenhaus keinen Nachschub bekommen konnten. Zu ihrer Überraschung berichteten die süchtigen Patienten den Ärzten, daß die Elektroakupunktur nicht nur ein wirksames Anästhetikum sei, sondern auch die Entzugserscheinungen so stark lindere, daß das kein Zufall mehr sein konnte.

In England baute man diese Technik in eine kleine Schachtel ein, die elektrischen Strom durch an den Ohren befestigte Elektroden schickte. Warum die Entzugserscheinungen dadurch eigentlich abgeschwächt werden, weiß man nicht genau; die verbreitetste Theorie bezieht sich auf die Entdeckung, daß das menschliche Gehirn seine eigenen natürlichen Opiate besitzt, die Endorphine. Während einer Periode der Heroinsucht ersetzt der künstliche Schmerztöter Rauschgift jene Substanzen, die von Natur aus im Gehirn vorhanden sind. Wenn man dann mit Heroin aufhört, fließen die natürlichen Opiate nicht sofort in den Freiraum zurück, den das Heroin gelassen hat, und die betreffende Person leidet an Entzugserscheinungen. Man nimmt an, daß die „Black Box" die Ausschüttung der natürlichen Opiate (oder Endorphine) anregt, den Platz, den das Heroin gelassen hat, schneller auszufüllen und so der Qual eines Entzugs vorzubeugen.

In den allerersten Tagen ihrer Tätigkeit war Paul Kossoff einer von Dr. Pattersons Patienten, aber es war ihre Behandlung Eric Claptons, die ihr internationale Bekanntheit einbrachte. Clapton, Pete Townshend, Jack Bruce und George Harrison fungierten als Sponsoren einer Wohltätigkeitsorganisation, mit deren Hilfe Dr. Patterson eine Klinik in Broadhurst Manor in Sussex einrichtete. Das Geld kam von der Robert Stigwood Organization – ein seltenes Beispiel für das öffentliche Engagement des

Rockbusiness in ein solches Unternehmen – und anderen kommerziellen Unternehmungen. Die Klinik wurde 1976 mit viel Trara eröffnet und die obengenannten „anderen Unternehmungen" fingen an, die „Black Box" auf zynische Weise als „Heilmittel gegen Heroinsucht" zu vermarkten. Doch das ist sie nicht – und Dr. Patterson hat so etwas auch nie behauptet. 1981 lief die Förderung ab, und da die Regierung dem Projekt keine weitere Aufmerksamkeit zollte, zogen Dr. Patterson und ihr Mann nach Kalifornien, wo sie später ironischerweise von Pete Townshend aufgesucht wurden, dem seine Alkohol- und Drogengewohnheiten über den Kopf gewachsen waren. Später kehrten die Pattersons wieder nach England zurück, wo dann Boy George ihr nächster berühmter Patient wurde.

Und war die Behandlung wirklich wirksam? Diejenigen, die sich ihr unterzogen haben, sagen, sie war es, während Kritiker aus dem ärztlichen Berufsstand behaupteten, daß sie allenfalls einen Placeboeffekt erzielen könnte. Bei Untersuchungen in Großbritannien konnte nicht bestätigt werden, daß die neuroelektrische Therapie bei der Beseitigung von Entzugserscheinungen auch nur ein bißchen wirksamer war als Methadon, geschweige denn irgendeine echte Behandlung darstellte. Dennoch gibt es einige weitere Punkte, die man hier festhalten sollte. Als man Dr. Pattersons berühmte Patienten über ihre Behandlung interviewte, äußerten sie sich lang und breit darüber, was für ein wunderbarer Mensch sie sei und sprachen nur sehr wenig über die Wirksamkeit der Behandlung selbst. Was also dabei von größerer Bedeutung gewesen sein könnte als irgendwelche technischen Geräte, war die gemütliche, streßfreie Umgebung, die von Dr. Patterson im Gegensatz zum Reglement in einem öffentlichen Krankenhaus oder den Konfrontationsmodellen diverser Psychotherapien zur Verfügung gestellt wurde. Jerry Lee Lewis beispielsweise verließ wutschnaubend die Betty-Ford-Klinik und beschwerte sich, daß er dort nicht die Star-Behandlung erhalten hätte, die er seiner Ansicht nach verdiente; viele abhängige Musiker der Gegenwart sind in konventionellen Therapiezentren nicht gut zurechtgekommen.

Und was eben auch zu den Dingen gehörte, die die Pattersons zu bieten hatten, war Zeit und Raum außerhalb des Scheinwerferlichts, um alles neu überdenken und einschätzen zu können. Im günstigsten Fall könnte die „Black Box" bei der Entgiftung behilflich gewesen sein – aber welche Methoden man auch immer anwendet, es ist immer leichter, erstmals von den Drogen runterzukommen, als auch dauerhaft die Finger von ihnen zu lassen. Keine Black Box konnte Eric Clapton davon abhalten, sich nach seinem Heroinentzug ein zerstörerisches Alkoholproblem zuzulegen, das ihn dem Tode näher brachte, als das Heroinschnupfen es je vermocht hätte.

Danach wurde es wieder still um die neuroelektronische Therapie, und auch die Drogenprobleme innerhalb des Musikbusineß schienen in den letzten zehn Jahren nicht mehr auf so großes Interesse zu stoßen. Das änderte sich erst Mitte der Neunziger wieder. 1995 starb Jerry Garcia an den Komplikationen, die durch seine Heroinsucht aufgetreten waren, Shannon Hoon von Blind Melon starb an einer Überdosis Kokain, und ihm folgten Bradley Nowell, der Leadsänger von Sublime, und Jonathan Melvoin von den Smashing Pumpkins. Sowohl Dave Gahan als auch Stone-Temple-Pilots-Sänger Scott Weiland wurden wegen Drogenbesitzes festgenommen. All das floß ein in die Debatte, die in der amerikanischen Politik über den „Heroin-Chic" in der Unterhaltungs- und Modebranche geführt wurde, und plötzlich war der Drogenkonsum von Musikern wieder in den Schlagzeilen.

Eine ganze Weile gab es abseits des Rampenlichts dennoch Versuche, den Musikern mehr Hilfsmöglichkeiten bereitzustellen. Buddy Arnold, der seine Sucht nach dreißig Jahren überwunden hatte, gründete 1992 das Musician's Assistance Program (MAP), bei dem es auch Nachsorgegruppen gab, die ausschließlich aus anderen Musikern bestanden. 1993 erhielt MAP einen Zuschuß von 50.000 Dollar von der National Academy of Recording Arts & Sciences (NARAS). Aber davon bekam die Öffentlichkeit erst 1995 etwas mit. Der Vorsitzende von NARAS, Mike Greene, war eng mit Shannon Hoon befreundet gewesen; als Hoon starb, kam Greene dadurch zu der Erkenntnis, daß sehr viel offensivere Aktionen unternommen werden mußten. Er wollte die ganze Musikindustrie für seine Sache gewinnen, organisierte eine Reihe von Treffen mit Plattenfirmenbossen und schloß an die zur NARAS gehörende Stiftung MusiCares Foundation ein Programm zur Drogenbehandlung an, das dem MAP nachempfunden war. Er stieß jedoch viele aus der Musikbranche vor den Kopf, indem er alle, die nicht zu den Treffen kommen wollten, beschuldigte, das Problem „zu verleugnen", und mußte sich im Gegenzug gegen Vorwürfe wehren, daß er hier nur aus Publicitygründen auf einen fahrenden Zug aufsprang.

Aber von den Grabenkämpfen innerhalb des Busineß einmal abgesehen, haben die jüngsten drogenbedingten Todesfälle in der neuen Musikergeneration gezeigt, daß die alten Mythen nicht so leicht totzukriegen sind – daß man sich bergeweise Kokain durch die Nase ziehen kann, ohne dabei abzustürzen, wird jedenfalls noch immer gern geglaubt.

Teil 3

Vorwort

Zwischen 1982 und 1986 gab die britische Regierung verschiedene öffentliche Erklärungen ab, in denen es hieß, der Drogenmißbrauch sei das größte soziale Problem der Nation, „die ernstlichste Bedrohung Großbritanniens seit dem Krieg", wie ein Politiker es formulierte. In dieser Zeit gab es einen starken Anstieg beim Heroinkonsum sowie bei den Drogenfunden durch Zoll und Polizei.

Die Ministerien, die sich mit Gesundheit, Bildung und Gesetzesvollzug befaßten, räumten Drogen die höchste Priorität ein. Behandlungszentren und Beratungsstellen erhielten mehr Geld, an Schulen wurden speziell ausgebildete Sozialpädagogen eingesetzt, neue Gesetze gegen den Drogenhandel traten in Kraft, und das Aufklärungsnetz der Polizei wurde verstärkt. Und um die Anti-Heroin-Botschaft wirklich rüberzubringen, organisierte die Regierung eine Kampagne von bisher ungekanntem Ausmaß in Fernsehen und Presse.

Die Fernsehgesellschaften strahlten jedoch nicht nur die Warnungen der Regierung aus, sie beschäftigten sich auch selbst stark mit der Drogenthematik, drehten zahlreiche Dokumentationen und verarbeiteten Anti-Drogen-Geschichten in Fernsehfilmen oder eigenen Kampagnen, wie beispielsweise bei der „Drugwatch"-Initiative der BBC.

In Amerika gab es eine vergleichbare Entwicklung – genau die, der die britische Drogenpolitik nachempfunden war – die von Nancy Reagan ins Leben gerufene „Just-Say-No"-Kampagne. Der amerikanische Präsident ging auf eine Reihe von Fernsehgesellschaften zu und versuchte, direkten Einfluß auf deren Output zu nehmen, während Musikbusineß und Filmbranche zunehmend mehr ins Schußfeld gerieten. Die Öffentlichkeit warf ihnen vor, eine drogenfreundliche Haltung zu fördern. Beide Industrien waren gezwungen, öffentlich zu erklären, was genau sie unternommen hatten, um den Drogenkonsum zu entmystifizieren. Das Thema war in den USA derart wichtig geworden, daß 1985 Anhörungen im Senat stattfanden, bei denen verschiedene Medienvertreter eingeladen wurden, beeidete Erklärungen abzugeben, auf welche Weise sie ihr Scherflein dazu beitrugen, um vor den Gefahren von Drogen zu warnen.

Vielleicht gerade, weil Rockmusik jahrelang ein eher drogenfreundliches Image gehabt hatte, wurden diejenigen Musiker, die in Großbritannien mit Anti-Drogen-Statements an die Öffentlichkeit gingen, von den Medien besonders beachtet; es wurde zum neuen Trend für Popstars, sich deutlich sichtbar an Benefizaktionen zu beteiligen.

Zu denen, die diese Anti-Drogen-Haltung im Rock der Achtziger besonders stark vorantrieben, gehörte Pete Townshend. 1984 gab er eine Reihe von Interviews, in denen er von seinen Problemen mit Drogen und Alkohol berichtete und von der Hilfe, die ihm durch Meg Patterson zuteil geworden war. In Regierungskreisen wurde er als Sprachrohr junger Leute betrachtet (ein schönes Beispiel dafür, wie wenig man dort auf der Höhe der Zeit war), und man lud ihn ein, im Oktober jenes Jahres auf der Parteiversammlung der Konservativen eine Rede zu halten. Es blieb aber nicht nur bei Reden und guten Absichten; Townshends Benefizorganisation Double O steckte (jedenfalls für kurze Zeit) eine Menge Geld in die Drogenaufklärung.

Double O war ursprünglich 1976 von The Who gegründet worden – der Name leitete sich davon ab, daß „Who" im Arbeiterklassedialekt wie „OO" – oder eben Double O – ausgesprochen wurde –, um Gelder für wohltätige Zwecke bereitzustellen. Als die Band sich trennte, lag die Benefizorganisation zunächst brach, wurde dann aber von Townshend nach der Überwindung seiner eigenen Suchtprobleme wiederbelebt. Fast das gesamte Geld der Organisation ging an Drogenberatungsstellen: Sie erhielten zwischen 1985 und 1987 um die 150.000 Pfund. Bedauerlicherweise ließ Townshends Begeisterung für die finanzielle Unterstützung der Drogenkampagnen so sehr nach, nachdem er die Teufel seiner eigenen Sucht erst einmal öffentlich ausgetrieben hatte, daß die Mittel einfach versiegten.

Townshend stand jedoch in seinem Kampf gegen Drogen nicht allein. Die Dire Straits engagierten sich bei den Life Education Centres, die visuelle Mittel einsetzten, um kleinen Kindern die Auswirkungen von Drogen zu demonstrieren. Darüber hinaus gab es Mitte der Achtziger vereinzelte Veranstaltungen, wie beispielsweise die Konzerte der vom Greater London Council organisierten Anti-Heroin-Kampagne oder den Benefizgig von Lenny Henry, bei dem auch Elvis Costello auftrat. 15.000 Pfund wurden hier für Broadreach House, eine Rehabilitationsklinik in Plymouth, zusammengebracht. Feargal Sharkey ließ sich mit einem T-Shirt fotografieren, auf dem stand: „Heroin Is A Life Sentence", „Heroin ist wie lebenslänglich" – ein Slogan, der auch von Madness, Tom Robinson und Big Country aufgenommen wurde. Sogar Ozzy Osbourne, dessen Name selbstzerstörerische Süchte förmlich symbolisierte, nahm angeblich ein Anti-Drogen-Jingle für die Polizei in Yorkshire auf. Wie sagte es der *Rolling Stone* so treffend: „Man merkt, daß wir in den Achtzigern leben, wenn sogar Sly Stone die Drogen aufgibt." Und wie um das noch so richtig zu unterstreichen, verlangte dieses Magazin – in den Sechzigern eine Bibel der Gegenkultur – das Recht, ihre Angestellten auf Drogen und Alkohol testen zu dürfen.

Was sollte man nun von diesen Aktivitäten halten? Sicherlich waren viele

Bemühungen gut gemeint, und zahlreiche Drogenhilfsorganisationen hatten allen Grund, für die Spendengelder dankbar zu sein, die ihnen die Aktionen der Musiker einbrachten. Aber es gab auch Probleme. Zunächst einmal reagierten die Regierungsvertreter begeistert auf die Idee, Musiker (oder prominente Sportler) zur Übermittlung von Anti-Drogen-Messages einzusetzen. Allerdings gab es ebensowenig Beweise, daß junge Leute sich von den Aussagen einzelner Popstars vom Drogengenuß abhalten ließen, wie dafür, daß der Drogenkonsum der Musiker selbst die Fans zur Nachahmung ermutigte. Wenn Jugendliche Drogen ausprobieren, dann werden sie durch ihre eigene Umgebung, ihre soziale und persönliche Situation dazu angeregt. Wie kann man ernsthaft davon ausgehen, daß ein prominenter Steuerflüchtling einem jungen Typen, der in Devon auf dem Land oder vielleicht in der Großstadtöde Manchesters lebt, wirklich etwas zu sagen hat?

Aber wie war das im Busineß selbst? Abgesehen von Leuten wie Frank Zappa oder Bruce Springsteen, die schon immer eine harte Linie vertreten hatten, was den Drogenkonsum in ihren Bands anging, waren Musiker allgemein nicht unbedingt geneigt, eine Lanze für ein drogenfreies Leben zu brechen. Die Vernetzung war einfach viel zu groß, als daß man sie so schnell hätte kappen können. Es gab mehr als nur flüchtige Anhaltspunkte dafür, daß – während einige Musiker die Anti-Heroin-Trommel schlugen – andere mit der Nase voran in die heftigsten Schneestürme gerieten. Wie Chris Maund im *Melody Maker* bemerkte: „Wenn die meisten der Bands, die bei Live Aid auftraten, das Geld gespendet hätten, das sie jährlich für Kokain ausgeben, hätte man damit genauso viele Menschenleben retten können." Aber während es noch eine Weile dauern sollte, bis in den Neunzigern schließlich die Kokain-Bekenntnisse von ganz oben kamen, konnte die neue schwarze Großstadtmusik ein eigenes Lied vom Kokainmißbrauch singen.

Mittlerweile war es kaum eine Überraschung, Enthüllungen über die Drogensucht von Postpunk-Stars wie Boy George, Modern Romance, Duran Duran, Julian Lennon, Topper Headon von The Clash, Keith Levine von PIL und Nik Kershaw zu lesen – oder über die im Zusammenhang mit Drogen stehenden Tode von Malcolm Owen von den Ruts, von zwei Pretenders-Mitgliedern und Sid Vicious. Und während die einen gerade ihre Spritzen an den Nagel hängten und zu den Anonymen Alkoholikern gingen, kündeten The Mission, Guns'N Roses und andere von der Wiederkehr des kaputten Rockstars und machten sich auf, den Rock 'n' Roll wieder mit Sex und Drugs zu beglücken. Im nachhinein betrachtet erscheint eine solche Entwicklung vorgezeichnet, aber die Dynamik zwischen Drogen und Musik nahm eine Form und eine Dimension an, die niemand hätte voraussehen können.

15

Applaus für Charlie – weiß wie Schnee

Boy George
Did he really want to hurt himself? Boy George überlebte als Drogenchamäleon, wurde fromm und rockt und raved weiter. Wie sagte schon der Hausarzt? „Ich kann Sie von Ihrem Drogenproblem heilen, aber vielleicht heile ich Sie auch von Ihrem Talent."

Jeder nimmt Drogen. In London herrscht zur Zeit ein wahrer Kokain-Schneesturm, und ich hasse das. Es ist total dämlich. Jeder ist so blasiert, hält sich für so sarkastisch und schlagfertig und läuft mit dieser blöden, beschissenen Kokser-Arroganz in der Gegend rum.

Damon Albarn, *Q Magazine*, März 1996

Crack-Kokain ist Völkermord an den Schwarzen.

(Paris alias Oscar Jackson)

TAGAUS, TAGEIN produziert der Körper eine bestimmte Menge von energieerzeugenden Substanzen, die durch den Körper zirkulieren und uns helfen, für all die Dinge, die wir im wachen Zustand erledigen müssen, aufmerksam und aktiv zu bleiben.

Von Zeit zu Zeit brauchen wir einen Energiestoß – zum Liebemachen, zur Flucht vor Gefahr oder zum Kampf. In solchen Augenblicken setzt das Gehirn zusätzliche Stoffe frei, vor allem Adrenalin, wie eine Armee, die über den Berg heranmarschiert. Sobald dieser Augenblick vorbei ist, werden diese Stoffe wieder vom Nervengewebe resorbiert, bis sie das nächste Mal gebraucht werden. Wenn man dem Körper nun ein sehr starkes Stilmulans zuführt wie Kokain, werden diese schnellen Eingreifstoffe in den Blutkreislauf abgegeben und suchen nach dem Einsatz, für den sie angefordert wurden, aber es passiert nichts. Nicht nur das, die Präsenz von Kokain im Blutkreislauf erschwert die Resorbierung dieser Stoffe. Und wie eine echte Armee, die nichts zu tun hat und nur herumlungert, beginnen sie zu toben, und der User rennt herum wie ein Irrer, fühlt sich übermenschlich stark, redet, feiert oder arbeitet ununterbrochen, wird aber schnell ruhelos, aggressiv, sehr reizbar, schließlich vielleicht sogar psychotisch und paranoid.

Aber da das Musikbusineß von Aggression, wilden Parties und blödem Gerede lebt, ist es kaum überraschend, daß die Droge Kokain in dieser Branche fast schon eine Art Grundnahrungsmittel geworden ist – nicht nur für Musiker, sondern auch für die Plattenfirmenteams, die Produzenten und Manager. Kokain vermittelt dem User ein Gefühl von überhöhtem Selbstbewußtsein, eine Illusion von klarem Durchblick und manipulativer Macht über andere Menschen, von Kontrolle über sich selbst und einer starken Abneigung gegen jede Form von Busineßetikette. Es hat nichts Rührseliges oder Emotionales an sich; Kokain vermittelt ein falsches Gefühl von Unverletzlichkeit, das perfekt in eine knallharte Branche paßt, wo man vielleicht schneller etwas erreicht, wenn man mit einer Waffe statt mit einem Anwaltsschreiben herumwedelt.

Zur illegalen Modedroge wurde Kokain zuerst in der Film-Aristokratie Hollywoods; das „Freudenpulver" war am Drehort stets vorhanden, und die Stars hatten bei ihren Partys das Zeug schüsselweise herumstehen. Aleister Crowley, der sich in seinem Buch *Diary of a Drug Fiend* (1922) mit den Wirkungen des Kokains auseinandersetzte, schrieb, daß Hollywood von einer „Filmclique kokainverrückter Sexualnarren" bevölkert sei. Die Droge war darüber hinaus auch bei der Londoner Schickeria der „Bright Young Things" in der Zeit zwischen den Weltkriegen sehr beliebt (mehr dazu im nächsten Kapitel). Gegen Ende der Dreißiger ebbte die Kokainmodewelle wieder ab und wurde bis Ende der Sechziger durch Amphetamine ersetzt. Daß Phil Spector in *Easy Rider* (1969) Kokain kaufte, zeigte, daß die Leute im Musikbusineß, die neue Entertainment-Aristokratie, schon der wiedererwachten Beliebtheit des Kokains das Terrain bereiteten.

Seitdem ist Kokain auf der Drogenszene der USA sehr beliebt geworden, wobei es sein Jet-set-Image beibehalten hat – wie Robin Williams (als einer von vielen) sagte: „Kokain ist Gottes Weg, dir zu sagen, daß du zuviel Geld verdienst." Sarah Thornton zeigt in ihrem Buch über die britische Dancekultur, daß die Raveszene ebenso anfällig für die Banalitäten der Rockwelt war. Sie beschrieb den Millenium Club als einen Ort, der sich selbst als exklusiv betrachtet, weil dort jeder „total auf Koks ist", während der Besitzer des Cloud Nine „Koks von der Visa-Karte seiner Freunde schnupft" [Thornton, *Club Culture: Music, Media And Subcultural Capital*]. Auch der Countrysänger Steve Earle, der jahrelang gegen seine Drogen- und Alkoholprobleme kämpfte, bestätigt die Exklusivität des Kokain: „Es hat ein Kastensystem geschaffen, in dem die Leute danach eingestuft werden, ob sie sich die Drogen leisten können oder nicht."

Marvin Gaye war total vernarrt in das Zeug; er sniefte es, schnupfte es, aß es und rieb es in sein Zahnfleisch: „Mir kann keiner sagen, daß das kein großartiges Gefühl wäre. Ein sauberes, frisches High, besonders früh am Morgen, macht dich total frei – mindestens eine Minute lang. Es gab Zeiten, da machte Blow [Kokain] mich fertig, und manchmal merkte ich auch, daß es in meinem Gehirn schlechte Vibrationen erzeugte. Trotzdem sah ich Koks immer als etwas, das nur für eine Elite da ist, eine Gourmet-Droge, und vielleicht macht auch das seine Anziehungskraft aus" [Ritz, *Divided Soul: The Life Of Marvin Gaye*].

Kokain und sexuelle Exzesse sind oft miteinander verbunden. Filmschauspielerin Tallulah Bankhead, die für ihre Bisexualität berüchtigt war, sagte angeblich einmal: „Mein Vater warnte mich vor Männern und Schnaps, aber von Frauen und Kokain hat er keinen Ton gesagt." Freddie Mercurys Stammdealer erwähnte Freunden gegenüber, daß er, wenn er mit dem Nachschub ankam, sah, wie junge Männer auf dem Silbertablett zu Freddie ins Bad gebracht wurden: „Mehr Sperma als Wasser“, so die vielsagende Andeutung des Dealers. Elton John erzählte dem *Q Magazine* 1995, daß er Kokain hauptsächlich beim Sex konsumiere: „Meine sexuellen Phantasien konnte ich völlig ausleben, wenn ich auf Kokain war.“

Phil Spector ließ einmal ein Foto, auf dem er kokainsniefend zu sehen war, auf seine Weihnachtskarten drucken – mit der Bildunterschrift „Ein bißchen Schnee zur Weihnachtszeit hat noch niemandem geschadet“. Wahrscheinlich hatte er recht. Doch noch mehr als bei allen anderen Drogen (Heroin eingeschlossen) kommt für jene, die es mit dem Kokain übertreiben, der Punkt, an dem sie bitter dafür bezahlen müssen. Warum? Weil Kokain auf die Genußzentren des Gehirns wirkt – eben auf jene Bereiche, die Befriedigung empfinden lassen, wenn man seinen Durst gelöscht oder seinen Hunger nach Essen oder Sex befriedigt hat. Kokain drückt gleichzeitig auf all diese Hochgefühlknöpfe, ohne daß Speis und Trank über die Lippen kommen oder nacktes Fleisch die Haut berührt. Auf dem Höhepunkt seiner Kokainsucht behauptete Elton John, daß er alle vier Minuten eine Linie zog. Ein Musiker erzählte dem Autor, daß er während einer zweitägigen Kokainorgie „nicht aufhören konnte, genausowenig, wie ich aufhören könnte zu atmen“.

Daher ist es kein Wunder, daß einige Musiker sich in einem wahren Schneesturm verloren haben. Nach den Höhepunkten, dem Sex, dem Prominentenstatus und dem Adrenalin der Exzesse geht es wieder abwärts.

Kokain hat dem amerikanischen Geschäft mit dem Drogenmißbrauch eine neue Existenzberechtigung verliehen. Ganze Heerscharen von Ärzten und Akademikern bauten sich ihre Karrieren auf dieser Grundlage auf: „Alle haben geglaubt, Kokain wäre harmlos, aber jetzt wissen wir, daß das nicht stimmt.“ Diese Vorstellung war dadurch entstanden, daß die Symptome, die nach dem Absetzen des Kokains auftreten, früher nicht als echte Entzugssymptome nach dem Heroinmuster betrachtet wurden – wodurch das Schreckgespenst der körperlichen Abhängigkeit, die für viele Menschen das charakteristische Kennzeichen einer „schlechten Droge“ ist, vertrieben war. Außerdem spritzen Kokain-User in der Regel ihre Droge nicht, im Gegensatz zum typischen Heroinsüchtigen, und auch das bestärkte den Eindruck, daß starke Kokainkonsumenten nicht wirklich „abhängig“ waren.

Das klang jedoch alles ein wenig nach Selbstbetrug und Heuchelei. Sigmund Freud änderte schon im letzten Jahrhundert seine Meinung über Kokain, und Blues- und Countrymusiker, von Leadbelly und Champion Jack Dupree bis zu Hoyt Axton singen seit Jahrzehnten von den Gefahren des Kokainmißbrauchs.

Einige körperliche Beschwerden werden in der Regel mit andauerndem Kokainkonsum in Verbindung gebracht, besonders die Zerstörung der Nasenschleimhäute und der Nasenscheidewand. Berichte darüber sind zwar selten, können aber drastisch ausfallen. Little Richard erzählte: „Meine Nase wurde so groß, daß man einen Lastwagen darin hätte parken können ... Jedes Mal, wenn ich mich schneuzte, war mein Taschentuch voller Fleischfetzen und Blut, weil das Zeug meine Schleimhäute zerfraß." Kokain kann zu ernsthaften Herzproblemen führen, und starke User können Zuckungen und Krämpfe bekommen, wie Elton John sie beschrieb: „Ich kam mir vor wie Linda Blair in *Der Exorzist*, als ob sich meine Schädeldecke zu drehen begann. Das machte mir angst ... und trotzdem habe ich mir zehn Minuten später wieder Koks in die Nase gezogen. So schlimm war das."

Wie bei Amphetaminen kommt es auch bei Kokain selten vor, daß die stimulierende Wirkung zum Tod führt. Aber Kokain hat – anders als Amphetamine – auch betäubende Eigenschaften und kann daher in hohen Dosierungen das Nervensystem so stark dämpfen, bis das Herz für einzelne Schläge aussetzt. Das ist – benannt nach der tuckernden Lokomotive aus einem Grateful-Dead-Song – als „Casey-Jones"-Reaktion bekannt. Bei Herz- oder Atemstillstand kann diese Reaktion auch zum Tod führen, und das Risiko steigt bedrohlich an, wenn Kokain mit Heroin vermischt wird, um daraus sogenannte „Speedballs" zu machen. Die meisten in den USA erfaßten Kokain-Tode waren bedingt durch diese Mischung, die auch das Leben des Meatloaf-Schlagzeugers Wells Kelly forderte, als die Band in London war. Kokain spielte auch bei den Todesfällen der beiden Pretenders-Mitglieder James Honeyman-Scott und Peter Farndon eine Rolle.

Die meisten chronischen Kokain-User haben vor allem mit hartnäckigen psychologischen Schwierigkeiten zu kämpfen, und daher verursacht der regelmäßige Kokainkonsum im Musikbusineß viele Probleme. Ein Manager sagte einmal, er könne sofort feststellen, ob die Person, die ihm gegenübersteht oder mit der er telefoniert, Kokain nimmt. „Es wird immer unmöglicher, mit ihnen umzugehen, sie kommen vom Hundertsten ins Tausendste, und du kannst nicht mit ihnen reden." Der *Rolling Stone* (4. 12. 1982) fragte Joni Mitchell, welche Elemente bei der Entstehung eines Albums den zerstörerischsten Einfluß hätten. Sie antwortete: „Kokain! Es gibt ganze LPs, die wahrscheinlich ganz anders klingen würden, wenn es diese Droge nicht gäbe." Steven Tyler von Aerosmith berichtete: „Wir sorgten dafür, daß wir genug Kokain hatten, und schlossen uns für drei oder vier Tage im Studio A vom Record Plant ein" (*Musician*, Januar 1990). Der ehemalige Manager einer Dance-Band, die Anfang der Neunziger einige

Chart-Erfolge feiern konnte, sagte gegenüber dem Autor, die Musiker hätten soviel Koks genommen, daß sie zu paranoid waren, um überhaupt das Haus zu verlassen, von einem Gang ins Studio ganz zu schweigen.

Weil nur sehr wenige die Droge tatsächlich spritzen, ist man kaum bereit zu glauben, daß der Konsum außer Kontrolle geraten kann. Wie Stevie Ray Vaughan bemerkte: „Ich brachte mich selbst dazu zu glauben, daß ich es im Griff hatte ..., [aber] ich meine, ich nahm fast acht Gramm am Tag, geschnupft. Ich tat noch ein halbes Gramm oder ein Gramm in einen Drink, und runter damit. Und dann noch einen Drink“ (*Musician*, November 1990).

Wenn ein chronischer User erstmal drauf ist, kann es mit ihm schnell abwärts gehen. Ein Musiker sagte im Gespräch mit dem Autor: „Ich war zwanzig Jahre lang heroinabhängig und kam ganz gut zurecht. Als ich aber mit Kokain anfing, brach in einem halben Jahr alles auseinander.“

Der Motown-Produzent Clarence Paul sagte, daß im Umkreis der Firma in Detroit in den frühen Sechzigern eine Menge Drogen kursierten, von denen er wie auch Marvin Gaye ihren Teil abbekamen. Gayes Biograph David Ritz schrieb, daß er Gaye kein einziges Mal bei Schallplattenaufnahmen straight erlebt hat; bei jeder größeren Entscheidung seines Lebens war der Sänger high. Einer seiner Musiker sagte über die gemeinsamen 1983er Auftritte: „Bei dieser Tour war mehr Koks im Umlauf als bei jeder anderen der Unterhaltungsgeschichte“ (Ritz, S. 139). Gaye litt offensichtlich an einem Riesensortiment emotionaler Probleme und betrachtete Kokain als einen vertrauenswürdigen Begleiter und vielleicht sogar als letzten Ausweg. „Es ist Blow, was mich wirklich fliegen läßt. Es gab Momente, in denen ich glaubte, daß ich wirklich schon hinüber wäre. Ich meine damit Zeiten – wirklich schlechte Zeiten –, wo ich so viel Koks schnupfte, daß ich fest davon überzeugt war, innerhalb weniger Minuten tot zu sein. Mir gefiel die Vorstellung richtig, daß nichts außer meiner Musik von mir übrigbleiben würde“ (Ritz, S. 121).

Vor seinem tragischen Tod – sein Vater erschoß ihn aus Notwehr – wurde Gayes Benehmen immer bizarrer. David Ritz scheint dabei seltsamerweise keine Verbindung mit dem lange andauernden Kokainkonsum Gayes zu sehen, obwohl es sogar für den Laien offensichtlich scheint, daß hier eine akute Kokainpsychose vorlag. Gaye engagierte einen hochbezahlten Anwalt, der angebliche Verschwörungen zu seiner Erschießung und Vergiftung untersuchen sollte. Er wies seinen Chauffeur an, mehrere Male im Kreis um ein Hotel herumzufahren, bevor er es betrat, und in den letzten zehn Monaten seines Lebens war er total waffenbesessen. Einige seiner Freunde versuchten, in seiner Gegenwart gute Laune zu verbreiten, um ihm seine Ängste zu nehmen. Aber es gab andere, die handfestes Interesse an Gayes Paranoia hatten und sich allen seinen Wünschen beugten, um sicherzugehen, daß ihnen ihre Einkommensquelle erhalten blieb.

Es gibt keinen Anlaß zu glauben, daß Kokain für einen schwarzen Musiker weniger Probleme schaffen würde als für einen weißen, aber während der Sechziger und Siebziger wurde schon allein aufgrund des hohen Preises in den schwarzen Communities weniger Kokain konsumiert. Das änderte sich jedoch Mitte der Achtziger, als eine Kokainvariante zum Rauchen aufkam. Sie wurde Crack genannt.

Es gibt verschiedene Berichte darüber, wie Crack in die amerikanische Drogenszene gelangte. Die Technik an sich stammt angeblich aus Südamerika, wo sie als Reinheitstest für neugekaufte Ware eingesetzt wurde, indem man die reinen Salze mittels eines starken Lösungsmittels von allen Verunreinigungen trennte. Den Prozeß der Freisetzung dieser Salze von ihrer Base wurde Freebasing genannt, das daraus entstehende Produkt Freebase. Crack war davon lediglich die „Fastfood"-Version, gebrauchsfertig für den schnellen Straßenverkauf. Anderen Quellen zufolge heißt es, Crack sei durch Zufall erfunden worden. Dealer hätten versucht, die Kokainbase freizusetzen – eine Vorstufe des reinen Endprodukts bei der Kokainherstellung –, die in Südamerika schon seit Jahren geraucht wurde. Statt dessen schufen sie eine wesentlich stärker konzentrierte Form der Droge. Wieder eine andere Version spricht davon, daß Base oder Freebase zuerst Ende der Sechziger auftauchte, als User die Base in Marihuana-Zigaretten mit einrollten. Die etwas aufwendigere Form, bei der Substanzen wie Ammoniak verwendet wurden, um die Droge zu filtern, entstanden offensichtlich aufgrund der Annahme, daß der User nach Entfernen der Unreinheiten aus dem Kokainpulver ein verfeinertes und von daher „gesünderes" Produkt rauchen würde. Aber ganz gleich, wie es entstand, Freebase-Kokain war bis zu Beginn der Achtziger kaum verbreitet.

Damals, so schreibt der Autor Terry Williams in *The Cocaine Kids*, einer Langzeitstudie über jugendliche Crack-Dealer in New York, war überall soviel Kokain gelagert, daß die Importeure fürchteten, die Preise würden fallen, wenn die Nachfrage nicht gesteigert werden konnte. Daher wurden die Kiloladungen um kleine Mengen Kokainbase ergänzt, als Geschenk für die Dealer, die sie an die Kunden weiterreichen sollten, um sie an das neue Produkt zu gewöhnen. Es brauchte seine Zeit, bis diese Art Kokain sich durchsetzen konnte; es war anfangs teuer und daher einer Elitegruppe von Großverdienern vorbehalten – beispielsweise Richard Pryo, den das Vorbereitungsritual ebenso faszinierte wie der heftige Kick, den das Gehirn durch rauchbares Kokain erhält, da Rauchen gleich nach dem Injizieren den unmittelbarsten Weg zum High darstellt.

Obwohl später durchsickerte, daß er einen Selbstmordversuch unternommen hatte, kursierte jahrelang die Geschichte, Richard Pryor habe sich bei einer Freebasing-Session schwer verletzt. Es hieß, er habe versucht, das Freebase in eine Pfeife zu filtern, und er verwendete dazu eine brennbare Baumwollkugel, die er in Rum getaucht hatte. Die Baumwolle fing Feuer, und Prior erlitt von der Taille aufwärts Verbrennungen dritten Grades.

Die unglücklichen Umstände, in denen sich Dave Crosby als Folge seiner Freebase-Sucht wiederfand, waren weniger explosiv, aber ebenso zerstörerisch. Crosby hatte seit den Anfangstagen seiner musikalischen Karriere in den Sechzigern mit Drogen zu tun gehabt, und zeitweise hatte er sehr ungehalten auf Kritik an seinem Drogenkonsum reagiert. Zu der Zeit, als sein Name Millionen Platten verkaufte, sei er andauernd stoned gewesen, sagte er, und damals hätte sich niemand beklagt.

Als er aber mit seinem starken Kokainkonsum anfing, merkte er, daß er jetzt wirklich große Probleme hatte. Im März 1982 fuhr er auf dem Weg zu einer Anti-Atom-Kundgebung, bei der er singen sollte, sein Auto zu Schrott, und die Polizei fand Kokain und eine Waffe in dem Wrack. Von diesem Zeitpunkt an war die Jagd auf ihn sozusagen eröffnet. Drei Wochen später erwischte man ihn in der Garderobe eines texanischen Clubs beim Freebasing, und die Polizei fand erneut eine Waffe bei ihm. Als der Fall 1983 vor Gericht kam, wurde er zu fünf Jahren Gefängnis verurteilt. Normalerweise hätte man bei der kleinen Menge Kokain, die Crosby damals bei sich gehabt hatte, eine Strafe auf Bewährung ausgesprochen. Aber der Richter betrachtete ihn als eine öffentliche Persönlichkeit, und deren Handlungen würden stets einer genaueren Prüfung unterzogen.

Während er „draußen“ auf seine Berufungsverhandlung wartete, wurde Crosby ein weiteres Mal wegen Drogen- und Waffenbesitzes festgenommen. Seine Pechsträhne endete, als der Richter ihm gestattete, als Strafersatz in eine Drogen-Rehabilitationsklinik zu gehen. Er verbrachte dort sieben Wochen, bevor er sich heimlich davonstahl, und saß schließlich im Jahre 1985 vier Monate im Knast: „Ich weiß mehr über Freebase als jeder andere! Glauben Sie vielleicht, man nimmt sich vor, süchtig zu werden? Das schleicht sich richtig an. Ach, ich will ja nur ein bißchen high werden. Ich habe mit Zigaretten, Heroin, Schnaps, mit einfach allem aufhören können, aber diese Droge ist die furchtbarste im ganzen Universum. Sie bleibt bei dir. Ich war vier Monate im Gefängnis. Wollen Sie wissen, wie lange ich clean blieb, als ich wieder draußen war? Zwei Tage. Sie läßt dir keine Ruhe. Ich möchte nichts anderes als clean sein, Mann. Aber ich habe Angst davor, daß ich immer und ewig danach lechzen werde" (*Rolling Stone*, 1985).

Shaun Ryder, der ehemalige Sänger der Happy Mondays, der wohl nicht gerade der typischen Vorstellung von Schickeria entsprach, äußerte fast dieselben Erfahrungen bezüglich seiner Crackabhängigkeit Ende der Achtziger: „Ich kaufte morgens um acht ein Sechzehntel Rock, und bis zum Abend hatte ich das aufgeraucht. Ich kaufte mir noch ein Sechzehntel und spät abends noch ein Achtel Rock dazu. Ich kaufte bloß Sechzehntel und Achtel und rauchte den Scheiß so weg. Wenn du mal mit dem Rauchen anfängst, ist es schrecklich. Es ist die schlimmste, dreckigste Droge der ganzen Welt. Das Heroin hatten wir jahrelang ziemlich gut unter Kontrolle" (*Q Magazine*, Juli 1996).

Aber das größte durch Crack verursachte Drama spielte sich zwischen Crosbys erster Liebäugelei mit Freebasing und Shaun Ryders Crack-Attacke bei den Aufnahmen zum grottenschlechten „Yes-Please"-Album in Barbados ab. Anfangs zögerten die Dealer, das neue Produkt anzubieten, weil sie mit der Droge in Pulverform mehr Geld verdienen konnten. Wenn man dem Kokain aber alle Verunreinigungen entzog, hatte man gewichtsmäßig weniger zu verkaufen. Sie wollten außerdem die Zeit nicht aufwenden, um das Pulver zu Rocks zu verarbeiten. Darüber hinaus kann man Pulver mehrmals verschneiden, um den Profit zu erhöhen, und das ist bei Rocks nicht möglich.

1983 jedoch forderte die Überproduktion in den Wachstumsmärkten Südamerikas eine Preissenkung. Davon profitierten die Dealer, weil sie zum neuen, niedrigeren Preis einkaufen, ihren Kunden aber nach wie vor dasselbe berechnen konnten. Als sich das herumsprach, fielen auch die Verbraucherpreise, doch die Gewinne gingen ohnehin zurück, da die Verkäufe hinter der Produktion zurückblieben.

Und dann kam ein neues Produkt auf den Straßenmarkt – abgepacktes Kokain, für fünf Dollar pro Hit, zu einem Bruchteil des Mindestverkaufspreises für Pulver. Der *Los Angeles Sentinel* berichtete 1983 von dem ersten Crack-House. Binnen eines Jahres fragten kaum noch Kunden nach Pulver.

Diese billige und mit hohem Suchtpotential ausgestattete Droge fand ihren größten Absatz unweigerlich in den schlimmsten schwarzen Ghettos der amerikanischen Großstädte: in New York, Chicago, Los Angeles und Washington. Diese Gebiete waren von jeher das Ziel großangelegter Drogenoperationen, seit Lucky Luciano einen Deal mit den USA hatte machen können: Als Gegenleistung für sizilianische Hilfestellung bei der Planung des Alliierteneinmarsches in Europa im Zweiten Weltkrieg konnte er seinen Heroinschmuggel aufrechterhalten und weiterhin Drogen aus Fernost nach

New York bringen. Billiges Heroin strömte in den Fünfzigern, Sechzigern und frühen Siebzigern in die schwarzen Stadtteile, bis es fast so aussah, als sollten die immer stärker politisierten Ghettos ruhiggestellt werden, indem man den Drogenhandel unkontrolliert weiterlaufen ließ.

Die Bürgerrechtsbewegung hatte (unter anderem) versucht, der schwarzen Community ein Gefühl von Stolz zu vermitteln, um der Hoffnungslosigkeit und Verzweiflung entgegenzutreten, was den dort so verbreiteten Drogenkonsum begünstigte. „Black is beautiful" und „I'm black and I'm proud" wurden die neuen Schlachtrufe für das herbeigesehnte Zeitalter der Gleichberechtigung. Während weiße Musiker sich mit der Erweiterung ihres Horizonts beschäftigten, die ihnen LSD und Haschisch zu ermöglichen schienen, versuchten schwarze Soulsänger in dieser Zeit, von dem Schaden zu berichten, den ganz andere Drogen unter ihren Brüdern anrichteten – James Browns „Heroin" war ein Beispiel, „Freddie's Dead" von Curtis Mayfield ein anderes.

Für einen großen Teil der Schwarzen in den USA konnte die Bürgerrechtsbewegung jedoch keine greifbare Verbesserung erreichen, was Lebensbedingungen, Arbeitsmarktchancen oder politische Macht betraf. Hauptsächlich profitierte die schwarze Mittelklasse davon; die Lage vieler Schwarzer aus der Arbeiterklasse verschlechterte sich eher noch weiter. In den Jahren der Reagan-Wirtschaft litten vor allem die Menschen am unteren Ende der gesellschaftlichen Skala unter der Kürzung der Sozialausgaben und der öffentlichen Mittel; die Politik wurde von konservativen Politikern bestimmt, die den Interessen der Schwarzen eher feindlich gegenüberstanden. Die Statistiken sprechen eine deutliche Sprache: Es gehen mehr Schwarze ins Gefängnis als aufs College; die Hälfte aller schwarzen Kinder wächst in einer Armut auf, wie Westeuropäer sie sich kaum vorstellen können, und insgesamt zehn Millionen Schwarze leben unterhalb der Armutsgrenze (Adam Sexton, Hrsg., *Rap On Rap*).

„Die aufstrebende Arbeiterklasse innerhalb der schwarzen Community stellte fest, daß sie über eine wachsende kulturelle Kluft zum weißen Amerika hinüberblickte, und sie sah auf die ärmsten der armen Schwarzen hinunter, die überhaupt kein soziales Netz mehr absicherte. Es waren die Kinder dieser Gesellschaftsklasse, die Rap erfanden – den Sound einer schwarzen Großstadtjugend, der eine musikalische und soziokulturelle Alternative darstellte zum weißen Radio, den Integrationsversuchen der Sechziger und dem Rückschlag der Weißen, der darauf folgte" (Lawrence Stanley, Hrsg., *Rap: The Lyrics*).

Es hat den Anschein, daß etwa alle zehn Jahre, sobald eine Form schwarzer Musik gezähmt und in den amerikanischen Mainstream integriert worden ist, die nächste Generation kreativer Künstler mit einem neuen Stil auftritt, um die Identität der schwarzen Musik und der Communities, aus denen sie stammt, wieder einzufangen. Soul, Funk und Disco wurden nacheinander vom Mainstream aufgesogen. Anfang der Achtziger war die Zeit reif für etwas anderes.

In gewisser Weise war Rap nichts Neues. Wie David Toop feststellte: „Die Ahnen des Rap liegen bei Disco, Street Funk, Radio DJs, Bo Diddley, den Bebopsängern, Cab Calloway, Pigmeat Markham, The Last Poets, Gil Scott-Heron, Muhammad Ali, A-capella- und Doo-Wop-Gruppen, Kreisspielen, Springseilreimen, Armeeliedern ... letztendlich zurück bis zu den *griots* von Nigeria und Gambia" (Toop, *Rap Attack 2: African Rap To Global Hip-Hop*). Sie waren Persönlichkeiten der Community, die all jenen, die sich dem Establishment anpassen wollten, die Herausforderung entgegenschleuderten, vom Willen des Volkes Notiz zu nehmen.

Rapmusic als klar erkennbarer, eigenständiger Musikstil entstand etwa 1976, als schwarze Street-DJs in der südlichen Bronx in New York feststellten, daß sie die Leute zum Weitertanzen animieren konnten, wenn sie eingängige Instrumentalbreaks aus beliebten Titeln spielten. Sie arbeiteten mit zwei Plattenspielern und einem Soundmixer; der DJ konnte von einer Platte zur anderen übergehen, um einen ununterbrochenen Dance-Groove zu halten, während ein MC über den Rhythmus „rappte", wie es in der jamaikanischen Musik üblich war. Wer erfand diesen Stil, der schließlich als Rap bekannt werden sollte? Viele bahnbrechende DJs wie Derrick May, Clive Campbell (alias „Herc") können hier einen gewissen Anspruch anmelden, aber der am häufigsten genannte Name ist der bei den Bronx River Projects mitmischende Afrika Bambaataa. Er nahm diese jamaikanische „Toasting"-Tradition und vermischte sie mit elektronischer Musik, die von der deutschen Band Kraftwerk inspiriert worden war, da es zu der Zeit (wie Bambaataa feststellte) keine schwarze elektronische Musik gab. Daraus entstand die neue Musik Rap, die in einen jungen schwarzen Großstadt-Lifestyle paßte, den man Hip-Hop nannte. Zumindest zu Anfang führte Rap die schwarze Musik weg vom Busineß-Rock und schuf eine völlig neue Umgebung, in der Musik mittels Sampling, Mixing und Remixing selbst gemacht werden konnte. Rap bediente sich der überwältigenden, rasanten Entwicklungen in der Computertechnologie, er war die akustische Variante eines William-Burroughs-Romans – Cut-up-Musik, die sich beim ganzen Spektrum der Popmusik bediente, aber dennoch fest in der (oft gnadenlosen) Schilderung der harten Lebensbedingungen der schwarzen Amerikaner in den Achtzigern verwurzelt war.

Der erste kommerzielle Erfolg kam 1979 mit dem Titel „Rapper's

Delight“ von der Sugarhill Gang, erschienen auf Sugar Hill Records, der Firma der ehemaligen Sängerin Sylvia Robinson. Auch ein anderer Rapper aus der Bronx hatte bei diesem Label unterschrieben, Grandmaster Flash; er stellte die Furious Five zusammen, zu denen auch das Rappertalent Melle Mel zählte. Melle Mel gab ein Grundmuster für viele Rapveröffentlichungen vor, in denen sich der Zorn über die Lage, in der die Schwarzen sich befanden, artikulierte: „The Message“, mit seiner unmißverständlichen Warnung an die weiße Gesellschaft: „Don't push me 'cause I'm close to the edge.“ Der Titel wurde 1982 veröffentlicht, 1983 folgte „White Lines (Don't Don't Do It)“. Es war zwar ein Anti-Kokain-Song, aber er erschien noch kurz vor der Crack-Explosion, und daher zielte seine Warnung nicht auf den Konsum von Rocks, sondern auf den der weißen Pulverlinien von Kokain-Hydrochlorid.

Von diesem Zeitpunkt an, als sich Crack in den wuchernden Städten Amerikas auszubreiten begann, blieben ihm die Rapper auf den Fersen und berichteten von dem Schaden, den es anrichtete. New York brachte Künstler hervor wie Run DMC, LL Cool J, Eric B and Rakim, The Notorious B.I.G. (Christopher Wallace alias Biggie Smalls), die stärker politisierten Public Enemy und deren Leader, den jetzt solo aktiven Chuck D, sowie den 1997 heiß gehandelten Wu-Tang Clan.

An der Westküste entstand ein insgesamt härterer und kontroverserer Rapstil, in dem häufig das „Gangsta“leben in den Drogen- und Verbrechervierteln von L. A., wie beispielsweise Compton, glorifiziert wurde. Die führenden Namen hier lauteten NWA, Cypress Hill, Ice T, Tone Loc, Dr Dre, Coolio – und wenn man der Küste weiter folgte, stieß man auf Tupac Shakur, Tim „Snoop Doggy“ Dogg und den mehr spirituell orientierten MC Hammer. Aber die Ost- und Westküste hatten nicht das alleinige Monopol auf die Musik; Bone Thugs 'N Harmony kamen aus Cleveland, 2-Live Crew aus Florida. Und die richtige Hardcore-“Gangsta“-Einstellung zeigte sich erstmals ausgerechnet in „Saturday Night“ von Schooly D aus Philadelphia.

Viele Rockstars haben erklärt, daß es die Musik war, die sie vor der Verbrecherlaufbahn bewahrt hat. Beim Rap ging oft beides Hand in Hand. Das ist wohl kaum überraschend, wenn man bedenkt, daß viele Rapper aus den schlimmsten, sozial und wirtschaftlich besonders heruntergekommenen Stadtgebieten stammten.

Eine Armee jugendlicher Drogendealer entstand ironischerweise erst mit Hilfe der harten Gesetze, die der New Yorker Gouverneur Rockefeller in den Siebzigern durchsetzte. Danach erhielt jeder über 18, der mit Drogen erwischt wurde, automatisch eine Gefängnisstrafe; so wurden nun die unter 18jährigen die Boten und Straßendealer.

In seiner Studie über jugendliche Crackdealer in New York trifft Terry Williams einen jungen Dealer namens „Master Rap"; er ist „geleckt, redegewandt und cool" ... „Rap ist mein Ziel, Weiber mein Spiel". Master Rap hat sich einer Karriere im Musikbusineß verschrieben und viele Songs verfaßt, die er eines Tages aufzunehmen hofft. Er sagte: „Koks ist nur eine Möglichkeit, um Geld zu verdienen und ein paar Sachen zu machen, zu denen ich sonst, in der wirklichen Welt, nie die Chance bekäme" (Williams, S. 20). Als Williams seine Studie abschloß, hatte Master Rap es noch nicht geschafft, aber dafür viele andere.

Schooly D, ein früheres Gangmitglied aus North Philadelphia, veröffentlichte 1986 sein erstes Soloalbum und rappte darauf über eine Situation, die viele Jungs dazu brachte, gleich nach der Schule in dieses Geschäft einzusteigen, in dem es nur um das schnelle Geld ging, das so sehr zum prägenden Merkmal des Lebens in den Achtzigern geworden war. Tupac Shakur, Biggie Smalls, Coolio und Snoop Doggy Dogg, sie alle hatten ihre eigene Vergangenheit als Drogendealer, und das Leben der Straße ließ sich auch nicht abschütteln, als sie musikalisch erfolgreich wurden. Tim Dogg mußte sich 1995 wegen Mordes vor Gericht verantworten, wurde aber freigesprochen, während Smalls und Shakur beide später ermordet wurden.

Viel Drogengeld wurde in legalen Geschäften gewaschen – so auch in der Musikbranche. Schon seit langem kursieren Gerüchte, nach denen Ruthless Records, das Label von NWA-Mitglied Eric „Eazy-E" Wright (der 1995 an Aids starb), durch Drogengelder finanziert wurde. Der Hip-Hop-Kritiker S. H. Fernando beschreibt Wright, wie er „in Capone-Manier hinter einem riesigen Schreibtisch in seinem Office in Woodlands Hills, L. A." saß. Wright gab Fernando gegenüber zu, daß der Crackdealer-Song „Dope Man" von NWA „von mir handelte, denn das war's, was ich zu der Zeit machte", aber er wollte nicht zugeben, daß Ruthless mit Drogengeldern aufgebaut worden war: „Ich weiß nicht, wie Ruthless gegründet wurde. Ich habe das Geld wahrscheinlich ein bißchen zusammengeklaut. Keine Ahnung. Oder vielleicht habe ich auch einen Geldbaum in meinem Garten. Werden wir nie rausfinden. Niemand kann die Zeit zurückdrehen und rausfinden, woher dieses Geld stammt." (Fernando, S. 96) Das erscheint vielleicht als seltsame Gedächtnislücke bei dem Firmengründer, aber angesichts der Tatsache, daß man in einigen amerikanischen Staaten sein Auto verlieren kann, wenn man mit einem Joint darin erwischt wird, ist es wiederum doch nicht so seltsam. Das sind eben die drakonischen Sicherstellungsgesetze: Das Auto würde beschlagnahmt, weil es zum „Transport von Rauschmitteln" benutzt wurde. Diese Gesetze bedeuten eine massive Finanzspritze für die ansonsten stets mit zu knappen Mitteln ausgestatteten Polizeiaktionen, daher kann man sich vorstellen, wie gern die Polizei von Los Angeles eine der erfolgreichsten Rap-Plattenfirmen in die Hände bekäme, wenn sie ihr nachweisen könnte, daß das Gründungskapital aus Drogengeld bestand.

Ein ähnliches Beispiel ist der Rapper „Too Short“ Todd Shaw, der früher Haschisch verkaufte, sich aber dann mit einem großen Kokaindealer einließ, der ihm ein Studio auf dem neuesten technischen Stand zur Verfügung stellte, ihm einen Cadillac mietete und ihm das Geld gab, um einige Undergroundplatten zu veröffentlichen.

Es ist allerdings interessant, daß trotz massiver Dealerei und Gewalt nur wenige Rapkünstler bekannt wurden, die persönliche Probleme mit Drogen hatten. Coolios Bekenntnis bildet da wahrscheinlich die seltene Ausnahme: „Wir fingen mit Rock-Kokain an, wußten aber eigentlich gar nicht richtig, was das war. Als uns das dann klar wurde, waren wir alle schon drauf.“ Es kostete ihn zwei Jahre harten Kampfes, wieder clean zu werden. Aber hauptsächlich sahen die Regeln der Street Gangs vor, daß man stets die Kontrolle behalten mußte. Die Young Boys Inc aus Detroit, die 1982 über 400 Millionen Dollar durch den Verkauf von Heroin und Kokain einstreichen konnten, hatten ihren eigenen Mitgliedern strenge „No-drugs“-Richtlinien auferlegt. Damit war nicht zu spaßen.

Die meisten Rapper sahen Crack-User vor wie auch während ihrer musikalischen Karriere als Loser an, weil sie die Kontrolle über sich verloren hatten und schwach geworden waren. So rappten De La Soul in „Say No Go“: „Push couldn’t shove me to understand the path to a basehead“; ein Titel auf dem Public-Enemy-Album „It Takes A Nation Of Millions To Hold Us Back“ heißt „Night Of The Living Baseheads“, wobei der Ausdruck „Basehead“ als Beleidigung für alle Süchtigen die Bezeichnung „Junkie“ abgelöst hat.

Frauen, die Drogen nehmen, werden mit noch größerem Abscheu betrachtet, vor allem jene, die bereit sind, ihre Drogen mit Sex zu bezahlen. Wenn man bedenkt, daß Frauen in Rapsongs meist entweder als „hoes“ (Huren) oder „bitches“ (Flittchen) eingestuft werden, ist diese Reaktion auf weibliche Abhängige kein großer Schock, wobei gleichzeitig darauf hingewiesen werden muß, daß Kokain eher eine „gleichberechtigte“ Droge ist als beispielsweise Heroin, wo es zahlenmäßig weitaus mehr männliche als weibliche chronische User gibt.

In Donald Ds „FBI (Freebase Institute)“ geht es um eine Droge, wegen der Frauen in dunklen Seitenstraßen „slobbin’ the knob“, also „Schwänze lutschen“. In der letzten Strophe heißt es:

Little Johnny and Tommy saw their mommy
Hittin' the pipe with her best friend Connie
She look like she suffers from malnutrition
The kids are hungry, no food in the kitchen
Their gear's been worn for a month and a half
That was the last time they had a bath
Cause the crack has the man command
The welfare check to the dope man.

„In The Dust" von Live Crew zeichnet ein ähnliches Szenario mütterlicher Vernachlässigung: „Babies cryin', I'm wonderin' where's the momma/She OD'd and got rushed to trauma" – ohne auch nur einmal zu fragen, wenn „Momma" nach ihrer Überdosis ins Koma gefallen ist, wo ist eigentlich „Poppa"?

Die Frauenfeindlichkeit, die tief im Rap verwurzelt ist, hat zu Recht viel Kritik von weißen wie auch schwarzen Journalisten einstecken müssen, obwohl die Verurteilung süchtiger Frauen, die sich von ihrem „rechtmäßigen" Platz in der Küche abwenden, wo sie mit der einen Hand kochen und mit der anderen die Kinder trockenlegen, ebenso für weiße abhängige Frauen wie für schwarze gilt. Und überhaupt klingen die Vorwürfe, die sich Rap in Amerika wegen der offensichtlichen Glorifizierung von Gewalt anhören muß, ein wenig hohl aus dem Munde einer Gesellschaft, in der die National Rifle Association eine derart starke Lobby hat und die Kassen in Hollywood kräftig klingeln durch Einkünfte aus Rambo-Filmen, die Machwerke des ballersüchtigen Computerspiel-Nachwuchses – vom Tarantino-Gesamtwerk ganz zu schweigen.

Starke Crack-User werden ausnahmslos verurteilt. Wenn es jedoch um die Dealerei geht, zeigt der Rap oft eine ambivalente Haltung. Den großen Drogenhändlern wurde in der schwarzen Community stets viel Respekt und Bewunderung entgegengebracht, vor allem von jüngeren Leuten, von denen später einige Rapper wurden. Das lag in erster Linie an dem materiellen Reichtum, den der Drogenhandel so offensichtlich einbrachte, zum anderen auch an dem Respekt, den man sich verdienen konnte, wenn man beim Geschäft am Zug war, und letztendlich auch, weil so viele der Käufer Weiße waren. Es schien, als hätte die schwarze Community endlich einen Weg gefunden, sich für all den Schaden zu rächen, den die weißen, im großen Stil operierenden Drogenhändler unter den Schwarzen angerichtet hatten. In „Life Of A Drug Dealer" von 1991 sang The Genius (alias Gary Grice) von einem

Dealer, der alles „in Rauch aufgehen läßt", was sich ihm in den Weg stellt:

I'll shoot up funerals, firebomb wakes
Vehicular homicides, whatever it takes ...

You've seen my resume, that's just the half
I'm a bad motherfucker, just like Shaft

In dem Song von Donald D, der weiter oben schon einmal zitiert wurde, rechtfertigt der Dealer seine Handlungsweise damit, daß ein Mann eben so handeln muß: „A man has to do what a man has to do." NWAs „Dopeman" ist aus der Sichtweise des Dealers geschrieben: „Well I'm the dopeman, yeah boy, wear corduroy/Money up to here, but I'm unemployed/You keep smokin' that rock and my pockets get bigger/Yo, got that 5-0 double up, nigger!"

Hauptsächlich betrachten Rapper die Dealer jedoch als Verräter an den Schwarzen. Wie Big Daddy Kane in „Another Victory" sagt:

I have to wonder, damn,
how can lifestyle be fun to man
To see a brother get paid undercover
Sellin' drugs to one another
Cause all the glamour you get is miscellaneous
And all the product you sell is real dangerous.
(Cold Chillin' Music Publishing adminstered by
W. B. Music Corp 1989. All rights reserved.)

Ice T bietet in „I'm Your Pusher" die Lösung, sich statt dem Dealer der Musik zuzuwenden:

The dope I'm sellin, ya don't smoke, ya feel
You wanna get high? Let the music play ...
My dope hits the street with no doubt
Evil E add the cut, then removes it
Iz checks for purity, and then approves it
And then you get it, try it and like it
And if it ain't potent, we remix and spike it
(Colgems-EMI Music Inc/Rhyme Syndicate Music 1988.
All rights reserved.)

In den Neunzigern schien die schlimmste Crack-Welle in den USA langsam wieder abzuebben. Warum, das ist nicht ganz klar. Die Lage derer, die in der Bedford-Stuyvesant-Gegend in New York, in L. A.s Compton, in Oakland oder Washington oder in irgendeiner anderen crackverseuchten Gegend Amerikas lebten, hatte sich sicherlich nicht gebessert. Und die Amerikaner hatten auch keine Wunderlösung für das Drogenproblem anzubieten, auf die sie neunzig Jahre vorher nicht gekommen waren. Es scheint eher so, als würden Drogen„epidemien" dieser Art unabhängig von den Maßnahmen der Regierung eine natürliche Lebensdauer haben. Crack ist nicht verschwunden, aber der Mißbrauch scheint sich auf einen gewissen Level innerhalb der Drogenszene eingependelt zu haben.

Das gleiche trifft auch auf die kreative Anfangseuphorie in den jeweiligen musikalischen Stilrichtungen zu. Rap begann als Underground Music, wurde aber bald entweder von der Rockindustrie aufgesaugt (die ein beträchtliches weißes, junges Publikum für diese Musik fand), oder er ging auf Rap-Labels, die von Schwarzen geführt wurden, bereitwillig in dieselbe Falle. Bands gründeten und trennten sich, ihre Leader starteten Solokarrieren; bekannte Musiker mußten sich wegen schwerer Verbrechen verantworten, andere starben im Kugelhagel.

Großbritannien entdeckte Crack viel später als Amerika. Aber obwohl es dort, wo es in der Drogenszene Fuß gefaßt hat, große Probleme verursacht, war die Crack-Krise nicht annähernd so dramatisch, wie Ende der Achtziger vorausgesagt. Auch wurde Rap in seinen reinen Ausprägungen in England nie so beliebt wie andere Arten schwarzer Musik, beispielsweise Reggae oder Soul. Statt dessen wurde Rap in eine weitere neue Musikrichtung integriert, in der ein ganz anderer Beat den Takt vorgab.

16

Der mit den Drogen tanzt

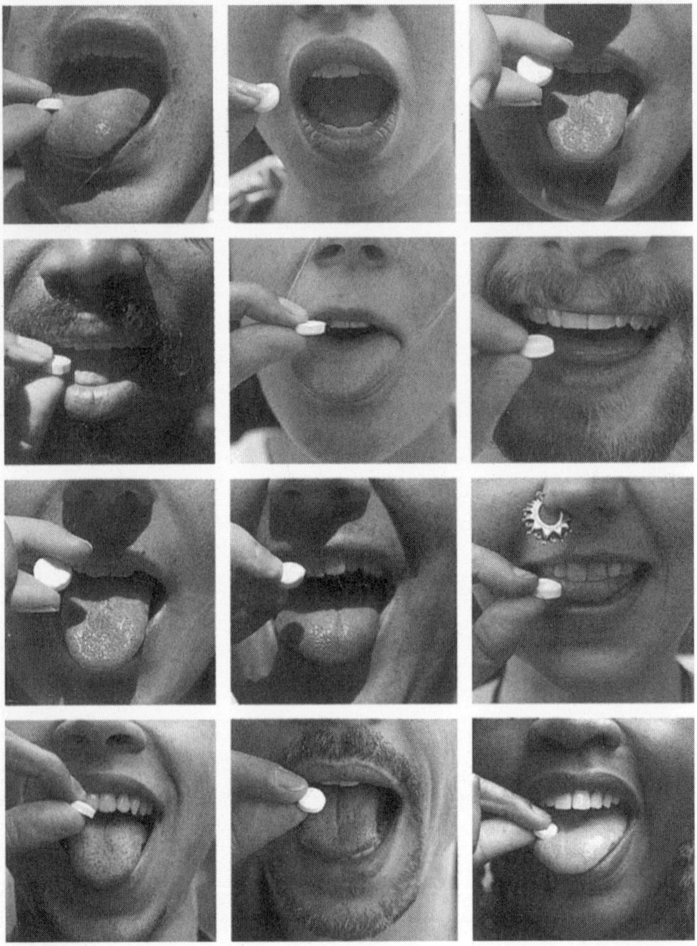

Ecstasy

Während des Ersten Weltkriegs in Darmstadt als MDMA synthetisiert, um bei Soldaten an der Westfront den Appetit zu hemmen, wurde diese Droge zum Rave-Katalysator der 90er Jahre schlechthin. Die Folge: die Nächte durchtanzende Jugendliche, vom christlichen Eltern-Establishment unverstanden und neidvoll verpönt bis gehaßt. Die Ekstase-Zutaten: ein entsprechender Freiraum, ein stampfender Rhythmus, ein zuckender Körper, ein hyperaktiviertes Hirn, ein offenes Herz und Tausende von Gleichgesinnten. Das Problem der chemisch induzierten Love-Power: Keiner weiß genau, was in welcher Pille steckt.

... es gab schon immer einen Zusammenhang zwischen Club Culture und Drogen. In den Siebzigern, als ich in der Northern-Soul-Clubszene aktiv war, konnte man Clubber erleben, die buchstäblich süchtig nach der ganzen Erfahrung waren ... Der harte Kern der Raveszene ist genauso süchtig ... Allerdings sind das heute viel mehr Leute, und sie nehmen verdammt viel mehr Drogen.

Stuart Cosgrove in einem Interview mit Sean O'Hagan, *The Times*, 22. Februar 1992

ALLES FING GANZ still und leise an. 1975 durchsuchte die Polizei ein Amphetamin-Labor in den britischen Midlands und fand dabei eine Droge, die sie nicht bestimmen konnte. In Tests stellte sich heraus, daß es sich um MDMA handelte, einen den Amphetaminen verwandten Stoff, der nicht unter den Misuse Of Drugs Act fiel. Daher wurde das Gesetz 1977 so geändert, daß jedes Amphetaminderivat verboten wurde: Bevor irgend jemand in Großbritannien je von der Droge gehört – oder sie gar probiert – hatte, war Ecstasy bereits verboten. Acht Jahre vergingen, und dann, im Oktober 1985, schrieb der Journalist Peter Nasmyth einen Artikel über Ecstasy in dem Lifestyle-Magazin *The Face*. Er nannte es „den Yuppie-Weg zum Bewußtsein".

Etwas prosaischer ausgedrückt: Bei Ecstasy handelt es sich um eine synthetische, amphetaminähnliche Droge, die unter der chemischen Bezeichnung 3,4 Methylendioxymethylamphetamin, kurz MDMA, bekannt ist. Es gehört zur Gruppe der sogenannten „Phenylamphetamine". MDMA wurde erstmals Anfang dieses Jahrhunderts vom deutschen Pharmakonzern Merck synthetisiert, der amphetaminverwandte Drogen als Appetitzügler für übergewichtige Patienten einsetzen wollte. MDMA kam nie auf den Markt, und obwohl es zu einer Gruppe von Drogen gehörte, die vom CIA als Wahrheitsdroge getestet wurden, verschwand es bis in die Sechziger weitgehend in der Versenkung. Dann wurde es von Dr. Alexander Shulgin, einem amerikanischen Chemiker, der für Dow Chemicals tätig war, „wiederentdeckt". Shulgin testete die Produkte seiner Experimente stets an sich selbst und stellte fest, daß MDMA die besondere Eigenschaft besaß, die Konsumenten ein sehr positives, „empathisches" Gefühl gegenüber anderen Menschen empfinden zu lassen.

In den Siebzigern gaben einige Therapeuten, die Paare mit Eheproblemen berieten, ihren Patienten vor den Sitzungen diese Droge und behaupteten, MDMA trüge dazu bei, daß beide Partner den Standpunkt des anderen erkannten und so Feindseligkeiten abbauten. Es war unvermeidlich, daß Ecstasy (wie man es nun nannte) ebenso wie zuvor schon LSD in die Straßen Amerikas gelangte. Genommen wurde es hauptsächlich von jungen Mittelklasseakademikern, die auf der Suche nach einer beruhigenden transzendentalen Erfahrung waren, obwohl E im Gegensatz zu LSD keine halluzinogenen Eigenschaften hat. 1985, als man in England durch Nasmyths Artikel gerade erst von der Droge erfuhr, wurde Ecstasy in den USA verboten, nachdem es Befürchtungen über Gehirnschäden bei Ratten gegeben hatte. Seit 1982 war die Droge in kleinen Mengen nach Großbritannien gelangt – teilweise direkt aus der New Yorker Clubszene, teilweise durch die orange gekleideten Jünger von Bhagwan Rajneesh (Saunders 1995). Für Yuppies auf der Suche nach der Wahrheit war Ecstasy ebenso eine Gaumenfreude wie für die Soho-Elite aus Modedesignern, Musikern und Journalisten. Aber kaum ein Jahr, nachdem Nasmyth die Katze aus dem Sack gelassen hatte (wofür er sich von der Londoner Schickeria reichlich böse Worte anhören mußte), entdeckte eine völlig andere Gesellschaftsgruppe die Schmusedroge – größtenteils Arbeiterklassekids, die nun Teil der regenerierten britischen Danceszene wurden und eine völlig auf den Kopf gestellte Jugendkultur schufen, die als Rave bekannt wurde.

Die Rave-Generation speiste sich aus mindestens zwei unterschiedlichen und breitgefächerten Strömungen: Die eine kam aus einem Umfeld, das sich drinnen, in der Welt der Clubs, abspielte; die andere war von Freiluftveranstaltungen geprägt, den Free Partys, die sich von den „Be-Ins" und „Happenings" der Sechziger an der amerikanischen Westküste herleiteten.

Zwar wurde Ecstasy erstmals in Amerika als Freizeitdroge verwendet, aber es wurde nie in solchem Ausmaß Teil der Club/Danceszene wie in Großbritannien, und so war der entscheidende Mix aus stimulierenden Drogen und durchgetanzten Nächten (außer vielleicht in der Schwulenszene) nicht so stark. In Großbritannien war ein solcher Mix bereits stark ausgeprägt und konnte auf eine siebzig Jahre alte Tradition zurückblicken. Das erklärt vielleicht am besten, weshalb Rave zuallererst in Großbritannien ausbrach.

In der Zeit zwischen den Weltkriegen, als die ersten britischen Anti-Drogen-Gesetze erlassen wurden, war die illegale Drogenszene in Großbritannien auf einige wenige Trink- und Tanzlokale beschränkt. Die beliebteste der illegalen „Spaß"-Drogen bei den Prostituierten, den Spielern, dem Theatervolk und den etwas schillernderen Persönlichkeiten aus Adelskreisen der damaligen Zeit war Kokain. *The Evening News* (14. März 1922) brachte einen Bericht über die Clubszene und beschrieb, wie vor allem Frauen im Kokainrausch zu wildem Dauertanzen getrieben wurden: „Unter ihnen (den „abhängigen jungen Frauen") war ein zart aussehendes Geschöpf von etwa zwanzig Jahren, mit einem dünnen Fähnchen bekleidet, das den Rücken zu drei Vierteln unbedeckt ließ. Wenn sie in ihrem lebhaften Tanz in diesem unterirdischen Raum einmal innehielt, gab sie sich ohne erkennbaren Anlaß verrückten, fast hysterischen Lachanfällen hin ..." (Kohn 1992, S. 131). Der durch eine Überdosis Kokain verursachte Tod der Tänzerin Freda Kempton machte 1922 landesweit Schlagzeilen und veranlaßte den *Daily Express* dazu, eine Kampagne gegen Drogen und „Tanzschuppen" zu starten, illustriert durch einen Cartoon, in dem das Skelett eines Türstehers vor dem „Dope Dance Club" vergnügungssüchtige Tänzer willkommen hieß; „The Shadow Of Death" lautete die Unterzeile. Neben diesen Kellerlokalen (und in Bildern, die noch jahrelang die öffentliche Meinung prägen sollten) beschrieb der *Express* auch Tanzveranstaltungen in „unbeleuchteten Gebäuden in übel beleumundeten Gegenden", wo die Beteiligten „ständig von hysterischem Gelächter geschüttelt wurden und stupide glotzten" (Kohn 1992, S. 131). Danach war die nichtmedizinische Verwendung von Drogen – abgesehen von ein paar sensationsgierigen Geschichten in der Boulevardpresse über „indischen Hanf" Anfang der Fünfziger und einer Drogenrazzia in einem Jazzclub im Westend – kein Thema mehr. Dann kamen die frühen Sechziger. und ein anderes Stimulans brachte junge Leute dazu, die Nächte wieder durchzutanzen: Amphetamin (siehe Kapitel 8).

Als die Mod-Ära 1966 der Psychedelia weichen mußte, gab es hinsichtlich einer eigenständigen Clubkultur in London nichts, was ihren Platz hätte einnehmen können. Rockmusik zog schnell an den Clubs vorbei und ging erst in die kleineren Hallen, später in die großen Stadien. Was blieb, waren die Durchschnittsdiskotheken, Orte, an denen sich die Rockaristokratie traf, wie beispielsweise das Speakeasy, das Blaises und einschlägig bekannte Clubs wie das Marquee, der 100 Club, Klooks Kleek und andere, die eine Startbasis für viele aufstrebende Blues- und Rockbands darstellten.

Für die Weiterentwicklung der von Stimulanzien geprägten Dancekultur muß der Blick in den englischen Norden schweifen, zu den Clubs von Wigan, Blackpool und anderswo, und zu einem Phänomen Anfang der Siebziger, das als „Northern Soul" Geschichte machte. Northern Soul war die Fortführung einer vertrauten Tradition, daß nämlich die Musik des schwarzen Amerika von britischen Musikfans mit mehr Begeisterung aufgenommen wurde als in den Staaten selbst. In den Fünfzigern beispielsweise waren amerikanische Bluesmusiker in Großbritannien gefeiert worden – zu einer Zeit, wo junge schwarze Amerikaner den Blues als den Sound der Sklaverei abtaten, über den man am besten das Mäntelchen des Schweigens deckte. Die Blues-Freaks der Fünfziger waren in erster Linie schon älter und gehörten zur Mittelschicht. Die Fans, die in den Sechzigern Soul und den aus der Karibik stammenden Bluebeat und Ska entdeckten, kamen dagegen eher aus der Arbeiterklasse, wobei hierzu paradoxerweise auch die Skinheads gehörten, die in jeder anderen Hinsicht absolut rassistisch waren.

Die treibende Kraft hinter dem ebenfalls der Arbeiterklasse verhafteten Northern Soul waren die sogenannten „rare grooves“, obskure amerikanische Soulplatten. Als Stimulans nutzte diese nachtaktive Dancekultur nicht nur die als Pille erhältlichen Amphetamine der Sechziger, die „Bennies“, „Blues“ oder „Bombers“, sondern auch illegal hergestelltes Amphetaminsulfat in Pulverform, das unter den Dance-Jüngern das Gefühl der Exklusivität noch erhöhte.

Die andere amphetamindominierte Dancekultur der Siebziger war natürlich der Punk. Insgesamt wurde die Clubszene in dieser Zeit immer wichtiger, wobei bereits die ersten Zeichen für das Herannahen eines neuen Zeitalters gesetzt wurden, das Mitte der Achtziger heraufzog. Abgesehen von Northern Soul und Punk gab es ein gut entwickeltes Netz von Clubs innerhalb der Schwulenszene sowie eine Postpunk-Clubszene rund um die „New Romantics“, und, für kurze Zeit, auch um Neopsychedelia – ein zum Scheitern verurteilter Versuch, die Atmosphäre der Sechziger ohne Drogen wieder aufleben zu lassen. In dieser Zeit kam es auch zu den ersten illegalen Warehouse-Partys, die ein wenig an die Blues- oder Rent-Partys und die „Shebeens“ der Afrojamaikaner erinnerte, bei denen ohne Genehmigung Alkohol ausgeschenkt wurde. Ende der Achtziger war die Clubszene in England jedenfalls ausgebrannt und brauchte dringend einen Schuß frischer Inspiration.

Die fällige Revitalisierung der britischen Dancekultur erfolgte durch die Kombination zweier verschiedener, aber miteinander verbundener Entwicklungen – beide entstanden außerhalb Englands. Die eine war House oder Garage Music aus den USA. Diese Musik, benannt nach dem Warehouse in Chicago und dem Paradise Garage in New York, war aus demselben elektronischen Schmelztiegel entstanden, der auch den Rap geboren hatte und der maßgeblich von Top-DJs wie Larry Levan, Frankie Knuckles und Ron Hardy geprägt wurde.

Der englische Nordwesten war schon gut damit vertraut, die Underground-Sounds Amerikas zu absorbieren, und so wurde auch House Music schnell akzeptiert, als sie über den Atlantik bis in Clubs wie das Haçienda in Manchester gelangte. Das Haçienda, das 1982 seine Pforten öffnete, gehörte Tony Wilson, dem Boß des legendären Independent-Labels Factory Records, und es sollte zur Geburtsstätte des Rave-Phänomens werden.

Der zweite und viel überraschendere Einfluß kam aus Ibiza. Die Mittelmeerinsel galt schon seit langem als altes „Hippieversteck“, und mittlerweile hatte sich dort auf der Grundlage der House/Garage-Sounds der schwarzen amerikanischen Großstadtkids der „Balearic Sound" entwickelt. Das zentrale Element dieser größtenteils instrumentalen Musik war ein gnadenloser und gleichmäßiger perkussiver Beat, der alle folgenden Formen der Dance Music prägen sollte, von der fast rhythmuslosen, melodisch dahinfließenden Ambient Music über Big Beat, Drum'n Bass, Techno und bis in die durchgeknallte Stratosphäre von „Gabba" und den zahllosen Seitenlinien und Nischen dazwischen.

Britische DJs, die von ihrem „Cluburlaub" auf Ibiza zurückkehrten, wagten den Versuch, die geschwächte Londoner Clubszene zu revitalisieren, indem sie den sonnigen Inselsound wieder auferstehen ließen, und 1987 schoß eine ganz neue Generation von Clubs aus dem Boden, darunter auch trendbestimmende Läden wie Shoom und Future. Ecstasy war für die Ibiza-Clique die wichtigste Droge, und da sie bereits ein Bestandteil der Londoner Clubszene war, dauerte es nicht lange, bis der Stoff im ganzen Land in das Pantheon der Dancedrogen aufgenommen wurde und von dort aus schnell seine Rolle als kulturdefinierendes Merkmal einer ganzen Generation einnahm.

Die zweite Ausgangsbasis der Rave-Kultur waren die traditionellen Open-air-Events, die im Vorfeld von Psychedelia Anfang der Sechziger an der amerikanischen Westküste stattfanden. Der chemische Katalysator dabei war LSD. Nachdem die Droge einmal aus den Forschungslabors der Universitäten entschlüpft war, begannen die Pioniere dieser Erfahrung, wie beispielsweise der Schriftsteller Ken Kesey, sogenannte „Acid Tests" zu veranstalten, bei denen sich junge Leute trafen, um zu der gerade erst im Entstehen begriffenen Psychedelic Music (gespielt von The Grateful Dead, von wem auch sonst) zu tanzen und LSD in Orangensaft gelöst zu trinken. Immer mehr junge Leute taten sich im Laufe der Sechziger in großer Zahl zusammen um zu tanzen, Musik zu hören, Drogen zu nehmen und Liebe zu machen. Besonders verbreitet war dies unter den aus der weißen Mittelschicht stammenden Studenten, die gegen die starre Zwangsjacke der amerikanischen Gesellschaft im allgemeinen und gegen den Vietnamkrieg im besonderen protestierten. Von den „Be-Ins" und „Happenings" im Golden Gate Park von San Francisco Anfang der Sechziger bis Woodstock 1969 wurden die hochfliegenden spirituellen und politischen Ideale schnell (und vielleicht zwangsläufig) durch den kommerziellen Ausverkauf ersetzt. Aber dennoch verband sich hier eine Art übersinnlicher Hedonismus mit einer heftigen Dosis spirituellen, heidnischen und sogar paranormalen Verlangens und einem diffusen Gemeinschaftsgefühl. Diese Mischung gelangte schließlich nach Großbritannien – wobei dieser Einfluß weniger in einer explizit kommerziellen Umgebung wie dem

1970 veranstalteten Festival auf der Isle of Wight spürbar wurde als vielmehr beim ersten Stonehenge Free Festival 1974.

Über den Drogenkonsum im Großbritannien der Sechziger wurde zwar viel geredet, aber das Ausmaß seiner Verbreitung wurde wahrscheinlich übertrieben. Ab 1966 (als die „Sechziger" als soziokulturelles Phänomen erst richtig begannen) „explodierte" der Genuß von Cannabis und LSD, obwohl er im Grunde keine Basis hatte. Soziodemographisch war er auf bestimmte Studentenkreise begrenzt, geographisch auf London und die umliegenden Grafschaften, wo die junge Künstlerelite lebte (Musiker, Schriftsteller, Maler, Fotografen etc.) – Seite an Seite mit den Medien, die mit Vorliebe über ihren Drogenkonsum berichteten.

In der Studentenszene kamen Drogen Anfang der Siebziger wahrscheinlich aus der Mode, weil sie als Symbole eines zurückliegenden Jahrzehnts galten, aber dafür begann sich der Konsum auf ganz England auszuweiten. Auf alle Fälle verloren die messianischen und rituellen Aspekte der gemeinschaftlichen Drogenerfahrung, die mit den halluzinogenen Substanzen stark in Verbindung gebracht wurden, an Bedeutung, außer in den kleinen Nischen des Underground, die den Geist der Sechziger in Stonehenge und Glastonbury bis zur Ankunft der „neuen" Open-air-Rave-Partys weiterhin pflegten. Mitte der Siebziger hatte, wie Chris Stone es ausdrückte, „Zorn die selbstzufriedene Passivität der Hippie-Ära abgelöst, aber die Institution Stonehenge paßte in ihrer Eigenständigkeit gut zum Selbstverständnis des Punk. Es war der Inbegriff von Anarchie, ein wilder Ausbruch von Selbstdarstellung, und darüber hinaus eine Kultur, die zu feiern verstand. Aus dem Kontakt mit der Festivalszene wurde eine neue Punkbewegung geboren, der sogenannte Rainbow-Punk. Vom Namen abgesehen waren die Beteiligten durch und durch Hippies. Sie kauften sich LKWs und zogen über Land. Sie wurden die Urform der später auftauchenden New Age Travellers. Der Zusammenschluß des Hippie-Idealismus und der politischen Initiative des Punk liegt dieser Gegenkultur zugrunde", und was den Underground zusätzlich sozial zu zementieren half, war die folgende Erkenntnis: „Wir nehmen alle Drogen" (Stone 1996; S. 111).

Im Sommer 1991 traf die Raveszene auf die Festivalgänger und Traveller, und „eine neue Philosophie war geboren". Sie baute auf den Grundsätzen von Spiral Tribe, einem der vielen Sound Systems, die entlang des ritualisierten Free-Party-Rundwegs quer durch Europa tourten. Sie besaßen eine starke Corporate Identity, inklusive Logos und Uniform, aber „es schien, als hätten sie alle die Lehren des organisierten Kapitalismus verinnerlicht, um sie allerdings völlig anders einzusetzen. Sie äfften den Kapitalismus nach, um ihn dadurch auszuhebeln" (Stone 1996, S. 177).

Hier liegt vielleicht einer der Widersprüche der Raveszene der Neunziger. Möglicherweise war der Genuß von Ecstasy und anderen Drogen eine natürliche Reaktion junger Menschen auf den knallharten Materialismus und die Unsicherheiten der Achtziger. Gleichzeitig fand eine eigentümliche Übernahme der hedonistischen und von Unternehmergeist durchdrungenen Wertmaßstäbe dieser Zeit statt. Eine Erklärung für diese offenbar völlig gegensätzlichen Standpunkte wäre dringend erforderlich, kann aber ohne harte Fakten nur ansatzweise versucht werden.

Die Achtziger waren eine Zeit großer Unsicherheit in allen Bereichen der britischen Gesellschaft – zum ersten Mal spürten gut ausgebildete Leute aus der Mittelschicht dieselben Schwankungen auf dem Arbeitsmarkt, wie die Arbeiterklasse sie schon früher kennengelernt hatte. Man spürte ein Gefühl der Entfremdung, das Schwinden des Gemeinschaftsgefühls, des hemmungslosen Egoismus – ein Meer von Individuen, die alle ums eigene Überleben kämpften und der Zukunft voll Angst entgegenblickten. Am Ende des Jahrzehnts betrachteten viele Mittzwanziger die Politik voller Zynismus und fanden in ihrem eigenen Umfeld wenig, das sie hätte stützen können – auch die Kirche bot wenig geistigen und seelischen Beistand. Daher war diese Generation nicht nur auf der Suche nach Alternativen zur eigenen Realität, nach veränderten Bewußtseinszuständen (wie ihre Vorläufer in den Sechzigern), sondern auch nach „Gemeinschaft", die mit einer Art Stammesidentität und einem starken Zugehörigkeitsgefühl aufwarten konnte. Viele junge Menschen scheinen das mit Hilfe von Ecstasy, das Empathie und Zusammengehörigkeit unter den Konsumenten steigert, in der Raveszene gefunden zu haben. Für sie schien es ganz und gar die richtige Droge zur richtigen Zeit am richtigen Ort zu sein. Zu dieser Suche nach etwas, das über die Realität hinausgeht, paßt natürlich auch das starke Interesse an Außerirdischen (Akte X, Independence Day) und der „virtual reality" des Internets.

Aber wie Stone bereits andeutet, flossen auch hier möglicherweise die Werte der Achtziger ein. Vieles, was an den Wochenenden in den Hallen und Clubs von Großbritannien passiert, ist darauf ausgerichtet, eine gute Zeit zu haben – und für viele gibt es diese gute Zeit nicht ohne Drogen. Das spiegelt in gewisser Weise das für die Achtziger typische Zurschaustellen des Konsums, was einer kleinen Schar glücklicher Auserwählter vorbehalten war. Das Sinnbild für das Großbritannien dieses Jahrzehnts war der 25jährige Börsenmakler mit Handy, Porsche und unbegrenztem Kokainvorrat. Zwar könnte man hier einwerfen, daß jetzt mehr Leute an dem Spaß teilhaben durften: in die angesagten Clubs gehen, die unendlichen Varianten neuer Dance Music entwickeln (ein Paradebeispiel für Randgruppenmarketing, auf das auch das „Mainstream"busineß stolz wäre), die hippe Designermode tragen und die Modedrogen nehmen. Jüngst ist das wieder verstärkt Alkohol, seit die Brauereien mit besonders auf jüngere Kunden ausgerichteten Drinks versucht haben, ihr Publikum von den Drogendealern zurückzulocken. Alkohol ist mittlerweile in fast allen Dance-Clubs erhältlich. Und was die Unternehmer der frühen Ravertage betraf, die bei der Veranstaltung von Großereignissen enorme Summen einstreichen konnten, so wurden sie keinesfalls „bread heads" genannt (wie die Hippies kapitalistische Beutelschneider in der Regel zu bezeichnen pflegten) – im Gegenteil: Sie wurden zu echten Szenehelden. Erst gegen Ende der Neunziger geriet die kommerzielle (sprich seichte) Seite des Rave auf den Leserbriefseiten von Dance-Magazinen wie *MixMag* und *Musik* unter Beschuß.

Zu Beginn des Jahrzehnts gab es eine bedeutende neue Jugendkultur in Großbritannien, die das Drogen/Musik-Geflecht dominierte und die Subkultur enger, als es je zuvor in diesem Jahrhundert passiert war, an die Mainstream-Jugendkultur heranführte. Dance Music und Ecstasy lenkten diese neue Kultur weit über die stimulierende Wirkung und Empathogenese hinaus bis an den Punkt, wo ein Synergieeffekt spürbar wird zwischen dem Rhythmus der Musik und der Wirkung von Ecstasy aufs Gehirn, wobei die Droge gewisse Rezeptoren stimuliert, die den User zu Wiederholungshandlungen ermuntert, möglicherweise ohne daß er sich dessen bewußt wird. Die Kombination aus dem stets wiederholten Viervierteil-Beat der House Music und der Konsum von Ecstasy ließ die Tänzer und ihre Körper völlig mit der Musik verschmelzen.

Aber unabhängig von den pharmakologischen Eigenschaften von Ecstasy ist es gut möglich, daß das relativ harmlose Image der Droge andere Formen des Rauschmittelkonsums stärker akzeptabel gemacht hat. In den Achtzigern startete die britische Regierung die erste großangelegte Anti-Drogen-Kampagne, wobei vor allem Heroin mittels Plakat-, Fernseh- und Zeitschriftenwerbung mit dem Spruch „Heroin Screws You Up" – „Heroin macht dich fertig" attackiert wurde. Bei der anschließenden Auswertung dieser Kampagne zeigte sich allerdings, daß die meisten Befragten von Anfang an stark gegen Heroin (und Kokain) eingestellt waren. Die Kampagne konnte von daher nur bereits bestehende Standpunkte stärken. Mit Ecstasy lag die Sache anders. Mit dem „Smiley"-Logo der Anfangszeit war ein Image entstanden – das einer fröhlichen, lustigen Partydroge –, das auch später, durch die vieldokumentierten, mit Ecstasy verbundenen Todesfälle kaum Schaden davontrug. Schlechte Publicity beschränkt sich unter Usern zum größten Teil auf die Qualität, in der Ecstasy auf der Straße zu haben ist, von der puren Droge bis zu kompletten Imitationen reicht.

Ecstasy und die von ihm beeinflußte Danceszene haben den Weg für weitere Experimente mit einer ganzen Reihe von Substanzen frei gemacht: sowohl mit bereits bekannten Wirkstoffen wie LSD und Amphetaminen, aber auch mit neuen Drogen (die noch nicht vom Misuse Of Drugs Act erfaßt wurden) wie Ketamin, Amylnitrat (Poppers) und Gammahydroxybuterat (GHB).

Ecstasy durchdrang nahezu jeden Aspekt dessen, was jüngst als „Ecstasy-Kultur" bezeichnet wurde. Das nimmt zahlreiche Formen an; dazu gehört auch der Einsatz von entspannender „Ambient" Music (ein sanft im Hintergrund laufender „easy listening" Sound, eine Art akustische Tapete) in den Chillout-Räumen; hier können die Clubgänger sich von einer langen Nacht ecstasybefeuerten Tanzens erholen. Um der Tatsache Rechnung zu tragen, daß es bei Einnahme von Ecstasy und langanhaltenden Phasen ununterbrochenen Tanzens zu einer gefährlichen Überhitzung des Körpers kommen kann (Ecstasy bewirkt eine Steigerung der Körpertemperatur), änderte sich die Clubmode hin zu lockererer, übergroßer, „baggy" Kleidung. Bevor es so offensichtlich wurde, daß die Drogen in der Raveszene eine so große Rolle spielten, waren Boutiquenketten wie Miss Selfridge oder Top Shop stark daran interessiert, das Smiley-Logo für Trendkleidung zu nutzen. Die Begeisterung der Händler schwand dann für kurze Zeit, aber der gnadenlose Pulsschlag der Rave-Kultur und die lockenden Einkünfte erwiesen sich als unwiderstehlich. Daher klinkten sich schließlich auch Hersteller von Softdrinks in Fernseh- und Kinowerbung mit „hyperrealen" Spots auf den Beat ein – ein weiterer Hinweis dafür, wie tief die breit publizierten Sicherheits- und Gesundheitsaspekte beim Drogenkonsum in Clubs ins kommerzielle Firmenbewußtsein gedrungen sind.

Die „neuen" Drogen-User glaubten immer noch, daß mit dem Konsum von Heroin (geraucht oder gespritzt) und/oder Kokain (in seiner neuen Form Crack) eine Linie überschritten wurde, und diese Drogen werden in der Rave-Generation weiterhin nur von einer kleinen Minderheit konsumiert. Aber dennoch lieferten ecstasygeprägte Rave-Sounds der Neunziger die Musik zu „Trainspotting", einem Film über die Heroinszene in Edinburgh Mitte der Achtziger. Der lockere Soundtrack bot Munition für all jene, die der angeblichen Glorifizierung der Heroinsucht in diesem Film kritisch gegenüberstanden – und die gleichzeitig auch die Modefotografen für die Kreation des vielkopierten „Fixer"-Looks ins Visier nahmen; dieser „fertige" Look wurde vor allem von jungen Models wie Kate Moss geprägt (zu den berühmtesten Kritikern zählte Bill Clinton).

Aber in der Raveszene ging es nicht nur um die Beats per minute. Von Anfang an gab es einen regen Austausch zwischen den Kulturen von Dance und Rock. Es gab DJs – aber es gab auch Bands. Anfangs herrschte Krieg zwischen der Indie- und der Raveszene, zwischen wohleinstudiertem Unglücklichsein und „Scheißegal"-Hedonismus. Am Schluß reichten sich alle die Hände; Fans wanderten zwischen beiden Welten hin und her, ohne mit der Wimper zu zucken.

In der großen Öde nach dem Abebben der Punkwelle gab es nicht viel Musik, die wirklich die Seele berühren konnte. Live Aid versuchte so zu tun, als könnte Rock noch immer das Versprechen eines gewissen politischen Einflusses einlösen, und es gab auch genug schlappes Poprock-Futter für all jene, die sich höchstens mal eine CD pro Jahr kauften – meistens Dire Straits. Die wenigen wirklich interessanten Sachen spielten sich in Manchester in der sogenannten Indie-Szene ab, wo Morrissey und The Smiths sich mit kunstvoll geschmiedeten, wenn auch etwas düsteren Geschichten darüber, wie traurig das Leben eigentlich war, an die kunstsinnigen Studententypen in langen Mänteln wandten. Die Sechziger waren die Zeit von London und Liverpool gewesen, und wenn London dann in den Siebzigern die Trends gesetzt hatte, so gehörten die Achtziger (zumindest in der zweiten Hälfte) Manchester. Zu den Bands dieser Stadt, die in jener Zeit erfolgreich wurden, gehörten außer den Smiths The Fall, New Order und Joy Division, dann folgten die Stone Roses und schließlich die Band, die Manchester in den Neunzigern verankern sollte, Oasis. Aber eine Band gab es, die sowohl den gut- wie den böswilligen Herzschlag dieser Stadt verkörperte: die Happy Mondays.

Leadsänger und Songwriter Shaun Ryder war in den heruntergekommenen Außenbezirken von Greater Manchester großgeworden. Diese Gegend war schon immer ein bißchen rauh und gefährlich gewesen, mit hoher Arbeitslosigkeit und einem florierenden Schwarzmarkthandel, und nun ging es hier, wie in ähnlichen Gebieten Nordenglands, durch den Thatcherismus noch mehr bergab. Jugendliche fingen mit Kleberschnüffeln an, später sprang dann Heroin in die Bresche (ganz ähnlich wie Crack in den Staaten). Das Heroin sorgte für eine gewisse Routine, wenn es sonst nichts weiter zu tun gab, als an die Zimmerdecke zu starren und gelegentlich den Scheck vom Sozialamt abzuholen; es bot eine Einnahmequelle und den Ausweg aus dem Elend. Ryder sagte: „Drogen halfen dir durchzukommen. Ich war auf einem einzigen Drogentrip, seit ich 12 war." Wenn man in Vierteln wie Salford oder Eccles aufwuchs, dann war „der einzige Kick, den man kriegen konnte, eine kleine Pulle Feuerzeugbenzin für 70 Pence". Ryder und seine Freunde schlugen dann die Kriminellenkarriere ein – sie fuhren mit geklauten Autos durch die Gegend, legten Feuer, vergifteten Tauben und dealten. Er sprach stets offen über seine kriminelle

Vergangenheit. Schon vor Ryder haben viele Musiker gesagt, daß Musik sie vor dem Gefängnis bewahrt hätte, obwohl es in jüngster Zeit (angeführt von vielen Rappern) zu einer Art Marketingtrend geworden ist, solche Verfehlungen zuzugeben. Dies bewiesen auch die Brüder Gallagher, als sie sich mit ihren Einbrüchen brüsteten.

Ryder gab auch unumwunden zu, daß die Musik nicht unbedingt die treibende Kraft hinter den Happy Mondays gewesen war. „Bei den Mondays ging es nicht ums Plattenmachen, wir wollten ein Rock-'n'-Roll-Leben führen und aus unserem todlangweiligen Alltag rauskommen" (*Q Magazine* Juli 1996).

Die Band, die im Sommer 1985 ihre ersten Konzerte gab, bestand aus Kids der Arbeiterklasse (wenn nicht sogar der Unterschicht), die sich unbedingt amüsieren wollten. In seiner Shaun-Ryder-Biographie beschreibt Mick Middles die Band als „eine wild zusammengewürfelte Mischung aus dreckiger Kameraderie, Pubertätsängsten, Rumgefummel, kunstlosem Musikhandwerk, irgendwelchem Gesabber im Salforder Straßenkauderwelsch, undurchdringlichen Insiderwitzen, mit gnadenlosen Zoten durchsetzt, und modmäßiger Freizeitmode ... das war alles, worauf die Happy Mondays sich aufbauten" (Middles S. 24).

Drei Mitglieder der Band teilten sich eine Wohnung, wo sie Haschisch und Heroin verkauften. Obwohl Shaun Ryder später erklärte, Heroin sei eine entsetzliche Droge, „die schlimmste Droge der Welt, die man nicht anfassen sollte" (*Arena* 1996) – das gleiche sagte er auch über Crack –, gab er trotzdem damit an, daß sie den „besten, stärksten Skag (Heroin) der ganzen Gegend" verkauft hätten (Middles, S. 29). Die Happy Mondays begannen ihre Karriere auf Drogenbasis; sie tauschten Drogen gegen die Instrumente von Musikern, die ihre Chance gehabt und vermasselt hatten.

In ihrem entscheidenden Jahr unterschrieben sie bei Factory Records; wenn es stimmt, daß Tony Wilson nach Joy Division und New Order nun nach den nächsten Sex Pistols Ausschau hielt, dann hatte er sie mit Shaun und seinen Jungs tatsächlich gefunden.

1986 entdeckten die Mondays in Amsterdam Ecstasy und brachten es nach Manchester, wobei sie sogar so weit gingen zu behaupten, daß sie die Droge erst in die Szene der Stadt eingeführt hätten, obwohl sie in Wahrheit vermutlich das meiste davon selbst schluckten. Als das legendäre „Bummed"-Album 1988 erschien, hatte sogar Ryder begriffen, daß sie kürzertreten mußten. Sie hatten zwar das Album „voll zugeknallt auf E" aufgenommen, aber als es dann veröffentlicht wurde, „hatte ich meinen E-Konsum schon eingeschränkt. Als wir das Album machten, konnte ich immer noch drei Es pro Tag schlucken, aber wir waren viel ruhiger als früher" (Middles, S. 71). „Wrote For Luck" von der „Bummed"-LP war Shaun Ryders Anti-Drogen-

Song: „Drogen halfen dir einfach nur, durchzukommen." Shaun Ryder schrieb also einen Anti-Drogen-Song, als ganz Großbritannien gerade begann, ein neues Kapitel im dynamischen Zusammenspiel Drogen und Musik aufzuschlagen. Denn nach 1988 kam 1989 – und die Verwandlung von Manchester in die Medienschöpfung Madchester.

Es war das Jahr des Höhenflugs von Manchester: Beide lokalen Fußballmannschaften schlugen sich bestens, und eine weitere Band aus der City erkämpfte sich ihre Anerkennung: die Stone Roses. Wie John Robb in seiner Biographie dieser Band erzählt, durchliefen die Stone Roses seit ihren Anfängen 1986 eine Wandlung von „amphetamingetriebenem Rock zu zugeraucht-sanftem Psychedelic-Pop". 1989 ließen sich die Stone Roses ganz und gar in die „Baggy"-Kultur von zügelloser musikalischer Vielseitigkeit und Aufruhr fallen. Sie gaben in jenem Sommer ihr mittlerweile berühmt gewordenes Konzert in Blackpool, und sowohl sie als auch die Happy Mondays traten im November bei der BBC-Musiksendung Top Of The Pops auf. Für Chris Hutton, den Musiker, der einst die Rhythmussektion von Oasis in seiner Band Rain gehabt hatte, „erschien Manchester wie der Mittelpunkt des Universums und nicht wie ein provinzieller Außenposten der tristen Malocherwelt" (Hutton, S. 96).

Manchester wurde zum Drogenhimmel; „abgespaced, voll drauf und fertig und schlicht seltsam, so war die mentale Lage einer Stadt, die komplett aus den Fugen geraten war" (Robb, S. 27). Das konnte natürlich nicht von Dauer sein. Wie im folgenden zu lesen sein wird, wurde die Ravekultur von einer heuchlerisch begeisterten Medienwelt einerseits und den Kräften von Gesetz und Ordnung andererseits in die Zange genommen. Die Drogenszene ließ sich ebenfalls nicht mehr kontrollieren. Unaufhaltsam drängten die Gangster hinein, aber vermutlich war es das Auseinanderbrechen der Happy Mondays in einem Sumpf von Heroin und Crack, das am meisten an einen Smiley gemahnte, der nicht mehr lächelte, sondern finster dreinblickte. „Pills'n Thrills And Bellyaches" bezeichnete Shaun Ryder bereits als das Kokain-Album der Mondays, aber sie hatten noch alles im Griff – so gerade eben. Aber um Ryder von den Heroinversuchungen Manchesters fernzuhalten, wurde das „Yes-Please"-Album dann auf Barbados aufgenommen. Heroin gab es da nicht, das stimmte – dafür aber massenweise Crack, und gerüchteweise hielt Ryder die Masterbänder des Albums zurück, um Factory Records zu erpressen, ihm mehr Geld für Drogen zu schicken. Wenig später platzte die Luftblase, in der Factory gesteckt hatte, ebenfalls – ein Bankrott, für den Shaun Ryder einen Teil der Schuld auf sich nahm, obwohl die Probleme hauptsächlich durch unkluge Immobilienkäufe entstanden waren.

Ryder hat sich stets sehr deutlich über seinen Drogenkonsum geäußert – eine klare Veränderung gegenüber der Vergangenheit, wo Paul McCartney noch einen Sturm der Entrüstung auslöste, als er zugab, LSD probiert zu haben. Aber ehrlich gesagt hätte Shaun Ryder die Hälfte des kolumbianischen Gesamtexports durch seine Nase ziehen können, ohne daß die etablierten Medien das sehr beachtet hätten. Andere standen mehr im Rampenlicht.

Die BBC wurde scharf angegriffen, weil sie die Single von The Shamen, „Ebeneezer Goode" spielten – Stein des Anstoßes: die Refrainzeile „E's are good", die den Song durchzog. Auch die Pulp-Single „Sorted For E's And Wizz" fiel durch, weil auf dem Cover drei kleine Diagram-me illustrierten, wie ein Amphetaminpäckchen gefaltet wird. Wenn die sensationsgierigen Schreiberlinge sich die Mühe gemacht hätten, den Texten zuzuhören, dann hätten sie einen Song entdeckt, der sich in Wahrheit gegen Drogen wandte. Davon abgesehen war es völlig witzlos, das Rave-Phänomen in Songtexten anzugreifen – die Musik, die so direkt mit Ecstasy und den anderen Dance-Drogen in Verbindung stand, war instrumental. Aber die Enthüllungen von Popstars verkauften sich eben immer gut.

Brian Harvey von East 17 wurde mit Schimpf und Schande überhäuft, nachdem er „gestanden" hatte, daß er einmal zwölf Ecstasy-Pillen geschluckt und dann nach Hause gefahren war. Noel Gallaghers Kommentar zu Harveys Verteidigung, „Drogen nehmen sei wie Tee trinken", löste ebenso viel Empörung aus. Nachdem erst kurz zuvor die Polizei dafür kritisiert wurde, daß sie seinen Bruder Liam wegen Kokainbesitzes nur verwarnt hatte, verlangten einige Politiker nun, Noel Gallagher wegen „Anstiftung" anzuzeigen. Daß Oasis sich nicht gegen Drogen aussprachen, sollte niemanden überraschen, aber die Harvey-Sache hatte zwei andere interessante Aspekte.

Zum einen wurde wenig später in der Presse bekanntgegeben, daß Harveys Beziehung zum Rest der Band und dem Manager schon seit einiger Zeit angespannt gewesen und sein Hinauswurf bei East 17 fast nur noch eine Frage der Zeit gewesen war. Wenn Harvey einen letzten Auftritt wollte, um den Ruf der Band zu schädigen, dann schloß er völlig richtig, daß ein spektakuläres Drogenstatement noch immer der beste Weg war, die Aufmerksamkeit der Medien zu erlangen. Zum anderen organisierte der *Daily Mirror* (der Harveys Bemerkung als erstes Blatt veröffentlicht hatte) eine Umfrage unter seinen Lesern, die sich in der Mehrzahl positiv über Harveys „Ehrlichkeit" äußerten. Das legt nahe, daß Politiker und die Medien davon ausgehen, die öffentliche Meinung über Drogen sei gar nicht so einhellig. Doch wie weiter oben angedeutet: Schon lange bevor die Nation überhaupt von Noel Gallagher gehört hatte, bekam die Raveszene ernste Probleme.

Die plötzliche Kehrtwende der Medien gegen die Dance-Generation ging unvermeidlich schnell vonstatten, aber vielleicht noch nicht schnell genug für einige Größen der neuen Szene, die sehr bemüht schienen, von der Presse angemessen angefeindet zu werden, um ihren Untergrundstatus zu beweisen. Die Musikpresse und die Sprecher der Raver spielten ein seltsames Spiel mit den etablierten Medien. In der Zeit zwischen Februar und August 1988, in dem Sommer, der in Anlehnung an die Sergeant-Pepper/LSD-Saison 1967 als „Sommer der Liebe" der Rave-Generation tituliert wurde, sagten *Record Mirror, New Musical Express* und *Melody Maker* (die zufällig alle drei etablierten großen Verlagshäusern gehören) voraus, daß die Boulevardblätter Rave sofort mit Drogenkonsum in Verbindung bringen würden. *Time Out* (17. August) ging sogar so weit, freundlicherweise schon einmal die Schlagzeilen vorzuformulieren ("London von Ecstasy besessen" und „Neue Hippies auf Drogentrip in Straßenschlacht verwickelt"). Eine Zeitlang biß die Sensationspresse nicht auf den Köder an. Am 1. Oktober kam *The Sun* mit einem Bericht, der ein Glossar mit Ecstasy-Ausdrücken enthielt, und lud seine Leser ein, T-Shirts mit Smiley-Aufdruck zu kaufen. Nur eine Woche später jedoch warnte der medizinische Spezialist des Blattes, Vernon Coleman, vor den Gefahren von Ecstasy, und dann folgte ein Schwall der prophezeiten Schlagzeilen, von denen „Das Spiel mit dem Todescocktail" (*Daily Star*, 2. November 1988) und „Drahtzieher hinter dem neuesten wilden Pop-Party-Kult" (*Daily Mirror*, 2. November 1988) nur zwei Beispiele waren. Letztere Zeile bezog sich auf Tony Colston-Hayter, einen der ersten Rave-Unternehmer, der große illegale Warehouse-Partys organisierte. Sofort machte man Party-Organisatoren und Drogendealer als dieselben Leute aus. Obwohl die Polizei Rave-Veranstaltungen in der Praxis als Ordnungswidrigkeiten verfolgte, weil sie wußte, daß sie unmöglich jeden Drogenkonsumenten festnehmen konnte (Collin und Godfrey, 1997), war doch von Beginn an klar, daß sich die Schlacht zwischen der Ravekultur und ihren Widersachern bei der etablierten Presse, der Polizei, den Behörden und den Politikern hauptsächlich auf den Drogenkonsum konzentrieren würde.

Nachdem die Anhänger der Ravekultur nun den vielleicht angestrebten gefährlichen Ruf erlangt hatten, begannen sie, die Connection mit den Drogen herunterzuspielen. Zunächst hatte man angenommen, daß es bei „Acid House" um LSD ging. Das stellte sich später auch als richtig heraus, da LSD in der Anfangszeit in der Beliebtheit knapp vor oder zumindest auf gleicher Höhe mit Ecstasy lag. Aber damals bezog sich der Ausdruck auf die Musikszene Chicagos. Paul Staines von der Kampagne „Freedom To Party" behauptete später, er habe sich das ausgedacht, um die Journalisten von der richtigen Fährte abzulenken. Staines verband das Wort „Acid" mit der Sampling-Technik und betonte, daß „Acid" ein Slangausdruck der amerikanischen Schwarzen für Stehlen sei (Saunders 1995: S. 18). Simon Bates, Moderator beim BBC-Jugendsender Radio One, ging ihm jedenfalls auf den Leim: „Acid ist nur eine Bezeichnung für die Baßlinie in der Musik und hat mit Drogen überhaupt nichts zu tun" (*Daily Mirror*, 12. November 1988). Aber kaum war die Lasterhaftigkeit des Rave überall in den Medien verbreitet worden, da entstand auch schon der politische Druck, der eine Reaktion der Gesetzesvertreter forderte.

Die Erhöhung oder Einführung von Strafen für den Konsum von Drogen spielt von jeher eine Schlüsselrolle bei den Versuchen des Staates, Jugendbewegungen in Schach zu halten, die als Bedrohung der Gesellschaft gesehen werden. 1964 hatte man mit hastig entworfenen Gesetzesvorlagen auf die Modkultur reagiert und die Verschreibungspflicht für Amphetamine eingeführt. Im gleichen Jahr wurde es strafbar, den Haschischgenuß in eigenen Räumlichkeiten zuzulassen, und 1966 wurde LSD verboten, fast bevor es sich überhaupt auf der Drogenszene durchgesetzt hatte. Besonders interessant dabei ist folgendes: In einer Zeit bisher beispielloser gesetzlicher Liberalisierung, in der Regierungen die Beschränkungen für Glücksspiel, Zensur, Abtreibung und Homosexualität lockerten, Antidiskriminierungsgesetze zugunsten von Frauen und ethnischen Minderheiten erließen und sogar den Tod durch Erhängen abschafften, verschäfte Großbritannien die Gesetze gegen den Drogenkonsum. Das verrät sehr viel über die mythologische und symbolische Rolle, die dem Drogenkonsum in der Gesellschaft zukommt.

Die Organisation der frühen Raves kann man mit Fug und Recht als anarchisch bezeichnen. Illegale Veranstaltungen fanden an allen möglichen Orten statt, auf Feldern, in Flugzeughallen, in verlassenen Gebäuden und unter Autobahnbrücken. Anfangs beriefen sich Polizei und Behörden auf Gesetze wie den 1967 erlassenen Private Places Of Entertaining (Licensing) Act, nach dem private (ebenso wie öffentliche) Veranstaltungen bei den örtlichen Verwaltungen angemeldet sein mußten, sowie auf den Licensing Act von 1988, welcher der Polizei mehr Machtbefugnis für eigene Entscheidungen bezüglich der Genehmigungen einräumte. Außerdem gab es verschiedene Gesetze zur öffentlichen Ordnung, Auflagen für Gesundheit und Sicherheit und natürlich den Misuse Of Drugs Act.

Die Polizei und die Partyorganisatoren spielten Katz und Maus miteinander. Ganze Konvois junger Menschen trafen sich mit ihren Autos beispielsweise auf Autobahnraststätten und warteten dort auf weitere Instruktionen über den Ort, wo die Veranstaltung in dieser Nacht stattfinden sollte. Sickerten Informationen über ein geplantes großes Open-air-Festival durch, riegelten die Ordnungskräfte die Zufahrtsstraßen ab und drängten potentielle Besucher weg von diesem Ort in andere Richtungen. Die Polizei gründete die sogenannte Pay Party Unit, eine Sondereinheit, die in der Wache von Gravesend ihren Sitz hatte und von dort aus die Aktivitäten von Partyorganisatoren überwachte. Über zwei Jahre lang, von 1988 bis 1990, kam es verschiedentlich zu heftigen Unruhen, als die Polizei entweder mit Ravern zusammenstieß, die zu einem Veranstaltungsort zu gelangen suchten, oder einen Event auflösen wollte, der bereits lief. In den Medien wurde zwar viel Aufhebens von den möglichen Gefahren gemacht, die der öffentlichen Ordnung durch diese großen Open-air-Ereignisse erwuchsen, aber zu Gewaltszenen kam es fast immer, wenn nicht ausschließlich, durch das Eingreifen der Polizei.

Es war allerdings nicht der starke Arm des Gesetzes, der die illegalen Raves schließlich niederschlug (die Polizeiaktionen waren vielmehr dazu angetan, die Aktivisten noch entschlossener zu machen), sondern die neuen und strengeren Genehmigungsgesetze. Nach dem Entertainments (Increased Penalties) Act von 1990, den der Abgeordnete Graham Bright erstmals eingebracht hatte, konnten die Organisatoren ungenehmigter Partys mit einer Geldstrafe bis zu 20.000 Pfund und sechs Monaten Gefängnis rechnen. Das zwang die meisten Organisatoren schließlich zum Aufhören, und einige gingen ins Ausland, um im liberaleren Klima anderer europäischer Länder wie beispielsweise Deutschland weiterzumachen. Die Free-Party-Bewegung war aber auch in England weiterhin aktiv, und im ganzen Land, in Liverpool, Cheshire, Warrington, im Lake District, Wales, Gloucestershire und Southport, gab es weitere Open-air-Veranstaltungen, bei denen es häufig zu gewalttätigen Zusammenstößen zwischen Polizei und Ravern kam: Der Höhepunkt war dabei das Rave „Woodstock“ bei Castlemorton im Mai 1992, zu dem etwa 40.000 Menschen pilgerten.

Die Organisatoren, das Sound System Spiral Tribe, wurden wegen Verstößen gegen die öffentliche Ordnung angezeigt, und während des zehn Tage dauernden Events kam es zu einer Reihe von Festnahmen. In einem Prozeß, der schätzungsweise vier Millionen Pfund verschlang (Saunders 1995), wurden sämtliche Anklagen vom Gericht abgewiesen, aber die negative Publicity legte den Grundstein für den Criminal Justice Act (CJA) von 1994, der sich als der letzte Nagel zum Sarg der illegalen Veranstaltungen erweisen sollte.

Wie die meisten Gesetze, die im kalten Licht des Medienrummels zustande kommen, könnten auch die Passagen des CJA, die sich besonders auf die Raves beziehen, als „Stückwerk“ bezeichnet werden. Für dieses Gesetz wurde ein Rave definiert als „eine Zusammenkunft auf einem Gelände unter freiem Himmel von einhundert oder mehr Personen ... bei der während der Nacht elektrisch verstärkte Musik gespielt wird ... und die durch ihre Lautstärke und Dauer und die Tageszeit, zu der sie stattfindet, eine ernstliche Störung der Anwohner darstellt". Das trifft auf genehmigte Veranstaltungen nicht zu. Nach dem Act kann die Polizei eine solche Veranstaltung unterbinden, selbst wenn sich nur drei Menschen versammelt haben – wenn nämlich der Superintendent Grund zu der Annahme hat, daß es schließlich einhundert Menschen sein *werden*, die sich dort illegal zusammenfinden. Die Polizei darf außerdem das Equipment beschlagnahmen und hat die Berechtigung, Leute, die zu diesem Gelände auf dem Weg sind, in andere Richtungen umzuleiten. So wie er momentan gestaltet ist, steht der Act vielen Interpretationen offen. Beispielsweise gibt es keine genaue Bestimmung von „Nacht". Was ist mit einem Freiluft-Event, der bei Tageslicht beginnt, was ja in den Sommermonaten nicht ungewöhnlich ist? Wäre der legal, bis es schließlich dunkel würde? Auch ist unklar, ob ein vollständig abgeschlossenes Gebäude wie ein mit Türen ausgestatteter Flugzeughangar davon ausgenommen wäre, weil der Act nur Veranstaltungsorte unter freiem Himmel oder „teilweise freiem Himmel" erwähnt. Wie definiert man eine „ernstliche Störung"? Die Formulierung des Gesetzes ist vage genug, daß auch die Beschwerde eines einzelnen in einer ansonsten völlig verlassenen ländlichen Gegend einen Einsatz rechtfertigen würde.

Weniger umstritten sind die Versuche der örtlichen Behörden, die Vorgehensweise der Besitzer von Clubs und Hallen zu kontrollieren, um Risiken für die Besucher auszuschließen, wenn aus Profitgier Gesundheits- oder Sicherheitsrichtlinien nicht beachtet werden oder nicht gegen Gewalt vorgegangen wird. Da es in Raveclubs meist keinen Alkohol gibt, kommt es dort nicht zu den üblichen gewalttätigen Auseinandersetzungen, wie sie in Diskotheken und Pubs immer wieder zu beobachten sind. Andererseits ist aber jeder Club oder Pub im Bereich der Innenstädte ein begehrtes Ziel für Verbrecherorganisationen, die Schutzgeld kassieren, mit Drogen handeln oder das Geschäft ganz einfach als „stille Teilhaber" übernehmen wollen. Daher mußten beispielsweise in Liverpool eine Reihe von Clubs schließen, in denen House Music gespielt wurde, da es bei ihnen immer wieder zu Gewalttaten im Zusammenhang mit Drogen kam.

Manchester ist auch schon immer eine harte und von Gewalt geprägte Stadt gewesen. Da Fußball den Mittelpunkt des Lebens in der Arbeiterklasse darstellt, konzentrierte sich auch ein großer Teil der Gewalt in der City auf diesen Bereich. In den Siebzigern waren das unstrukturierte, herumpöbelnde Grüppchen. In den Achtzigern bildeten sich besser organisierte „Firmen" entschlossener Psychopathen, die das eigene Nest auseinandernahmen. Diese Gruppen waren noch aktiv, als die Anhänger sich zur Blütezeit von Madchester Dope und Ecstasy zuwandten. Plötzlich schwebte Haschischrauch über die Tribünen. Überall strahlten E-Grinsegesichter. Aber das war nur eine verrückte Übergangszeit. Mitte der Neunziger kam es wieder verstärkt zu Hooligangewalt. Und, wichtiger noch: Die Drogengangs machten sich auf der Raveszene breit und verwandelten Madchester in Gunchester. Schießereien wegen Drogen beschränkten sich häufig auf Revierkämpfe über Crack, weiteten sich aber bald auf die Danceszene aus, als der Ecstasykonsum immer weiter anstieg.

Polizei und Behörden drängen darauf, den Clubs, in denen vermutlich mit Drogen gehandelt wird, die Erneuerung ihrer Lizenzen zu verweigern – im Januar 1997 verlor der Club UK in Süd-London seine Lizenz und mußte schließen. Clubbesitzer reagieren auf diese Kritik oft mit der Versicherung, daß sie alles tun, was in ihrer Macht steht, um keine Drogen in den Club gelangen zu lassen, und daß sie Sicherheitspersonal anstellen, um alle Gäste zu durchsuchen; aber sie dürfen beispielsweise keine zu intimen Kontrollen durchführen, und ein entschlossener User oder Dealer kann Drogen dennoch so verstecken, daß sie nicht gefunden werden. Die Lage ist von Club zu Club unterschiedlich. Die größeren Veranstaltungsorte in den Städten haben ihre „No-Drugs"-Politik verstärkt, und viele arbeiten mittlerweile aktiv mit der Polizei zusammen. Aber es wird immer wieder Umstände geben, aus denen heraus die Besitzer den Drogenhandel in ihrem Laden dulden (freiwillig oder nicht) oder sogar organisieren. Untersuchungen deuten darauf hin, daß es sich bei der Vorstellung, Raveclubs seien „Drogen-Supermärkte", um einen Mythos handelt, da die meisten Konsumenten ihre Drogen nehmen, bevor sie kommen.

Im März 1997 wurde ein von der Regierung gestützter Einzelantrag eines Parlamentsmitglieds von der Königin abgesegnet, der örtliche Behörden die Vollmacht gab, Clubs sofort zu schließen, wenn Beweise für Drogenkonsum und -handel vorlagen. Einige städtische Gemeinden haben im Umgang mit Clubbesitzern Erfahrung und sind sich bewußt, daß es im Grunde unmöglich ist, eine drogenfreie Veranstaltung zu garantieren. Andere Kommunen, die vielleicht außerhalb der Einzugsbereiche größerer Städte liegen und weniger Kontakt zu Danceclubs haben, werden diese härtere Gesetzgebung möglicherweise nutzen, um durch die Schließung von Clubs einen Schlag gegen die Ravekultur zu führen.

Die Behörden waren stets bemüht, gegen Clubs und Hallen vorzugehen, wenn Gesundheits- und Sicherheitsbestimmungen – Feuerschutzverordnungen, zulässige Besucherzahl und so weiter – immer wieder mißachtet wurden. Aber die Gesundheits- und Sicherheitsfragen, denen man die meiste Aufmerksamkeit widmete, bezogen sich vor allem darauf, die Risiken des Drogenkonsums so gering wie möglich zu halten. Wie bereits geschildert wurde, ist das stundenlange Tanzen in überfüllten Clubs und unter Einfluß von stimulierenden Drogen kein neues Phänomen auf der britischen Clubszene. Aber trotz der unerhörten Menge Amphetamine, die in den Sechzigern geschluckt wurde, nennt die einschlägige Literatur keinen einzigen durch Amphetamine verursachten Todesfall in einem Club.

Ecstasy wiederum mag zwar eine einzigartig positive pharmakologische Wirkung hervorrufen, die seine Beliebtheit garantiert, doch es hat auch eher negative Eigenschaften, die mehr als 80 junge Menschen seit 1989 das Leben gekostet haben. In einem viel stärkeren Ausmaß als Amphetamin greift Ecstasy in die Wärmeregulierung des Körpers ein und erhöht die Körpertemperatur, selbst wenn der User sich ausruht. Daher hat die Kombination aus der Droge und der Tatsache, daß sie meist bei hoher Außentemperatur eingenommen wird, in etwa sechzig dieser Fällen zum Tod durch eine Art Hitzschlag geführt. Dank Drogenberatungsstellen wie dem Merseyside Regional Drug Information Service (mittlerweile in HIT umbenannt) und Lifeline in Manchester wurden Clubgänger vor der Gefahr durch Überhitzung gewarnt und angehalten, weite Kleidung zu tragen sowie viel antialkoholische Flüssigkeiten zu trinken, wenn sie Ecstasy nehmen und dann stundenlang in heißen, feuchten und engen Clubs tanzen wollen. Clubbesitzer reagierten zynischerweise mit dem Abstellen der Kaltwasserhähne in den Toiletten und verlangten dann bis zu zwei Pfund für eine Flasche Wasser an der Bar.

Es wäre zu erwarten gewesen, daß die Behörden sich nicht darauf einlassen, Sicherheitsrichtlinien für Drogenkonsumenten auszugeben, aus Angst, man würde ihnen die Duldung von Drogengenuß vorwerfen. Und eine Zeitlang verhielt es sich auch genau so; man überließ es den Drogenberatungsstellen, den Usern im Rahmen ihrer Möglichkeiten zur Seite zu stehen. Aber angesichts des nicht nachlassenden Ecstasykonsums haben sich einige Behörden nun gemeinsam mit den Drogenberatungsstellen auf eine Politik der Schadensbegrenzung geeinigt. In Manchester, London und Schottland wurden Richtlinien erlassen, um Danceclubs sicherer zu machen. Und viele Clubbesitzer sind aus humanitären wie aus kommerziellen Gründen sehr um Gesundheit und Sicherheit bezüglich Drogen bemüht, halten sich an die Richtlinien, nehmen die Ratschläge der Sozialarbeiter aus den Beratungsstellen an und lassen diese auch als Drogensanitäter in den Clubs gewähren, wenn jemand in Schwierigkeiten gerät.

Die Ravekultur ist mittlerweile, zehn Jahre nach ihrer Entstehung, in all ihren Erscheinungsformen ein legitimer und lukrativer Zweig der Freizeitindustrie und verfügt über stark kommerzialisierte Event-Promoter wie Ministry Of Sound und Cream, über Hochglanzzeitschriften, Plattenfirmen, Merchandising und eigene Stars, die DJs (anstelle von Bands). Sie hat sich zwangsläufig in viele verschiedene Genres und Subgenres aufgesplittet. Die Drogenszene wird sich mit großer Sicherheit auf ähnliche Weise entwickeln. Bestimmte Drogen wie Haschisch und LSD werden zweifellos weiterhin von zentraler Bedeutung sein. Aber der wachsende Stellenwert von Modeartikeln als Statussymbol, die Suche nach neuen Erfahrungen und schlicht auch die Kontrollen über die chemischen Grundstoffe, die zur Drogenherstellung gebraucht werden, werden die Untergrundchemiker dazu ermutigen, beim „Designen“ neuer Substanzen erfinderischer vorzugehen. Da Drogenkonsum immer stärker zu einem Modeaccessoire geworden ist, werden aktuelle Trends noch stärkeren Einfluß nehmen als zuvor – was bedeutet, daß der Massenkonsum von Dancedrogen als normale Phase des Erwachsenwerdens „aus der Mode kommen“ könnte. Zumindest die Experimentierer und Gelegenheits-User werden sich gelangweilt abwenden (oder sich von den Risiken einer strafrechtlichen Verfolgung abschrecken lassen) und den Dauerkonsumenten das Feld überlassen. Es gibt in Großbritannien bereits erste Anzeichen, daß der Ecstasykonsum nicht mehr im gleichen Maße zunimmt wie zuvor und sich stabilisiert.

Andererseits hat Ecstasy bei einer beträchtlichen Zahl junger Leute den Weg dafür geebnet, daß sie nun bereit sind, mit den verschiedensten psychedelischen Drogen zu experimentieren. Das wird zweifellos Hand in Hand mit den jeweiligen Angeboten seitens der Musikindustrie gehen, ganz gleich, ob es sich dabei um von Kopf bis Fuß durchgestylte Kommerzprodukte handelt oder um Innovationen von Bastlern aus dem stillen Kämmerlein.

Die Ravekultur hat sich außerdem über die ganze Welt verbreitet. Holland hat eine gut etablierte Szene, wo Drogenkonsumenten einen gewissen Schutz vor den Unsicherheiten des illegalen Markts genießen, da oft die Möglichkeit besteht, die Pillen draußen vor den Clubs zu testen. Rave hat sich in großen Teilen Europas durchgesetzt, sogar in Skandinavien, wo gegenüber Drogen eine sehr geringe Toleranz herrscht. Sogar die Chinesen raven auf E; die dortige Polizei beschlagnahmte kürzlich erstmals Ecstasy, die „Kopfschütteldroge“, wie es dort genannt wird. In den Städten, wo die Annäherung an die westliche Kultur am meisten fortgeschritten ist, werden Polizisten dazu angehalten, jeden jugendlichen Sonnenbrillenträger zu stoppen und zu kontrollieren, weil er Rauschmittel nehmen könnte.

Die Vereinten Nationen brachten in ihrem letzten Drogenbericht die Besorgnis über den Anstieg beim Konsum synthetischer Präparate zum Ausdruck, egal, ob es sich um Ecstasy, Amphetamine, deren zum Rauchen vorbereitete „Ice“-Variante oder andere Designerdrogen handelt. Eine Droge bleibt allerdings immer aktuell – wenn der Beat sich ändert, erscheint sie einfach immer wieder im neuen Gewand.

17

Rauchzeichen für die Neunziger

Grunge

Die Seattle-Szene war von Anfang an sehr drogenlastig. So munkelt man, daß sich die Gruppe Pearl Jam nach einer Meskalin-Marmelade von der Oma eines der Musiker nannte. Und Kurt Cobain katapultiert sich drogengeschwängert von einem Nirwana ins nächste.

Zu einem beträchtlichen Teil wurde ‚Older' unter Einfluß von Haschisch aufgenommen. Ich habe keinen Alkohol getrunken – ich war viel zu bekifft.

George Michael, *Q Magazine* Januar 1998

Seit die jungen Haschischraucher aus der weißen Mittelklasse der Sechziger und Siebziger langsam in die Machtpositionen von Politik und Medien vorrücken, sind die Rufe nach einer Gesetzesreform bezüglich des Verbots von Haschisch lauter und vielfältiger geworden.

In Amerika hat diese Diskussion schon seit einigen Jahren an Kraft gewonnen; verschiedene Reforminitiativen sind aufgekommen, die sich einsetzen für die medizinische Verwendung von Marihuana, für die Haftentlassung enger Angehöriger, die wegen Besitz der Droge zu drakonischen Strafen verurteilt wurden – und für eine generelle Reform. Das Internet hat bei der Revitalisierung der Reformbewegung eine große Rolle gespielt, denn dort können Gruppen aus den USA und der ganzen Welt miteinander in Kontakt treten. Die Staaten Kalifornien und Arizona haben eine Gesetzgebung verabschiedet, die den Gebrauch von Cannabis zu medizinischen Zwecken zuläßt, und der milliardenschwere Finanzmagnat George Soros hat das für eine Reform kämpfende Lindesmith Center in New York aus seiner Tasche unterstützt.

In Holland ist die Entscheidung, eine liberale Haltung gegenüber dem persönlichen Haschischkonsum anzunehmen, ausführlich dokumentiert und viel diskutiert worden. Es wird vielfach fälschlicherweise angenommen, daß Haschisch in den Niederlanden legalisiert oder entkriminalisiert worden sei. Es ist aber vielmehr so, daß das Gesetz, das den Besitz verbietet, noch immer existiert; die Behörden haben sich lediglich entschlossen, es nicht mehr durchzusetzen. Die Behauptung all jener, die diese Gesetze erhalten wollen, daß Holland aufgrund seiner etwas einsichtigeren Haltung mit großen Drogenproblemen zu kämpfen habe, ist ebenfalls nicht wahr. Natürlich kommen mehr Leute ins Land, um Haschisch zu kaufen und zu rauchen – sogenannte „Drogentouristen" –, aber nur deshalb, weil im übrigen Europa die Gesetze anders sind. In Holland selbst ist es zu keiner Explosion des Haschischkonsums gekommen, und es haben sich auch nicht mehr junge Leute dem Heroin zugewandt. Ganz im Gegenteil, junge Haschischraucher verachten Heroinsüchtige mehr als früher, weil sie die Droge ihrer Wahl einfach in einem Café kaufen können und sie sich nicht mehr illegal auf der Straße besorgen müssen. In Teilen Deutschlands sowie in Italien und Spanien wurden die Strafen für den

Besitz kleiner Mengen dieser Droge gelockert. Sogar in Frankreich, das seine prohibitionistische Politik unnachgiebig beibehält, wird die Möglichkeit geprüft, Cannabis für den medizinischen Gebrauch freizugeben.

In England haben die Tagespresse, führende medizinische Fachblätter und Zeitschriften wie *The Economist* sowie einige Richter und Polizeibeamte eine Reform der Drogengesetzgebung gefordert. Auch die *Independent On Sunday* organisierte eine Kampagne zur Gesetzesreform, die von Richard Branson und Anita Roddick, der Gründerin der Body-Shop-Läden, unterstützt wurde. Die British Medical Association hat eine tiefgreifende Untersuchung der medizinischen Wirkung von Haschisch angeregt. Und die Police Foundation hat, frustriert von der Weigerung der Regierung, sich an der Diskussion zu beteiligen, mit einer Überprüfung der genauen Auswirkungen des 1971 erlassenen Misuse Of Drugs Act begonnen. All diese Aktivitäten kamen im Gefolge einer völlig neuen Cannabis-Kultur auf, die in Großbritannien im Windschatten der Rave-Generation entstehen konnte; Haschisch war für gewisse Zeit das „Chillout"-Mittel Nummer eins, um Ecstasy die Schärfe zu nehmen und sich am Ende eines harten Arbeitstages zu entspannen. Im Grunde kann Cannabis sogar als ein Vorläufer von Ecstasy betrachtet werden. In der Anlaufphase von E begann es sich auch bei den Kids aus der Arbeiterklasse durchzusetzen, die es zuvor abwertend als „alte Hippie-Droge" bezeichnet hatten – also als Mittelklasseding.

Das wieder neu entdeckte Interesse an Cannabis hat auch eine ökopolitische Dimension; Jack Herers Bestseller „The Emperor Wears No Clothes" stellte die Behauptung auf, daß das Verbot von Hanfanbau 1937 eine Verschwörung der Petrochemie war, um Amerika den Weg zu einer umweltfreundlicheren Quelle für Treibstoff, Kleider, Papier etc. – eben dem Hanf – zu verstellen. In vielen Teilen Europas wird wieder die Genehmigung zum Anbau von Hanf mit einem sehr geringen THC-Anteil erteilt, und obwohl sich die Hanfbauern von den Reformbefürwortern distanzieren, wird trotzdem in Pro-Reform-Zeitschriften wie beispielsweise *High Times* für viele ihrer Produkte geworben.

Und wie sieht es mit Musikern und ihrem Verhältnis zu Haschisch in den Neunzigern aus? Einige Musiker benutzen die Droge nach wie vor regelmäßig, um ihrer Kreativität freien Lauf zu lassen, vor allem zum Songschreiben, obwohl die Meinungen geteilt sind. Sinéad O'Connor gab freimütig zu: „Ich rauche schon ziemlich viel Dope, und das hilft wirklich sehr, wenn ich schreibe, weil es das Bewußtsein öffnet." Joni Mitchell hat eine mehr ambivalente Einstellung: „Pot macht dich empfindsamer für Berührungen, sinnlich. Für eine Viertelstunde wärmt es dein Herz. Dann fängt es an zu vernebeln. Du hast eine Viertelstunde lang wirklich konzentrierter, kreativer Gedanken, und dann kann es dich total schlapp machen. Wenn man das regelmäßig raucht, ist man nur noch schlapp, und dann zerstört es die Kreativität. Aber wenn man bewußt damit umgeht, sich sagt: ‚ich hänge hier fest' und dann ein bißchen Pot nimmt, dann schwingt man völlig zur anderen Seite, und die Ideen öffnen sich" (*Musician*, Mai 1992).

Viele weiße Bands haben die wiedererstarkende Reformbewegung aktiv unterstützt, darunter die Black Crowes, Blues Traveller, Jason Kay von Jamiroquai und Pearl Jam. Es war jedoch zweifelsohne die neue schwarze Musik, die bei der Cannabis-Kultur der Neunziger die führende Rolle übernahm.

Als Bob Marley an Krebs gestorben und Peter Tosh erschossen war, machte sich Kokain auf der Reggae-Szene breit, und gleichzeitig entwickelte sich ein harter, schnellerer Reggae-Stil, der als Dancehall oder Ragga bekannt wurde. Er entstand in den städtischen Gebieten Jamaikas und unterschied sich vom Feeling her völlig vom eher ländlich geprägten Roots-Bewußtsein des Reggae. Die Musik spiegelte die verkürzten, perkussiven Stakkatobeats des Kokainkicks, während Jamaika zunehmend ein Durchgangsland für das Pulver wurde, das von Südamerika aus in die USA transportiert wurde, und jamaikanische Gangster begannen, sich rege am Kokain- und Crackhandel in New York und London zu beteiligen. Der große Durchbruch für diese Musik kam ironischerweise mit einem Song über die Freuden des Cannabis-Rauchens: „Under Me Sleng Tang" von Wayne Smith, der 1985 erschien. Rap folgte wenig später. Obwohl sie stets stark gegen Crack und Kokain eingestellt waren, hatten die meisten Rapper Haschisch gegenüber eine ganz andere Einstellung. Das charakteristische grüne, vielfingrige Cannabis-Blatt zierte überall Hüte, T-Shirts, Posters oder Albumcovers. Hip-Hop löste die Hippies als Hüter des Marihuana-Feuers ab.

Tone Loc veröffentlichte 1989 den Titel „Cheeba Cheeba" – das war einer der vielen Namen, die Dope im Rap hatte, ebenso wie „Mean Green". „Ich steck mir einen Spliff an, wenn ich arbeite. Es ist nicht die einzige Möglichkeit, kreativ zu sein, und es wird niemandem helfen, der nicht sowieso schon kreativ ist, aber manchmal funktioniert es. Das wissen viel mehr Leute, als es zugeben wollen" (*High Times* Mai 1992).

Der aus New Jersey stammende Hardcore-Rapper Redman nahm für das 1992er Album *Whut? Thee Album* den Titel „How To Roll A Blunt" auf. Ein Blunt ist ein großer Haschisch-Joint, der aus „Gras" besteht, aus Cannabisblüten, die in Zigarrentabaksblätter gerollt werden. Von all den vielen Slang-Bezeichnungen für Dope setzte Blunt sich am meisten durch. Das hipste T-Shirt von 1993 formulierte das alte Versprechen für befreite Sklaven neu: Statt 40 Maultieren und einem Acre Land 40 Unzen und ein Blunt.

Dr Dre (Andre Young) benannte sein Album *The Chronic* wieder nach einem Slangausdruck, diesmal für besonders starkes Kraut – es erreichte Mehrfachplatin und brachte den Gesang der Vipern dem bisher größten Publikum nahe. Cypress Hill hatten einen ähnlichen Albumcharterfolg mit ihren Raps über The Chronic und Songs wie „Something For The Blunted", „Hits From The Bong", „Light Another" und „I Wanna Get High". Ihre ersten beiden Alben verkauften sich fünfmillionenmal, und die Band wurde als Dope-Verteidiger Nummer eins der Neunziger dargestellt, in der Tradition von David Pee, Cheech and Chong und Bob Marley.

Das führte unvermeidlich zu Reibereien mit den Mainstream-Medien. MTV machte das Hasch-Logo auf Snoop Doggy Doggs Baseballmütze unkenntlich und veränderte den Text, bevor der Sender „Gin And Juice", den zweiten Top-ten-Hit von Tim Doggs Platinalbum „Doggy Style" spielte. Wu-Tang Clans „Method Man" erlitt dasselbe Schicksal – alle Rauschmittelanspielungen wurden entfernt. MTV verbot auch Angelo Morris von Fishbone, einen Hanfanzug mit Haschischblättern zu tragen. Warum? Aus Angst, den Richtlinien der Federal Communications Commission zu widersprechen: Was sich rumspricht, setzt sich durch.

Diese Analyse der neuen Cannabis-Begeisterung in der schwarzen Musik stammt von Grant Farred, einem Kulturkritiker der Universität Princeton. Seiner Meinung nach zeigt sich daran eine neue Richtung schwarzen Bewußtseins: „Es ist ein Rückbezug auf eine frühere Zeit, vor dem Verfall der Innenstädte, hin zum Reggae der Sechziger und den ersten Ganja rauchenden DJs wie Herc. Ich glaube, es ist der Versuch, eine Geschichte zu erzählen, die der Schilderung vom Abstieg der Schwarzen zuwiderläuft – so als ob man damit sagen wollte, erlöst uns von dem irren Dealen und dem Gangsterkapitalismus, den die harten Importdrogen mit sich bringen. Bei Cannabis geht es um das Begreifen des gesamten Prozesses: Man kann es im eigenen Garten pflanzen, es ist natürlich, es ist amerikanisch ... es bezieht sich fast auf eine vorindustrielle Lebensform, auf das Selbstversorgertum" (*The Guardian*, 23. 9. 1993).

Es überrascht allerdings nicht, daß Cannabis in der schwarzen Musik auch seine Kritiker findet. Zwar zeigte Ice Cubes Debüt als Drehbuchautor, „Friday", einen starken Einfluß des Hasch-Humors von Cheech and Chong, aber er erklärte, daß er zum Schreiben keine Anhebung seines Kreativitätslevels braucht: „Ich kenne einige Leute, die von dem Kraut abhängig sind. Wenn sie es nicht haben, können sie im Studio, auf der Bühne oder sonstwo nichts mehr bringen. Für mich sind das schwache Menschen, die sich dem so hingeben und schließlich meinen, ich brauche das, um dies und das machen zu können. Deswegen habe ich beschlossen, nur nüchtern zu schreiben" (*High Times*, Juni 1995).

Auch in den Medien der britischen Schwarzen herrschen unterschiedliche Meinungen über Haschisch – sogar innerhalb desselben Blattes. Im April 1997 brachte die meistverkaufte schwarze britische Tageszeitung *The Voice* einen sehr positiven Bericht über einen Pro-Cannabis-Sampler mit neuen Reggae-Songs, der „Legalise De Herb“ hieß, und schmückte den Artikel mit verschiedenen Zitaten von Reggae-Stars, die sich für das Kraut einsetzten.

Noch eineinhalb Jahre zuvor hatte der *Voice*-Kolumnist Tony Sewell erklärt: „Ganja macht Zombies aus unseren Jugendlichen.“ Sewell stieß sich an der Tatsache, daß das Haschischrauchen der ganzen schwarzen Community den Ruf von Drogensüchtigen einbrachte – als junger Schwarzer rauchte man ganz automatisch, man wußte, wo man was kaufen konnte und so weiter. Er beklagte außerdem die Tatsache, daß zuviel Kiffen die Motivation der jungen Schwarzen zerstörte, ihre oft bekundeten Hoffnungen und Träume zu realisieren – und daß die Dealer lediglich Marionetten der mächtigen weißen Importeure seien. Er war in dieser Hinsicht der gleichen Meinung wie Ice Cube, daß nämlich alles, was zum Verlust der Kontrolle über sich selbst führte, nicht gut sein konnte für eine Community, die ohnehin nicht viel Kontrolle über das eigene Leben besaß. Sein Artikel schloß mit: „Das nächste Mal, daß ein Brother in Moss Side, Hackney oder Brixton auf der High Street an dir vorüberschwebt, greif ihn dir, sieh in seine Augen, und wenn er dir erzählen will, daß er der nächste Premierminister wird, dann sieh ganz genau hin, so wie in Thunderbirds, und dann wirst du die Marionettenfäden erkennen.“

Schlußwort

Wird es je eine Zeit geben, in der Musiker keine Drogen mehr konsumieren? Realistisch gesagt: nein. Das Musikbusineß hängt nicht im luftleeren Raum; es ist vielmehr innerhalb einer Gesellschaft tätig, in der Drogenkonsum in allen Schichten verbreitet ist. Und mehr noch: Innerhalb der Industrie selbst bleiben besondere Bedingungen weiterhin bestehen. Temperamentvolle Künstler müssen versuchen, mit harten Geschäftsmännern zurechtzukommen; Drogen werden in unbegrenzter Menge zur Verfügung gestellt, um so an die verfügbaren Riesensummen Geld, die in diesem Geschäft im Umlauf sind, gelangen zu können; die Arbeit muß im Rahmen äußerst belastender Stundenpläne geleistet werden, für die der Ausdruck „unsoziale Arbeitszeit" geradezu erfunden worden sein könnte. Und extreme Situationen verlangen nach extremen Abhilfen, von denen eben die meisten illegal sind und oft dazu beitragen, ungesunde Umstände noch zu verschlimmern.

Besteht also die Hoffnung, daß sich etwas ändern wird? Es ist unwahrscheinlich, daß das Busineß in nächster Zeit von netten, freundlichen Leuten übernommen werden wird, die nicht einmal im Traum daran denken würden, jemanden zu bescheißen. Es ist unwahrscheinlich, daß Künstler es schaffen werden, sich von ihren starken Egos loszusagen und mit sich selbst, ihren Künstlerkollegen und den Typen in den Anzügen in Frieden zu leben. Und man könnte vielleicht sogar sagen, daß, wenn so etwas doch geschehen sollte, das Feuer der Musik, das das Publikum dazu veranlaßt, Platten und Eintrittskarten zu kaufen, erlöschen würde. Oder, um es mit den Worten auszudrücken, die ein Arzt einmal zu einem Musiker, der Alkoholiker war, sprach: „Ich kann Sie vom Trinken heilen, aber vielleicht heile ich Sie damit auch von Ihrem Talent."

Postskriptum

Wie vehement die Anti-Drogen-Haltung des Musikbusineß auch gerade verbreitet wird – es scheint, als wären Musiker für immer und ewig gezeichnet. Einer meiner Musikerfreunde wurde am Flughafen Heathrow unter der Anschuldigung, ein Drogenschmuggler zu sein, verhaftet, als er gerade aus der Karibik zurückkam. Man fand keine Drogen bei ihm (tatsächlich hat er seit 20 Jahren nicht einmal Alkohol angerührt). Die Verhaftung war nur aufgrund der Berufsangabe in seinem Paß, seinem Urlaubsort und der Tatsache, daß man in seinem Gepäck Zahnseide und Kondome fand, gemacht worden.

Für eifrige Zollbeamte stellen Kondome und Zahnseide die nötige Ausrüstung für jemanden dar, der auf „innerlichem" Weg Drogen aus Gegenden mit tropischen Klima nach England einschmuggeln will. Diese Methode ist unter dem Namen „body packing" („Körper-Verpackung", *Anm. d. Übers.*) bekannt – den Rest überlasse ich Ihrer Phantasie.

Also: Musiker, aufgepaßt! Das Sauberhalten der Zähne und Befolgen der Safe Sex-Ratschläge der Regierung kann Ihrer Gesundheit schaden.

Bibliographie

Offizielle Quellen

Harry J. Anslinger Collection, Pennsylvania State University

Hashish Smuggling and Passport Fraud: The Brotherhood of Eternal Love. US Senate Committee on the Judiciary, 3. Oktober 1973 (Washington: USGPO, 1973)

International Narcotics Trafficking. Senate Committee on Governmental Affairs, 10. bis 18. November 1981 (Washington: USPGO, 1981)

International Study Missions. Senate Select Committee on Narcotics Abuse and Control (Summary Report 1984)

The Role of the Entertainment Industry in Deglamorizing Drug Use. US Senate Committee on Governmental Affairs, 20. März 1985 (Washington: USGPO, 1985)

US Narcotics Control Programs Overseas: An Assessment. Congress Committee on Foreign Affairs, 22. Februar 1985 (Washington: USPGO, 1985)

Artikel

Allsop, Kenneth: „Jazz and Narcotics“, *Encounter*, Juni 1961, S. 54–57

Ashley, Richard: „Patent Medicines“, *High Times*, November 1979, S. 59–63, 97

Bakalar, James, und Grinspoon, Lester: „Why Drug Policy is So Harsh“, *Hastings Center Report*, August 1983, S. 34-39

Baumeister, Roy: „Acid Rock: A Critical Reappraisal and Psychological Commentary“, *Journal of Psychoactive Drugs*, 1984, *16* (4), S. 339–345

Beckley, Robert, und Chalfant, H. Paul: „Contrasting Images of Alcohol and Drug Use in Country and Rock Music“, *Journal of Alcohol and Drug Education*, 1979, *25* (1), S. 44–51

Berger, Monroe: „Jazz Resistance to the Diffusion of a Culture Pattern“, *Journal of Negro History*, 1947, *23*, S. 461–494

Brecher, Edward: „The ‚Heroin Overdose‘ Mystery and Other Occupational Hazards of Addiction“. Kapitel in Brecher, E., (Hrsg.): *Licit and Illicit Drugs: The Consumers' Union Report*, Boston, Mass.: Little, Brown 1972

Catholic Commission for Racial Justice: „Rastafarians in Jamaica and Britain“, Notes and Reports No. 10, Jänner 1982

Corzine, Jay, und Sherwood, Janis: „The Occupational Orientations of Jazz Musicians: Some Recent Findings and a Re-examination of the Evidence“, *Sociologal Spectrum*, 1983, *3*, S. 317–337

Curry, Andrew: „Drugs in Jazz and Rock Music“, *Clinical Toxicology*, 1968, *1* (2), S. 235–244

Dickson, Donald: „Bureaucracy and Morality: an Organizational Perspective on a Moral Crusade“, *Social Problems*, 1968, *16* (2), S. 143–156

Douse, Mike: „Contemporary Music, Drug Attitudes and Drug Behaviour“, *Australian Journal of Social Issues*, 1973, *8* (1), S. 74–80

Farren, Mick: „Sex, Drugs and Rock 'n' Roll“, *Home Grown*, Sommer 1979, *1* (5), S. 16–18, 39

Federal Communications Committee: „Licensee Responsibility to Review Records Before Their Broadcast“. In: Coombs, Robert H., Fry, Lincoln J., et al. (Hrsg.) *Socialization in Drug Abuse* (Cambridge, Mass.: Schenkman, 1976)

Gannon, Frank: „Pot, Pop and Acid“, *New Society*, 21. September 1967

Garon, Paul: „If Blues was Reefers“, *Living Blues*, Herbst 1970, *3*, S. 13–18

Gay, George, Elsenbaumer, Robbie, et al.: „A Dash of M*A*S*H – the Zep and the Dead: Head to Head“, *Journal of Psychedelic Drugs*, 1972, *5* (2), S. 193–203

Gay, George: „You've Come a Long Way, Baby! Coke Time for the New American Lady of the Eighties“, *Journal of Psychoactive Drugs*, 1981, *13* (4), S. 297–313

Hall, Stuart: „The Hippies: an American Moment“, Sub and Popular Culture Series Occasional Paper No. 16, Birmingham University, 1974

Hebdige, Dick: „The Style of the Mods“, Sub and Popular Culture Series Occasional Paper No. 20, Birmingham University, 1974

Hopkins, Jerry: „Cocaine: a Flash in the Pan, a Pain in the Nose", *Rolling Stone*, 29. April 1971, S. 1–6
Hopkins, Jerry: „Cocaine Consciousness: the Gourmet Trip", *Journal of Popular Culture*, 1975, *9* (2), S. 305–314
Kane, Joe: „Dope Lyrics – the Secret Language of Rock", *High Times*
Lauderdale, Pat, und Inverarity, James: „Regulation of Opiates", *Journal of Drug Issues*, Sommer 1984, S. 567–577
Leech, Kenneth: „Amphetamine Abuse", Evidence to the Advisory Committee on Drug Dependence, 1969 (unveröffentlicht)
Lyle, George: „Dangerous Drug Traffic in London", *British Journal of Addiction*, 1953, *50*, S. 47–55
McNamara, Brooks: „The Medicine Show Log: Reconstructing a Traditional American Entertainment", *Drama Review*, Herbst 1984, *28* (3)
Malyon, Tim: „Just Another Cash Crop? The Cannabis Market Present and Future", *Ecologist*, 1980, *10* (8/9), S. 293–299
Margolis, Norman: „A Theory on the Psychology of Jazz", *American Imago*, 1954, *11*, S. 264–291
Melly, George: „A Jazzman's View of Dope", *Home Grown*, 1979, *1* (5), S. 20–22
Merriam, A. P., und Mack, R.W.: „The Jazz Community", *Social Forces*, 1960, *25*, S. 211–222
Pharchem Newsletter: „The Nation's Toughest Drug Law: Evaluating the New York Experience", *Pharchem Newsletter*, 1987, 7 (10), S. 1–3, 7–9
Post, William, und McGrath, James: „Potents and Potions – Precursors to Modern Drug Use and Abuse", *Journal of Drug Issues*, 1972, *2*, S. 50–56
Preble, Edward und Casey, John: „Taking Care of Business – the Heroin User's Life on the Street", *International Journal of the Addictions*, 1969, *4* (1), S. 1–24
Robinson, John, Pilskaln, Robert et al.: „Protest Rock and Drugs", *Journal of Communications*, 1976, *26* (4), S. 125–136
Schwartz, Elaine, Feinglass, S. J. et al.: „Popular Music and Drug Lyrics: Analysis of a Scapegoat". In: *US National Commission on Marijuana and Drug Abuse*, Vol. II (Washington: USGPO, 1973), S. 718–746
Seymour, Richard: „The Chemical Muse", *Street Pharmacologist*, 1982, *5* (6), S. 5–7, 14–17
Shapiro, Harry: „Singin' the Blues on Reds", *Home Grown*, 1980, *1* (8), S. 29–33
Siegel, Shepard: „Pavlovian conditioning and Heroin Overdose: Reports by Overdose Victims", *Bulletin of the Psychonomic Society*, 1984, *22* (5), S. 428–430
Sloman, Larry: „Copping – Stories from a Lifetime of Getting High on the Road by Michael Bloomfield as Told to Larry Sloman", *High Times*, Juni 1983, S. 42–45, 66–67, 93
Smith, David, Luce, John, et al.: „The Health of Haight Ashbury", *TransAction*, 1970, 7 (6), S. 35–45
Smith, Roger: „Status Politics and the Image of the Addict", *Issues in Criminology*, 1966, *2* (2), S. 157–175
Spear, H. B.: „The Growth of Heroin Addiction in the United Kingdom", *British Journal of Addiction*, 1969, *64*, S. 245–255
Spencer, Neil: „The Jah Connection", *New Musical Express*, 16. Oktober 1976
Sutter, Alan: „The World of the Righteous Dope Fiend", *Issues in Criminology*, 1966, *2* (2), S. 77–222
Swenson, John: „Peter Tosh Captured: Dread or Alive", *High Times*, November 1981, S. 9
Taqi, S.: „Approbation of Drug Usage in Rock and Roll Music", *Bulletin on Narcotics*, 1969, *21* (4), S. 29–35
Tosh, Peter: „Rasta, Reggae and Ganja", *Home Grown*, Sommer 1979, *1* (5)
Winick, Charles: „How High the Moon – Jazz and Drugs", *Antioch Review*, Frühjahr 1961, S. 53–68
Winick, Charles, und Nyswander, Marie: „Psychotherapy of Successful Musicians Who are Drug Addicts", *American Journal of Orthopsychiatry*, 1961, *31*, S. 622–636
Winick, Charles: „The Use of Drugs by Jazz Musicians", *Social Problems*, 1959, 7, S. 240–253

Bücher

Abel, Ernest L.: *Marihuana – the First Twelve Thousand Years* (New York: Plenum Press, 1980)
Albertson, Chris: *Bessie* (London: Barrie & Jenkins, 1972)
Algren, Nelson: *The Man with the Golden Arm* (New York: Doubleday, 1949)
Allsop, Kenneth: *The Bootleggers: The Story of Chicago's Prohibition Era* (London: Hutchinson, 1961)
Anslinger, Harry J., und Ousler, Will: *The Murderers: The Story of the Narcotics Gangs* (New York: Farrar, Strauss and Cudady, 1961)

Ashley, Richard: *Cocaine: Its History, Use and Effects* (New York: St. Martin's Press, 1975)
Auld, John: *Marihuana and Social Control* (London: Academic Press, 1981)
Austin, Gregory, (Hrsg.): *Perspectives on the History of Psychoactive Drug Use* (Rockville, Md.: National Institute on Drug Abuse, 1978)
Bakalar, James, und Grinspoon, Lester: *Drug Control in a Free Society* (Cambridge: Cambridge University Press, 1984)
Becker, Howard: *The Outsiders: Studies in the Sociology of Deviance* (New York: Free Press, 1963)
Bennett, H. Stith: *On Becoming a Rock Musician* (Amherst, Mass.: University of Massachusetts Press, 1980)
Beson, Richard, (Hrsg.): *Nightfever: Club writing in The Face 1980–1997* (London: Boxtree, 1997)
Berridge, Virginia und Edwards, G.: *Opium and the People: Opiate Use in 19th-century England* (London: Allen Lane, 1981)
Block, A. A. und Chambliss, W. J.: *Organizing Crime* (New York: Elsevier, 1981)
Blum, Richard: *Society and Drugs* (San Francisco: Josey Bass, 1969)
Bockris, Victor, und Malanga, Gerard: *Uptight – The Velvet Underground Story* (London: Omnibus, 1983)
Bonnie, Richard J., und Whitehead, Charles H.: *The Marihuana Conviction: A History of Marihuana Prohibition in the United States* (Charlottesville, Va.: University Press of Virginia, 1974)
Boot, Adrian, und Thomas, Michael: *Jamaica: Babylon on a Thin Wire* (London: Thames & Hudson, 1976)
Boot, Adrian, und Goldman, Vivian: *Bob Marley: Soul Rebel – Natural Mystic* (London: Eel Pie, 1981)
Brake, Michael: *Comparative Youth Culture* (London: Routledge & Kegan Paul, 1985)
Brown, Peter, und Gaines, Steven: *The Love You Make: An Insider's Story of the Beatles* (London: Pan, 1984)
Buerkle, Jack V,. und Barker, Danny: *Bourbon Street Black: The New Orleans Black Jazz Man* (Oxford: Oxford University Press, 1973)
Burchill, Julie, und Parsons, Tony: *The Boy Looked at Johnny: The Obituary of Rock and Roll* (London: Pluto Press, 1978)
Burchill, Julie: *Damaged Gods* (London: Century, 1986)
Cable, Michael: *The Pop Industry Inside Out* (London: W. H. Allen, 1977)
Campbell, Horace: *Rasta and Resistance: from Marcus Garvey to Walter Rodney* (London: Hansrib, 1985)
Carr, Ian: *Miles Davis: A Critical Biography* (London: Quartet, 1982)
Carroll, Peter, und Noble, David: *The Free and the Unfree: A New History of the United States* (Harmondsworth: Penguin, 1977)
Caserta, Peggy, und Knapp, Dan: *Going Down with Janis* (New Jersey: Lyle Stuart, 1973)
Cash, Johnny: *The Man in Black* (London: Hodder and Stroughton, 1975)
Cashmore, Ernest: *Rastaman: The Rastafarian Movement in England* (London: Unwin, 1983)
Chambers, Ian: *Urban Rhythms: Pop Music and Popular Culture* (London: Macmillan, 1985)
Chapple, Steve, und Garofalo, Reebee: *Rock 'n' Roll is Here to Pay* (Chicago: Nelson-Hall, 1977)
Charles, Ray, und Ritz, David: *Brother Ray: Ray Charles' Own Story* (London: Macdonald & Jane, 1978)
Charters, Sam: *The Legacy of the Blues* (London: Calder & Boyars, 1975)
Chilton, John: *Billie's Blues: The True Story of the Immortal Billie Holiday* (London: Quartet, 1975)
Clarke, Sebastian: *Jah Music: The Evolution of the Popular Jamaican Song* (London: Heinemann, 1980)
Clarke, Steve (zus.-gest.): *The Who in Their Own Words* (London: Omnibus, 1979)
Cohn, Nik: *Pop from the Beginning* (London: Weidenfeld & Nicolson, 1969)
Coleman, Ray: Survivor: *The Authorized Biography of Eric Clapton* (London: Sidgwick & Jackson, 1985)
Collin, Matthew: *Altered State* (London: Serpent's Tail 1997)
Cook, Bruce: *Listen to the Blues* (London: Robson Books, 1975)
Cornwell, Hugh: *Inside Information* (London: Stranglers Information Service, 1980)
Courtwright, David: *Dark Paradise: Opiate Addiction in America Before 1940* (Cambridge, Mass.: Harvard University Press, 1982)
Cox, Barry, Shirley, John, et al.: *The Fall of Scotland Yard* (Harmondsworth: Penguin, 1977)
Davis, Clive, und Willwerth, J. Clive: *Inside the Record Business* (New York: William Morrow, 1975)
Davis, Stephen: *Bob Marley* (London: Arthur Barker, 1983)
Davis, Stephen, und Simon, Peter: *Reggae Bloodlines: In Search of the Music and Culture of Jamaica* (London: Heinemann, 1979)
Dowley, Tim, und Dunnage, Barry: *Bob Dylan: from a Hard Rain to a Slow Train* (Midas, 1982)

Epstein, Edward Jay: *Agency of Fear: Opiates and Political Power in America* (New York: Putnam, 1977)
Erenberg, Lewis A.: *Steppin' Out: New York Nightlife and the Transformation of American Culture 1890–1930* (Chicago: University of Chicago Press, 1981)
Fernando, S. H.: *The New Beats: Exploring the Music Culture and Attitudes of Hip-Hop* (London: Payback Press, 1995)
Fong-Torres, Ben (Hrsg.): *The Rolling Stone Rock 'n' Roll Reader* (New York: Bantam, 1974)
Freemantle, Brian: *The Fix* (London: Michael Joseph, 1985)
Friedman, Myra: *Buried Alive: The Biography of Janis Joplin* (New York: Bantam, 1974)
Gillespie, Dizzy, und Fraser, Al: *Dizzy: To Be or Not to Bop* (London: W. H. Allen, 1980)
Gleason, Ralph: *The Jefferson Airplane and the San Francisco Sound* (New York: Ballantine, 1969)
Goldman, Albert: *Elvis* (Harmondsworth: Penguin, 1982)
Goldman, Albert: *Grass Roots: Marijuana in America Today* (New York: Harper & Row, 1979)
Gorman, Clem: *Backstage Rock* (London: Pan, 1978)
Gray, Michael: *The Art of Bob Dylan* (London: Hamlyn, 1981)
Green, Shirley: *Rachman* (London: Michael Joseph, 1969)
Greenfield, Robert: *A Journey Through America with the Rolling Stones* (London: Panther, 1975)
Grime, Kitty: *Jazz Voices* (London: Quartet, 1983)
Harrison, Hank: *The Grateful Dead* (Star Books, 1973)
Hawes, Hampton, und Asher, Don: *Raise Up Off Me: A Portrait of Hampton Hawes* (New York: Da Capo, 1979)
Hebdige, Dick: *Subculture: The Meaning of Style* (London: Methuen, 1979)
Hebdige, Dick: *Cut and Mix: Culture, Identity and Caribbean Music* (London: Routledge, 1987)
Helmer, John: *Drugs and Minority Oppression* (New York: Seabury Press, 1975)
Henman, Anthony, et al.: *Big Deal: The Politics of the Illicit Drugs Busineß* (London: Pluto Press, 1985)
Hentoff, Nat: *The Jazz Life* (London: Peter Davies, 1962)
Herman, Gary: *Rock 'n' Roll Babylon* (London: Plexus, 1982)
Himmelstein, Jerome L.: *The Strange Career of Marihuana: Politics and Ideology of Drug Control in America* (London: Greenwood Press, 1983)
Holiday, Billie, und Dufty, William: *Lady Sings the Blues* (New York: Doubleday, 1956)
Hollingshead, Michael: *The Man who Turned on the World* (London: Blond & Briggs, 1973)
Hopkins, Jerry: *Elvis: The Final Years* (London: Omnibus, 1981)
Hunter, Ian: *Diary of a Rock 'n' Roll Star* (London, Panther, 1975)
Hutton, Chris, und Kurt, Richard: *Don't Look Back in Anger: Growing up with Oasis* (London: Simon and Schuster, 1997)
Inglis, Brian: *The Forbidden Game: A Social History of Drugs* (London: Hodder & Stoughton, 1975)
Jackson, Blair: *Grateful Dead: The Music Never Stopped* (London: Plexus, 1983)
Jones, Max, und Chilton, John: *Louis: The Louis Armstrong Story 1900–1971* (London: Studio Vista, 1971)
Joynson, Vernon: *The Acid Trip: A Complete Guide to Psychedelic Music* (Todmorden, Lancs.: Babylon Books, 1984)
Kaplan, John: *Marijuana: The New Prohibition* (New York: The World Publishing Company, 1970)
Kelleher, Maureen et al.: *Drugs and Society: A Critical Reader* (Dubuque, Iowa: Kendall/Hunt, 1983)
Kennedy, Joseph: *Coca Exotica: The Illustrated History of Cocaine* (New York: Cornwall, 1985)
Kerouac, Jack: *On the Road* (Harmondsworth: Penguin, 1976)
King, Rufus: *The Drug Hang-up: America's Fifty-year Folly* (New York: W.W. Norton, 1972)
Kohn, Marek: *Dope Girls* (London: Lawrence & Wishart, 1992)
Kooper, Al, und Edmonds, Ben: *Backstage Passes: Rock 'n' Roll Life in the Sixties* (New York: Stein & Day, 1977)
Lacker, Marty, et al.: *Elvis: Portrait of a Friend* (New York: Bantam, 1980)
Latimer, Dean, und Goldberg, Jeff: *Flowers in the Blood: The Story of Opium* (New York: Franklin Watts, 1981)
Laurie, Peter: *Drugs: Medical, Psychological and Social Facts* (Harmondsworth: Penguin, 1974)
Lee, Martin, und Schlain, Bruce: *Acid Dreams* (New York: Grove Press, 1985)
Leech, Kenneth: *Keep the Faith Baby* (London: SPCK, 1973)
Leonard, Neil: *Jazz and the White Americans: The Acceptance of a New Art Form* (Chicago: University of Chicago Press, 1962)

Levine, L. W.: *Black Culture and Black Consciousness* (Oxford: Oxford University Press, 1977)
Lomax, Alan: *Mister Jelly Roll*, 2nd ed. (Berkeley: University of California Press, 1973)
Lusane, Clarence: *Pipe Dream Blues: Racism and the War on Drugs* (Boston: South End Press, 1991)
McKnight, Cathy, und Tobler, John: *Bob Marley: The Roots of Reggae* (London: Star, 1977)
McNamara, Brooks: *Step Right Up* (New York: Doubleday, 1976)
McNeal, Violet: *Four White Horses and a Brass Band* (New York: Doubleday, 1947)
McNicoll, André: *Drug Trafficking: A North-South Perspective* (Ottawa: North-South Institute, 1983)
Mailer, Norman: *The White Negro* (San Francisco: City Lights Books, 1970)
Marsh, Dave: *Before I Get Old: The Story of the Who* (London: Plexus, 1983)
Mezzrow, Milton, und Wolfe, Bernard: *Really the Blues* (New York: Random House, 1946)
Middles, Mick: *Shaun Ryder* (London: IMP 1997)
Middles, Mick: *From Joy Division to New Order: The Factory Story* (London: Virgin 1996)
Mingus, Charles: *Beneath the Underdog* (Harmondsworth: Penguin, 1975)
Morris, Ronald L.: *Wait Until Dark: Jazz and the Underworld 1880–1940* (Bowling Green, Ohio: Bowling Green University Popular Press, 1980)
Musto, David: *The American Disease: The Origins of Narcotic Control* (New Jersey: Yale University Press, 1973)
Napier-Bell, Simon: *You Don't Have to Say You Love Me* (London: New English Library, 1982)
Nelli, Humbert S.: *The Business of Crime: Italian and Syndicate Crime in the United States* (Oxford: Oxford University Press, 1976)
Neville, Richard: *Playpower* (London: Paladin, 1971)
Norman, Philip: *The Stones* (London: Elm Tree, 1984)
Nuttall, Jeff: *Bomb Culture* (MacGibbon & Kee, 1968)
O'Day, Anita, und Eells, George: *High Times, Hard Times* (London: Corgi, 1983)
Oliver, Paul: *Songsters and Saints* (Cambridge: Cambridge University Press, 1984)
Ostransky, Leroy: *Jazz City: The Impact of Our Cities on the Development of Jazz* (New Jersey: Prentice-Hall, 1978)
Palmer, Tony: *All You Need is Love* (London: Futura, 1977)
Parssinen, Terry: *Secret Passion, Secret Remedies: Narcotic Drugs in British Society 1820–1930* (Manchester: Manchester University Press, 1933)
Peebles, Andy: *The Lennon Tapes* (London: BBC, 1981)
Peele, Stanton, und Brodsky, Archie: *Love and Addiction* (New York: Taplinger, 1975)
Peele, Stanton: *The Meaning of Addiction: Compulsive Experience and Its Interpretation* (Lexington, Mass.: Lexington Books, 1985)
Pepper, Art, und Pepper, Laurie: *Straight Life* (London: Collier Macmillan, 1979)
Phillips, Joel, und Wynne, Ronald: *Cocaine: The Mystique and the Reality* (New York: Avon Books, 1980)
Pichaske, David: *A Generation in Motion: Popular Music and Culture in the Sixties* (London: Macmillan, 1979)
Pryce, Ken: *Endless Pressure: A Study of West Indian Life-styles in Bristol* (Harmondsworth: Penguin, 1979)
Redhead, Steve, (Hrsg): *Rave off: Politics and Deviancy in Contemporary Youth Culture* (Aldershot: Avebury, 1993)
Redhead, Steve: *The end-of-the-century party. Youth and Pop towards 2000* (Manchester: MUP, 1990)
Reinarman, Craig, and Levine, Harry, (Hrsg): *Crack in America* (Berkeley: University Of California Press, 1997)
Reisner, Robert: *Bird: The Legend of Charlie Parker* (London: Quartet, 1974)
Ritz, David: *Divided Soul: The Life of Marvin Gaye* (London: Michael Joseph, 1985)
Robb, John: *The Stone Roses* (London: Ebury Press, 1997)
Rolling Stone: *Rock Almanac. The Chronicles of Rock Music* (London: Macmillan, 1983)
Rosenbaum, Marsha: *Women on Heroin* (New Brunswick, NJ: Rutgers University Press, 1981)
Rubin, Vera, und Comitas, Lambros: *Ganja in Jamaica* (Amsterdam: Mouton, 1975)
Russell, Ross: *Bird Lives!* (London: Quartet, 1973)
Sanchez, Tony: *Up and Down with the Rolling Stones* (New York: William Morrow, 1979)
Sander, Ellen: *Trips: Rock Life in the Sixties* (New York: Scribner, 1973)
Saunders, Nicholas: *Ecstasy and the Dance Culture* (London: Eigenverlag, 1995) – neuaufgelegt unter dem Titel *Ecstasy Reconsidered*, 1997.
Scaduto, Anthony: *Bob Dylan* (London: Abacus, 1972)
Scullatti, Gene, und Seay, Davin: *San Francisco Nights: The Psychedelic Music Trip* (London: Sidgwick and Jackson, 1985)

Sexton, Adam: *Rap in Rap: Straight Up Talk on Hip-Hop Culture* (New York: Delta, 1995)
Shapiro, Harry:
Just a Crazy Dream: The Life of Graham Bond (unveröffentlichtes Manuskript)
Shapiro, Harry: *Slowhand: The Story of Eric Clapton* (London: Proteus, 1984)
Shaw, Arnold: *52nd Street: The Street of Jazz* (New York: Da Capo, 1971)
Sidran, Ben: *Black Talk* (New York: Da Capo, 1971)
Silver, Gary, (Hrsg.):
The Dope Chronicles 1850–1950 (San Francisco: Harper & Row, 1979)
Slowman, Larry: *Reefer Madness: The History of Marihuana in America* (New York: Bobbs-Merrill, 1979)
Stallings, Penny: *Rock 'n' Roll Confidential* (London: Vermillion, 1984)
Stanley, Lawrence, (Hrsg): *Rap: The Lyrics* (London: Penguin, 1992)
Starks, Michael: *Cocaine Fiends and Reefer Madness: An Illustrated History of Drugs in the Movies* (New York: Cornwall Books, 1982)
Stein, Jean: *Edie: The Life and Times of Andy Warhol's Superstar* (London: Panther, 1984)
Stone, Chris: *Fierce Dancing* (London: Faber, 1996)
Taylor, Arthur: *Notes and Tones: Musician-to-Musician Interviews* (London: Quartet, 1983)
Tendler, Stewart, und May, David:
The Brotherhood of Eternal Love (London: Panther, 1984)
Thornton, Sarah: *Club Culture: Music, Media and Subcultural Capital* (Cambridge: Polity Press, 1995)
Titon, Jeff: *Early Downhome Blues* (University of Illinois Press, 1977)
Toll, Robert C.: *Blacking up: The Minstrel Show in Nineteenth-century America* (New York: Oxford University Press, 1974)
Tosches, Nick: *Hellfire: The Jerry Lee Lewis Story* (London: Plexus, 1982)
Tresbach, Arnold: *The Heroin Solution* (New Haven: Yale University Press, 1982)
Turner, Steve: *Conversations with Eric Clapton* (London, Abacus, 1976)
Tyler, Andrew: *Street Drugs* (London: New English Library, 1986)
Waller, Maurice, und Calabrese, Anthony: *Fats Waller* (London: Cassell, 1977)
Whitcomb, Ian: *After the Ball* (London: Allen Lane, 1972)
White, Charles: *The Life and Times of Little Richard* (London: Pan, 1984)
White, Timothy: *Catch a Fire: The Life of Bob Marley* (London: Elm Tree, 1983)
Whitney, Malika, und Hussey, Dermott:
Bob Marley – Reggae King of the World (London: Plexus, 1984)
Williams, Terry: *The Cocaine Kids* (New York: Addison-Wesley, 1989)
Winstanley, Russ, und Nowell, David:
Soul Survivors: The Wigan Casino Story (London: Robson, 1996)
Wolfe, Tom: *The Electric Kool-aid Acid Test* (London: Weidenfeld & Nicolson, 1969)
Young, James: *Nico: Songs They Never Played on the Radio* (London: Arrow, 1992)
Young, James: *The Toadstool Millionaires: A Social History of Patent Medicines in America before Federal Regulations* (Princeton, NJ: Princeton University Press, 1961)

Anmerkungen des Übersetzers:
1. Die hier und im Text angegebenen Buchtitel wurden alle im Original belassen, obwohl einige der Werke auch in deutscher Sprache erschienen sind. Fragen Sie Ihren Buchhändler!
2. Die Namen der im Text vorkommenden Medikamente sind die amerikanischen bzw. englischen Markennamen. Die meisten dieser Drogen heißen in jedem Land anders. Fragen Sie Ihren Drogenhändler/Apotheker

Index